놀라움의 힘

놀라움의 힘

내 삶을 바꾸는 놀라움의 비밀

마이클 루셀 지음 | 김지연 옮김

The Power of Surprise

상상스퀘어

매일매일 나에게 영감을 주는
페이지, 로런, 케이틀린, 나탈리에게 이 책을 바칩니다.

"예기치 못한 상황을 활용하는 방법을 알려주는 매력적인 안내서다. 일을 할 때나 인생을 살 때, 어떻게 놀라움의 순간을 인지하고 활용할지 이 책을 통해 배워라."

다니엘 핑크Daniel Pink,

세계적인 비즈니스 사상가, 《후회의 재발견》 저자

"이 엄청난 책은 우리가 살면서 맞닥뜨리는 놀라움이라는 감정이 어떻게 뇌와 인생을 변화시키는지를 보여준다. 새로운 믿음을 찾길 원하는 사람, 더 많은 성공을 경험하고자 하는 사람이라면 반드시 읽어보길 권한다."

앤드류 뉴버그Andrew Newberg,

토머스제퍼슨 의과대학 박사, 《믿는다는 것의 과학》 공저자

"이 책은 놀라움이 우리를 변화시키는 순간에 우리 대부분이 놓치는 것을 보여준다. 읽는 순간, 놀라움의 순간을 새롭게 인식할 것이다."

조나 버거Jonah Berger, 펜실베이니아대학 와튼스쿨 마케팅학 교수,

《컨테이저스 전략적 입소문》 저자

"스트레스와 영원히 작별하고 싶다면 이 책을 읽어라. 그러면 경이로움과 즐거움으로 가득한 삶을 살 수 있을 것이다. 인생에서 가장 힘들고 어려운 시기를 지날 때조차도 말이다."

하이디 한나Heidi Hanna,

시너지SYNERGY의 CEO이자 설립자,《나는 스트레스 중독자입니다》 저자

"이 책의 저자는 뇌가 어떻게 가공되지 않은 정보를 창의적인 아이디어로 바꿔 우리의 생존과 번영을 도와주는지에 관해 아주 실용적이면서도 정확하게 설명한다. 우리는 학습하고 믿음을 구축하고 기억으로 바꾼 다음, 이를 자동조종장치 삼아 인생을 살아간다. 믿음이 편향으로 바뀌면, 창의적이고 생산적이며 행복한 삶을 방해하기도 한다. 이러한 신경학적 장애물을 극복하고 싶다면, 놀라움을 추구하라. 놀라움의 순간에 제한적인 믿음과 편향을 새로운 발견과 기쁨으로 바꿀 절호의 기회가 열리기 때문이다. 저자는 유쾌한 스토리텔링으로 놀라움을 전략적으로 활용해, 파괴적인 영향력을 피하고 새로운 경험으로 더 나은 삶을 창조할 수 있는 참신한

방법을 제시한다. 내면의 변화에 관한 신경과학을 다룬 희귀하면서도 누구나 즐겁게 읽을 수 있는 이 책을 적극 추천한다!"

마크 로버트 윈드먼Mark Robert Waldman,

전 로욜라메리마운트대학교 MBA 교수,《믿는다는 것의 과학》공저자

"마이클 루셀은 작은 놀라움이 삶을 어떻게 변화시키는지를 통찰하고 공유한다. 40년간 교사이자 상담가로 경력을 쌓아온 루셀은 놀라움의 힘과 복잡성을 이해하기 쉽게 설명하며, 놀라움을 전략적으로 이용해 더 나은 삶을 사는 방법을 알려준다. 이 책을 읽다 보면, 놀라움이 단순히 움찔하는 것보다 훨씬 미묘하며 단순히 충격을 받는 것보다 그 영향력이 훨씬 오래 지속된다는 사실을 알게 될 것이다. 또한 루셀은 놀라움이 어떻게 의식의 장막 뒤에서 작용해 우리 자신과 세상을 바라보는 방식을 바꾸고 믿음과 행동을 변화시키는지를 보여준다. 이해하기 쉽게 잘 쓰인 책이다. 술술 읽어 내려가다 보면 감정과 인지적 편향을 더 잘 이해할 수 있게 될 것이고, 적절한 순간에 놀라움을 활용할 수 있는 몇 가지 기막힌 방법을 알게 될 것이다."

에드윈 바티스텔라Edwin Battistella,

서던오리건대학교 명예교수,《공개 사과의 기술》저자

"과학자이자 마음챙김 교사로서, 나는 이 책이 우리 인생에서 가장 좋은 가르침을 주리라 확신한다. 우리는 무의식 속에서 길을 잃고

잘못된 믿음에 갇혀 잠재적인 변화의 힘을 놓치는 경우가 많다. 마이클 루셀은 배움을 갈망하는 사람이라면 누구나 돌아봐야 할 놀라움에 대한 몇 가지 원칙을 훌륭하게 설명한다. 또한 험난한 삶의 여정에서 놀라움을 자유자재로 다뤄, 성장형 사고방식을 이끌어낼 방법을 창의적으로 설명한다. 개인적으로 좋은 영감을 받고 또 정말 재미있게 읽은 이 책을 모두에게 추천한다."

실비아 파팔리니Silvia Papalini,

벨기에 루벤대학교 생물학심리학연구소 박사

"이 책은 정체성에 작은 혁명을 일으키는 방법에 관한 강력한 아이디어로 가득하다. 아울러 우리가 어떻게 지금의 우리가 되었는지를 명확히 설명해준다. 이 책은 주변 사람들을 더 잘 이해하게 해줄 뿐만 아니라, 우리가 더 나은 사람이 될 수 있도록 도와줄 것이다."

타냐 루나Tania Luna,

《놀라움Surprise》 공저자

"우리가 가장 이해하지 못하는 감정이 '놀라움'이라는 사실에 놀랄 수도 있겠다. 그러나 놀라움의 순간에 우리는 정체성을 구성하는 새로운 믿음을 형성하곤 한다. 그리고 정체성, 즉 우리가 누구인지에 대한 자의식은 매일 우리의 행동을 이끌어간다. 놀라움은 대부분 뇌가 무의식적으로 처리하지만, 그 힘은 언제든지 활용할 수 있다. 작은 놀라움을 기다렸다가 놓치지 말고 의식적으로 처리하고 해석하고 전략적으로 이용하면, 자존감 높은 삶을 살 수 있을 것이다.

루셀은 이 책에서 놀라움의 힘에 관해 명쾌하고 과학적이며 이해하기 쉽게 설명한다. 그는 수많은 사례를 통해 과학을 생생하게 전달해 독자에게 재미와 정보와 교훈을 동시에 안겨준다.

놀라움은 신경학적 폭풍을 일으킬 수 있다. 뇌가 참신한 것을 좋아하기 때문이다. 신경학적 폭풍은 우리 안에 편향을 만들어낸다. 자아 감각은 의식적 각성의 중심이자 우리가 자신에게 들려주는 인생 이야기의 저장소다. 놀라움을 처리하는 능력은 우리가 살면서 느끼는 감정을 더 잘 이해하고 관리할 수 있도록 도와준다.

또한 놀라움은 직장을 잃는 것과 같은 부정적인 상황에서도 경험할 수 있다. 이러한 경험을 덜 파괴적으로 처리할 수 있도록 정신을 훈련하면, 전 세계가 공황에 빠진 팬데믹과 같은 상황에도 정신 건강을 지키며 행복한 삶을 살 수 있다.

만약 당신이 교육자라면, 놀라움의 힘을 전술적으로 활용해 사람들에게 자신감을 심어줄 수 있다. 가령 피드백을 줄 때 놀라움의 힘을 활용할 수 있다. 칭찬은 사람을 성장시킨다. 친절과 공감은 우리 모두를 인간 대 인간으로 연결해준다. 이 책은 놀라움이 어떻게 인간의 정신을 고양하고 깊은 절망에서 희망을 끌어낼 수 있는지를 보여주는 놀라운 이야기로 가득 차 있다.

놀라움에서 긍정적인 생각과 에너지를 이끌어내 의식에 연결

이 책에 쏟아진 찬사

하면, 궁극적으로 더 긍정적이고 회복탄력성이 높은 자아상을 얻을 수 있다. 급변하는 세상 속에서 불확실성과 불안감이 점점 높아지는 가운데, 이 책은 시의적절한 선물이 되어줄 것이다."

닉 마슨Nick Marson,

《코칭의 리더십Leading by Coaching》저자

놀라움의 힘

서문

"왜 우리는 자아 정체성이 형성되는 결정적인 순간을 의지
가 아닌 우연에 맡길까?"

꽉 막힌 도로에 갇혀 있다고 상상해보자. 갑자기 눈앞에 있던 차가
사뿐히 날아올라 인근의 공터에 착지하더니 유유히 사라졌다. 그
전까지 자동차는 날 수 없다고 믿었는데! 놀랍다! 인간은 놀라움
을 경험한 순간, 다양한 측면에서 반응한다. 일단 생리적으로 눈이
커지고 입이 벌어지며, 신경학적으로 도파민이 분출되어 방금 뭔
가 중요한 일이 일어났다는 것을 알게 되고, 인지적으로 감각이 자
극받아 사고가 정지된다. 이렇듯 일련의 반응 과정을 거쳐 새로운
믿음이 형성되는데, 이는 바로 '자동차는 공중으로 날아오를 수 있
다.'라는 것이다.

믿음의 변화는 순식간에 일어나므로, 마치 비밀리에 일어난 것처럼 의식하지 못하는 경우가 대다수다. 변화는 당신이 일으키는 것이 아니라, 당신에게 일어나는 것이다. 믿음의 변화는 부지불식간에 일어나고, 멈추거나 무시하거나 되돌릴 수 없다. 믿음은 당신이 놀라는 바로 그 순간에 선택이나 개입 없이 모습을 드러낸다.

세상은 기회와 위험으로 가득하다. 우리는 안전하고 예측이 가능한 장소에서 살아가기 위해 본능적으로 주변 환경을 살핀다. 놀라운 사건이 발생할 때마다 즉각적으로 학습하는 능력 덕분에 인간은 생존할 수 있다. 놀라운 사건은 누구에게나 일어나며 광범위한 영향을 미치지만, 인간의 즉각적인 학습 능력 덕분에 그 영향력을 거의 인식하지 못한다.

놀라움은 신경학적 오류 신호다. 세상을 이해하고, 그 안에서 안정감을 느끼던 방식이 갑자기 통하지 않는다는 의미다. 진화 과정에서 놀라움은 종종 엄청난 기회나 위험과 맞닿아 있었다. 예상치 못한 기회나 위험이 닥칠 때 멈춰 서서 '조심해! 지금 나는 안전한가? 이건 기회인가?' 하고 생각하느라 시간을 지체한 사람은 살아남지 못했다. 생존 본능에 따라, 인간은 놀라는 순간에 즉각 학습하도록 진화했다.

평소 신뢰하던 친구가 카페에서 다른 사람의 핸드폰을 훔치는 장면을 목격한다면? 당신은 충격을 받아 자연스럽게 친구에 대한 새로운 믿음을 갖게 될 것이다. 정직한 친구가 사기꾼으로 돌변하는 것을 목격했으니 무리도 아니다. 다시 말하지만 믿음은 자동으로 생겨나므로 의식적으로 멈출 수 없다. 놀라운 일이 발생하면 바로 머릿속에서 경보가 울린다. '당신의 믿음은 이제 통하지 않습니다. 어서 새로운 믿음을 만드세요!'

놀라움은 사소하든 엄청나든 간에, 외부 세계나 스스로에 대한 믿음을 바꿀 수 있다. 그리고 스스로에 대한 믿음과는 달리, 외부 세계에 대한 새로운 믿음은 객관적으로 검증해볼 수 있다. 이를테면 공중으로 날아오른 자동차를 쫓아가 비행하고 착륙하는 모습을 지켜보거나, 친구에게 절도 사건을 캐물을 수도 있다.

아침에 일어났는데 앞마당에 원숭이 한 마리가 있다고 상상해보자. 당신은 '놀라운데? 누가 장난치는 건가? 아니면 아직도 꿈을 꾸는 건가?' 하고 생각할 것이다. 그런데 상황을 제대로 확인하기도 전에 원숭이가 달아나고, 당신은 밖으로 달려 나가 주변을 살핀다. '원숭이의 흔적이 남았나? 혹시 친구들이 숨어서 키득거리고 있나? 근처에서 영화를 촬영 중인가?' 아무것도 아니다. 그런데 그 광경이 종일 머릿속을 맴돈다. 혹여나 원숭이를 목격한 다른 사람은 없는지, 서커스단에서 원숭이가 탈출했다는 보도가 나오지는 않는지 텔레비전을 흘긋거리는데, 저녁 뉴스에서 기자가 야생동물을 불법 사육하던 일당을 경찰이 급습했다는 소식을 보도한다. 습격 중에 실수로 원숭이와 비단뱀이 탈출했다고 한다. 마침내 당신은 미소를 짓는다. '후유, 내가 미쳐버린 줄 알았네.' 이 경우에 당신은 증거를 찾아서 놀라움을 입증했다. 그러나 자아개념 즉, 정체성과 자기 자신을 이해하는 방식을 뒤흔드는 놀라움이 발생할 때는 전혀 다른 전개가 펼쳐진다.

원숭이를 목격하는 일처럼 외부 세계에 대한 우리의 믿음은 객관적으로 검증할 수 있다. 그렇다면 자아개념에 관한 믿음은 어떠한가? 우리를 정의하는 믿음, 우리가 경험하고 자신을 이해하는 방식에 관한 믿음은 어떠한가?

자아개념을 뒤흔드는 놀라움의 힘

'복잡한 문제의 본질을 포착해내는 신비한 능력'이 있다며 직장 상사에게 칭찬을 들었다고 가정해보자. 놀랍다! 당신은 스스로 '신비한 능력'이 있다고 생각해본 적이 없지만, 이 능력에 자부심을 느끼고 나만의 고유한 특성으로 여기기로 한다. 당신은 본능적으로 새로운 믿음에 의문을 제기하지 않는다. 또한 새로운 믿음을 뒷받침할 증거를 찾거나 만들어내려는 성향도 나타난다. 이제 어디서나 당신의 '신비한 능력'을 볼 수 있다.

이것이 이 책에서 내가 말하고자 하는 놀라움surprise의 힘이다. 이 책은 인상적인 놀라움의 다양한 사례에 관한 책이 아니다. 놀라움의 다양한 사례들은 재밌는 대화 소재는 될지언정 우리를 변화시키는 계기가 되지 않는다. 그러나 정체성이 형성되는 순간은 다르다. 가령 제인이 상사에게 "영리한 해결책을 끊임없이 내놓는다."라는 칭찬을 듣고 놀랐다고 가정해보자. 그전까지는 자신이 창의적이지 않다고 생각했기 때문이다. 이 사례는 그다지 인상적이지 않지만, 변화를 이끌어낼 만한 잠재력이 있다. 제인이 상사의 말에 놀라움을 느끼지 않았다면 그저 사려 깊은 칭찬 정도로 받아들이고 말았을 것이다. 그러나 제인은 칭찬에 놀랐다. 그 순간 '나는 영리하다.'라는 새로운 믿음을 즉각적으로 생성하는 신경학적·인지적 과정이 일어났다. 이것이 바로 놀라움의 역할이다.

이 과정은 우리가 알아차릴 수 없게 비밀리에 일어난다. 게다가 외부 사건처럼 입증하기도 쉽지 않다. 이 책에서는 바로 이 비밀스러운 과정을 파헤친다. 놀라는 순간에 섬광이 번쩍이지는 않는다. 오직 제인만 놀랄 뿐이다. 직장 동료에게 제인이 놀란 그 순간은 그저 일상적인 사건에 불과하다. 그렇다. 칭찬의 긍정적인 효과는 잘 알려져 있지만, 거기다 놀라움을 추가하면 상대방의 인생을 바꾸는 칭찬이 될 수 있다. 놀라움을 전략적으로 활용하려면, '과학'과 '타이밍'과 '전달력'이라는 삼박자가 고루 갖춰져야 한다.

믿음은 대부분 서서히 형성되지만 갑작스럽게 생기기도 한다. 당신은 자신이 영리하다고 믿는가? 그러한 믿음은 어떻게 형성되었는가? 부모와 교사에게 칭찬받으면서 점진적으로 형성되었는가? 아니면 제인처럼 갑작스럽게 생겼는가? 그 믿음이 어떻게 형성되었든지 간에, 당신은 그 믿음에 확신을 갖고 입증하려 할 것이다. 이 말은 믿음의 증거를 찾아 시험할 수 있다는 뜻이다. 제인은 본능적으로 자기 행동에서 영리함을 찾을 수 있는지 시험할 것이다. 이제 제인은 스스로 '영리하다'고 생각하며, 자기 행동을 관찰하고, 어디서나 이를 입증할 만한 증거를 찾아낼 것이다.

놀라움이라는 요소는 복잡하고 미묘해서 간단히 설명할 수 없다. 이렇게 중요한 요소를 1~2분 안에 설명할 수 있냐고 묻는다면, 내 대답은 "아니요."다. 이건 마치 타이거 우즈Tiger Woods에게 엘리베이터를 타는 동안 골프에서 가장 중요한 요소를 설명해달라고 부탁하는 것과 같다.

이 책에서 다루는 놀라움이라는 요소와 전략적 이용법은 대부분 처음 보는 새로운 내용일 것이다. 새롭다는 것은 처음부터 기초를 쌓아야 한다는 뜻이다. 인내심을 가지고 꼼꼼히 정독하면 그 보상은 엄청날 것이다. 정체성이 형성되는 순간을 알게 되면 부모, 교사, 감독, 치료사, 친구로서 누군가의 삶에 결정적인 변화를 의도적으로 만들어낼 수 있다.

우리는 깜짝 선물을 주거나, 갑자기 등장하거나, 기쁜 소식을 알릴 때 놀라움을 이용한다. 그래서 놀라움을 잘 안다고 착각하곤 한다. 그러나 이러한 일상적인 이해는 빙산의 일각일 뿐이다. 놀라움은 정체성이 형성되는 순간을 만들고, 발전적인 사고방식을 촉발하는 강력한 도구다. 이 책은 당신이 놓치고 있는 놀라움의 특성을 이해하기 쉽게 설명한다. 이 책을 읽다 보면 사소한 특성이 어떻게 큰 차이를 만드는지 알게 될 것이다.

놀라움을 느끼는 상황을 간단히 살펴보자. 예컨대 고양이가 개처럼 짖으면 당혹스럽다. 수영하다가 상어가 나타나면 무섭다. 마술사가 코끼리를 사라지게 하면 어리둥절하다. 예정된 승진이 어그러지면 낙심한다. 좋아하는 운동선수가 복귀전에서 승리하면 뛸 듯이 기쁘다. 그렇다면 놀라움은 우리를 당혹스럽게 하고, 공포에 떨게 하고, 어리둥절하게 하고, 낙심하게 하고, 기쁘게 하는 것일까? 그렇다고 할 수도 있고, 아니라고 할 수도 있다. 이보다 조금 가벼운 놀라움으로는 친구가 연락 없이 직장에 찾아오거나, 방송국에서 예고 없이 좋아하는 프로그램 방영을 취소하는 상황 등이 있다. 이때도 똑같이 신경학적·인지적 과정이 일어날까? 그렇다고 할 수도 있고, 아니라고 할 수도 있다.

놀라움은 다른 감정과 다르게 과학적인 속성을 지녔다. 놀라움은 다양한 형태와 강도로 나타난다. 또한 인간을 구성하는 근본적인 조건이지만, 대부분 대수롭지 않게 여기는 현상이다. 나는 놀라움을 전략적으로 이용해 훨씬 더 나은 인생을 사는 방법을 공유하고자 한다.

놀라움을 연구한다고 하면 흔히 '깜짝 파티'나 '뉴스에 나올 만한 놀라운 사건' 같은 것들을 연구하냐고 묻곤 한다. 그러면 나는 이렇게 대답한다. "그런 종류의 놀라움이 아닙니다. 그런 사건은 당신을 변화시키지 않으니까요. 제가 연구하는 것은 인생과 믿음을 바꾸는 개인적인 놀라움입니다." 그러면 다음과 같은 반응이 돌아온다. "부모님이 이혼했을 때처럼요?" "어머니가 암 진단을 받았을 때처럼요?" 그러면 나는 다시 한번 아니라고 말한다. "그런 사건들은 당신의 일상을 변화시키긴 하겠지만, 스스로에 대한 믿음을 변화시키지는 못합니다." 이러한 사건에 놀라는 이유는, 그로 인한 환경 변화에 적응하려면 우리의 행동을 바꿔야 하기 때문이다.

사람들에게 살면서 겪은 놀라운 일을 이야기해 달라고 요청하면, 자아개념이 바뀔 만큼 놀라운 일을 이야기하는 경우는 거의 없다. 놀라움을 개인적인 변화의 계기로 여기지 않기 때문이다. 그래서 나는 스스로에 관한 생각을 바꾼 사건, 즉 정체성이 형성된 순간을 이야기해 달라고 말한다. 이렇게 질문을 바꾸면, 놀라움을 최초의 자극으로 표현하는 이야기를 종종 들을 수 있다. **정체성이 형성된 순간을 기억하고 있다면, 그 순간은 단순히 놀라운 사건이 아니라 인생을 바꾼 순간으로 남아 있을 것이다.**

칼리 사이먼Carly Simon의 일화를 살펴보자. 사이먼은 10대에 아카데미상을 받은 작곡가이자 가수다. 사이먼은 말을 더듬어서 또래 사이에서 조롱거리가 될까 봐 늘 걱정이었고, 남자친구인 닉에게 이 고민을 털어놓았다. 닉은 웃으며 말더듬이가 '매력적'이라고 말했다. 그 말에 사이먼은 깜짝 놀랐고, 그 순간은 인생의 전환점이 되었다. 사이먼은 말 더듬는 사람이 매력적이라는 새로운 믿음을 갖게 되었다. 이때 느낀 놀라움은 사이먼이 자신을 바라보는 방식을 바꿔놓았다. 사이먼의 이야기를 들려주면, 사람들은 내가 말하는 놀라움이 무엇인지 비로소 이해한다.[1]

놀라움으로 촉발된 믿음의 변화가 항상 뚜렷하게 나타나는 것은 아니다. 오히려 전혀 눈치채지 못하는 경우가 많다. 믿음은 순식간에 변한다. 놀라움은 무의식적으로 믿음과 행동을 변화시킨다. 그래서 강력하다. 어떤 믿음을 가지고 기존 방식으로 행동하다가 놀라운 사건이 발생하는 순간, 우리는 갑자기 다른 믿음을 가지고 다른 방식으로 행동한다. 무언가를 믿을 때 우리는 모든 곳에서 그 믿음을 입증할 증거를 찾아내거나 만들어낸다. 믿음은 세상을 해석하는 필터가 된다. 새로운 믿음이 생겨나는 순간을 인식하지 못하는 경우가 많지만, 그 순간은 매우 강력한 힘을 발휘한다. 우리는 그 힘을 전략적으로 활용할 수 있다.

놀라움이 믿음을 변화시킨 순간을 생생하게 기억하고 묘사하는 사람도 간혹 있지만, 일반적인 경우는 아니다. 또한 놀라움이 항상 괄목할 만한 즉각적인 결과를 가져오는 것도 아니다. 놀라움으로 인한 믿음의 변화는 우리 모두에게 시시때때로 자주 일어난다. 그리고 이러한 변화는 보통 순식간에 일어나기 때문에 우리는 그 순간을 자주 놓치곤 한다. 놀라움이 이끌어낸 믿음의 변화가 항상 분명하고 즉각적이었다면, 아마 이를 모르는 사람은 없을 것이다.

놀라움을 연구하게 된 계기

10대 후반, 나는 처음으로 최면술을 목격했다. 나는 곧바로 최면술의 매력에 사로잡혔고, 최면술사가 어떻게 대상자에게서 익살스럽고 터무니없는 행동을 끌어내는지 늘 궁금했다. 그리고 몇 년 후 최면술을 배우기로 결심했다. 몇 가지 최면술 수업을 들었고, 최면술과 관련된 책을 닥치는 대로 찾아 읽었다. 파티에서 친구들을 상대로 새롭게 습득한 이 기술을 실험하기 시작했다. 최면술은 파티에서 즐길 만한 재미난 속임수에 불과하다는 사실이 밝혀졌지만, 더 배우고 싶다는 강렬한 열망이 일었다. 최면술은 인간이 지닌 어떤 성향을 이용하는 것일까? 최면술은 어떻게 작용하며, 최면술의 본질적인 메커니즘은 무엇일까?

최면술을 가르쳐준 강사는 내게 카이로프랙틱chiropractic(미국에서 시작된 대체의학이다. 약물이나 수술 대신 척추교정술로 신경, 근육, 골격 체계를 치료할 수 있다고 본다. 한국에서는 추나요법이나 도수치료로 알려져 있다 — 옮긴이)을 전공해보지 않겠느냐고 제안하면서, 자신이 최면술을 환자 치료에 이용하는 몇몇 카이로프랙틱 의사를 알고 있다고 말했다. 나는 이 제안에 흥미를 느꼈고, 카이로프랙틱 의학 입문 워크숍에 등록했다. 워크숍 강사는 카이로프랙틱 의학계에서 자연 치유로 유명한 루돌프 박사[2]였다.

의료종사자 40명과 함께 워크숍에 참석한 나는 잔뜩 기대에 부풀었다. 루돌프 박사는 워크숍이 끝나면 모든 참가자에게 카이로프랙틱 목 교정을 해주겠다는 약속과 함께 강의를 시작했다. 박사는 전율을 일으키는 강의와 마음이 따뜻해지는 이야기로 강의 내내 감탄을 연발하게 했다. 30년이 넘는 경력에서 나오는 강렬한 사례가 청중의 상상력을 자극했다. 시작할 때만 해도 이 워크숍이 내 인생의 기념비적인 전환점이 될 거라고 전혀 예상하지 못했다.

사흘간 마음을 사로잡았던 강의가 끝나고 마침내 목 교정 시간이 다가왔다. 워크숍 참석자 가운데 25명이 회의실에 자리를 잡

놀라움의 힘

고 앉았다. 루돌프 박사는 한 명씩 차례로 호명해 회의실 앞에 놓인 의자에 앉혔다. 참석자의 머리를 좌우로 천천히 돌리면서 이야기를 들려주고는 호탕하게 웃었다. 그러다 갑자기 교정받는 사람의 몸에서 중요한 특징을 발견한 것처럼 말을 멈추곤 했다. 우리는 어떤 진단이 내려질지 숨죽이고 기다렸다. 하지만 루돌프 박사의 입에서는 진단명 대신 그 사람의 성격과 살면서 발견할 장점이 흘러나왔다. "C5가 정렬된 모양을 보니 어려운 환자를 잘 다루겠고, 그 도전 정신이 실제 성공으로 이어지겠군요. 하하!" 루돌프 박사는 이렇게 선언하면서 참석자의 머리를 갑자기 비틀었는데, 그때마다 '뚝!' 하는 섬찟한 소리가 났다. 교정이 끝나면 루돌프 박사는 '딱!' 하고 손뼉을 쳤다. 교정받은 참가자는 휘둥그레진 눈을 몇 번 깜박이다 일어서서 감사 인사를 했다.

내 순서는 맨 마지막이었다. 내 이름이 불리자 아드레날린이 치솟는 것을 느꼈다. 바로 앞사람 몸에서 난 뚝 소리가 너무 무서웠던 탓에 아무 말도 나오지 않았다. 불안감을 애써 떨치며 앞으로 걸어 나갔다. 루돌프 박사는 다른 사람들에게 했던 것과 같은 방식으로 이야기했고, 나는 앉은 자세로 경청했다. 서서히 긴장이 풀렸다. 근육에 긴장을 풀고 루돌프 박사 손에 머리통을 온전히 맡긴 채 다가올 뚝 소리를 기다렸다. 얼마 지나지 않아 루돌프 박사가 이야기를 멈추고 목 옆쪽에 있는 작은 근육에 집중했다. 루돌프 박사가 말했다. "흥미롭군요. 이 사람은 항상 겉보기보다 훨씬 더 많은 성취를 이루어내겠어요. 하하!" 그 말이 떨어지기 무섭게 갑자기 목이 꺾이면서 '뚝!' 소리가 났다. 이어서 루돌프 박사가 큰 소리로 손뼉을 쳤고, 나는 부축을 받으며 자리로 돌아갔다. 그게 벌써 40년 전의 일이지만, 루돌프 박사의 말은 지금까지 기억에 남아 있다.

루돌프 박사의 선언은 매우 놀라웠다. '방금 무슨 일이 일어난 거지?' 그 순간 나는 평생을 바칠 연구 주제를 만났다. 바로 최면술이 '믿음을 형성하는 사건'이라는 사실을 깨달은 것이다. 가령 최면술사가 대상자에게 말한다. "당신은 지금 북극에 있습니다. 그런데 외투를 깜박했습니다." 그러면 대상자는 일시적으로 그 암시를 받아들이고, 양팔로 몸을 감싸며 이 제안(새로운 믿음)이 진짜인 것처럼 행동한다. 이처럼 대상자에게 암시를 줄 수 있는 상태로 유도하기까지는 꽤 긴 시간이 걸린다.

하지만 루돌프 박사의 말은 내 믿음을 순식간에 바꿔놓았다. 내가 암시를 받아들일 수 있는 순간을 즉각적으로 만들어, 새로운 믿음을 의도적이고 영구적으로 전달했다. 이 모든 일이 내 의지와는 무관하게 이루어졌다. 그렇다. 당신은 상대가 모르는 사이에 강력한 영향력을 미칠 수 있고, 그 상태에서 영구적인 믿음을 만들 수도 있다. 하지만 '그 상태'가 최면이 아니라면 도대체 무엇일까?

루돌프 박사의 말 때문에 정말로 영구적인 믿음이 형성되었을까? 여기서 잘 만들어진 제안이 어떻게 믿음을 만드는지를 살펴볼 수 있다. 나는 겉보기보다 훨씬 더 많은 성취를 이루었는가? 단언할 수는 없지만 그렇다고 믿는다. 이것이 믿음의 작동 방식이다. 루돌프 박사 말대로 나는 이미 인생의 거의 모든 면에서 원대한 계획을 넘어서는 성취를 이루었다. 설사 이루지 못했더라도 믿음으로 인해 모든 것이 달라졌을 것이다. 또한 루돌프 박사가 의도적으로 모호하게 말했다는 사실을 생각해보자. 루돌프 박사가 말한 성취는 지적, 학문적, 재정적, 신체적, 창의적 성취였을까, 아니면 전부 다였을까? 루돌프 박사는 내 안에 영원히 존재하는 인식을 만들어주었다. 우리는 모두 확증편향confirmation bias(자신의 가치관, 신념, 판단 따위와 부합하는 정보에만 주목하고 그 외의 정보는 무시하는 사고방식 — 옮긴이)으로 믿음을 영속화하고, 그 세계관에 맞춰 주변 상황을 해석한다.

새로운 세계관으로 무장한 후, 내 머릿속에서는 새로운 관점이 솟아났다. 먼저 공립학교 교사로서 학생들이 다르게 보이기 시작했다. 저 아이는 누군가 무심코 던진 "넌 언제든지 재밌는 면을 찾아내더라?"라는 칭찬을 행동으로 옮겨 반에서 오락부장으로 거듭난 걸까? 수학을 두려워하는 아이는 실제로 수학이 어렵다고 느끼는 걸까, 아니면 단순히 그렇다고 믿는 걸까? 그렇다면 어디서 그러한 믿음을 얻었을까? 나는 사람들이 믿음에 따라 세계를 인식하고 행동한다는 사실을 이미 알고 있었다. 수학에 대한 믿음을 바꾸면 행동 방식도 바뀔까? 그러면 이 새로운 믿음이 새로운 자기 긍정self-affirming 주기를 만들어낼까?

이러한 질문이 나를 오리건대학교 대학원으로 진학하도록 이끌었다. 나는 1990년에 〈최면의 조건Hypnotic Conditions〉이라는 논문으로 박사학위를 받았다. 이 논문은 최면술사가 만들어낸 조건이 초등학교 교실에도 주기적으로 형성된다는 사실을 보여준다. 그 후 20년 동안 연구를 이어나갔고, 2007년 첫 번째 저서《갑작스러운 영향력Sudden Influence》을 출간했다(이 책은 현재 60개국의 1200여 개 도서관에 소장되어 있다).

놀라움, 믿음을 뒤바꾸는 도구

그 후 10년 동안 인지, 동기부여, 신경과학, 심리학, 인공지능, 설득, 진화, 학습 등 뇌 과학과 관련된 다양한 분야를 연구하는 데 몰두했다. 또한 마법, 광고, 영화예술, 영향력 전반에 걸친 관행을 연구하고, 전문가들의 의견을 경청했다. 그 결과, 즉각적인 학습과 갑작스러운 믿음 형성의 일반적인 패턴을 발견할 수 있었다. **놀라움이라는 감정적 메커니즘이 믿음을 변화시키는 가장 일반적인 촉매제라는 사실을 발견한 것이다.**

동시에 나는 놀라움으로 정체성이 형성된 순간을 설명할 수 있는 수천 가지 일화를 수집했다. 내가 수집한 수많은 일화를 들여다보면, 갑작스러운 믿음 변화가 인생의 전환점이 되었다는 것을 알 수 있다. 나는 현재 교육, 간호, 심리학, 비즈니스를 전공하는 대학원생들에게 학생, 환자, 대상자, 고객을 응대할 때 유익한 영향을 줄 수 있도록 놀라움을 활용하는 방법을 가르치고 있다. 놀라움은 어떻게 이용하느냐에 따라 건설적인 도구가 될 수도 있고, 파괴적인 도구가 될 수도 있다. 이 책은 그중 건설적인 과정을 다룬다. 놀라움의 힘과 이를 지혜롭게 이용하는 방법을 알리는 것이 이 책의 주목적이다.

이 책은 내 첫 번째 저서와 논리적으로 이어지는 속편이다. 이 책에서는 '놀라움'이라는 감정이 어떻게 비밀리에 인간의 개인적인 믿음인 '근본적인 정체성'을 즉각적으로 바꿀 수 있는지를 보여준다. 더불어 이 엄청난 힘을 활용하는 방법을 알려준다.

이 책이 특별한 이유는, 우리가 믿음을 변화시키는 놀라움의 순간을 발전의 기회로 보지 않기 때문이다. 하지만 놀라움의 메커니즘을 활용하면, 새로운 믿음을 생각 전환의 도구로 이용할 수 있다. 불행히도 이러한 순간은 대부분 사고나 행운에서 빚어진다. 우리의 능력과 자존감에 대한 믿음은 예측할 수 없는 사건이 발생해 놀랐을 때 생겨난다. 정체성이 형성되는 이 중요한 순간을 굳이 우리의 의지가 아닌 우연에 맡길 이유가 있을까?

이 책은 어린 자녀, 학생, 운동선수, 직원, 환자 등이 더 풍요로운 삶을 살아갈 수 있도록 전략적으로 놀라움의 순간을 선사하는 방법을 알려준다. 예를 들어 열한 살 신디는 자신이 머리가 나빠서 시험 보는 속도가 느리다고 생각했지만, 그 생각은 사서교사의 말 한마디에 순식간에 바뀌었다. 신디가 혼자 남아 허둥지둥 시험을 마무리하고 있을 때, 사서교사는 "시험을 치르는 속도가 느린 이유는 집념을 가지고 집중해서 심사숙고하기 때문"이라고 말하며 신디를 격려했고, 그 말에 신디는 놀라고 말았다. 교사의 말은 신디를 놀라게 했고, 동기를 부여하는 신경전달물질인 도파민이 폭발적으로 분출되면서 새로운 믿음이 형성될 수 있는 창을 만들었다. 이제 신디는 시험을 치를 때 본능적으로 천천히 집중해서 심사숙고한다. 그리고 이 과정에서 자신의 집념을 확인하며 자부심을 느낀다.

결과적으로 놀라움이라는 신경학적 사건은 믿음을 즉각적으로 형성하거나 변화시키는 가장 중요한 촉매제다. 부모, 교사, 정신의학계 종사자, 코치, 고용주를 비롯해 다른 사람에게 영향력을 미치는 분야에 종사하는 사람들은 이 과정에 매료될 것이다. 믿음이 어떻게 형성되고 유지되며, 왜 우리가 자신을 정의하는 방식을 끊임없이 변화시키는지 알게 될 것이다.

다른 감정과 달리, 놀라움은 해석이 필요한 유일한 감정이다. 이 독특한 특징은 이 책의 근본 전제라 할 수 있는 하나의 명제를 만들었다. 바로 놀라움의 의미는 쉽게 조작이 가능하다는 것이다. 가령 조별 과제를 하는데 친구가 갑자기 소리를 지른다. "와! 정말 좋은데?" 그 말이 비꼬는 말인지, 진심 어린 칭찬인지 바로 알 수는 없다. 어조와 단어에 담긴 의미가 미묘해서 단번에 명확하게 이해되지 않기 때문이다. 이 사건을 어떻게 인식(해석)하느냐에 따라 엄청난 차이가 생긴다.

친구의 말을 비꼬는 말로 해석하면 수치심을 느끼며 '나는 멍청하다.'라고 생각하게 된다. 반면 진심 어린 칭찬으로 해석하면 의기양양하게 '나는 똑똑하다.'라고 생각하게 된다. 행복이나 두려움

같은 감정은 접근하거나 회피하라는 신경학적 신호와 함께 나타난다. 하지만 놀라움을 느끼면 우리는 본능적으로 긍정적이든 부정적이든 맨 처음 떠오르는 생각이나 의견을 붙잡으려 한다. 확실한 증거를 찾으려는 확증편향은 이렇게 생겨난 새로운 믿음을 더욱 강화한다.

보통 외부 세계에 대한 놀라움은 감각을 통해 확인할 수 있다. 하지만 자아개념에 대한 놀라움의 의미를 파악하려는 본능은 우리를 약하게 만들 수도 있다. 우리는 일반적으로 놀라움을 경험한 순간에 떠오르는 첫 번째 생각이나 의견을 받아들인다. 따라서 새로운 믿음이 전부 긍정적이거나 생산적이거나 합리적이지는 않다. 수많은 믿음이 수학 공포증처럼 일반적으로 나타나거나 '나는 쓸모없다.'라는 생각처럼 파괴적일 수 있다. 우리가 놀라움에서 얻는 의미는 지극히 개인적이다. 이 개인적이고 결정적인 순간은 언제나, 어디서나, 누구에게나 주기적으로 일어난다.

여러분은 이 책에서 부정적인 경험을 멋진 기회로 만드는 방법과 결정적인 순간의 도구로 이용하는 방법을 배울 것이다. 아마 "이렇게 강력한 도구인데 왜 더 눈에 띄게 드러나지 않나요?"라고 물을 수도 있다. 이 질문에 대답을 하자면, 놀라움을 직관적으로 또는 무의식적으로 이용하는 경우가 많기 때문이다. 미합중국 해병대사령관 찰스 크룰랙Charles Krulak은 놀라움을 전략적으로 활용하는 방법을 훈련 규칙에 도입했다. 크룰랙은 예상치 못한 상황에서만 칭찬하라고 지시한다. 그는 "약골들에게 달리기를 잘했다고

(그 의지를) 칭찬해주고, 리더십 역할을 맡은 부끄럼쟁이들에게 (그 주도성에 대한) 칭찬을 아끼지 말라.”며 부사관을 훈련한다.

6장 '우리 주변은 놀라움투성이다'에서 수많은 사람이 어떻게 놀라움을 직관적·무의식적으로 이용하는지를 확인할 수 있다. 반면 일부 전문가들은 놀라움을 전략적·의도적으로 이용한다. 이 같은 사례는 다음과 같다.

- 코미디언은 놀라움을 이용해 개그 시나리오를 짠다. 사진 같은 기억력은 타고나는 걸까, 아니면 개발(현상)하는 데 시간이 걸릴까?(develop이라는 단어가 '[능력을] 개발하다'와 '[사진을] 현상하다' 두 가지 의미로 쓰일 수 있다는 것을 이용한 개그—옮긴이)
- 마술사는 놀라움에 의존한다. 의도적으로 기대를 설정하고 깨뜨린다. 연기가 피어오르면서 비둘기가 나올 거라 기대하지 말라.
- 영화 제작자는 놀라움을 이용해 관객의 믿음을 극적으로 변화시킨다. 다스 베이더가 루크 스카이워커에게 말한다. “내가 네 아버지다.” (영화 〈스타워즈〉 시리즈에 나오는 명장면 중 하나다—옮긴이)
- 아나운서는 뉴스 중간 광고 이후 시청자 이탈을 방지하려고 깜짝 예고를 날린다. “아직도 인간의 가장 친한 친구가 개라고 생각하시나요? 이 고양이를 만난다면 아마 생각

놀라움의 힘

이 바뀔 것입니다. 자, 채널 고정하세요."

- 인기 광고는 놀라움을 이용해 관심을 끄는 경우가 많다. 매혹적인 모델이 자판기에서 펩시를 꺼내는 모습을 넋 놓고 지켜보는 두 소년. 한 소년이 다가가 말을 건다. "그거 새로 나온 펩시 캔인가요?"

- 놀라움을 일부 심리 치료에 활용하기도 한다. 노출 요법 은 환자가 비정상적인 공포를 느끼는 환경에 환자를 조심스럽게 노출한다. 가령 개 공포증이 있는 사람에게 심리 치료견을 소개한다. 이 상황을 견뎌냈을 때 느끼는 놀라움은 긍정적인 믿음을 만든다.

- 경찰, 군대, 범죄자 집단은 적의 주의를 분산시키기 위해 기습한다.

놀라움을 의도적으로 활용하는 사례는 우리에게 여러 가지 가르침을 준다. 나는 여기서 필수적인 요소만 활용해 모두가 더 나은 삶을 살아가는 방법을 제시하고자 한다. 여러분은 앞으로 일상생활에서 놀라움의 순간을 전략적으로 이끌어내는 방법을 배울 것이다. 하지만 놀라움의 순간은 단지 영향력을 미칠 수 있는 창이 열리는 상태일 뿐이다. 그 순간에 효과적인 언어를 사용해 다른 사람에게 긍정적인 사고방식을 심어주는 것이 중요하다.

효과적인 언어 구조, 놀라움, 믿음에 관해 내가 아는 모든 것을 실험실로 가져갔다. 놀라움을 적용하고 검증하는 내 실험실은 다름 아닌 실제 교육 현장이다. 나는 교육학을 전공하는 대학원생들에게 어떻게 하면 놀라움을 전략적으로 이용해서 학생들에게 긍정적인 믿음을 심어줄 수 있는지를 가르친다. 현직 교사에게는 놀라움을 유발하고 변화를 초래하는 효과적인 언어를 전달할 엄청난 기회가 있다. 게다가 교사는 학생 개개인의 역량을 키우는 데 관심을 기울이고 행동을 관찰하도록 훈련받았다.

놀라움의 순간이 어떻게 발생하는지 아는 교사는 학생들에게 정체성 형성의 순간을 만들어줄 기회를 놓치지 않는다. 예컨대 고등학생인 제러미는 자신이 수업을 잘 따라갈 수 있을 만큼 똑똑하지 않다고 생각했다. 그래서 수업을 듣는 대신 도서관에서 혼자 공부하려 했고, 도서관 출입증을 자주 요청했다. 제러미는 아버지를 도와 컴퓨터 수리하는 일을 했고, 꽤 뛰어난 기술을 가지고 있었다. 제러미의 담임교사인 칼라는 이 사실을 알고 있었다. 평소처럼 제러미가 도서관 출입증을 요청하자, 칼라는 칭찬으로 제러미에게 놀라움을 안겨주기로 했다. "넌 내가 아는 똑똑한 아이 중 한 명이야. 두뇌가 명석한 사람들만 너처럼 컴퓨터를 능숙하게 다룰 수 있거든." 이후 제러미의 출석률은 높아졌고, 더는 도서관 출입증을 요청하지 않았다. 칼라는 제러미가 '원래 가진 능력'을 '새로운 맥락'으로 연결해 제러미를 놀라게 했다.

앞서 언급했던 사이먼의 일화를 다시 떠올려보자. 사이먼의 남자친구는 다른 전략을 이용했다. '말더듬이'라는 명백한 약점을 '매력'이라는 자산으로 재구성한 것이다. 이 책은 이처럼 놀라움의 순간을 의도적으로 창조해서 잠재된 기술이나 적성을 이끌어내는 방법을 알려준다. 당신이 신중하고 사려 깊게 계획한 그 순간이 누군가에는 새로운 믿음이 싹트는 중대한 계기가 될 수도 있다.

이러한 전략은 교실 밖에서도 작동하며 업무 능력, 대인관계, 건강, 전반적인 삶의 질을 높인다. 다음 사례를 보자.

- 상사: 아담은 상사에게 칭찬을 듣고 놀라기 전까지는 자신의 리더십이 부족하다고 생각했다. 하지만 이제 아담은 자신감 넘치는 리더가 되었다.
- 부모: 제나는 자신이 음악가로서 성공할 수 있었던 것은 엄마의 입에서 나온 놀라운 말 덕분이었다고 생각한다.
- 코치: 서맨사는 내성적인 성격이 자신의 약점이라고 생각했다. 하지만 코치에게 들은 뜻밖의 말에 놀란 이후로, 자신을 조용하지만 강한 사람이라고 믿게 되었다.
- 강사: 라이언은 운동 강사에게 들은 뜻밖의 말 덕분에 인내력을 키울 수 있었다고 생각한다.
- 교사: 신디는 글 읽는 속도가 느려서 성적이 오르지 않는다고 생각했다. 하지만 사서교사가 느리게 읽는다는 것은 그만큼 꼼꼼하게 학습한다는 뜻이라고 말해준 뒤로 생각이 바뀌었다.
- 목장 일꾼: 캐럴은 말을 타다가 위험천만한 사건을 겪었다. 하지만 목장 일꾼이 해준 말 덕분에 오히려 길들이기

어려운 말을 사랑하게 되었다.

이 책의 개요

믿음이 작용하는 방식, 믿음이 지속되는 이유, 믿음을 바꾸는 방법을 배우면 다음과 같은 질문이 생겨난다. 가장 생산적인 믿음은 무엇일까? 믿음의 체계는 개개인의 지문만큼이나 다양하다. 특정 상황에서 개인의 행동에 긍정적인 영향을 미치는 믿음(기능적 믿음)도 있고, 부정적인 영향을 미치는 믿음(역기능적 믿음)도 있다. 하지만 어떤 믿음이 기능적이고, 어떤 믿음이 역기능적인지를 구분하기는 어렵다. 예컨대 사후 세계에 대한 믿음은 기능적이거나 정확할까? 이와 같은 종교적인 신념은 이 책에서 다루는 믿음의 범위를 벗어난다. 이 책에서는 인간의 잠재력에 관한 문헌만 참조했다. 집념, 즉 열정적인 끈기는 우리 모두에게 기능적일까, 아니면 선택된 소수에게만 기능적일까? 효과적인 리더십의 자질은 무엇일까? 그리고 이 자질이 과연 우리 모두에게 필요할까? 결국 어떤 믿음이 자신에게 가장 실용적일지를 결정하는 것은 책을 읽고 난 이후 여러분의 몫이다.

놀라움의 힘과 이를 전략적으로 활용하는 지혜를 조명하고자, 이 책은 총 5부로 구성된 다섯 가지 목표에 초점을 맞춘다.

1장에서 3장으로 구성된 1부에서는 우리가 믿음을 갖는 이유를 탐구한다. 놀라움이 정체성을 형성하는 순간을 어떻게 만드는지 알려면 먼저 '믿음'을 이해해야 한다. 우리는 왜 믿음을 갖고, 믿음은 어떻게 작동하는가? 믿음은 환경의 영향을 받는가, 아니면 유전되는 것인가? 감정은 행동을 유발하는 과정에서 어떤 역할을 하고, 믿음은 어떻게 행동을 이끌어내는가?

4장으로 구성된 2부에서는 우리 믿음을 확고하게 유지하는 데 확증편향이 어떻게 작용하는지를 설명한다. 한번 형성된 믿음은 바꾸기 어렵다. 그렇다면 어떤 메커니즘으로 믿음이 굳건하게 유지되고, 어떤 목적으로 믿음 체계가 지속되는가? 당신이 하루하루 사는 동안, 확증편향은 사소한 사건 때문에 인생이 불안정해지지 않도록 믿음을 견고하게 유지한다. 확증편향은 믿음을 위협에서 지켜주지만, 놀라움이 발생했을 때는 한순간에 편을 바꿔 새로운 믿음을 뒷받침하기도 한다. 놀라움의 역할은 바로 여기에 있다. 놀라움은 기존의 믿음만으로는 부족하다는 신호를 보내고, 새로운 믿음을 활성화한 다음 확증편향을 불러온다. 놀라움과 확증편향은 항상 함께 나타난다. 편향은 중요하고 복잡하며 종종 모순되는 역할을 한다.

5장과 6장으로 구성된 3부에서는 놀라움의 신경학적·인지적 구성 요소를 탐구한다. 놀라움이 갑자기 어떻게 믿음 형성을 활성화하는지 자세히 들여다볼 것이다.

7장에서 10장으로 구성된 4부에서는 놀라움을 실제로 적용하는 방법을 설명한다. 일화와 구체적인 지침을 제시함으로써, 놀라움을 이끌어내는 방법과 정체성이 형성되는 순간에 해야 할 말을 살펴볼 것이다. 가장 효과적인 언어 구조는 무엇이고, 과연 그 결과는 어떠할까?

11장으로 구성된 5부에서는 긍정적인 믿음을 구성하는 몇 가지 중요한 요소와 이를 자기 것으로 만드는 방법을 설명한다. 전반부에서는 '성장형 사고방식'에 관해 중점적으로 알아본다. 경험적으로 효과가 입증된 성장형 사고방식은 노력과 헌신으로 지능과 능력을 계발할 수 있다. 이러한 사고방식은 생산적인 기대와 전망으로 당신을 성공의 길로 이끌 것이다. 이외에 다른 구성 요소로 집념과 자기효능감을 다룬다.

놀랄 때 즉시 학습하는 것은 진화 과정에서 굳어진 인간의 특징이다. 여기서 중요한 사실은 학습한 내용은 수정 가능하다는 점이다. 놀라움을 전략적으로 활용하면, 다른 사람이 긍정적인 사고방식을 가질 수 있도록 결정적인 영향력을 미칠 수 있다. 부모, 교사, 감독, 코치, 치료사, 친구 등 누구나 이 책에서 엄청난 가치를 발견할 수 있을 것이다.

서론이 길었다. 이제 이 책을 읽고 전략을 짜 다른 사람들이 더 나은 삶을 살 수 있도록 도울 일만 남았다. 참고로 일각에서는 '믿음belief'과 '사고방식mindset'이라는 용어를 같은 의미로 쓰는데, 나는 두 용어를 구분해 쓴다. 이 책에서 믿음은 우리 뇌가 세상을 이해하고자 만들어낸 패턴을 정신적으로 표현한 것이다. 사고방식은 근본적인 믿음을 반영하는 방식으로 세상에 대해 생각하고, 느끼고, 반응하고, 행동하고, 해석하는 경향이다.

차례

PART 4 ✳ 놀라움을 도구로 이용하는 법

PART 5 ✳ 유익한 믿음

The Power of Surprise

믿음

Chapter 1

믿음이 우리를
형성한다

사건의 의미를 결정하는 요인은 무엇일까? 이 사건으로 새로운 믿음이 생겨날까, 아니면 기존 믿음을 공고히 다지는 계기가 될까? 훗날에 이 사건을 어떻게 회상할까? 이 사건을 경험한 당사자는 사건을 인지하는 과정에서 의식적으로 행동할까? 당사자 본인의 의지로 사건이 자신에게 미치는 영향을 거부할 수 있을까? 일단 사건이 발생하면 당사자가 그 의미를 조작할 수 있을까? 1장에서는 이러한 질문에 답할 통찰력을 제공하고자 한다.

　당신의 수학 실력은 어느 정도인가? 그 믿음은 어디서 비롯되었는가? 이와 관련된 사례로 교실에서 일어날 수 있는 전형적인 사건을 살펴보자. 이러한 사건은 주기적으로 발생하며 영향력을 미치는데, 우리는 대개 이를 알아채지 못한다. 기브스 선생님이 수학 시간에 개념을 간략하게 설명하고 문제 풀이 방법을 알려주었다고 가정해보자. 설명이 끝난 후 교사는 학생들에게 연습 문제를 풀게 하고 교실을 돌아다니며 아이들을 살핀다. 그러던 중 잔뜩 긴장한 채 문제 하나를 붙들고 씨름하는 새뮤얼을 발견한다. 이때 교사가 새뮤얼에게 다음과 같은 두 가지 경우로 서로 다른 말을 건넨다고 가정해보자.

첫 번째 경우: "세상에! 새뮤얼, 너는 수학이 어려운가 보구나."

두 번째 경우: "세상에! 새뮤얼, 어려운 문제를 끈질기게 붙들고 고민하다니 훌륭하구나!"

첫 번째 말은 새뮤얼이 '수학에 약하다'는 뜻이다. 두 번째 말은 새뮤얼이 '훌륭한 학생'이라는 뜻이다. 이러한 말 한마디는 새뮤얼이 자신의 수학 실력에 대한 믿음을 형성하는 데 손쉽게 영향을 미친다.

만약 새뮤얼이 "너는 수학이 어려운가 보구나."라는 말을 받아들이면, 실제로 문제가 어렵다고 느낄 때마다 문제 풀기를 회피할 수 있다. 그리고 이런 일이 반복되면 새뮤얼은 영원히 수학을 포기할 수도 있다. 반대로 새뮤얼이 "어려운 문제를 끈질기게 붙들고 고민하다니 훌륭하구나."라는 말을 받아들인 경우를 생각해보자. 완전히 다른 전개가 펼쳐질 것이다. 문제가 어려울수록 새뮤얼은 더 끈질기게 물고 늘어지며 해답을 찾으려고 노력할 것이다. 이러한 선순환이 계속되면 어떤 일이 벌어질까? 문제를 붙들고 늘어질 때마다 도파민이 분비되면서 동기부여가 된다. 결국에는 그런 학습 태도가 새뮤얼을 좋은 학생으로 만든다.

인간의 뇌는 항상 주변 환경을 인식하고 기회나 위협을 감지한 다음, 상황에 따라 최적화된 반응을 도출하기 위해 즉각적으로 신경전달물질을 방출한다. 그리고 무의식에서 작동하는 감정은 이러한 상황 판단에 따라 사용할 수 있는 뇌의 자원을 배분한다. 상황이 중요하다고 판단되면 자원을 많이 배분하고, 중요하지 않다고 판단되면 자원을 적게 배분한다. 나아가 이러한 감정 반응에 따라 '회피' 또는 '참여' 행동을 활성화한다. 만약 새뮤얼이 스스로 수학을 잘 못 한다고 믿는다면 '여기에 자원을 낭비하지 말라.'는 인지 평가에 따라 더 적은 자원을 쓰게 된다. 그리고 부정적인 감정은 신경학적으로 다음과 같은 회피 행동을 활성화한다. '수학을 멀리하고 수학 공부에 시간을 낭비하지 말라.' 이제 새뮤얼은 수학 공부에 투자할 뇌의 자원을 줄이고, 수학은 회피 대상이라는 사고방식을 활성화한다.

반대로 새뮤얼이 스스로 훌륭한 학생이라고 믿는다면 어떻게 될까? 이러한 평가는 수학 공부에 더 많은 자원을 배분하고 참여 행동을 활성화하는 결과를 낳는다. 이제 새뮤얼은 어려운 문제를 해결하려고 열정적으로 노력한다. 이렇듯 전혀 다른 행위의 결과를 초래한 계기는 스쳐 지나가는 교사의 말 한마디다. 이처럼 우연한 사건들이 우리의 통제 밖에서 주기적으로 발생하며 무의식중에 자아를 형성한다. 누군가의 한마디가 우리가 누구인지, 그리고 세상이 어떻게 돌아가는지에 관한 믿음을 만든다. 이 과정은 세상과 상호작용하는 가운데 너무나도 자연스럽게 이루어진다. 우리가 가진 믿음은 우리가 선택한 것이 아니다. 어쩌면 선택보다는 '발견'이라는 표현이 더 어울릴지도 모른다. 우리가 가진 믿음을 되새겨 볼 때, 애초에 어쩌다 그런 믿음을 갖게 되었는지 정확히 알 수 있는 경우는 드물다. 뇌가 새로운 정보를 수용할지 말지를 결정하는 과정을 완벽히 통제하는 것은 불가능하다. 또한 그 정보를 근거로 한 행동이나 사고방식도 통제할 수 없기는 매한가지다.

우리는 믿음을 선택하지 않는다

위와 같은 사건이 일어나도 새뮤얼이 이 사건을 오래도록 기억할 가능성은 적다. 그리고 자기 수학 실력에 대한 믿음이 이 사건으로 형성되었다는 것을 인식할 가능성은 더더욱 적다. 어떤 사건이 우리를 변화시킬지, 나아가 어떻게 변화시킬지를 스스로 선택하는 경우는 거의 없다. 그 사건이 미치는 영향력 또한 항상 의식하고 있지 않다.

사건이 발생하면 우리는 반응한다. 또 다른 사건이 발생하면 또다시 반응한다. 인생은 이렇게 흘러간다. 때때로 믿음이 형성되는 과정을 엿보게 될 때도 있다. 조금만 노력을 기울이면 인생에서 일어난 중요한 사건들을 기억할 수 있다. 그리고 그 사건들이 우리를 어떻게 변화시켰는지 반추할 수 있다. 새뮤얼과 같은 일을 겪는다면, 우리는 본능적으로 첫 번째 시나리오에 움츠러들고 두 번째 시나리오에 이끌린다. 평범해 보이는 수많은 사건이 우리를 형성했기 때문이다. 이러한 사건 중 대다수는 우리의 의식 아래에서 스쳐 간다.

일부 독자들은 만약 새뮤얼이 미약하나마 자신의 수학 실력에 대한 믿음을 이미 품은 상태였다면 상황이 어떻게 전개되었을지 궁금할 수도 있다. 이 사건에서 즉각적으로 믿음을 형성하거나 변화시킨 촉매제는 새뮤얼의 '불안감'이다. 만약 교사의 말이 새뮤얼이 원래 지니고 있던 자신의 수학 실력에 대한 믿음과 일치한다면, 그 믿음은 입증된 셈이고 더욱 공고해질 것이다. 반면 원래 지니고 있던 믿음과 반대된다면, 권위자의 예상치 못한 발언은 원래의 믿음을 뒤집을 만큼 새뮤얼에게 큰 충격을 줄 수도 있다. 결과가 어찌 되었든 이렇게 형성된 믿음은 새뮤얼 본인의 사고 과정을 거쳐 의식적으로 결정된 것이 아니다.

이미 각인된 프로그램

주변 환경에서 어떤 일이 일어날지 예측하는 능력은 살아가는 데 꼭 필요한 조건이다. 예측 능력이 없다면 우리는 죽는다. 중추신경계의 목표는 예측 가능성을 최대화해 놀라움을 최소화하는 것이다. 삶이 예상한 대로 흘러갈 때 비로소 우리는 환경 변화에 성공적으로 적응할 수 있다. 놀라움은 우리 존재에 의문을 갖게 만드는 갑작스러운 사건이다. "놀라움은 뇌에 큰 충격을 준다."

– 미셸 비트볼Mitchel Bitbol, 파리대학교 응용인식론 연구책임자[1]

인간의 뇌는 안전하고 생산적이며, 예측 가능한 장소에서 살아갈 수 있게끔 주변 환경을 파악하도록 각인되어 있다. 기회와 위험으로 가득한 세상에서 우리는 접근 대상과 회피 대상을 어떻게 구분할까? 살아 있는 유기체는 자극을 기억하고 그 자극에 적응해 반응하는 자극-반응 메커니즘을 가지고 있다. 움직이지 못하는 유기체는 기억력이 필요 없다. 어차피 접근하거나 회피하는 움직임 자체가 불가능하기 때문이다. 하지만 움직이는 존재는 의도가 있어야 한다. 왜 어떤 대상에는 다가서고, 어떤 대상에게서는 멀어지는가? 움직임에는 동기가 필요하다. 기회에 이끌리면 번성하고, 위험에 이끌리면 죽는다. 하지만 움직임에 앞서 기회와 위험이 어떻게 다른지 그 차이를 기억해야 한다. 따라서 먼저 무엇이 좋고 나쁜지를 구분할 가치 평가 시스템이 필요하다. 인간의 감정은 이를 위해 발달한 것이다. 감정이 어떻게 작동하는지 꿀벌처럼 덜 복잡한 종에서 살펴보자.

꿀벌에게는 꽃 색깔을 구별하는 시각 기관이 있다. 꿀벌은 경험을 통해 어떤 색깔의 꽃에 꿀이 있는지 알게 된다. 물론 꿀이 있는지 없는지를 확인하려고 모든 꽃에 일일이 내려앉지는 않는다. 색깔별로 서너 송이의 꽃에 내려앉은 다음에 어떤 색깔 꽃에 꿀이 있을 가능성이 더 큰지를 성공적으로 예측해낸다. 그러고 나서 해당 색깔 꽃을 더 빈번하게 공략한다. 꿀벌은 지식, 확률 이론, 목표 지향적 전략을 종합적으로 활용하여 확률을 공식화하고 이를 좇아 행동하는 것으로 보인다.

꿀벌은 포유류에서 발견되는 도파민 전달 체계와 유사한 전달 체계를 가지고 있다. 보상(꿀)을 감지하면 신경전달물질을 전달하는 체계는 기본 행동을 변경한다. 도파민은 보상을 좇도록 꿀벌을 조종한다. 꿀벌은 의식하거나 의도하지 않은 상태로 이미 각인된 의사결정 체계를 거쳐 선택을 내린다.

무의식적인 감정도 이와 유사한 방식으로 인간의 행동을 유도한다. 꿀벌과 마찬가지로, 우리도 경험에 따라 행동하는 호불호(접근 또는 회피) 의사결정 체계를 가지고 있다. 이것이 바로 학습의 본질이다. 도파민은 우리가 경험하는 모든 요소를 단순히 좋거나 나쁜 것으로 평가한다. 상황이 좋은지 나쁜지에 따라 후속 행동은 다르게 나타난다. 따라서 성공하려면 상황을 평가하고, 그에 따라 행동하는 것이 매우 중요하다. 감정은 우리를 인도하는 충동 욕구이면서 믿음을 형성하는 전조가 된다.

우리는 주의를 기울일 만한 가치 있는 대상에만 관심을 보인다. 갑자기 공기가 사라지거나(공황), 좋은 냄새가 나거나(접근), 악

취가 나지(회피) 않는 한 평소에는 공기의 존재를 의식하지 못한다. 감정적 패턴이 반복되면 믿음이 된다. 믿음은 행동을 이끌고, 우리는 행동하면서 믿음을 재입증한다. 이러한 순환이 계속된다.

당신이 먹을 것을 찾아 걷고 있는 초기 호미니드hominid(현 인류가 등장하기 전까지 사람과에 속하는 모든 영장류를 일컫는 말 — 옮긴이)라고 상상해보자. 당신은 본능적으로 검은색 열매에 접근한다. 예전에 먹었을 때 맛이 좋았기 때문이다. 본능적으로 녹색 열매는 회피한다. 예전에 먹고 배탈이 난 적이 있기 때문이다. 이렇게 감각 데이터가 들어오면 뇌는 패턴을 발견하거나 생성한 다음, 해당 패턴에 의미를 부여한다. 인간은 의미를 형성하도록 진화된 생물로, 우리 뇌는 이러한 패턴을 이용해 사건이 발생하는 이유를 설명한다.

믿음은 기억과 비슷하다. 사건이 일어나 자극이 발생하면 신경망이 활성화되고, 기억이 형성된다. 신경망이 활성화될수록 기억은 더욱 강렬해진다. 기억은 익숙한 상황을 맞닥뜨렸을 때 자동화된 반응을 생성한다. 그리고 서로 연결된 기억은 믿음을 형성한다.

뇌는 주어진 정보를 이용해 외부 세계의 본질을 추측한다. 미래에 일어날 결과를 가정하고 예측하는 정신적 모형, 즉 믿음을 형성한다. 이렇게 믿음은 우리가 복잡한 행동을 수행하도록 안내하고 현실을 이해할 수 있도록 돕는다.

기억력이 발달해 더 정확한 결과를 예측하게 되면, 믿음은 어떤 사건이 발생하거나 새로운 정보가 주입되는 즉시 다음 행동에 필요한 근거를 제공한다. 하지만 믿음이 우리 행동을 제약하기도

놀라움의 힘

한다는 사실을 잊지 마라. 당신이 만약 '검은색 열매는 좋고 녹색 열매는 나쁘다.'라는 믿음을 가지고 있다고 가정해보자. 그런데 누군가가 당신에게 잘 익은 청포도를 건넨다. 하지만 이미 '모든 녹색 열매는 피해야 한다.'라는 믿음을 일반화해 버린 당신은 청포도를 거절한다. 이처럼 믿음은 일단 형성되고 나면 세상을 바라보는 관점을 제약한다. 어떤 행동을 하고 나서 그 행동을 설명할 때야 비로소 우리는 그 제약의 존재를 깨닫는다. 애플 제품, 몸에 문신이 있는 사람, 외제 차를 타는 사람, 변호사 등을 볼 때면 으레 드는 생각이 언제 형성되었는지 기억하는가? 이러한 생각은 언제 처음 형성되었는지에 대한 기억조차 없이 즉시 형성되었을 가능성이 크다.

우리는 적극적으로 믿음을 시험한다

안대로 눈을 가린 채 침대에 앉아 있다고 상상해보자. 당신은 그 상태로 거실에 가서 TV를 켜라는 지시를 받았다. 바닥에 장애물이나 위험 요소가 없다면, 아마도 비교적 쉽고 빠르게 이 지시를 수행할 수 있을 것이다. 물론 '비교적'이라는 단어에 의문을 품을 수도 있다. 그렇다면 실제로 내 집에서 똑같은 지시를 수행한다고 가정하면 어떨까? 안대로 눈을 가린 채 거실로 가서 TV를 켜야 한다. 아마도 쉽지 않겠지만, 그럼에도 결국에는 해낼 것이다.

자기 집 내부를 머릿속에 떠올리면 물건이 있는 곳과 없는 곳이 꽤 명확하게 그려진다. 계단이 어디에 있는지 또는 없는지도 이미 알고 있다. 지시를 수행하려고 움직이기도 전에 우리 뇌는 이미 어디서 방향을 바꾸고 몸을 숙이고 손을 뻗을지, 어디가 가장 안전하고 빠른 경로인지를 예측한다. 즉각적인 예측은 TV 리모컨을 찾는 데 도움이 된다. 예측이 실패할 때마다 (가령 뻗은 손이 예상보다 빨리 벽에 닿을 때마다) 당신은 곧바로 적응한다. 이게 바로 학습이다. 뇌는 본질적으로 '예측하는 기계'다. 뇌의 주요 기능은 우리가 사는 세상을 머릿속에서 정신적 모형으로 구현한 후 더 정교하게 발전시켜 놀라움을 줄여나가는 것이다.

그래서 처음 가보는 집에서도 눈을 가리고 리모컨을 찾을 수 있다. 머릿속에 이미 들어 있는 일반적인 집 모형을 본능적으로 적용하기 때문이다. 뇌는 새로운 감각 데이터가 들어오면 무의식적으로 그것을 기존에 저장된 기억, 믿음, 개념과 결합하여 시뮬레이션을 구성한다. 예를 들어 리모컨을 찾다가 닫힌 문을 마주하면 본능적으로 문손잡이가 있을 만한 지점에 손을 뻗는다. 만약 실수로 화장실에 들어갔다면, 굳이 리모컨을 찾으려 시도하지 않고 바로 나올 것이다.

이 사례는 뇌의 작동 방식에 관한 몇 가지 핵심적인 측면을 보여준다. 뇌는 감각 자극이 도착하기 전에 앞으로 일어날 일을 예측하려고 끊임없이 활동한다. 다시 말해, 뇌는 문제를 소리 없이 아름답게 해결하는 능력을 지녔다. 그리고 최선의 선택지를 찾아 우리를 안내한다. 이에 관해 서식스대학교 인지철학과 교수 앤드루 클

라크Andrew Clark 박사는 이렇게 설명한다. "우리 주변 환경에서는 항상 많은 일이 일어나고 있다. 뇌는 불완전한 정보를 제공하기 일쑤인 복잡한 환경에 적응되어 있다. 지적 생명체인 인간은 감각 자극을 그저 수동적으로 기다리지 않는다. 앞으로 일어날 일을 예측하고 시험하며 불완전한 모형을 경험에 적용한다. 마치 과학자처럼 끊임없이 주변 환경을 시험하며 예측이 올바른지, 조정이 필요한지를 확인한다."[2]

서식스대학교 인지신경과학자 아닐 세스Anil Seth는 뇌가 어떻게 의식적 현실을 만들어내는지를 알려준다.

인지 기능이 외부 세계에서 뇌로 들어오는 감각 신호에 의존하는 만큼(혹은 그보다 더 많이), 반대 방향에 있다고 볼 수 있는 인지 예측에 의존한다. 우리는 외부 세계를 단지 수동적으로 인지하는 데서 그치지 않고 능동적으로 만들어낸다. 우리가 경험하는 세상은 외부에서 받아들이는 만큼 혹은 그 이상으로 우리 안에서도 만들어진다.[3]

노스이스턴대학교 학제간감성과학연구소 소장 리사 펠드먼 배럿Lisa Feldman Barrett은 그 이유를 다음과 같이 설명한다. "뇌 구조상 외부 세계에서 들어오는 감각 정보를 처리하는 연결망보다 내부 신경 세포를 잇는 연결망이 훨씬 더 크다. 뇌는 모호한 감각 정보를 나름대로 이해해서 머릿속에 있는 불완전한 그림의 세부 사

051

항을 채워 넣는다." 배럿은 뇌가 '추론 생성 기관'[4]이라고 말한다.

우리는 태어날 때부터 세상이 작동하는 원리를 머릿속에서 형성해나가기 시작한다. 심리학자들은 이것을 '세상 모형model of the world'이라고 부른다. 인간은 수동적으로 학습하지 않는다. 적극적으로 세상에 개입해서 예측을 시험한다.

아기 전용 의자에 앉아 있던 아기가 물고기 모양 과자를 바닥에 떨어뜨린다. 참을성 있는 엄마는 아기가 떨어뜨린 과자를 집어 든다. 아기가 또다시 과자를 떨어뜨린다. 이번에는 의도적이다. 아기는 웃으며 몇 번 더 같은 행동을 반복한다. 아기는 중력을 발견했고 이를 확인하려고 더 적극적으로 실험을 즐긴다. 아기는 '내가 떨어뜨리면 엄마가 주워주기'라는 새로운 놀이도 발명한다. 부모라면 누구나 아는 놀이다. 하지만 엄마가 과자를 빼앗으면 갑자기 놀이는 끝나버린다. 아기의 얼굴이 놀라움과 실망으로 뒤덮인다. '왜 이토록 멋진 실험과 재밌는 놀이를 망치나요?' 아이는 그 즉시 무언가를 학습하지만 무엇을 학습했는지는 알 수 없다. 아기가 학습한 것은 무엇일까? 엄마는 잔인하다? 엄마는 놀이를 좋아하지 않는다? 아니면 엄마는 자신이 배고프지 않다고 생각한다? 엄마가 "음식으로 장난치면 안 돼."라고 말해도 아기는 더 부루퉁한 표정을 지을 뿐이다. 아직 언어를 습득하지 못한 아기에게 놀라움의 의미를 설명해줄 수는 없다.

아기가 작은 실험과 탐색을 통해 적극적으로 주변 환경을 시험하듯이, 엄마는 아기가 자기 말을 제대로 알아들었는지를 시험한다. 엄마는 아기에게 다시 한번 물고기 과자를 준다. 아기는 기뻐서 웃는다. 실험과 놀이가 다시 시작된다. 아기가 물고기 과자를 떨어뜨린다. 엄마는 '나는 참을성 있고 상냥한 엄마'라고 스스로 되뇐다. 엄마가 미소를 지으며 상냥하게 말한다. "아유, 이 말썽꾸러기야." 이 말에 아기는 더욱 기뻐하며 '엄마는 이 놀이를 좋아한다.'라는 믿음을 확신한다. 아기는 모호한 감각 입력을 나름대로 이해해서 자신의 현실을 능동적으로 창조한다.

아기가 성장할수록 시험은 더욱 정교해진다. 처음으로 맥주 한 모금을 몰래 마셨을 때, 나는 겨우 10대였다. 더운 날 내가 시원한 콜라를 찾듯이 부모님은 맥주를 찾으시곤 했다. 한번은 집에 아무도 없을 때 컵에 맥주를 따랐다. 송골송골 물방울이 맺힌 차가운 유리잔에 담긴 고혹적인 호박색 음료수가 나를 유혹했다. 아무도 없는지 다시 확인한 다음 맥주를 한 모금 꿀꺽 삼켰다. '웩! 이럴 수가!' 감각이 날 속였다고 생각한 나는 곧바로 한 모금 더 마셨다. 아니었다. 맥주는 끔찍했다. 미련 없이 남은 맥주를 싱크대에 쏟아버렸다. 이렇듯 시험이 용이한 외부 세계에 대해서는 어떤 현상이 기존의 인식과 일치하는지 적극적으로 확인할 수 있다.

여러분이 시도해볼 만한 간단한 사고실험thought experiment이 있다. 볼링공을 집어 들 때, 우리는 본능적으로 손아귀와 근육에 힘을 주어 무거운 물체를 들어 올릴 준비를 한다. 그런데 만약 친구가 당신을 속이려고 겉보기에는 똑같은데 속에는 공기가 든 가짜 볼링공을 준비해놓았다면 어떨까? 당신은 볼링공을 들어 올릴 때 느껴지는 생경한 감각에 깜짝 놀랄 것이다. 볼링공은 당연히 무거울 것이라는 예상이 빗나갔기 때문이다.

마술사들이 화려한 마술을 선보일 때도 같은 원리를 이용한다. 환상은 우리의 정신이 끊임없이 예측하기 때문에 가능하다. 이러한 예측을 거치면서 우리는 머릿속에 있는 세상 모형을 새로운 경험에 맞춰 조정한다. 가짜 볼링공을 내려놓았다가 다시 집어 올릴 때는 손아귀 힘과 근육이 적응을 마친 상태이므로 두 번 속지 않는다. 예측이 빗나갈 때 우리는 놀란다. 가짜 볼링공을 집어 들었을 때 모든 관심이 그 놀라운 사건에 집중된다는 사실을 알아차렸는가? 놀라운 사건이 일어나면 우리는 그 사건에만 관심을 보인다. 대신 주변에서 끊임없이 일어나는 예측 가능한 사건에서는 멀어진다.

자신에 대한 믿음 검증하기

음료수 맛에 놀라면 다시 맛보고 감각을 시험할 수 있다. 가짜 볼링공에 놀라면 두 번 생각할 필요 없이 몇 번이고 다시 집어 들어서 시험하면 된다. 이 상황을 모르는 친구에게 천연덕스레 가짜 볼링공을 집어달라고 부탁한 다음, 친구가 놀라는 반응과 후속 행동을 관찰하는 재미를 누릴 수도 있다. 감각으로 인식하는 외부 세계에서는 종종 경험한 것을 객관적으로 시험하고 검증해볼 수 있다.

반면 믿음으로 인식하는 개인적인 세계에서 자아개념을 검증할 때는 접근 방식을 완전히 달리해야 한다. 바로 여기에, 놀라운 사건이 어떻게 인생을 변화시키는지를 보여주는 요소(아직 완전히 밝혀지진 않았다)와 본질적인 특징이 있다. 자아개념과 연관된 놀라운 사건을 겪으면 새로운 믿음이 형성되는데, 그 믿음을 뒷받침하는 증거가 맞거나 틀렸다고 스스로 인식함으로써 내부적 믿음internal belief을 검증한다.

만약 스스로 옷을 잘 입는다고 믿는다면, 거리를 거닐 때 무심코 마주치는 시선이 감탄에서 비롯되었다고 인식할 것이다. 반면 스스로 매력적이지 않다고 믿는다면, 똑같은 시선을 마주해도 혐오에서 비롯되었다고 인식할 것이다. 미셸은 새로운 직장에 입사했지만 할 수 있는 일이 많지 않다는 믿음 탓에 회사 생활에 소극적으로 임했다. 어느 날, 상사가 미셸에게 이런 칭찬을 건넸다. "회의에서 미셸이 발언하니까 분위기가 한층 살아나더군요." 이제 미셸은 회의 때마다 자신 있게 발언하고, 동료와 눈이 마주치면 서로를 존중하고 있다는 표시로 인식한다. 스스로 내부적 믿음을 검증한 것이다. 이러한 자체적인 검증은 언뜻 보기에 정확하지 않은 것처럼 보일 수도 있다. 그렇다면 상사는 어떤 근거로 그런 발언을 한 걸까?

발언을 할 때 많은 증거가 필요하지는 않다. 수업 시간에 무뚝뚝한 태도로 일관하는 동료 강사가 있었다. 당연하게도 그는 학생들에게 인기가 없었다. 하루는 그에게 다가가 "소통을 잘하셔서 그런지 학생들이 참 즐겁게 수업에 참여하네요."라고 말했다. 물론 근거는 없었다. 며칠 뒤 그 강사가 복도에서 나를 불러 세우더니, 최근에 수업 시간에 재미있는 농담을 던졌더니 학생들이 웃었다는 이야기를 신명 나게 늘어놓았다. 내 의견에 수긍하고 이를 뒷받침할 증거를 스스로 만들어낸 것이다. 놀라움을 전략적으로 이용하려면 과학, 절묘한 타이밍, 언어 구조라는 삼박자가 잘 맞아떨어져야 한다. 이와 관련하여 5장에서 놀라움을 전략적으로 이용하는 방법에 숨겨진 과학에 대해 심층적으로 알아볼 것이다. 그리고 7장과 8장에서는 내가 강사에게 칭찬을 건넨 타이밍과 그 언어 구조에 관해 설명할 것이다.

믿음은 패턴에서 진화한다

우리 뇌는 데이터가 들어오면 패턴을 발견하거나 생성하고, 실제 세계와 상호작용하면서 연관성을 찾아내도록 진화했다. 이는 생존 본능이다. 저명한 신경과학자 보 로토Beau Lotto 박사는 이렇게 말했다. "사실 뇌는 세상을 있는 그대로 보도록 진화하지 않았다. 뇌는 우리에게 유용한 방식으로 세상을 보도록 진화했다."[5]

인간은 통제력이 없으면 불안감을 느낀다. 뇌는 상황을 통제하고 있다는 감각을 생성하고자 패턴을 찾아낸다. 뇌가 패턴을 찾아내는 능력은 실제로 존재하지 않는 것까지 찾아낼 정도로 매우 뛰어나다. 예컨대 호랑이가 실제로 존재하지 않는데 호랑이 환영이나 패턴을 만드는 것이다. 이는 호랑이가 존재하는데 존재하지 않는다고 판단했을 때 발생할 수 있는 위험이 훨씬 크기 때문이다. 실제로 존재하지 않는 패턴을 찾아내는 것은 패턴 생성 시스템에 내장된 비교적 사소한 오류일 뿐이다. 물론 인간은 주술이나 미신에 빠지기도 하지만, 이 또한 생존을 위해 치러야 할 작은 대가일 뿐이다. 미신이나 잘못된 믿음은 이 시스템에서 별로 치명적이지 않은 결함이다.

우리가 보고 이해하는 현실이 대부분 정확하다고 착각할 수도 있지만, 주의를 기울여 보는 대상만으로 외부 세계 전체를 완벽히 인식한다고 볼 수는 없다. 감각, 기억, 의식은 세상에 대한 상징적인 표상만을 상상할 수 있다. 따라서 믿음은 대부분 부정확하고 불완전하다. 다른 사람과 의견이 대립할 때 우리는 자신의 인식이 특히 정확하고 객관적이라고 생각한다. 이 주관적인 느낌은 상당히 유용하다. 산다는 것은 살아남는 것이며, 우리는 아직 살아 있으므로 믿음이 있어야 한다. 이를 위해 패턴 인식이 얼마나 쉽게 조작되는지 한번 살펴보자.

하버드대학교와 옥스퍼드대학교 전임 교수인 제롬 브루너 Jerome Bruner는 패턴 생성이 본질적으로 환상이라는 것을 보여주는 여러 실험을 수행했다. 브루너 교수가 진행한 수많은 실험 중에는 전기톱이 윙윙거리는 소리가 나는 동안 조명 스위치로 밝기를 제어하는 실험이 있었다. 참가자들은 조명이 어두워졌다가 밝아질 때 톱 소리도 작아졌다가 커진 것 같다고 보고했다. 또 음악을 틀어놓고 조명을 응시하라고 한 다음 음악과 조명을 모두 끄고 음악 없이 조명만 켰을 때도, 참가자들은 실제로는 들리지 않는 음악이 들린 것 같다고 보고했다. 인간은 모든 감각을 활용해서 현실적인 세계를 인식하므로 개별 감각만으로는 패턴을 잘못 해석하거나 생성할 수 있다.[6]

다음에 나오는 레이철의 일화를 살펴보자. 당시 코치가 선수들에게 고래고래 소리를 지르자 레이철은 격분했고, 경멸의 눈으로 코치를 쳐다봤다. 하지만 코치는 레이철의 반항적인 눈빛을 존중의 표시로 착각했다.

지금도 그 순간을 생생하게 기억한다. 하지만 당시만 해도 그 순간이 내 인생에서 이토록 기억에 남을 만한 순간이 될지는 전혀 몰랐다. 때는 바야흐로 3학년 농구 시즌이 시작될 무렵이었다. 1년 내내 연습했지만, 막상 시즌이 시작되면 그동안 했던 연습은 연습도 아니었다. 코치는 매우 노련하고 허튼소리는 절대 하지 않는 사람이었다. 어느 날 연습 도중 우리는 어떤 잘못을 저질렀고, 결국 팀 전체가 코치를 빙 둘러싸고 서 있는 상황이 되었다. 격분한 코치는 원 안을 돌아다니며 고래고래 고함을 질렀다. 코치와 눈이 마주칠 때마다 나는 그 시선을 똑바로 마주하며 속으로 '아무리 코치라 해도 우리에게 이럴 권리는 없어!'라고 생각했다. 그런데

놀라움의 힘

고함을 치던 코치가 문득 나를 쳐다보며 말했다. "이 팀에서 그나마 용기 있는 인간이라곤 레이철밖에 없는 것 같군. 피해자인 척 바닥으로 눈을 내리깔지 않고 내 눈을 똑바로 마주 보니까 말이야. 적어도 레이철은 내 말을 존중해주는 것처럼 보여." 그 이후로 나는 사람들이 좋아하든 싫어하든 눈을 똑바로 마주 본다. 상대방이 하는 말을 두렵다고 피하지 않고 존중한다는 의미로 말이다. 그러다 보니 어느새 더 강한 사람이 된 듯하다.

코치는 레이철의 반항적인 시선을 존중의 표시로 오해했다. 그 사실에 놀라움을 느낀 레이철은 코치의 말대로 눈을 똑바로 마주 보는 행위를 다르게 인식하기 시작했다. 처음에는 무례한 의도였지만 이후에는 존중의 의미로 눈을 똑바로 마주 보게 된 것이다. 놀라움이라는 감정은 레이철이 마음을 열고 코치의 발언을 받아들이고, 나아가 마음가짐(사고방식)을 바꾸도록 만들었다. 그리고 레이철의 정신은 이 사건을 이야기로 만들어 이해했다.

뇌는 패턴을 인식하고 이를 다른 패턴과 연관 지어 놀라움을 최소화하고자 노력하는 예측 기계다. 우리가 받아들이는 정보는 잡음이 많고 불완전하기에, 우리는 인식한 것에서 부족한 부분을 메우고 그것을 일반화하도록 적응했다.

패턴에서 이야기로

인간은 본능적으로 패턴을 찾으려고 한다. 어떤 일을 경험하면 그 경험에서 패턴을 찾아 설명을 만들어낸다. 어느 날, 나는 오솔길을 걷고 있었다. 뱀 한 마리가 미끄러지듯 눈앞을 지나갔다. 반사적으로 펄쩍 뛰어올랐다. 몇 걸음 뒤에서 따라오던 친구가 왜 그러냐고 물었다. 나는 "뱀이 지나가서."라고 대답했다. 거짓말이었다. 정확히 말하자면 깜짝 놀라 뛰어오른 것이 먼저고, 뱀이 지나갔다는 사실을 깨달은 것은 나중이었기 때문이다. 궤변처럼 들린다면 이렇게 생각해보자. 같은 상황에서 덤불에 가려 보이지 않는 정원사가 바닥에 있던 호스를 잡아당겼다고 해도 똑같이 뛰어올랐을까? 물론이다! 뛰어오른 것이 먼저고 설명은 나중이다.

우리는 뱀을 보았기 때문에 뛰어올랐다고 생각한다. 의식이 생각은 쉽게 인식하지만 그보다 앞서 드는 감정, 즉 두려움은 인식하지 못하기 때문이다. 감정적인 반응이 뛰어오르는 행동을 촉발했다. 뱀이나 호스가 갑자기 움직이자 몸이 먼저 반응했고, 이 사실을 의식한 것은 그다음이다. 이 차이는 매우 미묘하지만 아주 중요하다. 놀라움이라는 감정을 느끼는 동안 우리는 주변 환경에서 그 상황을 설명할 단서를 찾는다. 설명을 찾거나 만들어낸 다음에 단서들을 연결한다.

같은 상황이 또 다른 흥미로운 결과로 이어질 수도 있다. 움직이는 호스를 뱀으로 착각했다고 가정해보자. 그러면 이 오솔길에는 뱀이 있다고 믿을 것이다. 다른 사람들에게 "뱀이 나타날 수도 있으니 그 길로 다니지 마."라고 경고할 수도 있다. 심지어 1년 내내 하루도 빠짐없이 그 길을 걸었고 단 한 번도 뱀을 보지 못했다고 해도 우리는 여전히 그 길에 뱀이 있다고 믿을 것이다. 한 예로 영화 〈피터와 드래곤Pete's Dragon〉에서 벌목꾼은 용을 한 번 본 이후로 35년 동안 다시는 보지 못했다. 하지만 벌목꾼은 여전히 용이 있다고 믿는다. 이처럼 일단 자신이 찾은 단서를 연결하고 나면 믿음은 견고하게 유지된다.

무언가를 의식하는 과정은 아주 느리게 진행된다. 따라서 의식에 들어왔다는 것은 이미 일어난 일이라는 뜻이다. 인간은 무질서 속에서 질서를 찾아 맥락에 집어넣는 능력 덕분에 이 위험하고 혼란스러운 세상에서 살아남았다. 인지신경과학자 마이클 가자니가Michael Gazzaniga는 이 맥락을 가리켜 '이야기'라고 부른다. 가자니가는 다음과 같은 연구 질문을 던진다. "사실이 발생하고 나서 그것에 관한 이론을 세운다는 것은 무엇을 의미하는가? 우리는 과거 사건을 허위로 꾸며내는 데 얼마나 많은 시간을 투자하며 그것을 사실이라고 믿는가?" 가자니가는 이 과정이 어떻게 일어나며, 잘못된 패턴을 만들고 믿고 근거를 찾는 일이 얼마나 쉬운지를 다음의 흥미로운 실험으로 보여주었다.[7]

한 실험에서 연구진은 실험 참가자를 거울 앞에 앉혀 놓고, 특수 분장으로 얼굴에 흉터를 만들었다. 참가자에게는 다른 사람과 토론할 때 이 흉터가 토론 상대방의 행동에 영향을 미치는지를 알아내는 것이 이 실험의 목적이라고 설명했다. 참가자는 흉터에 대한 반응이라고 생각하는 모든 행동을 관찰하라는 지시를 받았다. 하지만 특수 분장을 마무리하기 직전에 흉터가 갈라지지 않도록 보습해야 한다고 말하면서, 실제로는 참가자 몰래 흉터를 제거했다. 참가자는 여전히 눈에 띄는 흉터가 얼굴에 있다고 인식한 채 토론에 참여했다. 토론이 끝난 후 참가자는 어떤 결과를 보고했을까?

실험 참가자는 자신이 부당한 대우를 받았으며, 상대방이 긴장한 기색을 내비치며 위선적인 태도를 보였다고 보고했다. 이어서 연구진은 참가자에게 토론하는 모습을 녹화한 영상을 보여주었다. 영상은 참가자의 등 뒤에서 촬영했기 때문에 여전히 흉터가 제거되었다는 사실은 알지 못했다. 연구진은 함께 영상을 보면서 참가자에게 상대방이 언제 흉터에 반응했는지 정확히 짚어달라고 요청했다. 참가자는 상대방이 시선을 돌린 장면에서 영상을 멈추게 하고, 그 이유를 상처 때문이라고 지적했다. 이러한 지적은 영상이 끝날 때까지 이어졌다. 여기서 어떻게 실험 참가자가 주어진 정보로 이러한 설명을 하게 되었는지 알 수 있다. 얼굴에 보기 흉한 상처가 있고, 상대방이 시선을 자주 회피했고, 방에는 두 사람밖에 없었으며, 시선을 분산시킬 만한 다른 대상은 없었다. 참가자는 이 단서들을 연결했고, 그 결과 상대방이 흉터 때문에 시선을 돌렸다는 설명을 만들었다.

알다시피 대화 중에 시선을 돌리는 것은 일반적인 행동이지만 보통은 그 사실을 알아차리지 못한다. 하지만 예외적으로 이 실험에서는 상대방의 반응에 촉각을 곤두세우고 있었다. 따라서 평소 같으면 알아차리지도 못했을 시선을 돌리는 행위가 참가자의 의식으로 들어갔다. 우리가 지닌 믿음 가운데 많은 부분이 우리의 기대에 맞춰 만들어지고, 그 믿음이 사실이라는 증거를 찾기 위한 과잉경계hypervigilance로 이어진다. 가자니가의 연구 결과는 우리 뇌가 어떻게 외부 입력을 받아들여 이야기를 만들어내는지 보여주었다.

또 우리가 몸에서 얻은 정보로도 이야기를 엮어낸다는 사실을 보여주는 연구도 있다. 1962년 컬럼비아대학교에서는 몸에 대한 생리적 각성과 그것을 인지하게 만든 요인에 따라 감정 상태가 결정된다는 사실을 증명하려는 연구를 시작했다. 부신(사람의 좌우 신장 위에 있는 호르몬 분비 기관 — 옮긴이)에서 분비되는 에피네프린 호르몬은 교감신경계를 활성화하는데, 이를 '투쟁-도피 반응fight or flight response'이라고 부른다. 에피네프린은 심박수 증가, 혈관 수축, 기도 확장을 유발해 뇌와 근육에 산소와 포도당 공급을 증가시킨다. 이로 인해 가슴 두근거림, 손 떨림, 안면 홍조, 불안 증상이 나타난다. 우리 몸은 투쟁-도피 반응에서 스트레스 반응에 이르기까지, 각종 상황에서 에피네프린을 분출한다. 소음, 강추위, 무더위 같은 환경적 스트레스 요인에 노출되거나 상사에게 한바탕 깨지고 난 뒤에도 에피네프린이 분출된다. 좋아하는 연예인을 만나거나 발표자로 무대에 오르는 등 감정적 흥분 상태에서도 에피네프린이 분출된다.

연구진은 실험 참가자들에게 비타민 주사를 투여한 뒤 감각기

관에 어떤 영향을 미치는지 알아볼 것이라고 말했다. 하지만 실제로는 비타민 주사 대신 에피네프린 주사를 투여했다. 그리고 연구진은 참가자들을 두 집단으로 나누었다. 참가자 절반에게는 비타민 주사가 가슴 두근거림, 떨림, 홍조와 같은 부작용을 일으킬 수 있다고 설명했다. 나머지 절반에게는 아무런 부작용이 없다고 설명했다. 에피네프린 주사를 맞은 후 참가자들은 행복해 보이는 연구원이나 화가 나 보이는 연구원을 임의로 배정받아 면담했다.

주사 부작용에 관한 설명을 미리 들은 참가자들은 심장 두근거림과 같은 증상이 약물 때문이라고 생각했다. 반면 아무런 부작용이 없다고 들은 참가자들은 예상대로 생리적인 흥분을 환경 탓으로 오해했다. 즉 행복해 보이는 연구원과 면담한 참가자들은 그 연구원 덕분에 기분이 들뜬다고 말했고, 화가 나 보이는 연구원과 면담한 참가자들은 그 연구원 때문에 화가 치밀어 오른다고 말했다. 부작용에 관한 정보를 들은 참가자들만이 주사 때문에 교감신경계가 흥분되었다는 사실을 정확하게 인지하고 설명했다. 거짓 정보를 전달받은 참가자들은 환경에서 단서를 찾아 자의적으로 연관성을 찾아냈다. 이는 사건이 일어나면 어떻게든 설명을 찾으려는 인간의 성향을 보여준다.

교감신경계가 흥분하면, 우리는 어떻게든 그 이유를 설명하려한다. 해결책이 있으면 받아들이고, 없으면 만들어낸다. 부작용에 관한 경고를 들은 첫 번째 집단은 주사 때문이라는 해결책을 빠르게 찾았다. 그러나 부작용을 몰랐던 두 번째 집단은 주변에 보이는 단서들을 연결해 연구원과 상호작용한 결과로 교감신경계가 흥분했다는 잘못된 믿음을 만들었다.

놀라움이라는 감정을 경험할 때도 이와 비슷한 전개가 펼쳐진다. 강렬하게 놀라면 교감신경계도 흥분한다. 깜짝 놀라게 되면 예상치 못한 사건을 해결하고자 신경학적으로 방금 일어난 일을 설명할 필요성을 느낀다. 우리는 세상이 예측대로 흘러갈 때 심리적으로 편안하다고 느끼기 때문에, 인지에 장애가 발생하면 어떻게든 답을 찾으려고 한다. 다음에 등장하는 샘의 이야기는 이 과정이 어떻게 일어나는지를 보여준다. 이제는 교사가 된 샘은 어릴 적 선생님께 들은 예상치 못한 발언으로 어떻게 자아 정체성이 형성되었는지 말해주었다.

독일로 이주했다가 3년 만에 미국 버지니아로 돌아와 8학년(우리나라 중학교 2학년에 해당함 — 옮긴이)에 편입했을 때였다. 예전 친구들과 다시 친하게 지내는 일은 쉽지 않았다. 나는 그저 무방비하게 노출되었고 두려웠다. 그러던 어느 날, 사회 선생님의 말 한마디에 자아 정체성이 바뀌는 일이 일어났다. 나는 선생님의 질문에 겨우 소리 내어 대답했을 뿐인데 선생님은 이렇게 말씀하셨다. "샘, 공감 능력이 뛰어나고 똑똑한 사람일수록 발언 횟수도 높고 수업 참여도도 높단다." 아무도 신경 쓰지 않을 만큼 지나가듯 말씀하셨지만, 나한테는 그 말이 묵직하게 날아들었다. 긍정적인 가정에서 비롯된 말씀이었기 때문이다. 내게 놀라움을 안겨준 그 말씀 이후로 내 관점과 태도는 바뀌었고, 공감과 깨달음을 의무가 아닌 강점으로 여기기 시작했다. 나중에 '인생에서 만난 영웅'이라는 주제로 글쓰기를 했을 때, 나는 주저 없이 사회 선생님을 선택했다.

샘은 공감과 깨달음이 나약함의 표시라고 믿어왔다. 샘이 놀란 이유는 사회 교사의 말이 이러한 믿음을 흔들었기 때문이다. 샘이 느낀 놀라움은 기존의 사고방식을 재평가하는 계기가 되었다. 믿고 따르던 선생님께 예상치 못한 칭찬을 듣자, 새로운 방식으로 단서들을 연결해 '공감과 깨달음은 긍정적인 특성이다.'라는 믿음을 만들어낸 것이다. 이 모든 과정은 샘이 의식적으로 통제할 수 없는 영역에서 일어났다. 오로지 샘이 노력해서 이러한 변화를 인식하고 설명할 수 있게 된 것이다. 샘은 교사가 건넨 칭찬을 자기만의 강점으로 인식할 준비가 되어 있었다.

믿음은 무의식에서 작용한다

여러분의 마음은 감각을 통해 데이터를 얻고, 그 모든 데이터에 가치를 부여하고, 유사한 데이터는 '믿음'으로 묶은 다음, 이 믿음을 바탕으로 의사결정을 내린다. 눈앞에 30가지나 되는 서로 다른 맛의 도넛이 진열되어 있다고 상상해보자. 이런 상황에서 가장 맛있는 도넛을 고르는 일은 거의 불가능하다. 그러나 과거 경험에서 얻은 데이터가 있기에 모든 도넛을 일일이 살펴볼 필요는 없다. 나라면 별 고민 없이 허니 글레이즈드 도넛으로 손을 뻗을 것이다. 과거 경험을 바탕으로 허니 글레이즈드 도넛이 최고라는 단순한 믿음에 따라 결정을 내린다.

이 상황에서 진열된 도넛은 즐거움과 보상을 좇도록 유도하는 도파민 신경계를 활성화한다. 어떤 도넛을 선택하느냐에 따라 얻게 되는 즐거움과 보상의 수준이 다르다. 따라서 당신이 도넛을 선택하고 행동하기에 앞서 신경계가 먼저 작동한다. 뇌는 의식적인 생각이 시작되기도 전에 미리 계획을 세우고 행동을 평가한다. 허니 글레이즈드 도넛이 다른 도넛보다 맛있었던 경험이 있다면, 뇌에서는 허니 글레이즈드 도넛을 먹을 때의 즐거움과 보상이 가장 크게 활성화된다. 과거에 느낀 즐거움과 보상에 관한 기록은 우리가 할 행동을 예측한다. 그렇다면 더 복잡한 의사결정은 어떻게 이루어질까?

피오나와 엘로이 부부는 둘 다 로펌에서 일주일에 60시간씩 일한다. 휴식할 때는 등산이나 하이킹, 자전거 타기 등을 함께 즐긴다. 부부는 30대 초반에 새집을 짓기로 결심한다. 미리 정해둔 동네를 돌아다녀 보니, 모던타임리스 건축사무소가 지은 집들이 두 사람 마음에 든다. 부부는 다음 주에 모던타임리스의 로널드 건축설계사를 만나 다양한 건축 사례가 실린 잡지를 건네받기로 한다.

일주일 뒤, 세 사람은 다시 만난다. 로널드는 피오나와 엘로이에게 잡지를 보여주며 어떤 집이 마음에 들고 어떤 집이 마음에 들지 않는지 가볍게 물어본다. 로널드는 대화하는 내내 노련하게 색상, 모양, 방 크기, 조명, 동선, 붙박이 가구 등 수없이 많은 세부 사항을 머릿속에 기록한다. 잔뼈가 굵은 건축설계사인 로널드는 고객에게 지나치게 세부적이고 전문적인 요소까지 일일이 물어보지 않는다(가령 욕실에는 어떤 계열의 회색을 이용할지 또는 30종류에 달하는 배관 설비 가운데 무엇이 마음에 드는지를 질문하지 않는다). 경험상 고객이 "이건 좋고 저건 싫어요."라고 자유롭게 의견을 말할 때 중간에 끼어들면 배가 산으로 간다는 사실을 알기 때문이다. 지금은 고객이 원하는 핵심, 즉 전체적인 그림만 파악하면 된다. 로널드는 그저 부부가 어떤 집을 원하는지 핵심적인 부분만 알고 싶을 뿐이다. 그리고 세 사람은 2주 후에 다시 만나기로 한다.

2주 동안 로널드는 주택 건축 제안서를 준비한다. 피오나, 엘로이 부부와 대화하며 파악한 모든 취향이 시각화되어 제안서로 만들어진다. 여기에는 부부가 해당 동네를 선택한 이유, 자연 채광을 최적화할 구조, 조경 등 직접 논의하지 않은 수많은 기타 요소도 고려된다. 게다가 모던타임리스 건축사무소를 선택했다는 사실에서 부부가 언급하지 않은 몇 가지 취향을 합리적으로 추측할수 있다. 로널드는 피오나와 엘로이의 의견이 같은 부분과 충돌하는 지점도 기록한다. 로널드는 전문 지식과 다년간의 경험 등을 총

동원해서 공들여 제안서를 준비한다.

세 사람이 다시 만난다. 부부는 설렘을 주체하지 못하고 연신 기쁨으로 고개를 끄덕인다. 둘은 활짝 웃으며 손을 부여잡은 채 로널드를 바라보며 말한다. "완벽해요. 언제 시작할 수 있나요?" 피오나와 엘로이가 전문가의 도움 없이 이 일을 했다면 지붕 높이, 복도 폭, 바닥재 종류, 창문 크기 등을 결정하느라 허둥댔을 것이다. 두 사람은 창문 하나를 결정하는 데도 크기와 모양부터 재료와 설치할 위치에 이르기까지 조사하고 결정해야 할 일이 한둘이 아니라는 사실을 알고, 감당할 수 없다고 판단했을 것이다. 제안서를 보고 이런저런 탐색을 마친 두 사람은 한 가지 사실을 알게 된다. 로널드가 자신들이 말하지 않은 미묘한 취향을 인식하고 이를 바탕으로 모든 결정을 내려준 덕분에 의식적인 분별 과정이 단축될 수 있었다는 사실을 말이다.

무의식은 건축설계사인 로널드처럼 일한다. 모든 호불호와 추가적인 고려 사항과 가능성을 기록한다. 무의식이 수집할 수 있는 모든 데이터를 받아들이고, 믿음이라는 필터로 데이터를 걸러내서 호불호를 구분해주는 덕분에 우리는 세상을 이해할 수 있다. 무의식이 일하는 동안 의식은 화요일에 있을 재판을 준비하거나 토요일에 떠날 하이킹에 필요한 짐을 꾸리느라 바쁘다. 무의식은 의식을 산만하게 만들지 않으면서 필요한 모든 세부 사항을 고려한다.

정신은 온종일 이렇게 작동한다. 즉, 믿음과 호불호를 정리해서 요점만 추린 후 충동이나 직감의 형태로 의식에 전송한다. 무의식이 의식 아래에서 너무나도 부지런히 일해주는 덕분에 우리는 의식적인 삶을 살 수 있다. 우리가 일상에서 종종 충동이나 직감을 따르는 것은 어찌 보면 지극히 당연한 일이다.

우리가 대부분의 결정을 무의식적으로 내리는 것은 아니지만, 그런 식으로 더 나은 결정을 내릴 때도 있다. 암스트르담대학교 심리학자 압 데익스테르후이스Ap Dijksterhuis와 노스웨스턴대학교 교수 로란 노드그렌Loran Nordgren은 무의식적 결정이 의식적 결정보다 우월할 수 있다는 주장을 뒷받침하는 증거를 제시했다. 이들은 결정 과정이 얼마나 복잡한가에 따라 의식적인 사고 전략을 택할지 아니면 무의식적인 사고 전략을 택할지가 좌우될 것이라고 가정했다. 그리고 이러한 변수들 사이의 관계를 탐구하고자 일련의 실험을 수행했다. 실험 참가자들은 의식적 또는 무의식적으로 간단하거나 복잡한 결정을 내려야 했다.[8]

먼저 자동차를 구매하는 상황을 연출했다. 참가자 수십 명 중 절반은 네 가지 차종별로 기본 사양만 기재된 '단순한' 설명서를 받았다. 차종별로 좋은 사양도 있고 나쁜 사양도 있었다. 나머지 절반은 네 가지 차종별로 구체적인 사양이 기재된 '복잡한' 설명서를 받았다. 연구진은 설명서에 나오는 자동차 네 대를 가장 좋은 사양을 가진 자동차 한 대, 좋은 사양과 나쁜 사양이 같은 비율로 들어간 자동차 두 대, 가장 나쁜 사양을 가진 자동차 한 대로 구성했다. 단순한 설명서에 나오는 자동차 중 한 대는 좋은 사양이 75퍼센트고, 두 대는 좋은 사양과 나쁜 사양의 비율이 각각 50퍼센트로 같았으며, 나머지 한 대는 나쁜 사양을 75퍼센트로 구성했다. 복잡한 설명서에 나오는 자동차도 같은 퍼센트로 구성했다.

그다음, 각 집단을 다시 반으로 나누었다. 그리고 절반에게는 나중에 자동차에 등급을 매겨야 하니 설명서를 꼼꼼하게 숙지해 달라고 요청했다. 나머지 절반에게도 나중에 자동차에 등급을 매겨야 한다고 말했지만, 곧바로 단어 퍼즐을 풀게 해서 주의를 분산시켰다. 해당 참가자들이 여러 가지 자동차 사양을 의식적으로 평가하지 못하게 하려는 목적이었다. 그들은 4분간 단어 퍼즐을 풀고 나서 가장 마음에 드는 자동차 한 대를 선택하거나, 차종별로 '매우 나쁨'에서 '매우 좋음'까지 중 하나를 선택해 체크했다.

결과는 명확했다. 단순한 설명서를 받은 집단에서는 단어 퍼즐을 푼 참가자들보다 의식적으로 심사숙고한 참가자들이 더 좋은 차를 선택했다. 그러나 복잡한 설명서를 받은 집단에서는 주의가 분산된 참가자들이 더 나은 선택을 했다. 단어 퍼즐과 씨름하느라 무의식중에 의사결정 과정이 작동했는데도 가장 좋은 자동차를 선택해냈다. 데익스테르후이스와 노드그렌은 이러한 결과가 실험실 밖에서도 적용되는지 확인하고자 실제 현실 세계에서도 실험을 진행했다. 그 결과, 신중하게 구매 결정을 내린 고객은 단순한 물건을 구매할 때 만족도가 높았다. 반면 복잡한 물건을 구매할 때는 의식적으로 많이 고민하지 않고 의사결정을 내린 고객 집단의 만족도가 가장 높았다.

어떻게 이런 결과가 나올 수 있을까? 인간은 합리적인 의사결정을 내리는 데서 자부심을 느낀다. 인지과학자들은 의식을 관장하는 뇌 영역이 수많은 요소를 동시에 고려하는 데는 한계가 있다는 사실을 잘 알고 있다. 그렇기에 그들은 핵심 요소라고 생각하는 것에 집중한다. 의식적으로 심사숙고할 때는 불필요한 특징은 무시하고 특정 기능의 중요성만 부풀리는 경향이 나타난다. 따라서 결과가 왜곡될 수 있다.

'가용성 편향availability bias'이라는 심리 현상이 있다. 이는 머릿속에 쉽게 떠오르는 것이 더 중요하다고 생각하는 경향을 뜻한다. 예를 들어 매우 더운 날씨에 자동차를 구매한다면 에어컨 기능을 중요시하게 되고, 반대로 매우 추운 날씨에 자동차를 구매한다면 난방 기능을 중요시하게 된다. 예컨대 우리 부부는 강 근처에 사는 것이 오래된 꿈이었다. 그런데 새 보금자리를 찾던 어느 여름에 우리가 살던 도시에 기록적인 홍수가 발생했다. 이날 이후 우리는 언덕에 살기로 결심했다.

연구진은 이러한 의사결정 과정을 다음과 같이 설명한다. "의사결정 과정에서 의식적 사고는 스포트라이트와 같다. 의식적 사고는 문제를 밝게 비추지만 특정한 좁은 측면만을 강조한다. 그래서 처리 능력이 매우 제한적이다. 반면에 무의식적 사고는 아이 방에 있는 수면 등과 같아서 특정 부분에 집중하지 않고 전체적인 의사결정 과정에 희미한 빛을 비춘다." 다시 말해, 무의식적인 사고는 관련 요소들을 전체적으로 고려한다.

자연선택natural selection(자연계에서 환경에 적응하는 생물이 더 잘 살아남는다는 진화 이론 — 옮긴이)은 무의식적 사고를 밀어붙인다. 의식적 사고는 시간을 들여 여러 가지를 고려한다. 반면에 무의식적 사고는 규칙을 중심으로 빠르게 진행된다. 무의식적으로 사고하는 능력은 진화적 측면에서 큰 이점이다. 자연선택은 편의를 추구한다. 따라서 큰 수고를 들여야 하는 의식적 사고보다 효율적인 무의식적 사고를 선호한다. 다음 장에서는 효율을 추구하는 뇌가 어떻게 불신보다 믿음을 선호하는 성향을 만드는지 알아볼 것이다.

요약

1장에서는 우리가 어떻게 믿음을 형성하는지를 배웠다. 인간은 의미를 찾도록 진화한 생물로, 본능적으로 믿음을 형성한다. 믿음은 우리의 경험과 인식에서 자연스럽게 생겨난다. 이러한 믿음은 일종의 생존 가이드로서 우리가 복잡한 세상을 헤쳐나갈 수 있게 도와준다. 또한 믿음은 경험에서 찾아낸 패턴과 사건에 대한 감정적 반응에서 형성된다. 감정은 자극받으면 이유를 설명하려고 한다. 일차적인 설명이 존재한다면 우리는 이 설명을 있는 그대로 받아들인다. 그렇지 않다면 보이는 단서들을 연결해 패턴을 만든 다음 새로운 설명을 만들어낸다. 이 모든 과정은 의식적인 노력을 거치지 않고 일어난다. 이러한 인지적 성향 덕분에 놀라움을 경험하는 순간에 우리의 사고는 유연해진다.

우리가 믿음을 형성한다기보다는 믿음이 우리를 형성한다. 다음 장에서는 믿음이 어떻게 기능하고, 어떻게 기능적으로 문제가 생기는지 알아볼 것이다.

믿음은
어떻게 기능하는가

"인간은 타인의 말을 신뢰하는 성향을 타고났으며, 모든 정보에 일일이 의문을 제기할 시간이 없다."

– 앤드류 뉴버그Andrew Newberg,
《우리가 믿는 것을 믿는 이유Why We Believe What We Believe》 중에서[1]

다섯 살 무렵, 형이 간식을 사러 가자며 동네 구멍가게로 나를 데려갔다. 형은 가게 바닥에 떨어진 사탕은 전부 공짜라고 했다. 세상에, 이럴 수가! 나는 그 말을 듣자마자 진열된 사탕 더미 하나를 넘어뜨렸다. 그리고 바닥에 쏟아져 이제는 공짜가 된 전리품을 신나게 끌어모아 주머니에 쑤셔 넣었다. 이 만행을 목격한 가게 주인은 엄마에게 전화하겠다고 큰 소리로 윽박지르며 어린 나를 가게밖으로 내쫓았다. 가게에서 쫓겨나기까지 모든 과정을 지켜본 형이 낄낄거렸다. 아직 어렸던 나는 형의 거짓말에 쉽게 속아 넘어갔다. 당시에 형을 믿지 않는다는 것은 상상도 할 수 없는 일이었다.

사회적 동물인 인간은 가장 가까운 사람들에게 교육받으며 믿음을 형성한다. 우리는 본능적으로 부모나 교사가 하는 말을 의심 없이 받아들인다. 우리가 회의적이라면 끊임없는 의심 속에 살게 될 것이다. 하지만 끊임없이 의심하면서 매일을 살아가는 것은 꽤 비효율적인 삶의 방식이다.

우리는 어떻게 먼저 믿고, 그다음에 의심하도록 진화했을까? 《믿음의 탄생》의 저자인 클레어몬트대학교 대학원의 마이클 셔머 Michael Shermer 박사는 이 질문에 답을 찾고자 다음과 같은 사고 실험을 활용했다.

당신이 300만 년 전 아프리카 사바나 초원을 따라 걷고 있는 호미니드라고 상상해보자. 풀숲에서 바스락거리는 소리가 들린다. 이 소리는 그저 바람이 지나간 소리일까, 아니면 위험한 포식자가 낸 소리일까? 이 판단에 당신의 목숨이 달려 있다.

당신은 풀숲에서 들려온 소리가 위험한 포식자가 낸 소리라고 생각했지만, 실제로는 바람 소리였다고 가정해보자. 그렇다면 '위양성false positive'이라고 알려진 1종 오류를 범한 것이다. 당신은 거짓을 진짜라고 믿었다. 과학자들은 이를 실제로 존재하지 않는 패턴을 찾은 것으로 설명한다. 즉, 풀

숲에서 들려온 바스락거리는 소리(A)를 포식자(B)로 연결한
것이다. 이 경우 어떤 피해도 발생하지 않는다. 당신은 주변
을 더 경계하며 다른 길로 돌아갔을 뿐이다.

이번에는 풀숲에서 들려온 바스락거리는 소리가 바람 소
리라고 생각했지만, 실제는 위험한 포식자였다고 가정해보
자. 그렇다면 위음성false negative이라고 알려진 2종 오류를 범
한 것이다. 당신은 진짜를 거짓이라고 믿었다. 즉 실제로 존
재하는 패턴을 그만 놓친 것이다. 풀숲에서 들려온 바스락
거리는 소리(A)를 포식자(B)로 연결하는 데 실패했지만 실제
로는 연결된 경우다. 당신은 이제 포식자의 점심이 되어버
렸다. 다윈상을 받은 것을 축하한다(어리석은 행동으로 죽음에
이르러 후대에 유전자를 물려줄 수 없게 됨으로써 결과적으로 인류
진화에 이바지했다는 뜻의 농담 — 옮긴이).

결과적으로 봤을 때, 풀숲에서 들려온 바스락거리는 소리
를 포식자라고 믿는 편이 훨씬 낫다. 진화에서 최우선 과제
는 생존이다. 존재하지 않는 것을 존재한다고 믿는 1종 오
류가 2종 오류보다 훨씬 안전하다. 유입된 정보를 비판 없
이 수용하는 것, 즉 일단 믿고 보는 성향은 생존에 엄청나게
유리했다. 적어도 인터넷과 소셜미디어가 생기기 전, 우리
조상들이 살던 시대에는 말이다. 조상들은 작게 무리 지어
살면서 자신의 감각을 믿었고, 부모와 지도자를 비롯해 신
뢰할 만한 사람들을 믿고 따랐다.[2]

사회적 존재인 인간이 믿음을 토대로 살아가는 데는 유리한 점이 또 하나 있다. 실패와 좌절이 만연한 세상에서 성공할 수 있다는 믿음, 즉 낙관주의는 주도성과 혁신과 창의성을 길러준다. 어린아이가 저글링이나 악기 연주 등 자신이 할 수 없는 일을 목격했다고 가정해보자. 아이들은 언젠가는 자신도 반드시 저글링에 성공하거나 악기를 연주할 수 있다는 믿음으로 열심히 연습한다. 그리고 부모가 그 모든 과정을 곁에서 지켜봐주기를 원한다. "엄마, 아빠! 이것 좀 보세요!"

불신은 믿음의 반대말인가?

믿음과 불신은 행동과 감정에 영향을 줄 수 있는 정보를 제공한다. 그런데 믿음이 기본값이라면 불신은 단지 믿음의 반대말일까, 아니면 아예 다른 인지 과정일까? 2008년 캘리포니아대학교 로스앤젤레스UCLA 소속 과학자 샘 해리스Sam Harris는 믿음을 신경과학적으로 연구했다. 이 연구의 목적은 '믿음', '불신', '불확실'이 각각 '수용', '거부', '망설임'이라는 일반적인 인지 상태에 대응하는지를 알아보는 것이었다.

해리스는 기능성 자기공명영상fMRI으로 뇌를 촬영하면서 실험 참가자들에게 다양한 명제를 제시한 후, 그 명제가 참인지 거짓인지를 물었다. 그중에는 '8 더하기 7은 15' 같은 참인 명제도 있었고, '독수리는 흔한 반려동물이다.' 같은 거짓인 명제도 있었다. 또한 '신은 존재한다.' 같은 참과 거짓을 알 수 없는 명제도 있었다. 해리스는 참가자가 참이라고 믿는 명제를 받았을 때는 특징적인 뇌 활동이 거의 일어나지 않는다는 것을 발견했다. 그때는 추론, 정서적 보상, 학습과 관련된 영역만 잠깐 깜박였다. 반대로 거짓이라고 믿거나 진위를 알 수 없다고 믿는 명제를 받았을 때는 심사숙고, 의사결정, 혐오와 관련된 뇌 영역이 더 오랜 시간 강하게 활성화되었다.

불신 상태에 도달하려면 뇌는 더 열심히 일해야 했다. 불확실 상태에서는 오류 감지, 갈등 해결과 관련된 뇌 영역이 활성화되었다. 이러한 연구 결과는 믿음은 빠르고 자연스럽게 도달할 수 있지만, 의심이나 거부는 천천히 깊이 고민해야 도달할 수 있다는 가정을 뒷받침한다.

연구진은 명제의 진리치를 참으로 수용하거나 거부할 때, 부분적으로 맛이나 냄새가 좋은지를 판단할 때 작동하는 뇌 영역이 활성화된다는 사실을 발견하고 깜짝 놀랐다. 이는 다른 사람의 의견이 마음에 들지 않을 때 "그 생각 구려."라고 흔히 표현하는 것과 일맥상통한다. 이렇듯 믿음을 형성하는 인지 과정이 더 원시적인 감각과 지각 시스템에서 진화했다는 사실은 그리 놀랍지 않다.[3]

과학계에서는 이 연구 결과가 뇌의 기본값이 '수용'이라는 사실을 다시금 확인시켜 준다고 해석한다. 다시 말해, 믿는 것은 쉽고 의심하는 것은 노력이 필요하다. 수용이라는 뇌의 기본값이 인터넷이 생겨난 이후의 세상을 살아가기에는 현명한 전략이 아닐 수 있지만, 진화의 관점에서 보면 합리적이다.

나는 나의 믿음을 신뢰한다

마술 쇼를 본 경험을 떠올려보라. 마술사의 모든 행동이 속임수인 걸 알면서도 쇼에 빠져들다 보면, 마술사가 물리 법칙을 바꿨다고 순간적으로 믿게 된다. 우리는 나이 들면서 점점 의심하는 법을 배우지만, 순간일지라도 일단 믿고 보는 것이 인간의 본능이다. 뭐든지 잘 믿던 어린 시절을 떠올려보라. 새로운 믿음을 받아들이는 것은 식은 죽 먹기였지만, 의심하는 능력은 정신적으로 훨씬 더 큰 노력을 기울여야 가질 수 있었다.

인간은 줄곧 자연스럽게 상황을 수용하지만, 때론 깊은 생각에 잠기기도 한다. 우리가 의도적으로 사색할 때, 무엇이 이러한 유형의 사고를 유발할까? 인간의 사고는 어떤 체계를 따르는 것일까? '추론'의 원동력은 무엇일까? 빠르게 받아들이는 것과 느리고 신중하게 고민하는 것은 서로 다른 독립적인 과정일까, 아니면 같은 정신 활동의 두 가지 측면일까? 둘 중에 어떤 사고 과정이 일어나고 있는지 의식적으로 알아차릴 수 있을까? 언제, 어떤 사고 과정이 발생할지를 결정하는 요소는 무엇일까? 이 질문들에 대한 답은, 노벨상 수상자인 프린스턴대학교 대니얼 카너먼Daniel Kahneman

교수에 의해 알 수 있게 되었다.

빠르게 본능적으로 혹은 느리게 의식적으로

집에서 직장까지 13킬로미터가 넘는 거리를 매일 자동차로 통근한다고 가정해보자. 수백 번도 넘게 오간 출퇴근길이다 보니 몸이 거의 자동으로 움직여 목적지에 어떻게 도착했는지 기억조차 없다. 본능적으로 굽은 길에서 핸들을 꺾고, 교통량을 예측해 경로를 조정하며, 교통 규칙을 준수해 적정 속도로 주행한다. 이 모든 행위가 좋아하는 음악을 들으면서 물 흐르듯이 이루어진다. 그런데 오늘은 눈보라가 휘몰아친다. 도로 상황에 집중해야 하므로 라디오를 끈다. 발은 브레이크에 올려둔 채 주변 상황을 살피며 서행한다. 평소에는 아무 생각 없이 본능적으로 운전하지만, 눈보라가 치는 날에는 온 신경을 운전에만 집중한다.

　카너먼 교수는 전 세계적으로 찬사를 받은 자신의 저서 《생각에 관한 생각》에서 인간이 어떻게 생각하고 행동하는지를 연구했다.[4] 연구의 핵심은 인간의 사고 체계를 두 가지로 나누어 '시스템 1'과 '시스템 2'라고 명명한 것이다. 시스템 1은 빠르고 직관적이며 감정에 충실하다. 시스템 2는 느리고 의식적이며 논리를 중요시 여긴다. 시스템 1은 의식적인 노력을 거의 혹은 전혀 기울이지 않고, 자발적인 통제 없이 자동으로 신속하게 작동한다. 평소 출퇴근길에는 시스템 1이 가동된다. 시스템 2는 복잡한 계산을 포함해 무언가를 해결하기 위해 노력할 때 활성화된다. 당신은 시스템 2 덕분에 눈보라 속에서도 무사히 귀가할 수 있었다(시스템 2가 지휘권을 잡는 동안에도 배후에서는 시스템 1이 운전대를 더 단단히 잡고 브레이크에서 발을 떼지 말라고 명령한다).

시스템 1은 온종일 작동하는 직관적인 반응이다. 일종의 자율 주행 장치라고 생각하면 된다. 우리는 일과 중에 별다른 노력을 기울이지 않고 수많은 의사결정을 내리지만, 이를 인식조차 하지 못한다. 친구들과 커피를 마시면서 어떤 화제가 나오든 별생각 없이 수다를 떨 때는 시스템 1이 작동한다. 반면 복잡한 계산을 해야 할 때는 시스템 2가 작동한다. '2 곱하기 2'는 시스템 1이 수행한다. '64.8 곱하기 73.19'는 시스템 2가 수행한다.

카너먼 교수는 왜 두 가지 사고 체계를 시스템 1과 시스템 2라고 불렀을까? '자동 시스템'과 '의식 시스템'이라는 이름이 더 직관적으로 이해하기 쉬운데 말이다. 이 질문에 카너먼 교수는 이렇게 답했다. "이유는 간단하다. '자동 시스템'은 '시스템 1'보다 발음하는 데 시간이 걸려서 작업 기억에서 더 많은 공간을 차지하기 때문이다."

우리가 내리는 결정과 판단의 대다수는 얼핏 선택처럼 보이지만, 대부분 시스템 1에 자극이 가해지면서 무의식적으로 이루어진다. 시스템 1과 시스템 2 사이에는 매우 효율적인 분업이 이루어진다. 노력을 최소화하고 성과를 최적화하고자 두 시스템은 상호보

완적인 방식으로 협업한다. 카너먼 교수는 이렇게 설명한다. "시스템 1이 맡은 일을 아주 잘 수행하기 때문에 대개 분업은 문제없이 이루어진다. 시스템 1이 익숙한 상황에 대처하는 방식과 단기적인 예측은 대부분 정확하고, 문제가 발생했을 때 초기 대응 역시 신속하고 적절하다." 시스템 2는 의식적으로 주의를 집중하거나 시스템 1이 응답하지 않을 때 활성화된다. 요컨대 우리가 놀랄 때 시스템 2가 작동하는 것이다.

놀라운 일이 일어나면 순간적으로 주의력이 급증한다. 시스템 2는 시스템 1이 예측하고 관리하는 세상 모형에 들어맞지 않는 사건이 일어날 때 활성화된다. 형이 바닥에 떨어진 사탕은 공짜라고 말했을 때, 나는 아무 의심 없이 그 말을 믿었다. 그래서 사탕을 바닥에 쏟고 주머니에 넣었다. 하지만 가게 주인은 전혀 예상치 못한 반응을 보였고, 나는 놀랐으며, 덕분에 시스템 2가 활성화되었다. 나는 이 상황을 어떻게든 이해해야만 했다. '돈을 내지 않고 사탕을 가져가는 것은 도둑질이고, 우리 형은 사기꾼이다.' 이렇듯 새로운 믿음이 즉각 형성되고 시스템 1로 통합되었다. 이후 시스템 1은 또 다른 행동을 일으켰다. '형이 하는 말은 함부로 믿지 말고, 모든 물건은 값을 치러야 한다.'

시스템 2는 시스템 1이 빠르게 대충 만들어낸 불완전한 현실 세계의 초안을 별다른 의심 없이 믿고 합리적인 선택을 내린다. 시스템 2의 역할은 시스템 1이 만들어낸 불완전한 세상 모형을 천천히 분석하는 것이지만, 비판 없이 받아들이는 경우가 훨씬 많다. 완벽히 신뢰하기는 어렵지만, 그편이 더 편리하기 때문이다. 시스템 1이 만들어낸 세상 모형을 바탕으로 일단 믿음을 형성한 후, 의식적으로 재검토가 필요할 때만 시스템 2가 개입한다.

잘못된 믿음은 '생각' 없이 빠르게 형성될 수 있다

행동을 변화시키는 데 처벌과 보상 중 어느 쪽이 더 효과적일까? 우리는 종종 특정한 믿음을 지지하는 이유에 대해 생각하지 않고 무조건 옳다고 단정하면서 부적절한 믿음을 만들기도 한다.

교실에서 일어나는 일상적인 상호작용을 떠올려보자. 학생이 잘못된 행동을 하면, 교사는 화를 내며 벌을 주고 학생은 잘못된 행동을 그만둔다. 교사에게는 도파민의 분비가 약간 증가하면서 다음과 같은 신호를 전달한다. '처벌이 효과가 있으니 다음에도 시행하라.' 처벌이 효과적이라는 교사의 믿음은 효과가 있는 것처럼 보인다. 이 믿음은 처벌받은 학생이 잘못된 행동을 그만두는 즉시 입증된다. 잘못된 행동을 그만두지 않으면 교사는 더 가혹한 처벌을 내린다. 결국 교사는 '처벌이 효과가 있다.'라는 믿음을 갖게 된다.

그렇다면 처벌은 정말로 효과가 있을까? 교사는 그렇게 생각할 수 있지만, 만약 교육이 목적이라면 처벌은 효과가 없다. 그 이유는 다음과 같다. 학생에게 처벌은 행동을 교정하는 수단이 아니라 적대적 행위다. 처벌받은 학생의 몸에서 도파민의 분비가 조금 감소하면서 '다시는 그러지 말 것. 조심하라.'라는 신호를 보낸다. 이제 이 학생은 수업 시간에 불안해하며 교사에게 도움을 요청하기를 꺼리게 된다. 처벌받은 이후 학생의 주의는 학습에 대한 흥미와 처벌에 대한 두려움으로 분산된다. 연구에 따르면, 일반적으로 교실에서 정서적 안정감을 느끼고 교사에게 다가가기를 두려워하지 않는 학생이 우수한 성적을 받는다고 한다.

학생이 잘못된 행동을 하는 원인은 단순하지 않을 때가 많아서 신중한 개입이 필요하다. 하지만 안타깝게도 교사에게 신중하게 생각할 시간과 기회가 항상 주어지지는 않는다. 처벌은 교육 측면에서는 효과적이지 않지만, 업무량이 많은 교사에게는 편리한 수단이 된다.

합리적으로 형성되었을지라도 믿음은 여전히 틀릴 수 있다. 우리는 검증되지 않은 잘못된 믿음까지 지키려 애쓴다. 그러지 않으려고 해도 오늘날처럼 복잡한 세상에서 생존하려면 편의가 우선시된다. 모든 믿음을 일일이 검증하는 것은 너무나 힘든 일이기 때문이다.

지름길이 정확도보다 중요하다

인생 첫 차를 구매하려는데 선택지가 비교적 다양한 상황이라고 상상해보자. 어떻게 최종 결정을 내려야 할까? 형은 "모든 조건이 같다면 유지 보수가 쉬운 차를 사라."라고 말했다. 누나는 "중고로 가장 비싸게 팔리는 차가 뭐야?"라고 물었고, 친구는 "가장 좋은 가격을 제시하는 딜러가 누구야?"라고 물었다. 아버지는 "항상 안전도 평가 점수가 가장 높은 차를 사."라고 말씀하셨다. 가족이나 가까운 지인의 조언은 복잡한 결정을 내릴 때 정신적인 부담을 덜어주고, 최종 결정으로 가는 지름길을 제시한다.

뇌는 에너지를 절약하는 방향으로 진화했다. 인간은 인지 자원을 아끼려는 특성이 있기 때문에 주변에서 들어오는 모든 감각 정보를 처리할 수는 없다. 뇌는 연산 부담과 에너지 소비를 줄이고자 규칙을 정해놓고 자동으로 응답한다. 일상적인 문제 대부분은 불확실성에 관한 것이므로, 이러한 경험법칙rule of thumb에 근거한 판단이 직관을 끌어낸다. '직감'이라고도 하는 직관은 불확실하고 복잡한 세상을 살아가는 데 있어 유용한 도구다.

과학자들은 세상을 더 쉽게 살아가기 위해 복잡성을 줄이고 요점만 추리는 이 과정을 '휴리스틱heuristics'이라고 부른다. 휴리스틱은 경험에서 우러나오는 지혜이자, 우리가 목적지에 더 빠르게 도착할 수 있게 해주는 판단의 지름길이기도 하다. 휴리스틱은 인지적 수고를 줄이고 의사결정을 단순화하기 때문에 유용하다.

인지과학에 따르면, 인간은 경험법칙에 따라 요약한 설명을 선호한다고 한다. 내가 출판사에 이 책의 출간을 제안했을 때, 출판사 관계자들은 책을 간략하게 요약해서 설명해달라고 요청했다. 대화하다가 상대방의 말이 길어지면 어서 빨리 요점으로 넘어

놀라움의 힘

갔으면 좋겠다고 바랄 때가 있다. 내가 상대방의 말을 제대로 들었는지 확인할 때는 요점을 정리해 되묻곤 한다. "요점만 간단히 말씀해주세요.", "그래서 결론은 뭔가요?", "지금 말씀하시는 내용의 핵심은 무엇이죠?" 등이 일상생활에서 흔히 쓰이는 표현이다. 모든 학술 논문은 핵심만 짧게 요약한 초록으로 시작한다. 미디어 전문가들은 슬로건과 사운드 바이트sound bite(인터뷰나 연설에서 핵심 발언을 추린 15초 내외의 짧은 음성 파일 — 옮긴이)를 이용해 제품이나 아이디어를 홍보하고 판매한다. 휴리스틱 덕분에 정보에 더 쉽게 접근할 수 있지만, 세상 모든 유용한 일이 그렇듯 비용이 들기 마련이다.

휴리스틱은 대부분 성급한 어림짐작인 탓에 근거가 빈약하고 틀릴 때도 많다. 휴리스틱은 고정관념과 비슷하다. 쉽게 말해, 맞을 때도 있고 틀릴 때도 있다. 인류의 일상적인 추론 능력은 복잡하고 역동적인 환경에 효율적으로 대처하도록 진화했다. 생존에 유리하다는데 몇 번 실수한들 그게 무슨 대수겠는가? 딱히 반론이 없다면, 우리의 논리적 사고는 굳이 재빠른 판단을 마다할 이유가 없다고 생각한다. 맞는 것 같고 아무도 이의를 제기하지 않는다면 그걸로 충분하다. 정확성은 중요한 기준이 아니다. 8장에서는 단순함을 선호하는 인간의 본능을 활용해 타인에게 영향력을 미칠 수 있는 강력한 메시지를 작성하고 전달하는 방법을 배우게 될 것이다.

기능이 정확도보다 중요하다

농부가 칠면조 한 마리를 보호한다. 경계심 많은 칠면조는 점차 농부에게 다가가는 법을 배운다. 이러한 배움은 반복된다. 칠면조는 제한된 뇌로 단서와 단서를 연결한다. 단서 간의 연결 패턴은 명확하다. '농부는 나의 친구이자 보호자다.' 비록 이 판단은 정확하지 않지만, 꽤 오랫동안 유효하다. 칠면조에게는 추수감사절을 일주일 앞두고 어떤 일이 벌어질지 예상할 이유가 전혀 없다. 믿음은 반드시 정확하지 않을지라도 기능하도록 진화했다.

신디는 교육학을 전공하는 대학원생이었다. 신디는 자신의 능력을 제한하는 부정적인 믿음이 긍정적인 믿음으로 뒤바뀐 순간을 경험했다. 이 믿음은 정확하지는 않지만, 신디에게는 매우 중요한 기능적 믿음이 되었다. 신디가 그 말을 받아들이고 사고방식을 바꿔 새로운 믿음을 형성한 그 짧은 순간을 가능하게 한 요소는 바로 놀라움이었다. 신디는 그 순간을 다음과 같이 설명한다.

학창 시절 내내 나는 읽고 쓰는 일이 가장 어려웠다. 초등학교 2학년 때는 읽기 영역에서 개별화 교육 계획individualized education plan, IEP 대상자가 되면서 정기적으로 읽기 보충 수업을 들어야 했다. 수업 시간에 선생님이 큰 소리로 지문을 읽어보라고 나를 지명하는 날에는 같은 반 친구들에게 놀림을 받곤 했다. 선생님이 책 읽을 학생을 뽑으려고 유리병으로

놀라움의 힘

손을 뻗을 때마다 나는 진땀을 흘렸다. 시험 날이면 나는 항상 마지막까지 혼자 남아 있었고, 그때마다 이루 말할 수 없이 창피했다. 수치심에 허둥지둥 서둘러 시험을 마무리하느라 점수도 엉망이었다.

4학년 때 모두가 컴퓨터실에서 읽기능력평가를 치르고 있을 때였다. 사서 선생님이 감독관이셨다. 또다시 컴퓨터실에 나 혼자 남겨졌다. 정말이지 너무 창피하고 나 자신이 바보처럼 느껴졌다. 그때 선생님이 다가와 말씀하셨다. "시험 칠 때 끝까지 남아 있는 사람이 보통 점수가 가장 좋은 법이지."

그 말 한마디가 내 인생을 송두리째 바꿔놓았다. 그 후로 나는 마지막까지 남아 시험을 치르는 것을 전혀 창피하게 여기지 않았다. 친구들이 먼저 시험을 치고 떠나도 서두르지 않았다. 시간만 충분히 주어지면 나도 남들만큼 할 수 있다는 사실을 깨달았다.

"시험 칠 때 끝까지 남아 있는 사람이 보통 점수가 가장 좋은 법"이라는 교사의 말을 뒷받침하는 근거는 없었지만, 신디에게는 의심할 이유가 없었다. 신디에게 이 메시지의 핵심, 즉 휴리스틱은 '나는 바보가 아니다. 시간만 주어지면 무엇이든 할 수 있다.'였다. 이 믿음은 신디에게 제대로 기능했다. 영리한 사서교사는 단순하면서도 긍정적인 발언으로 신디를 놀라게 했고, 신디는 자신을 긍정적으로 바라보게 하는 발언을 즉각 수용했다. 마침내 자신감을 되찾은 신디는 남들보다 시간이 더 걸리더라도 주어진 과제를 성공적으로 수행했다. 즉각적인 성공을 경험하진 못하더라도, 할 수 있다는 '기대' 자체가 성공하는 사고방식을 확립하는 데 도움이 되었다.

이렇게 생각해보자. 처음에 신디는 읽는 속도가 느린 탓에 자신이 바보라고 믿었다. 이 믿음은 신디를 불안하게 했고, 포기하고 싶은 충동을 불러일으켰다. 그러나 '시간만 주어지면 뭐든지 할 수 있다.'라는 새로운 믿음은 끈기와 열정을 불러일으켰다. 이것이 바로 집념의 특징이다. 신디는 이제 성공 경험이 부족하더라도 이를 극복할 수 있다고 생각한다. 심리학자들은 이를 가리켜 '성장형 사고방식'이라고 부른다(성장형 사고방식은 11장에서 더 자세히 다룰 것이다).

놀라움을 불러일으키는 말이 제대로 기능하면 믿음을 변화시킬 수 있다. 하지만 일반적으로 말하자면, 믿음은 확고하게 유지되어야 한다. 변덕스러운 믿음 체계는 정서적 혼란과 위험을 초래할 수 있기 때문에 기능적이면서도 강력한 믿음을 갖는 것이 좋다. 옳고 그름보다는 생존이 우선이다.

'자기손상화 성향self-handicapping predisposition'은 부정확한 믿음이 잘 기능하는 또 다른 사례다. 예컨대, 자기손상화는 다음의 상황을 설명한다. 민주당원들은 자신들에게 불리하게 판이 짜여 있다고 확신하는 반면, 공화당원들은 자신들이 더 어려운 일을 하고 있다고 확신한다. 누구나 자기손상화 전략을 이용한다. 실패에 대비해 미리 핑곗거리를 만들어놓는다. 가령 나는 얼마 전 골프 모임에서 게임을 시작하기 전에 같이 간 친구들에게 이렇게 말해두었다. "나한테 크게 기대하지 마. 두 달 만에 치는 거니까." 내 말을 들은 친구들은 투덜거렸다. 나는 내 말을 믿지만, 친구들은 내 말을 자기손상화로 생각한다. 이제 나에게는 잘 못 쳐도 괜찮은 타당한 구실이 생겼다. 잘 치면 잘 치는 대로 불리한 상황을 이겨낸 셈이 된다. 어느 쪽이든 구실이 없는 것보다 유리하다.

학생들은 말한다. "나흘 동안 밤을 새우다시피 공부했더니 지금 제정신이 아니야. 시험을 망치지만 않으면 다행이야." 이제 시험을 망친다고 해도 똑똑하지 않아서 망친 것이 아니다. 스포츠 팬들은 이렇게 말한다. "우리 팀 에이스인 마커스가 독감이 완전히 낫질 않아서 오늘 밤은 여간해선 이기기 힘들 거야." 이제 팀이 지더라도 다음번에는 틀림없이 오늘보다 나은 경기력을 보여줄 테고, 이런 핸디캡에도 불구하고 승리하면 이보다 영광스러울 수 없다. 이는 승패에 상관없이 유리한 발언이다. 상황이 어려울 때는 성공을 가로막는 장애물이 두드러져 보이므로 장애물의 존재를 알아차릴 수밖에 없다. 우리는 어떻게 해서든 이 장애물을 극복해야 한다. 반면에 운이 좋을 때는 줄곧 알아차리지 못한다. 의식적으로 극복할 필요가 없기 때문이다.

자기손상화는 단순히 실패를 축소하거나 성공을 미화하는 수단에 그치지 않는다. 이는 부도덕한 관행이 횡행하는 조건을 만

들 수도 있다. 연구원 샤이 다비다이Shai Davidai와 토머스 길로비치
Thomas Gilovich는 연구 회계사 가운데 실험적 연구를 하는 회계사와
비실험적 연구를 하는 회계사(실험적 연구는 연구자가 특정 변수를 조
작해서 그 결과를 관찰하는 연구 방법이고, 비실험적 연구는 연구자가 변수
를 조작하지 않고 자연스럽게 발생하는 상황을 관찰하거나 기록하는 연구
방법이다 — 옮긴이) 약 100여 명을 대상으로, 어떻게 자기손상화를
실행하는지 조사했다. 연구 결과, 예상대로 두 집단 모두 자기 분야
가 더 어렵다고 주장했다. 이 연구는 여기서 한 단계 더 나아갔다.

실험 참가자들은 소위 의문스러운 연구 관행에 관한 다음과
같은 질문을 받았다. "연구 자체가 탄탄하다면 자금 출처가 의심
되는 곳에서 연구 지원금을 받아도 괜찮은가? 같은 논문을 서로
다른 저널에 중복해서 게재해도 괜찮은가? 실제로는 연구에 참여
하지 않았는데 공저자로 논문에 이름을 올려도 괜찮은가?" 이러
한 질문의 목적은 참가자들이 자기 분야와 자신이 불리한 입장이
라고 생각할 때, 도덕적으로 해이해지는지를 알아보기 위한 것이
었다. 다시 말해, '자신이 불리한 처지에 놓여 있다고 판단할 때, 공
정한 경쟁 환경을 조성한다는 명분으로 약간의 변칙을 용납할 것
인가?' 하는 질문이었다. 연구 결과, 참가자들은 상황이 자신에게
불리하다고 느끼면 이를 보상하고자 규칙을 자신에게 유리하도록
임의로 바꿀 의사가 있다는 사실이 드러났다.[5]

그렇다면 이러한 내재적 성향에 어떻게 대처할 수 있을까? 첫
째, 자신에게 본능적으로 구실을 만들어내고자 하는 성향이 있다

는 사실을 알아야 한다. 정확히 아는 것은 문제 해결의 열쇠다. 기능이 정확도보다 중요하다는 사실을 기억하라. 자기손상화 만들기를 경계하라. 둘째, 그 과정에서 운과 기회가 따랐다는 사실을 인정하라. 마지막으로, 스스로가 도덕적인 인물이라고 주장하고 싶다면 양심적으로 행동하라.

믿을 게 없을 때는 만들어서라도 믿는다

인간의 정신은 미스터리를 너무나도 싫어해서 합리적인 설명을 찾을 수 없으면 만들어서라도 그 공백을 메우고, 그것을 믿는다. 일단 믿음을 형성한 뒤에 이를 뒷받침할 증거를 찾는 것이다.

나는 최근에 30시간 금식이 필요한 시술을 받았다. 시술이 끝난 뒤에는 평소에 먹던 대로 먹었다. 그리고 다음 날 헬스장에 가서 평소와 다름없이 체중계에 올랐다. 1.3킬로그램 정도가 늘어 있었다. 뭐지? 예상치 못한 숫자에 깜짝 놀랐다. 규칙적으로 헬스장에서 운동하는 터라 이러한 체중 변화는 극히 드문 일이었다. 게다가 금식까지 한 터라 당연히 몸무게가 줄었으리라 예상했다. 체중계에 나타난 숫자를 본 순간, 순간적으로 사고가 멈췄다. 다시 몸무게를 쟀다. 여전히 숫자는 같았다. 어떻게 이럴 수가 있지?

사고의 진공상태를 싫어하는 내 정신은 그 자리에서 설명을 만들었다. 몇 년 전 읽은 글이 퍼뜩 떠올랐다. 풍요의 시기와 결핍의 시기를 오가던 때에 인간이 어떻게 진화했는지를 설명하는 글이었다. 조상들이 살던 시대에는 효과적인 식품 저장고가 없었다. 다른 동물들과 마찬가지로, 인간은 식량이 풍부한 시기에 포식하며 지방을 비축했다. 풍요의 시기에 지방을 비축해 다가올 결핍의 시기를 보상하도록 진화한 것이다. 아하! 내 몸도 그런 원리로 작동한 것이 분명했다. 30시간 금식이 지방 비축 반응을 유도하는 신호탄이 된 것이다. 금식 이후에 평소 식단으로 돌아왔는데도 내 몸은 여전히 결핍 상태에 맞춰져 가능한 모든 열량을 저장했고, 그 탓에 갑자기 체중이 늘어난 게 틀림없었다.

나는 스스로 설명을 만들어냈다. 그리고 이 설명은 스스로를 납득시킬 수 있었기에 믿었다. 안 믿을 이유가 없지 않은가? 며칠간 규칙적으로 음식을 섭취하면 몸이 다시 적응하면서 체중이 정상으로 돌아올 것이라 예상하며 운동을 다녔다. 예상은 맞아떨어졌고, 내 설명 역시 옳았을 것이라 확신했다.

하지만 내 설명이 정말 정답이었을까? 모르겠다. 그저 스스로 이해가 되니 믿었을 뿐이다. 다른 사람이었다면 아마 또 다른 설명을 만들어 믿었을 것이다. 어쩌면 이 문제에 관한 뚜렷한 과학적 설명이 존재할지도 모른다. 이런 일은 일상에서 비일비재하게 일어난다. 우리는 자잘하게 놀라는 상황을 맞닥뜨리면, 최선의 추측을 바탕으로 상황을 이해한 뒤에 자기 생각을 믿고 살아간다. **놀라움 → 설명 → 믿음 → 반복**. 놀랄 때마다 일상을 중단한 채 일일이 설명을 찾아 나설 수는 없다. 우리는 본능적으로 오늘 일어난 일들을 설명하려 한다. 그럴 때마다 인터넷을 뒤져 보는 게 도움이 될까? 그럴 수도 있지만, 그렇지 않은 경우가 더 많다. 우리는 일단 믿음을 형성하고, 본능적으로 그 믿음을 방어하기 때문이다.

만약 내가 풍요와 결핍의 주기 가설을 조사하려고 했다면, 검색창에 뭐라고 입력했을까? 실험심리학자들은 인간이 본능적으로 가설을 확인하는 증거를 찾는다고 말한다. 아마도 나는 검색창에 '신진대사는 어떻게 결핍과 풍요에 적응하는가?' 같은 질문을 입력했을 것이고, 필연적으로 금식 후에 절식이 어떻게 열량을 저장하라는 신호를 보내는지를 설명하는 수많은 증거를 찾았을 것이다. 그러고 나서 결국 내가 옳았다고 결론 내리고, 믿음을 강화했을 것이다.

하지만 만약 가설을 뒷받침할 증거를 곧바로 찾지 못했다면? 심리학자들은 증거를 찾을 때까지 인터넷을 뒤졌을 것이라고 말한다. 이는 확증편향이 작용한 결과다(확증편향은 4장에서 자세히 다룰 것이다). 사실 내가 검색창에 입력한 질문 자체가 이미 편향된 것이다. '신진대사는 어떻게 결핍과 풍요에 적응하는가?'라는 질문의 본질은 확증된 증거를 찾도록 유도한다. 검색 후 화면 가장 상단에 뜬 제목 몇 개를 훑어보고, 그중에 '절식은 결핍의 사고방식을 만들 뿐이니 마음껏 풍요를 누려라'라는 제목이 시선을 사로잡는다. 짜잔! 결국 내 생각이 옳았다. 더 이상 찾아볼 필요도 없다.

이는 우리 믿음이 어떻게 형성되는지, 일단 형성된 믿음을 어떻게 확증하는지, 이렇게 급하게 생겨난 믿음을 바탕으로 우리가 세상을 어떻게 이해하는지를 엿볼 수 있게 해준다. 연구자들은 '놀라움 → 설명 → 믿음 → 반복'으로 이어지는 과정을 잘 알기에 동료 평가peer review 제도를 만들어 논문 심사를 동료에게 맡긴다. 연구자들도 본능적으로 자신이 세운 가설과 설명이 옳다고 믿기 때문이다. 그러므로 논문에서 오류를 찾고, 다른 설명을 제시하는 일은 동료 연구자들에게 맡기는 편이 더 낫다.

우리는 이 과정을 온종일 반복하며 살아간다. 매 순간 하던 일을 중단하고 설명을 찾으려면 엄청난 인지 자원이 필요하다. 만약 자신이 검증되지 않은 믿음을 꾸며내고 있다는 생각이 든다면, 연구자들처럼 다른 설명을 찾아보라. 주변 친구들에게 의견을 말하고 심사를 받아보라.

놀라움의 힘

Chapter 2

요약

1장과 2장에서는 믿음의 목적과 믿음이 형성되는 과정을 설명했다. 경험의 결과로 믿음이 생기고, 무언가를 선택할 때마다 호불호를 파악할 필요는 없다는 사실을 배웠다. 우리의 믿음은 경험이 부과한 패턴에서 진화한다. 믿음은 외부 인식을 형성할 뿐만 아니라, 직감이라는 미묘한 충동을 통해 무의식에서 행동을 유도한다. 우리가 감각을 신뢰하는 한 믿음은 자연스러운 행위다. 반면에 불신은 의식적이고 수고로운 행위다. 따라서 일단 믿음이 형성되면, 이를 뒷받침할 증거를 찾으려는 본능적인 성향에 따라 믿음을 받아들인다.

대니얼 커너먼은 본능이 어떻게 무의식에서 생각을 주도하는지, 그 일련의 과정을 설명하는 모형을 만들었다. 본질적으로 믿음은 '휴리스틱'이라고 하는 경험법칙을 생성해 우리의 행동을 유도한다. 휴리스틱은 이 복잡한 세상에서 기능한다는 주요 목적과 함께 작동한다. 믿음의 유용성은 객관적인 정확성이 아니라, 우리에게 얼마나 잘 기능하느냐에 달려 있다. 삶에서 일어나는 사건들에 대한 합리적인 설명을 찾을 수 없을 때, 우리는 어떻게든 설명을 만들어낸다. 다음 장에서는 과연 무엇이 우리의 믿음을 그토록 확고하게 만드는지를 알아볼 것이다.

Chapter 3

강력한 믿음
유지하기

"믿음은 진화 과정에서 우리 조상들이 미지와 위험으로 가
득한 세상을 이해할 수 있도록 도왔다. 심지어 미신적인 믿
음조차 말이다. 조상들의 가정은 정확하지 않았을 수도 있
지만, 믿음은 두려움을 줄이고 집단을 결속시키는 가치를
전수하게 해주었다."[1]

– 앤드류 뉴버그, 《우리가 믿는 것을 믿는 이유》 중에서

믿음은 한 번 확립되면 놀라운 지속력을 보여준다. 1975년, 앨버트
반듀라Albert Bandura와 그가 이끄는 스탠퍼드대학교 연구팀은 대학
생을 모집해 자살에 관한 연구를 진행했다. 참가자들에게는 유서
를 두 개씩 나눠준 뒤에 하나는 진짜고, 다른 하나는 가짜라고 말
했다. 그런 다음, 학생들에게 진짜 유서와 가짜 유서를 가려내도록

했다. 다른 여러 심리학 연구와 마찬가지로, 이 연구의 진짜 목적은 따로 있었다. 바로 사실을 알게 된 후, 참가자들의 믿음에 변화가 있는지를 알아보는 것이었다.[2]

연구진은 점수를 통보했다. 참가자 가운데 일부는 자신이 진짜 유서와 가짜 유서를 구분하는 일에 남다른 재능이 있다는 사실을 깨달았다. 그들은 25쌍의 유서 중 24쌍에서 진짜와 가짜를 정확히 가려냈다. 또 다른 일부는 이 일에 도무지 재능이 없다는 사실을 깨달았다. 그들은 25쌍의 유서 중 10쌍에서만 진짜와 가짜를 정확히 가려냈다.

첫 번째 단계가 끝나고 연구진은 참가자들에게 사실은 점수가 거짓이었다고 밝혔다. 첫 번째 실험의 목적은 참가자들이 실제 점수와 상관없이 진짜 유서와 가짜 유서를 식별해내는 일에 자신이 '재능이 뛰어나다.' 혹은 '재능이 아예 없다.'라고 생각하게 만드는 것이었다. 실제로는 두 집단 모두 비슷한 점수를 기록했다. 거의 만점에 가까운 점수를 받았다고 통보받은 집단도 실제로는 평균에 해당하는 점수를 기록했다. 낮은 점수를 기록했다고 통보받은 집단과 실제로는 별반 다르지 않은 점수였다. 연구진은 이어서 이 실험의 진짜 목적은 참가자들이 스스로 맞았거나 틀렸다고 생각할 때 어떤 반응을 보이는지를 알아보는 것이었다고 말했다. 하지만 이 또한 거짓이었다.

두 번째 단계에서는 참가자들에게 자신이 몇 쌍의 유서를 올바르게 식별했는지, 그리고 다른 참가자들은 평균적으로 몇 쌍을

놀라움의 힘

올바르게 식별했는지를 추정해달라고 요청했다. 높은 점수를 통보받았던 집단의 학생들은 평균보다 월등히 높은 점수를 기록했을 것으로 추정했다. 점수가 거짓이었다는 사실을 통보받은 이후였는데도 말이다. 근거가 전혀 없는데도 그러한 판단을 내린 것이다. 반대로 낮은 점수를 통보받았던 집단의 학생들은 평균보다 매우 낮은 점수를 기록했을 것으로 추정했다. 이 또한 근거가 없기는 마찬가지였다.

이 연구는 믿음이 반박당할 때조차도 많은 사람이 자신의 믿음을 적절하게 수정하지 못한다는 사실을 보여준다. 실험을 진행한 1970년대 당시, 사실을 무시한다는 이 같은 연구 결과는 사람들에게 충격을 안겨주었다. 하지만 세월이 흘러 우리는 이제 사람들이 '사실을 무시하는' 현실을 봐도 더는 충격받지 않는다. 수많은 후속 실험에서도 이 사실이 재차 입증되었고, 자세한 설명도 추가되었다. 과연 믿음이 이성을 압도하는 것처럼 보이는 이유는 무엇일까?

위고 메르시에Hugo Mercier와 당 스페르베르Dan Sperber는 공저인 《이성의 진화》에서 사회적 지지가 진실보다 훨씬 더 중요하기 때문이라고 설명한다. 생존은 동맹과 협력을 요한다. 인간은 협동 능력이 있어서 다른 종보다 생존에 훨씬 유리했다. 메르시에와 스페르베르는 자신들의 책에서 인류는 아프리카 사바나에서 진화했으므로, 그 맥락에서 우리 자신을 이해해야 한다고 주장한다. 협력은 생존에 유리하지만 확립하고 유지하기 어렵다. 그들은 이성이 동맹을 협상하고 구성원들에게 개인적인 의견을 설득하는 메커니즘으로써 공동체에서 살아남기 위한 전략적 도구로 진화했다고 결론짓는다.[3]

버클리대학교 박사과정 학생인 에밀리 포태스트Emily Pothast는 개인적인 경험으로 이 같은 측면을 설명한다. 다른 근본주의 기독교인과 마찬가지로 포태스트 역시 일상에서 교류하는 거의 모든 사람이 같은 사상을 가진 기독교인인 공동체에서 자랐다.[4]

신이 문자 그대로 6000년 전에 세상을 창조했다는 개념처럼 종교적 믿음의 핵심 교리와 모순되는 증거에 직면할 때, 수많은 복음주의자는 의도적 합리화motivated reasoning(감정적으로 편향된 추론으로, 증거에 입각하기보다 믿고 싶은 대로 판단이나 결정을 내리는 것)로 인지부조화를 최소화한다. 그러지 않을 이유가 없지 않은가? 진화론을 살면서 얼굴 볼 일 없는 '진보적 엘리트'가 꾸며낸 거짓말이라고 믿는 것이 평생 얼굴 보며 살아온 모든 사람이 틀렸을 가능성에 직면하는 것보다 훨씬 쉽다.

인간은 신뢰하는 사람을 믿도록 진화했다. 추상적인 문제를 논리적으로 추론하는 능력은 조상들에게 거의 도움이 되지 않았다. 진화론적 관점에서 사회적 지위와 권위는 중요했다. 메르시에와 스페르베르에 따르면 "명확한 추론에 따르는 이점은 거의 없지만 논쟁에서 이기면 많은 것을 얻을 수 있었다." 믿음은 우리가 속한 집단에서 누가 그리고 얼마나 많은 사람이 같은 믿음을 가졌는지에 기반한다. 당신이 '근거 없는' 믿음을 가지고 있다고 상상해보자. 당신은 친구에게 '근거 없는' 믿음을 설득한다. 그러면 친구는 또 다른 사람에게 '근거 없는' 믿음을 설득한다. 당신이 퍼뜨린 믿음은 대중화되고, 당신의 목표는 사회적 지위를 얻거나 유지하는 것이기 때문에 이에 반하는 믿음은 의도적 합리화로 손쉽게 무너진다. 논쟁에서 이기는 것은 즐거운 일이고, 도파민은 당신이 이 즐거운 일을 하기를 바란다. 다시 말해, 도파민은 당신의 관점을 다른 사람들에게 이해시키기를 바란다. 뇌는 우리가 논쟁에서 이겼을 때 보상을 주는 것이지, 정확할 때 보상을 주는 것이 아니다.

믿음이 부정확하거나 불완전하더라도 그 지속력은 일반적으로 상당히 기능적이다. 안정적인 믿음은 외부에서 유입되는 자극에 질서와 체계와 일관성을 부여한다. 일관성 없는 정보에 반응해 믿음이 시시각각 바뀐다면, 질서와 예측 가능성에 대한 감각은 무너지고 말 것이다. 안정적인 믿음이 없다면 세상은 너무 복잡하고 예측 불가능하며 감당하기 어려울 것이다.

견고하지만 지나치게 견고하진 않다

안정된 믿음은 편안함을 주지만, 변화에 완전히 저항하면 제 기능을 하지 못한다. 때때로 사람들은 유창한 설득에 넘어가 잘못된 믿음을 받아들인다. 잘못된 믿음은 비효율성과 부정확성을 낳거나, 때로는 심각한 위험을 불러오기도 한다. 예컨대 바이러스를 죽이기 위해 표백제를 마시는 행위처럼 말이다. 잘못된 믿음에 뒤따르는 높은 잠재적 비용을 고려해, 인간은 새로운 정보를 마주하면 동화하는 능력을 개발했다. 새로운 믿음은 언제나 경험과 설득으로 형성된다. 그러나 일단 형성되고 나면 본능적으로 변화에 저항하게 된다. 믿음을 바꾸는 것은 믿음을 수정하는 것과는 완전히 다른 이야기다. 우리는 경험과 설득으로 끊임없이 믿음을 수정한다. 원래 가지고 있던 믿음을 보완하는 새로운 경험이나 지식을 얻으면 별다른 저항 없이 본능적으로 동화하여 원래 믿음을 수정하거나 업데이트한다. 업데이트된 믿음은 더 복잡해지거나 강력해진다. 그러나 믿음을 바꾸는 일은 훨씬 어렵고 일반적이지도 않다.

새로운 경험을 하거나 강력하게 설득하려면 강렬한 저항을 극복해야 한다. 누군가의 믿음을 바꾸려고 시도한 적이 있거나 누군가가 당신의 믿음을 바꾸려고 시도한 적이 있다면, 설득이 얼마나 어려운 일인지 이해할 것이다. 하지만 우리에게는 기회의 창을 제공하는 신경학적 메커니즘이 있다. 놀라움이라는 감정은 즉각적인 믿음을 형성하는 메커니즘으로 진화했다. 우리를 놀라게 하는 사건은 사고방식을 수정하는 빠른 경로로 저항을 피해 간다.

잘못된 믿음이 역기능을 낳는다면 바꾸고 싶을 수 있지만, 유익한 역할을 한다면 바로잡고 싶지 않을 수도 있다. 믿음의 목적은 행동을 인도하는 것이지, 진실을 나타내는 것이 아니라는 점을 기억하라. 제나는 내 수업을 들은 대학원생이다. 제나의 이야기는 잘못된 믿음이 어떻게 기능할 수 있는지를 보여준다.

여덟 살 무렵, 부모님은 나를 지역 교회와 연결된 작은 사립 학교에 보냈다. 6~13세까지 다양한 연령대의 학생 10명을 선생님 한 분이 가르쳤다. 학교에 들어가기 전까지 나는 홈스쿨링을 했다. 입학 당시 아직 글을 읽을 줄 몰랐기 때문에 1학년으로 들어갔다. 글자 읽는 법을 배우게 되어 기뻤다. 엄마는 아직 어린 나에게 J. R. R. 톨킨J. R. R. Tolkien, C. S. 루이스 C. S. Lewis, 손턴 와일더Thornton Wilder의 책을 비롯해 여러 고전을 주기적으로 읽어주셨다. 아빠도 묘사가 풍부한 훌륭한 이야기를 많이 읽어주셨다. 나는 세상에 무수히 많은 책이 존재한다는 사실을 알게 되었고, 이 마법의 왕국으로 들어가는 열쇠를 발견하려던 참이었다.

읽기 교재는 《딕과 제인Dick and Jane》였는데 내게는 책이 아니라 벽돌이나 다름없었다. 《딕과 제인》에서 제일 유명한 문장은 '스팟이 뛴다.'였다. 전체를 통틀어 가장 신나는 대목이기도 했다. 그쯤 되니 딕과 제인과 스팟(딕과 제인이 키우는 강아지 — 옮긴이)과 샐리(딕과 제인의 막내 여동생)가 사는 이상한 나라에서 나만 철저한 이방인이 되어 있었고, 인생에서 처음이자 마지막으로 독서가 하고 싶지 않았다. 저토록 작위적인 조그만 등장인물들이 어떻게 세상 사람들의 이목을 끌게 되었는지 도무지 이해할 수 없었다.

결국 선생님과 마찰을 빚기 시작했다. 글을 깨치지 못한 건 명백히 내 능력이 부족한 탓이었지만, 결국 자퇴하고 홈스쿨링을 시작하기에 이르렀다. 영원히 글을 깨치지 못할까 봐 불안하고 두려웠다. 평균적으로 글을 깨칠 나이가 훨씬 지났다는 사실을 알고 있었기에 더욱 걱정스러웠다. 나는 엄마에게 달려가 울음을 터뜨렸다. 내가 과연 책을 읽을 수 있는 날이 오기는 오는 걸까?

엄마는 아홉 살 혹은 열 살까지 기다렸다가 그 이후에 글을 깨치는 것이 훨씬 좋고, 실제로 늦은 나이에 글을 깨친 학생들이 어려서 압박 속에 글을 깨친 학생들보다 훗날 더 우수한 독해 능력을 보였다는 연구 결과를 찾았다고 말씀해주셨다. 덧붙여서 뇌 발달에는 순서가 있고, 나는 그 순서에 맞게 발달이 이루어지고 있으니 걱정할 필요가 없다고 설명해주셨다. 엄마는 내가 가장 적당한 때에 글을 깨칠 것이라 확신하셨다. 나는 충분히 준비되어 있기에 일단 그 순간이 오기만 하면 나머지는 걱정할 필요가 없을 거라고도 하셨다. 엄마 말씀을 듣고 크게 놀랐던 기억이 난다. 평생 잊지 못할 대화였다. 포기하지만 않으면 모든 것이 괜찮을 것이라는 사실에 얼마나 큰 안도감과 용기를 얻었는지 모른다. 너무나 안심이 되었다!

부모님은 그해 남은 시간 동안 내게 얼마간 학업의 자유를 주기로 결정하셨고, 덕분에 나는 그림책뿐만 아니라 〈내셔널지오그래픽〉, 〈크리켓〉, 〈레인저 릭〉 같은 어린이 잡지를 탐독하며 시간을 보냈다. 한 달쯤 지난 어느 날, 마침내 그 순간이 느닷없이 찾아왔다. 무의식중에 〈내셔널지오그래픽〉에 나오는 기사를 술술 읽어 내려갔던 것이다. 나는 큰 소리로 엄마를 부르며 달려갔다.

신기했다. 엄마는 도대체 어떻게 내 미래를 장기적인 결과까지 정확히 예측하셨던 걸까? 그 이후로 매년 주 단위로 실시하는 독해능력평가에서 꾸준히 97퍼센트 백분위 수에 들었다. 무엇보다 나는 열렬한 독서가가 되었다.

이때가 엄마의 가르침이 가장 빛을 발한 순간이 아니었나 싶다. 엄마가 이 순간을 미리 계획한 건 아니었지만, 엄마는 그날 내게 한 말을 진심으로 믿으셨다. 이제는 나도 안다. 엄마의 주장을 뒷받침해 주는 연구 결과 따위는 이 세상에 존재하지 않는다는 사실을 말이다. 중요한 것은 그때 그 순간 내가 엄마 말을 절대적으로 믿었다는 사실이다. 그 덕분에 글을 깨치는 것에 대한 태도를 재정립할 수 있었고, 더 큰 어려움 없이 나아갈 수 있었다.

제나의 엄마는 가짜 연구 결과를 만들어 딸이 놀라움을 느끼고 가짜 믿음을 형성해 기능하도록 만들었다. 이 믿음이 일반적인 저항을 피해 갈 수 있었던 이유는, 제나가 엄마의 의견을 긍정적인 격려로 받아들였기 때문이다. 신뢰할 수 있는 조언자인 엄마가 일반적으로 증거 능력을 지닌 '연구 결과'를 언급했다는 사실에 주목하라. 연구 결과는 과학자들이 사실이라고 믿는 것이므로 사실이 틀림없다.

　잘못 형성된 선입견을 뒷받침하려고 빈약한 증거를 받아들이는 것은 쉽고 흔하며 자연스러운 일이다. 우리를 둘러싼 모든 감각 정보에 주의를 기울이는 것은 불가능하다. 일반적으로 감각은 정확하다. 이 냄새는 꽃향기고, 저 구름은 먹구름이며, 큰 바위는 무겁고, 그의 미소는 호감을 의미하는 등 우리의 감각은 대개 정확하다. 우리는 일반적으로 신뢰하는 사람에게서 나온 정보를 받아들이며, 믿음을 다시금 확인시켜 주거나 우리를 지지하고 혜택을 가져다주는 발언은 기꺼이 받아들인다. 사람은 누구나 자신의 인식과 믿음을 확인받고자 하는 성향을 가지고 있다.

　이러한 인지 과정은 원시 문화에서 미신적 믿음을 생성하고 확인하는 과정과 동일하다. 원시 부족민이 되었다고 가정해보자. 저녁 시간은 먹이를 찾아 헤매는 야생동물 때문에 위험하다. 당신이 속한 부족은 보름달이 뜨는 밤에 혼자 외출하는 것이 위험하다고 믿는다. 그 증거를 찾기란 식은 죽 먹기다. 그러나 누군가 보름달이 뜬 밤에 나갔다가 무사히 돌아오면, 부족민들은 자연스레 특별한 부적이나 기도나 자애로운 신의 도움으로 안전하게 돌아왔다고 생각할 것이다. 기존의 믿음에 의문을 제기하는 일은 절대 일어나지 않는다.

　이 원시 문화를 보면 부족민들의 순진함과 무지를 쉽게 알 수 있지만, 보름달을 둘러싼 미신적 믿음은 오늘날까지도 이어지고 있다. 응급실 입원 환자 수와 범죄가 지속해서 증가하고 있다는 믿음은 이를 반박하는 경험적 증거에도 불구하고 사라지지 않는 대표적인 미신 두 가지다. 원시 시대에도 오늘날에도 미신이 근절되지 않는 이유는 동일하다. 바로 '긍정적 사례의 오류' 때문이다. 기존의 믿음을 확증하는 사건이 발생하면 우리는 특별히 주의를 기울인다. 반대로 기존의 믿음에 반하는 사건이 발생하면 무시하거나 이례적인 현상으로 재해석하는 경향이 있다.[5]

우리는 문자 그대로 '우리의 믿음이 곧 우리'라고 느낀다. 감정은 믿음을 유지하는 데 도움이 될 뿐만 아니라, 세계관을 위협하는 다른 믿음으로부터 스스로를 보호한다. 다른 믿음을 가진 사람이 나타나면 보통 어떤 반응을 보이는가? 먼저 그 사람을 무시한다. 뇌는 우리가 믿어야 할 것과 믿으면 안 되는 것을 확립하는 데 이미 큰 노력을 기울여왔고, 신경 회로도 이미 형성된 상태다. 믿음은 개개인을 고유한 존재로 만들어준다. 그래서 믿음이 반박당하면 우리는 위협을 느낀다. 때때로 격렬한 적대감으로 반응하기도 한다. 감정은 믿음을 치열하게 보호한다.

떼려야 뗄 수 없는 감정과 믿음

감정은 생존과 기회와 번식을 촉진한다는 목표 아래 행동을 이끄는 의사결정 알고리즘으로 진화했다. 이를 위해 감정은 인지 기능의 문지기 임무를 수행한다. 주의력과 작업 기억과 추론 능력은 비교적 일관되며 큰 변동이 없다. 우리는 감정적으로 중요한 문제만 해결하려고 노력한다. 감정을 생물학적인 온도 조절 장치라고 생각해보자. 감정은 주의력을 활성화하고, 이어서 문제 해결 및 반응 체계를 활성화한다. 이 모든 과정을 주도하는 것은 믿음이다. '주의'는 뇌를 이끄는 지도자다. 주의가 향하는 곳이면 뇌는 어디든 따라간다. 놀라움은 주의를 납치해 즉각적인 해결을 요구한다. 우리는 놀라움이 해소될 때까지 주의를 집중한다.

위험이나 기회가 발생하면 감각 정보가 감정적인 반응을 일으켜 뇌의 나머지 영역 중 어떤 부분에 더 많은 주의를 기울여야 하는지를 알려준다. 때로는 문제 해결이 필요하다고 알려주기도 한다. 감정은 무의식적으로 작동하고, 주변 환경에서 유입되는 감각 정보를 끊임없이 평가한다. 감정이 의식으로 편입되면 우리는 이를 느낌이라고 부르는데, 감정 대부분은 의식의 문턱을 넘지 못하고 과거의 반응을 기반에 둔 채 우리를 행동하게 한다.

인간은 매우 적은 정보를 기반에 두고 매우 빠른 판단을 내릴 수 있는 의사결정 장치를 발전시켜 오랫동안 살아남을 수 있었다. 심리학자들은 이러한 본능적인 과정을 가리켜 '찰나의 판단thin-slic-ing'이라고 부른다. 과학자들과 작가들 사이에 이 과정을 가리키는 통일된 용어는 없지만, 이 과정이 존재한다는 데는 모두 동의한다. 감정은 의식 아래에서 정교하고 효율적인 방식으로 세상을 재단하고, 우리를 위험에서 구하며, 목표를 설정해 우리를 행동하게 한다. 신경과학을 연구하는 마크 험프리스Mark Humphries 박사는 이 과정을 다음과 같이 재치 있게 표현했다.

당신은 수많은 의사결정 과정에서 다양한 선택지마다 주어진 증거를 따져보고, 그중에 하나를 선택해야 한다. 저것은 호랑이인가, 아닌가? 햄버거를 먹을까, 핫도그를 먹을까? 주머니에 들어 있는 것은 카누인가, 아니면 유리 섬유로 만들어진 또 다른 스포츠용품인가? 뇌는 이 작업을 아름답고 조용하게 수행해낸다. 당신이 모르는 사이에 뉴런들은 여러 증거를 종합해 최선의 선택지를 골라낸 뒤 어떻게 행동할지를 알려준다. 감정은 비합리적인 것이 아니라 인생을 구제하는 결정을 내리는 과정에서 (그리고 충동구매를 하는 데 있어서) 매우 중요하고 결정적인 역할을 한다.[6]

믿음은 '생각'에서 방향을 잡지 않는다. 정신은 상당히 높은 수준의 정교한 생각을 무의식에 맡길 때 가장 효율적으로 작동한다. 감정이 먼저 목표를 설정한다(대니얼 카너먼은 이를 시스템 1이라고 부른다). 그럴 수 없는 경우에는 (카너먼이 시스템 2라고 이름 붙인) 합리적인 하드웨어가 작동한다.

감정은 목표를 제시하고, 정신이 계획을 세워 목표를 실행할 책임을 부여한다. 그리고 무엇을 할지 결정하고, 이성적 사고 과정은 어떻게 할지를 결정한다. 당신이 바비큐 맛 감자칩을 선호한다고 가정해보자. 당신은 일단 과자가 진열된 선반을 훑어본다. 하지만 먹고 싶은 과자를 찾겠다고 가능한 모든 선택지를 조사하지는 않는다. 바비큐 맛을 선택하고 싶은 감정적 충동을 느꼈는가? 이처럼 인간은 매일 사소한 결정을 수백 수천 번씩 내린다. 하나하나 생각해야 한다면 얼마나 지칠지 상상해보라. 도무지 중요한 일을 할 시간이 나지 않을 것이다.

우리의 믿음이 감정적인 어조를 유발하더라도, 우리는 이성적인 생각이 감정적인 반응보다 먼저 일어난 것처럼 설명하곤 한다. 감정적 자극은 매우 미묘해서 대개 잘 인식하지 못하지만, 심사숙고는 의식적인 행동이기 때문이다. 우리는 어떤 감정을 느끼기 전에 먼저 생각했다고 믿는다. 감정이 의식의 문턱을 넘을 때조차 감정을 이성적으로 해석하고, 다시 한번 사고에 명백한 우선순위를 부여한다.

당신이 좋아하는 피자 가게에서 저녁을 먹고, 새로 개봉한 서부 영화를 볼 생각에 신이 나 있다고 가정해보자. 친구에게 같이 저녁을 먹고 영화를 보자고 하려는데, 상대방은 다른 식당과 다른 영화를 선호할 수도 있다. 하지만 당신은 피자와 서부 영화로 마음을 정한 상태다. "저녁 먹고 영화 한 편 어때?" 이렇게 묻는 것은 저녁 메뉴와 영화에 협상이 필요할 수 있고, 결국 실망할 수도 있다는 뜻이다. 당신은 이 문제가 기나긴 토론이나 논쟁으로 이어지길 원치 않는다. 그저 피자를 먹고 서부 영화를 보고 싶을 뿐이다. 그래서 친구에게 말한다. "피자 먹을 생각하니까 입에 군침이 돌아. 2주 동안 한 번도 안 먹었거든." 그러고 나서 덧붙인다. "〈타임스〉에서 영

놀라움의 힘

화 리뷰를 봤는데 새로 개봉한 서부 영화가 끝내준다더라. 오늘 밤 조스피자에서 저녁 먹고 그 영화 보러 가면 완벽할 것 같은데, 네 생각은 어때?"

당신은 상대방을 조종하려 한 것이 아니라 그저 선호하는 바를 이야기했을 뿐이다. 그리고 친구는 조스피자에서 피자를 먹고 그다음에 새로 나온 서부 영화를 보러 가자는 초대를 받았을 뿐이다. 그 전에 당신이 어떤 생각을 하고 있었는지 친구는 전혀 알지 못한다. 이처럼 본능적으로 친구를 조종하는 과정은 감정이 의식에 작용하는 방식과 유사하다. 당신이 심사숙고 끝에 도달한 결론만을 들은 친구처럼, 우리는 무의식적 충동의 결과만 알 뿐 그 과정은 알지 못한다. 감정은 무의식 수준에서 충동을 일으켜 눈치껏 그 충동을 따라 행동하게 만든다. 행동은 충동의 결과일 뿐이다.

믿음이 실질적인 지배자인 까닭은 무의식중에 충동을 유발하기 때문이다. 충동을 억제하는 것은 충동을 따르는 것보다 훨씬 더 큰 노력이 필요하다. 충동을 따르는 것은 자동적인 반응이지만, 충동을 억제하는 것은 의식적으로 노력해야 하는 일이다. 그래서 '충동에 맞서 싸우기'라는 표현이 있는 것이다. 눈앞에서 무례하고 공격적인 10대 청소년이 새치기를 했다고 가정해보자. 감정적 충동은 그냥 상대하지 말고 참으라고 속삭인다. 불량 청소년을 훈계하려면, 이 충동을 의식적으로 극복하고 맞서 싸워야 한다. 운전하다가 치미는 분노를 표출하고 싶을 때도 마찬가지다. 충동과 맞서 싸우는 데 실패하면, 운전대만 잡으면 돌변하는 사람이 되는 것이다.

믿음은 단순히 행동을 유도할 뿐만 아니라 집중하고 선택하는 데도 도움을 준다. 권총을 소지하는 편이 더 안전하다고 믿는다면, 이 믿음을 뒷받침할 수만 가지 이유를 떠올릴 것이다. 반면에 권총이 위험하다고 믿는다면, 총기 소지를 반박하는 모든 의견에 자연스럽게 끌릴 것이다. 또한 믿음은 우리 믿음에 도전하는 모든 주장에 주의를 기울이고, 평가절하하도록 압력을 가한다. 이 모든 과정이 즉각적으로 일어나고, 우리는 사람들이 이성적으로 사고하지 못한다는 사실에 놀란다. 여기서 말하는 '이성'은 편향된 증거를 가진 개인적인 믿음을 뜻한다.

감정은 무의식에서 작업 기억과 주의력과 추론 능력을 변화시킨다. 이렇게 인지 기능을 제어함으로써 경험상 가장 생산적인 행동을 선택하는 방향으로 의사결정을 편향시킨다. 대부분 과거의 경험을 정확히 기억한다고 믿지만, 기억은 생각보다 정확하지 않다. 현재의 마음이라는 필터를 거쳐 과거의 경험에서 핵심만을 기억하기 때문이다. 현재의 마음이 바뀌면 필터도 바뀌고 기억도 바뀐다.

기억은 시간을 거슬러 믿음을 업데이트한다

인간은 끊임없이 주변 환경을 추적 관찰하면서 셀 수 없이 많은 세부 정보를 축적한 뒤, 대부분의 정보를 무시하거나 잊어버린다. 뉴욕대학교 박사후과정 연구원 조지프 던스무어Joseph Dunsmoor는 '감정적인 사건을 겪고 나면 실제로 기억이 바뀔까?'라는 주제로 연구를 진행했다. 연구 결과, 의미 있는 사건이나 감정적인 사건이 발생하면 과거에 중요하지 않다고 생각해서 넘겨버린 정보도 선택적으로 기억할 수 있다는 것을 밝혀냈다. 다시 말해, 감정적 사건은 시간을 거슬러 올라가 이전 기억에도 영향을 미칠 수 있다는 것이다.[7]

감정의 강도를 연구하는 인지연구소에서는 기억력 훈련을 시행할 때 종종 가벼운 전기 충격을 가한다. 던스무어도 같은 범주에 속하는 그림을 감정적으로 의미 있게 만들고자 전기 충격을 사용했다. 전기 충격은 뇌에 감정적으로 중요하다는 신호를 보낸다. 던스무어가 이끄는 연구진은 참가자들에게 일련의 동물, 도구 그림을 보여주고 식별하게 했다. 그다음 실험 참가자들의 기억을 테스트했다. 5분 정도 지난 후에 참가자의 손목에 전극을 부착하고 새로운 동물 그림과 도구 그림을 보여주었다. 앞서 나오지 않았던 새로운 그림이 등장할 때마다 참가자들은 가벼운 전기 충격을 받았다.

다시 한번 참가자들의 기억을 테스트했다. 예상대로 참가자들은 전기 충격이 가해졌을 때 본 그림을 그렇지 않은 그림보다 더 잘 기억했다. 예를 들어, 동물 그림을 보면서 전기 충격을 받은 사람들은 충격을 받지 않고 본 도구 그림보다 동물 그림을 더 잘 기억했다.

놀랍게도 연구진은 이 감정적 학습이 시간을 거슬러 올라가 전기 충격을 가하기 전에 보여준 그림을 기억하는 능력에도 영향을 미친다는 사실을 발견했다. 예를 들어, 처음에 재스민에게 도구 그림 세트(도구 A)와 동물 그림 세트(동물 A)를 전기 충격 없이 보여주었다. 5분 후 새로운 도구 그림 세트(도구 B)를 보여주었고, 역시 전기 충격은 가하지 않았다. 그다음 새로운 동물 그림 세트(동물 B)를 약한 전기 충격과 함께 보여주었다. 당연히 재스민은 전기 충격을 받았을 때 본 동물 그림 세트(동물 B)를 더욱 쉽게 기억했다. 그러나 매혹적인 연구 결과는 여기부터다. 이후에 재스민은 처음에 전기 충격 없이 본 동물 그림 세트(동물 A) 또한 더욱 쉽게 기억해냈다.

요컨대 전기 충격으로 '동물'이라는 범주 전체가 감정적으로 더 중요해진 것이다. 도구 그림 세트에 전기 충격을 가한 참가자 집단 역시 같은 결과를 보였다. 다시 말해, 평범한 기억이 새로운 감정 학습과 범주적으로 연결될 때 평범한 것을 기억하는 능력 또한 향상되었다. 즉, 새로 습득한 기억은 이전 기억에도 영향을 미칠 수 있다.

던스무어가 이끄는 연구진은 다음과 같은 결론을 내렸다. "이 연구 결과는 기억 체계가 적응성이 매우 높다는 사실을 보여준다. 또한 기억은 시간을 거슬러 올라가 과거 사건을 회상할 수 있을 뿐만 아니라, 중요한 정보나 세부 사항을 새롭게 학습하면 이전 기억까지 업데이트할 수 있다는 사실을 시사한다." 연구진은 기억력 강화 효과가 나타나기까지 시간이 걸린다는 사실에도 주목했다. 시간이 걸린다는 것은 곧 역행성 기억 강화가 장기 기억 저장을 촉진하면서 발생한다는 의미다.

이 개념은 놀랍게도 2015년 개봉한 디즈니 애니메이션 영화 〈인사이드 아웃〉에서 등장한다. 이 영화는 미드웨스트에서 행복한 일상을 누리다가 하루아침에 샌프란시스코로 이사 가게 된 소녀 라일리의 이야기를 다루고 있다. 라일리가 느끼는 감정이 기쁨, 슬픔, 버럭, 까칠, 소심이라는 캐릭터로 등장해 새로운 환경에서 펼쳐질 새로운 삶을 어떻게 헤쳐 나갈지를 둘러싸고 벌어진 갈등을 이야기로 풀어낸다. 라일리는 학교생활과 새로운 친구를 사귀는 문제로 고민한다. 감정 캐릭터들의 활동 무대는 라일리의 머릿속이다. 그중 '슬픔'이가 실수로 '행복한 가족'이라는 라일리의 중추적인 기억을 건드린다. 그런데 '슬픔'이의 손이 닿자 '행복한 가족'이라는 중추적인 기억이 어두워지며 불행한 기억으로 둔갑한다. 라일리가 현재 느끼는 슬픔과 불안이라는 감정이 과거의 중추적인 경험에까지 영향을 미친 것이다.[8]

이 현상은 연구실이나 애니메이션 영화에서만 일어나는 것이 아니다. 기억 전문가 울릭 나이서Ulric Neisser가 진행했던 유명한 실험이 하나 있다. 1986년 나사NASA의 우주왕복선 챌린저호가 폭발한 다음 날, 나이서는 학생들에게 설문지를 나눠주었다. 그리고 사고가 발생한 날에 어디서 누구와 있을 때 그 소식을 처음 접했는지를 설문지에 적어 제출하게 했다. 3년 뒤 같은 학생들에게 같은 질문을 했더니 다양하게 변형된 대답을 내놓았다. 일부 학생들은 당시 상황을 완전히 다르게 기억하고 있었고, 오히려 3년 전에 작성한 답변이 날조되었다고 생각했다. 기억은 대부분 말할 때마다 조금씩 바뀌면서 일관성을 찾아가는 방향으로 변화하는 패턴을 보였다.[9]

이 같은 현상은 이미 파탄 난 관계에서 자주 발생하곤 한다. 한때 사랑했던 배우자와 함께한 빛나는 추억은 불쾌한 이별 과정에서 금세 퇴색되고 만다. 다툼으로 점철된 이별의 먹구름이 추억을 덮어 아름다웠던 모든 시간이 씁쓸한 사건으로 전락해버린다. 함께했던 경험 자체는 망가지지 않지만 기억은 망가지는 것이다. 그러나 불행히도 우리에게 남는 것은 기억뿐이다.

기억이 과거를 거슬러 올라갈 수 있다는 사실은 중요한 교훈을 일깨워준다. 바로 중요한 사건이 발생할 때 정신을 똑바로 차려야 한다는 것이다. 만약 충격적인 사건을 경험하거나 목격한다면, 그 영향력이 사건 자체에만 국한되도록 주의를 기울여야 한다. 어린아이들은 충격에 특히 취약하다. 예컨대 아이가 발을 헛디뎌 넘어졌을 때 칠칠치 못하다고 핀잔을 주면 그 말이 오래도록 마음에 남을 수 있다. 반대로 씩씩하다고 칭찬해주면 그 말 또한 오래도록 마음에 남을 수 있다. 대학원생 알리시아의 다음 일화는 다른 사람에게 능력을 깎아내리는 말을 듣고 있는 누군가를 목격했을 때 어떻게 대처해야 하는지를 보여준다.

3학년 시절 나의 담임선생님은 학부모가 일일교사나 보조교사로 수업에 참여하는 것을 적극적으로 권장하셨다. 나는 조별 활동 때마다 같은 반 친구였던 질과 같은 조에 배정되었다. 질은 똑똑했다. 독해, 수학, 과학, 역사 등 모든 과목에서 뛰어났다. 엄마가 집에서 공부를 봐주시는 게 틀림없었다. 부모님이 맞벌이하시는 나로서는 꿈도 꿀 수 없는 일이었다.

하루는 질의 엄마가 조별 활동 보조교사로 오셨다. 우리 조 과제는 '수열 찾기'였다. 초반에는 쉬워서 나도 문제를 술술 풀었다. 질의 엄마는 우리의 실력을 칭찬하며 기뻐했다. 그런데 막바지에 이르러 문제 하나가 도무지 풀리지 않았다. 나는 앉은 자세로 종이를 뚫어져라 바라보며 규칙을 알아내려고 애썼다.

질의 엄마는 나 혼자 뒤처진 걸 알아차리고 나머지 조원들에게 잠시 나를 기다려주자고 했다. 그 순간 나는 엄청난 압박감을 느꼈고, 어떻게든 답을 찾아야 한다는 생각에 종이에 아무 숫자나 휘갈겼다. 질의 엄마는 책상을 돌면서 내가 찾은 수열이 틀렸다고 지적했다. 이윽고 도움이 필요할 것 같다며 내 옆에 쪼그리고 앉더니 다시 풀어보라고 했다. 하지만 너무 긴장한 나머지 내 머릿속은 새하얘졌다. 잠시 후, 질의 엄마는 두 손 두 발을 들며 내 손에서 연필을 낚아채 수열의 첫 번째 빈칸에 정답을 채워 넣었다.

나는 여전히 어떻게 그 숫자가 거기에 들어가는지, 그 숫자와 다음에 나오는 숫자 사이에 어떤 규칙이 존재하는지 알 수 없었다. "이제 알겠니?" 질의 엄마가 물었다. 나는 모르겠다며 고개를 흔들었다. 그러자 질의 엄마가 벌떡 일어나 담임선생님에게로 가서 내가 설명을 해줘도 못 알아들으니 다른 조로 보내야 할 것 같다고 말했다. 나는 너무 창피한 나머지 울음을 터뜨리고 말았다.

담임선생님은 내가 마음을 추스를 수 있도록 복도로 데리고 나갔다. 선생님은 질의 엄마 말에 동의하지 않는다고 하셨다. 그리고 내가 마음만 먹으면 '그깟 구닥다리 수학 문제'는 말할 것도 없고 뭐든지 할 수 있는 아이라고 말씀하셨다. 우리는 교실로 돌아왔다. 나는 다시 문제를 풀기 시작했고, 불과 몇 분 뒤 모든 수열 문제를 풀어냈다.

선생님은 너무 대견하다며 내 문제지 위에 커다란 별을 그려주고 큰 소리로 칭찬해주셨다. 커다란 별을 보니까 조금 전에 느꼈던 불안감과 창피함이 눈 녹듯이 녹아내렸다. 나는 여전히 수학을 좋아한다고는 말할 수 없다. 하지만 담임선생님 덕분에 열심히 노력하면 남들이, 아니 나조차도 할 수 없을 거라 생각하는 일도 충분히 해낼 수 있다는 사실을 알게 되었다.

일반적으로 인간의 사고방식은 견고한 인지적 메커니즘 덕분에 잘 변하지 않는다. 놀라움을 비롯해 강렬한 감정 변화를 경험하면, 롤러코스터 같은 감정 변화를 겪은 알리시아처럼 순간적으로 사고방식을 수정하기 시작한다. 알리시아는 질의 엄마에게 들은 파괴적인 발언에 깜짝 놀랐고, 설움이 북받쳐 올랐다. 노련한 담임교사는 알리시아에게 부정적인 사고방식이 자리 잡기 전에 높은 피암시성suggestibility(타인의 반응이나 주변 환경에 쉽게 영향을 받는 경향 — 옮긴이)을 이용해 알리시아를 달랬다.

교사는 강력하고 긍정적인 발언으로 알리시아를 사로잡았다. 교사가 알리시아의 학습지에 커다란 별을 그려주었을 때 '무엇이든 할 수 있다.'라는 새로운 사고방식이 빠르게 알리시아의 마음속에 자리 잡았다. 그리고 알리시아는 다음과 같은 결론에 도달했다. '열심히 노력하면 남들이, 아니 나조차도 할 수 없을 거라 생각한 일도 충분히 해낼 수 있다.' 아마 이 글을 읽은 몇몇 독자는 "만약 알리시아가 끝까지 문제를 못 풀어 별을 받지 못했다면 다르지 않았을까?" 하고 반문할 수도 있다. 하지만 만약 그런 상황이었을지라도, 담임교사는 '열심히 노력한 점'을 칭찬하며 알리시아에게 별을 주지 않았을까? 알리시아가 생산적인 사고방식을 가지게 되었다는 결말은 달라지지 않았을 것이다.

믿음이 한 번 수정되면, 믿음을 견고하게 유지하던 메커니즘이 수정된 믿음을 확정한다. 이제 과거의 기억을 회상할 때, 이 새로운 사고방식에 따르는 새로운 필터를 거치게 된다. 이전에 지녔던 믿음은 그 믿음을 가지고 있었다는 사실이 믿기지 않을 만큼 변해버렸기 때문이다. 우리는 대개 믿음이 바뀌었다는 사실을 기억하지 못한다. 믿음의 변화는 부지불식간에 일어나고, 우리는 변화된 믿음에 즉각 적응하기 때문이다. 다만 알리시아는 놀란 바로 그 순간에 믿음이 전환되었기 때문에 그 순간을 생생하게 기억하는 것이다.

강렬한 감정적 반응처럼 극적인 표시를 남기지 않는 한, 대부분은 믿음이 바뀌었다는 사실을 기억하지 못한다. 반사적으로 반응하는 대신 의식적으로 깊이 생각하게 하는 믿음의 전환은 기억에 흔적을 남긴다. 알리시아는 놀라움이라는 감정이 주의를 환기시켜 그 사건을 기억했다. 이 새로운 사고방식 덕분에 바로 직전에 겪은 어려움은 이제 실패가 아니라 '열심히 끈기 있게 매달려' 결국 성공에 이른 과정으로 보인다.

과거 기억에 영향을 미치거나 업데이트할 수 있는 믿음의 능력이 그 순간에 발현된 것이다. 관점은 순식간에 바뀔 수 있다. 실제로 무엇이 옳은지보다는 옳다고 느끼는 것이 심리적으로 안정감을 준다.

믿음은 언제나 옳다, 적어도 내 믿음은

당신이 농구 팬이라고 가정해보자. 응원하는 팀은 겨우 플레이오프(정규 리그나 예선전이 끝난 뒤 벌이는 순위 결정전 — 옮긴이)에 진출한 상황이다. 첫 번째 경기에서 리그 1위 팀과 맞붙게 되었다. 경기를 관전하는데 최약체로 꼽히는 당신의 팀이 최강팀을 큰 점수 차로 이길 기미가 보인다. 예상 밖의 결과에 놀라면서도 당신은 두 팀에 대한 평가를 자연스럽게 조정한다. 이러한 믿음의 조정은 워낙 순식간에 일어나기 때문에 당신은 전혀 알아차리지 못한다. 이 새로운 인식은 당신의 생각도 바꿔놓는다. 예전에는 이런 결과를 전혀 예상하지 못했지만, 이제는 예상했다는 듯 그 증거를 찾아낸다. "이렇게 될 줄 항상 알고 있었다니까. 그다지 놀랍지도 않아." 2016년 대선에서 전 미국 대통령 도널드 트럼프Donald Trump가 당선되리라곤 꿈에도 예측하지 못했던 수백만 미국인이 이제는 이렇게 주장한다. "난 그렇게 될 줄 알았어. 그럴 조짐이 보였다니까?"

새로운 지식이 기존의 지식을 즉각적으로 업데이트하고 나면 과거의 지식이나 믿음이 변화하는 과정을 재구성하는 일이 남는데, 여기서 정신 능력의 한계가 드러난다. 일부일지라도 일단 새로운 세계관을 받아들이면, 그 즉시 이전에 믿었던 것을 기억하는 능력이 대부분 손상된다. 과거를 재구성하면서 본능적으로 이전에 느꼈던 놀라움을 축소해버린다.

현실에 비추어 과거의 믿음을 수정하는 경향은 강한 인지적 착각을 유발할 수 있다. 과거에 전혀 예측하지 못했던 일을 '지금 와서 돌이켜보니 비로소 이해되고, 과거에도 충분히 예상했다'고 믿고 싶은 강렬한 인지적 충동을 억누르기 어렵다. 과거를 이해한다는 착각은 미래를 예측하는 능력에 대한 자신감을 증폭시킨다.

나심 니콜라스 탈레브Nassiim Nicolas Taleb는 큰 인기를 얻은 자신의 저서 《블랙스완》에서 이 일반적인 과정을 설명한다. 탈레브는 주식 시장을 예측하는 능력에서 금융전문가가 아마추어 투자자보다 더 나을 것이 없다는 사실을 발견했다. 다만 예측이 빗나간 '이유'만큼은 전문지식으로 무장한 금융전문가가 더 잘 설명했다. 즉, 금융전문가들이 지닌 전문지식은 예상치 못한 등락이 발생한 이후 그 이유를 설명하는 데 도움이 될 뿐이다. 금융전문가들은 예측이 빗나갈 경우를 대비해 풍부한 방어기제를 갖추고 있다. 부정확하거나 불완전한 정보만 아니었다면, 예상 밖의 사건이 일어나지만 않았다면, 예기치 못한 사건만 발생하지 않았다면, 예측이 거의 맞았을 것이라는 게 금융전문가들의 단골 변명이다. '거의 맞았다.' 혹은 '그 외에는 맞았다.'라는 방어기제는 금융전문가들이 정신적으로 잘못에 대한 책임을 회피하고, 자신이 우월한 능력을 지녔다는 근거 없는 믿음을 유지해준다. 오류를 제거해주는 대표적인 변명이 또 하나 있다. "타이밍이 틀렸을 뿐 제 예측은 아직 유효합니다. 두고 보십시오." 다시 한번 말하지만, 이러한 방어기제는 인간의 본능이고 보통 무의식에서 작동한다.[10]

인간은 종종 무작위로 일어난 사건을 편향된 시선으로 본다. 성공은 내 능력 덕분이고, 실패는 외부 사건 탓이다. 중요한 사실은, 예측이 정확히 맞아떨어지면 기쁨을 느낀다는 점이다. 이러한 감정적 보상이 도파민의 분비를 촉진해 다음에도 정확하게 예측하라고 유도한다. 우리는 보통 빗나간 예측을 빠르게 무시하거나 잊어버리거나 합리화한다. 믿음은 우리가 예측 능력이 뛰어나다고 착각하게 할 뿐만 아니라, 모든 면에서 더 뛰어나게 만든다.

믿음은 모든 면에서 나를 더 뛰어나게 만든다

일이 잘못되어 의도치 않은 결과를 마주했을 때, 우리는 그 원인을 외부로 돌린다. "뭐가 발에 걸리는 바람에 넘어졌어." "네가 우유를 꺼내놓는 바람에 흘렸잖아." "차가 엄청 막히는 바람에 늦었어." "너한테 속아서 문제를 틀렸잖아." "난 너 때문에 이렇게 한 거야." 예를 들자면 끝이 없다. 반대로 일이 계획대로 풀려 원하는 결과를 마주했을 때는 모든 공을 자신에게 돌린다. 우리는 결과가 좋을 때만 자기 능력 덕분이라고 설명한다.

우리는 자신의 말이 거의 항상 옳다고 생각한다. 실제로는 별로 한 게 없어도 성공하면 자기 덕분이라고 주장한다. 세계적인 골프 선수 타이거 우즈Tiger Woods는 스캔들과 부상을 겪었다. 그러고 나서 몇 년 뒤 또다시 대회에서 우승을 차지했다. 몇몇 팬들이 말했다. "나는 타이거 우즈를 믿었어. 우승할 줄 알았다고. 부활할 줄 알았다니까?" 이 말은 아무것도 잃을 것이 없는 발언이다. 우즈가 부활했으니 당신은 통찰력을 지닌 것이 되고, 설사 우승을 못 했다 하더라도 그럴 수 없었던 상황을 원망하면 그만이다. 본질적으로 당신은 항상 옳거나, 적어도 거의 항상 옳다. 믿음은 옳다. 그저 혼란스러운 상황이 훼방을 놓을 뿐이다.

이는 우리가 일관되게 자기 자신을 과대평가하고, 다른 사람을 과소평가하는 이유를 설명해준다. 일이 잘 풀리면 의도한 것이고 내 덕이다. 일이 잘 안 풀리면 우리는 의도한 것이 아니고 남 탓이다. 이러한 불균형한 추론으로 대개 자신의 노력을 과대평가한다. 우리 중 90퍼센트는 '나는 남들보다 운전 실력이 뛰어나다.', '나는 다른 사람보다 더 신뢰할 만하다.', '나는 속임수를 더 잘 간파한다.'와 같은 자기 평가를 내린다. 직장인들은 회사 일을 거의 다 자기가 했다고 생각한다. 왜 그런지 생각해본 적이 있는가?

이는 확증편향의 한 형태다(이러한 인간의 성향은 다음 장에서 상세히 다룰 것이다). 첫 번째 이유는 스스로 가장 중요한 기준을 설정하기 때문이다. 빠르게 운전하는 사람은 운전에서 속도가 가장 중요하다고 생각한다. 느리게 운전하는 사람은 예의나 조심성이 가장 중요하다고 생각한다. 키가 작고 빠른 농구 선수는 농구에서 게임을 풀어나가는 능력이 가장 중요하다고 생각한다. 키가 크고 상대적으로 느린 선수는 리바운드가 핵심이라고 생각한다. 이처럼 우리는 자신에게 가장 유리하게 기준을 설정하는 경향을 보인다.

흔히 잘나갈 때는 우연이 아니라 노력이 보답받았다고 믿는다. 반면 경쟁자가 잘나갈 때는 운이 좋았다고 치부한다. "기회란 기회는 다 개한테 간다니까." 경쟁자가 못 나갈 때는 잘못된 의사결정 때문이라고 생각한다. "결과가 불 보듯 뻔했는데 그런 결정을 내리다니." 심리학에서는 인간 내면에 깊이 뿌리내린 이러한 경향을 가리켜 '기본적 귀인 오류fundamental attribution error'라고 부른다. 다른 사람의 행동을 판단할 때는 개인적 특성을 과장하고 상황적 요인을 과소평가하는 반면, 자기 자신에게는 정반대로 한다. 유명 코미디언 조지 칼린George Carlin은 인간의 이러한 성향을 풍자한 명언을 남겼다. "다들 운전하면서 나보다 느리게 가는 놈은 멍청이고, 나보다 빨리 가는 놈은 미친놈이라고 생각한 적 있지 않아?"

요약

1부 '믿음'에서는 인간이 주변 환경을 파악해 안전하고 생산적이며 예측 가능한 곳으로 만들도록 유전자에 새겨진 존재라는 사실을 배웠다. 인생에서 의미와 질서와 통제력을 찾는 일은 너무나 중요하기 때문에 우리는 주변 환경에 질서와 체계를 부여한다. 즉 사건이 발생하고 이에 반응하다 보면 경험이 쌓이고, 개별 사건에서 패턴을 찾아 심성 모형(믿음)으로 발전시키는 것이다. 중요한 사실은 진화 과정에서 위험과 기회는 순식간에 닥쳐왔고, 우리는 이를 겪으며 놀라운 사건이 발생할 때 빠르게 믿음을 형성하는 경로를 발전시켰다는 점이다.

믿음은 매우 모호하고 복잡한 환경에서 의미를 추출하는 방법이다. 믿음은 행동 지침으로써 인생에 방향을 제시하고 의미를 부여한다. 그 덕분에 인간은 주체적이고 안정적인 삶을 살아갈 수 있다. 또한 믿음은 내부 명령어처럼 인생에서 일어나는 사건들을 어떻게 해석해야 할지 알려준다. 정신은 믿음을 이용하여 '휴리스틱'이라고 부르는 경험법칙을 만들어낸다. 휴리스틱은 정신적 자원을 절약하면서 우리가 성공적으로 제 역할을 할 수 있도록 도와준다. 또한 믿음은 우리가 선택하는 것이 아니고, 우리가 가진 믿음에 이름을 붙이거나 설명해달라고 하기 전까지는 믿음이 존재한다는 사실조차 인식하지 못하는 경우가 많다. 믿음은 무의식적인 감정을 이용해 우리에게 지시를 내리기 때문에 우리가 이를 인식하지 못하는 것은 당연하다.

통제력을 추구하고 유지하고자 하는 것은 인간을 행동하게 하는 핵심 동기다. 통제적 욕구는 인간의 중요한 특징이다. 개인적으로 현재와 미래의 사건을 예측하고 영향을 미치며 조종할 수 있다는 믿음은 정신 건강에 이롭다. 우리는 믿음을 경험에 투사해 그 증거를 찾거나 만들어냄으로써 안정감을 확보한다.

믿음이 쉽게 형성되는 까닭은 우리가 감각을 신뢰하기 때문이다. 일단 믿고 보는 본성은 그래야만 살아남을 수 있고, 주변에 신뢰할 만한 권위자가 있던 과거에 생겨났다. 불신은 감각을 무시하는 것과 다름없고, 의식적으로 노력해야 하는 행위였다. 믿음은 충동적으로 혹은 심사숙고해서 결정을 내릴 때 우리를 이끌어준다. 믿음은 불안정한 세상에서 심리적 안정을 제공하므로, 한 번 형성된 믿음은 결코 쉽게 변하지 않는다.

계몽주의 철학자들은 인간이 합리적으로 계산하고 논리적으로 사고하는 존재라고 믿었다. 하지만 이제는 인간이 더는 그런 존재가 아니라는 사실을 안다. 인간은 믿음을 형성하는 데 영향을 미치는 다양한 요소의 영향을 받는다.

패턴을 찾으려는 인간의 타고난 성향은 유의미한 것뿐만 아니라 무의미한 것에서도 패턴을 찾고 발견하게 만든다. 인간은 의미를 찾도록 진화한 생물로서 이러한 패턴에 의미를 부여하고 이유를 설명하려 한다. 의미 있는 패턴은 믿음의 핵심이다. 우리는 이렇게 생겨난 믿음을 가지고 현실을 이해한다. 이 믿음을 보존하고 보호하고자 뇌는 믿음을 계속해서 진실이라고 확증해주는 다양한 인지편향을 채택한다.

2부 '편향'에서는 정신을 특징짓는 인지편향이 어떻게 믿음을 확증해 혼란스러운 세상에서 정신 건강을 유지하고, 질서를 부여하며 살아갈 수 있도록 해주는지 다룰 것이다. 건강하지 않은 인지편향을 인지하고 극복할 수 있는 전략 또한 소개할 것이다.

놀라움의 순간이 닥치면 이렇듯 믿음을 뒷받침하고 유지해주는 인지편향은 단숨에 뒤집힐 수 있다. 그렇게 되면 기존 믿음을 부정하고 새로운 믿음을 지지하게 된다. 마치 항상 그랬던 것처럼 말이다.

The Power of Surprise

PART 2

편향

무엇이 믿음을 통제하는가

폭우가 내리면 산비탈에 땅이 패여 수로가 생기면서 물이 흘러 내려간다. 이후에 내리는 비는 자연이 만든 수로를 따라 자동으로 내려간다. 이와 마찬가지로 생각과 정보도 믿음이 형성한 패턴을 따라 자연스럽게 흘러가고, 그 길을 더 깊게 만든다. 이러한 과정은 대개 무의식에서 이루어진다.

믿음은 개개인을 고유한 존재로 만든다. 두 사람이 같은 사건을 겪더라도 경험은 서로 완전히 다를 수 있다. 경험은 고유하기 때문에 완전히 다른 믿음을 만들어낸다. 믿음은 지문만큼이나 고유하다. 우리는 믿음을 자기 자신과 동일 선상에 놓는 데 그치지 않고 아예 동일시한다. 따라서 믿음을 위협하는 것은 곧 우리를 위협하는 것이다. 자신을 보호하려면 믿음을 보호해야 한다.

같은 경험을 해도 모두가 다르게 해석하고 느끼는 이유는 무엇일까? 우리는 때때로 타인의 순진함에 놀라곤 한다. '어떻게 저걸 믿을 수 있지?' 하고 말이다. 다른 사람들도 우리의 순진함에 놀라기는 마찬가지일 것이다. 자신의 인식과 반응이 주관적인 해석의 결과임을 간과한 채, '실제'의 직접적이고 객관적이며 진실한 반영이라고 여기기 때문이다.

감각을 통해 흘러들어온 정보를 바탕으로 우리는 지극히 주관적인 현실을 구성해낸다. 그러나 이러한 감각 정보는 주의를 기울일 만한 정보를 선택하고 정리해 의미를 부여하는 복잡한 정신 과정에서 이미 선별 처리된 정보다. 경험, 가정환경, 교육 수준, 문화, 규범 등 모든 것이 우리가 감각 정보를 처리하는 방식에 영향을 미친다.

운동장에서 싸움이 벌어진다. 어떤 학생은 두려움을 느끼고, 어떤 학생은 정당함을 주장한다. 신이 난 학생이 있는가 하면, 슬퍼하는 학생도 있다. 교사와 교장과 학부모와 언론 역시 같은 사건을 제각기 다르게 경험한다. 지역사회 내에서도 개개인이 지닌 문화적 관점이나 정치적 관점에 따라 이 싸움을 다르게 바라볼 수 있다. 이렇듯 우리는 사건을 다르게 바라볼 뿐만 아니라, 자신의 견해를 뒷받침할 증거를 본능적으로 찾아낸다. 찾을 수 없으면 만들어내서라도 증거를 마련한다.

믿음이 세상을 바라보는 필터라고 생각해보자. 편견은 믿음을 뒷받침하는 증거만 이 필터에 통과시킨다. 인간은 믿음과 일치하는 정보는 받아들이고, 모순되는 정보는 거부하는 독특한 경향이 있다. 이러한 경향을 가리켜 '확증편향'이라고 한다. 확증편향에 관한 연구는 굵직한 연구서가 수두룩할 정도로 활발히 이루어지고 있다. 진화적 관점에서 믿음을 보호하는 일은 매우 중요하므로, 믿음의 방어기제를 장려하는 신경학적 기능이 개발된 것이다.

하버드대학교 연구원 사라 고먼Sara Gorman과 컬럼비아대학교 신경과학자 잭 고먼Jack Gorman은 자신들의 저서《죽어도 안 믿어 Denying to the Grave》에서 이러한 편향에는 생리학적 요소가 있다고 주장한다. 그들은 이 책에서 믿음을 뒷받침하는 정보를 처리할 때는 도파민이 분출된다는 연구 결과를 인용했다. "우리가 틀렸다고 해도 믿음을 고수할 때는 기분이 좋다."[1]

인지편향cognitive bias은 복잡한 세상에서 믿음을 유지하는 데 도움이 된다. 앞서 3장에서는 주변 환경이나 다른 사람과 상호작용할 때 믿음이 우리의 통제를 벗어나 어떻게 진화했는지 다루었고, 이 장에서는 인지편향이 어떻게 믿음을 방어하는지 설명했다. 그러나 이 놀라운 방어기제에는 문제가 하나 있다. 바로 우리가 확고하게 믿는 것들이 비합리적이거나 파괴적이거나 명백하게 틀릴 수도 있다는 사실이다.

그렇다면 편향에 가장 취약한 사람은 누구일까? 확증편향과 지능 사이의 상관관계를 조사한 연구가 심리과학협회The Association for Psychological Science 학술지에 실렸다.[2] 연구 결과, 확증편향과 지능 사이에서는 아무런 상관관계가 발견되지 않았다. 그리고 어떤 경우에는 지능이 높은 사람들이 믿음을 합리화하는 데 더 뛰어나다는 사실을 발견하기도 했다. 이들은 유창한 논리로 자신을 설득했다. 심리학자들은 이를 가리켜 '지능의 함정intelligence trap'이라고 부른다. 누구나 우리 안에 있는 이러한 성향에 빠져들기 쉽다.

믿음은 고유함을 만들고, 편향은 고유함을 유지시킨다

스탠퍼드대학교에서 초기에 진행된 연구 가운데 가장 많이 인용된 한 연구 사례를 자세히 살펴보자. 연구진은 사형제도를 찬성하는 학생과 반대하는 학생을 모집했다. 사형제도를 반대하는 절반은 사형제도의 범죄 억제 효과를 부정했지만, 찬성하는 나머지 절반은 사형제도의 범죄 억제 효과를 긍정했다.[3]

연구진은 학생들에게 두 가지 연구 결과를 제시했다. 학생들은 연구가 거짓으로 날조된 것이라는 사실을 알지 못했다. 한 연구는 사형제도가 범죄를 억제하는 효과가 있다는 주장을 뒷받침하는 데이터를 제공했고, 또 다른 연구는 그 효과에 의문을 제기하는 데이터를 제공했다. 두 연구 모두 동등하게 설득력 있는 통계를 제시하도록 설계된 것이었다. 사형제도를 지지하는 학생들은 범죄 억제 효과가 높다는 데이터의 신뢰성은 매우 높지만, 범죄 억제 효과가 미미하다는 데이터는 설득력이 떨어진다고 평가했다. 짐작했는지 모르겠지만, 사형제도에 반대하는 학생들은 완전히 반대로 평가했다. 실험이 끝난 후 연구진은 다시 한번 학생들에게 의견을 물었다. 그러자 학생들은 기존 의견을 더 강하게 밀어붙였다. 어떻게 이런 결과가 나왔을까?

신경과학계는 수십 년 동안 이 연구 결과를 설명하려고 노력했다. 서던캘리포니아대학교 신경과학자 샘 해리스Sam Harris는 스탠퍼드대학교 학생들이 원래 입장을 더 강하게 밀어붙인 반응을 가리켜 '역화 효과backfire effect'라고 명명했다. 역화 효과는 믿음과 모순되는 새로운 정보가 눈을 멀게 할 때 발생하는데, 새로운 정보는 기존 견해를 약화하기보다는 역으로 강화한다. 해리스는 서던캘리포니아대학교 뇌과학 및 창의력 연구소에 소속된 또 다른 연구 팀과 함께 MRI로 실험 참가자의 뇌를 촬영했다. 연구진은 강한 정치적 신념을 지닌 실험 참가자에게 반론을 제시했고, 정치적 신념이 틀릴 수 있다는 증거를 제시했을 때 신체적 위협에 대응할 때와 동일한 뇌 영역이 활성화된다는 사실을 발견했다. "우리가 관찰한 뇌 반응은 가령 숲속을 걷다가 곰을 만났을 때 일어나는 뇌 반응과 매우 비슷했다. 자신의 믿음에 반박하는 근거를 마주할 때, 뇌는 자동으로 투쟁-도피 반응을 보이고 몸은 자신을 보호할 준비를 한다."[4]

동의하지 않는다고 해서 데이터를 완벽히 무시할 수는 없다. 하지만 해석은 마음대로 할 수 있다. 사람들은 의심스러운 연구 결과일지라도 믿고 싶은 것을 뒷받침해 주는 것이라면 믿을 만하다고 여긴다. 한 예로, 백신과 자폐증 사이의 연관성을 입증한 연구는 곧바로 반론이 나왔는데도 오랫동안 인용되고 있다. 또한 사람들은 과학적으로 엄정한 기준을 충족한 연구 결과일지라도 믿고 싶은 것과 반대되면 무시하는 경향이 있다. 기후 변화에 대한 과학적 증거를 무시하는 것이 대표적인 예다. 과학자 중 95퍼센트가 기후 변화와 인간 활동 사이에 연관성을 인정하지만, 사람들은 이들의 의견을 축소하거나 노골적으로 부인한다.

자신의 행복과 안녕을 위협하는 정보를 의도적으로 회피함으로써 믿고 싶은 현실을 선택하는 경향이 있다는 사실을 보여주는 연구는 수없이 많다. 예컨대 다이어트를 할 때는 맛있는 디저트의 열량은 보지 않으려 하고, 자신의 정치적 견해와 일치하는 출처에서 나온 뉴스만 선별해서 본다. 우리는 우리가 믿는 것을 확증하는 정보만 선택해서 주의를 기울이고, 사실이 아니기를 바라는 정보를 잊는 데 매우 능숙하다.

미국경제학회에서 발행하는 학술지인 〈경제학 저널Journal of Economic Literature〉에 실린 연구에 따르면, '정보 회피'를 보여주는 가장 확실한 사례는 정보를 획득하지 않는 것이라고 한다. 사람들은 저마다 다양한 정보 회피 전략을 구사한다. 우리는 이전에 학습된 믿음과 일치하지 않는 정보는 차단하고, 현재 믿음을 지지하는 정보만 수용하는 경향이 있다. 새로운 정보를 학습한다고 생각하지만, 실제로는 철저히 선별된 정보와 대화만을 받아들인다. 개인적인 철학이나 경험과 일치하는 정보가 들릴 때까지 기다렸다가 현재 자기 행동과 믿음을 정당화하는 정보만 선별해 받아들이는 것이다.[5]

사람들은 대개 새로운 정보보다는 이미 알고 있는 것을 확증해주는 정보를 원한다. 연구에 편견이 개입되지 않도록 특별히 훈련받은 과학자들조차 편견에 취약하기는 마찬가지다. 토머스 쿤Tomas Kuhn은 1962년에 출간된 자신의 저서 《과학혁명의 구조The Structure of Scientific Revolutions》에서 과학자들이 당대를 지배했던 패러다임과 모순되는 데이터를 처음 접하면 으레 거부하거나 무시했다고 주장했다. 이 급진적인 주장에 학계는 냉랭한 반응을 보였지만 결국 쿤이 옳았다. 과학자들조차 편견을 극복하지 못했다. 예를 들어, 과학자들은 스트레스가 궤양을 유발한다고 믿었다. 의학계에서는 효과적인 치료법을 찾으려고 수십 년간 관련 연구에 막대한 자금을 들였다. 이제 우리는 박테리아가 궤양을 일으키는 가장 흔한 원인이라는 사실을 안다. 그러나 단지 오랜 믿음에 반한다는 이유로 의학계와 과학계는 이 연구를 수년 동안 기각했다. 결국에 박테리아가 궤양을 일으키는 원인이라고 최초로 주장한 연구자가 자기 몸에 박테리아를 주입했다. 이 연구로 그는 2005년 노벨상을 받았다.[6]

나는 《모두 거짓말을 한다》의 저자 세스 스티븐스 다비도위츠 Seth Stephens-Davidowitz와 라디오 인터뷰를 한 적이 있다. 하버드대학교에서 박사학위를 취득하고, 구글에서 데이터과학자로 일하고 있는 다비도위츠는 모든 사람이 거짓말을 한다고 주장한다. 그가 말하는 거짓말에는 성과를 부풀리고, 설문조사에서 사람 좋은 척 거짓으로 답변하고, 거짓 소문을 퍼뜨리고, 페이스북에서 자신을 포장하는 등의 모든 행위가 포함된다. 나는 인터뷰에서 다비도위츠에게 본인은 어떤 거짓말을 하느냐고 물었다. 그러자 그는 "자신은 강박적으로 정직한 사람이기 때문에 예외"라고 답변했다. 그리고 잠시 후 그는 데이트 상대를 찾는 웹사이트에 실물보다 잘 나온 프로필 사진을 올렸다고 이야기했다. 나는 그게 바로 책에서 말한 '강조에 의한 거짓말'을 보여주는 사례 아니냐고 물었다. 그러자 다비도위츠는 "모두가 그렇게 하길래……."라며 말끝을 흐렸다. 다비도위츠도 자신이 놓은 덫에 걸렸고, 우리가 모두 그러하듯 그역시 자기합리화를 했다.[7]

자신의 뒤통수를 보려면 노력이 필요한 것처럼, 확증편향 역시 알아차리려면 노력이 필요하다. 거울 하나만 가지고는 자기 뒤통수를 볼 수 없다. 두 개의 거울이 있어야 하고, 주의를 기울여 거울의 위치를 조정하는 노력도 필요하다. 편견을 알아차리는 것 또한 뒤통수를 보는 것만큼이나 어렵고, 어쩌면 불가능할 수도 있다. 확증편향은 직립보행만큼 자연스러운 현상이다. 우리는 객관적인 증거로 이 결론에 다다랐다고 생각하길 좋아한다. 그러나 실제로는 믿음이 먼저고 증거는 나중이다. 우리가 지닌 세계관은 개인적인 관점과 역사와 경험 그리고 다른 곳에서 얻은 정보와 지식이 합쳐져 형성된 한 가지 관점에 지나지 않는다는 사실을 깨달아야 한다.

개인적 편향 감지하기

글을 읽어 내려가면서 당신이 현재 어떤 편견을 가졌는지 곰곰이 생각해보라.

"설탕과 과잉행동 사이에는 연관성이 있을까, 없을까?"

아이들의 설탕 섭취와 과잉행동 사이에는 연관성이 있을까? 아이들에게 사탕, 케이크, 도넛, 음료수 같은 간식을 잔뜩 주고 나면, 아이들이 벽을 마구 기어오르는 따위의 행동을 하지 않을까? 이 결과를 직감적으로 느끼기에는 어떠한가? 경험에 비추어 봤을 때는 어떠한가? 읽기를 잠시 멈추고, 믿음을 한번 형성해보라. 설탕 섭취와 과잉행동 사이에 연관성이 있다고 믿는가, 아니면 없다고 믿는가? 지금 입장을 정해보라.

어린 시절, 부모님은 설탕이 과잉행동을 유발한다고 확신하셨다. 달콤한 간식을 먹고 나면 엄마는 꼭 이렇게 말씀하셨다. "또 시작이네. 단 걸 많이 먹고 나면 애가 꼭 저렇게 흥분한다니까." 나는 그 말을 믿지 않았다. 나는 언제나 활기 넘쳤고, 사탕을 먹을 때나 먹지 않을 때나 내 행동에는 별다른 차이가 없었다. 적어도 내가 느끼기에는 말이다. 어린아이였을 때조차 나는 그런 말을 들을 때면 코웃음 치곤 했다. 가령 엄마가 "쟤가 난리 치는 걸 보니 피곤한가 보다. 자러 갈 때가 됐어."라고 말씀하시면, 나는 언제나 '엄마가 피곤해서 내가 귀찮은가 보다.'라고 해석해서 들었다.

내 조카들도 설탕 섭취와 과잉행동 사이의 연관성을 믿었다.

작은 조카가 당이 높은 간식을 먹고 있으면, 큰 조카는 곧 자기 동생에게 어떤 일이 벌어질지 예측하곤 했다. "다들 준비하세요! 동생이 이제 낄낄거리다가 목소리가 높아지고 노래를 부르기 시작할 테니까요!" 그 말을 기다렸다는 듯이 작은 조카는 정말로 낄낄거리다가 목소리가 높아지더니 노래를 부르기 시작했다. 마치 잘 짜인 연극의 한 장면 같았다. 동생이 예상대로 행동하지 않더라도, 아마 조카는 이상행동이 잠시 지연된 것일 뿐 언젠가는 일어날 것이라고 말했을 것이다. 아니면 다른 행동(발을 까딱거리거나 떠는 등)을 과잉행동 증상으로 지목했을 것이다. 큰 조카는 동생이 어떤 행동을 하든, 그 행동을 설탕을 많이 섭취한 탓에 보이는 과잉행동으로 몰아가며 그럴 줄 알았다는 듯 말했을 것이다. "봤죠?"

한번은 큰 조카에게 설탕 섭취와 과잉행동 사이에는 연관성이 없다는 연구 결과를 말해주었다. 큰 조카는 나를 쳐다보며 고개를 갸우뚱하더니, 이런 순진한 어른을 보았나 하는 표정으로 슬쩍 입꼬리를 올리며 나를 비웃었다. 큰 조카가 경험하기로는, 내 말은 틀린 것이다. 이렇듯 경험은 연구보다 중요하다.

그렇다면 설탕은 정말 아이들에게서 과잉행동을 유발할까? 나는 이를 미신이라고 치부하지만, 나 역시 편향에 치우쳐 내 믿음을 뒷받침하는 검색 결과만 찾아내는 경향이 있다. 따라서 나는 공정성을 기하고자 엄정한 실험적 증거만 찾으려고 노력했다. 검색창에 '설탕 섭취와 어린아이의 과잉행동'이라고 입력했다. 그리고 엔터키를 누르기에 앞서 객관적인 증거만 수집하고 개인적인 의견은 전부 배제하리라 결심했다.

연구 1: 실험적 연구에 대한 비판적 고찰 결과(1986)[8]

"상관관계 연구 결과에 따르면, 높은 수준의 설탕 섭취는 부적절한 행동의 비율 증가와 관련이 있을 수 있지만, 식이요법에 관한 연구 결과는 일관성이 없고 결정적이지 않다고 한다. 대부분의 연구에서는 설탕 섭취와 관련된 결과를 발견하지 못했고, 결과를 발견한 소수 연구에서는 설탕이 행동을 악화시키는 것만큼이나 개선하는 효과가 있는 것으로 드러났다."

연구 2: 9년 뒤(1995)[9]

"현재까지 연구를 메타분석해 종합한 결과, 설탕 섭취는 어린아이의 행동이나 인지 능력에 영향을 미치지 않는다는 것이 밝혀졌다. 두 사건 사이에 연관성이 있다는 부모의 확고한 믿음은 기대와 공통된 연관성 때문일 수도 있다. 그러나 설탕이 미치는 작은 영향이나 일부 어린이에게 미치는 영향을 완전히 배제할 수는 없다."

연구 3: 최종 연관성(2016)[10]

"현재까지 대부분의 연구에 따르면, 설탕 섭취와 과잉행동 사이에 연관성이 미약하다는 사실을 발견했다. 그러나 회귀 프로토콜 표준분석에서, 일부에서는 즉각적 연관성이 나타나고 많은 경우에는 지연된 연관성이 나타난다는 사실을 발견했다. 연구 결과, 지연 행동 평가와 난동을 포함할 때 설탕 섭취(원인)와 과잉행동(결과) 사이에 강력한 인과관계를 발견했다."

혹시 윗글을 읽고 입장이 바뀌었는가? 내적 편향이 작용하는 것을 느꼈는가? 느꼈다면 매우 드문 경우다. 대부분은 느끼지 못했을 것이므로, 의식적으로 편향이 작용하고 있는지 살펴보기를 권한다. 설탕 섭취와 어린아이의 과잉행동 사이의 연관성에 관한 연구 결과를 요약한 내용을 읽어 내려갈 때 이미 믿음이 형성된 상태였을 것이다. 그리고 아마도 그 믿음으로 확증편향의 힘을 느꼈을 것이다. 인과관계가 존재한다고 믿었다면 내가 그 믿음을 깨부수려 한다고 생각했을 것이고, 본능적으로 기억이나 경험을 더듬어 반박할 증거를 찾아내려 했을 것이다. 반대로 인과관계가 존재하지 않는다고 믿었다면 익숙한 연구 결과에 만족감을 느꼈을 것이다. 자기 확증에서 오는 약간의 도파민 분출을 경험했을 수도 있다.

설탕 섭취와 어린아이의 과잉행동 사이에 연관성이 존재한다고 믿는 사람이라면, 아마도 내가 인용한 연구에 본능적으로 반박할 거리를 찾았을 것이다. "잠깐! 이 연구는 30년도 더 된 연구잖아요." 또는 "연구원들 사이에서도 의견이 엇갈리네요."라며 반박할 수도 있고, '일관성이 없어 결론이 불분명하다'는 점을 지적했을 수도 있다. 연관성을 믿는 사람이라면, 일부 어린아이에게서 과잉행동이 나타났다는 결론에 틀림없이 주목했을 것이다.

마지막으로 〈연구 3: 최종 연관성〉을 읽고 나서는 마침내 바라던 증거를 손에 넣어 안도의 한숨을 내쉬었을 것이다. 마지막 연구에서 '회귀 프로토콜 표준분석'이라는 아주 복잡한 방법을 이용한 사실에 주목했을 것이다. 철저한 연구 설계로 지연반응까지 포함하니 마침내 확실한 연관성이 밝혀진 것이다. 연관성을 믿지 않았던 사람들은 아마도 이렇게 생각할 것이다. '고작 이 연구 하나일 뿐이잖아.' 아무리 우세한 증거일지라도 소용없다. 결국 다른 문제들과 마찬가지로 이 문제 역시 결론이 불분명해 보인다.

이 연습의 목적은 우리 안에 있는 확증편향의 '밀고 당김'에 주목하는 것이다. 이 과정은 본능적으로 일어난다. 우리는 끊임없이 경계 태세를 유지할 수 있긴 하지만, 이는 굉장히 어렵고 지치는 일이다. 여기서 잠깐, 여러분에게 사과드릴 일이 있다. 이 연습에는 거짓이 일부 포함되어 있다. 내 목표는 이 책을 읽는 독자들이 자신 안에 내재한 본능적인 편향을 스스로 검토하고 인식하게끔 만드는 것이었다. 최종 연구로 제시한 〈연구 3: 최종 연관성〉은 가짜다. 설탕 섭취와 과잉행동 사이의 연관성을 지지하는 어떠한 증거도 찾을 수 없어 날조해야만 했다. 이 사실을 알게 된 지금, 여러분의 확증편향은 어떤 상태인가?

설탕 섭취와 어린아이의 과잉행동 간 연관성에 관한 이 부분을 집필한 뒤, 교육 수준이 높은 한 친구에게 의견을 물었다. 그 친구는 "우리 애들 어렸을 때를 떠올려보면, 설탕 섭취와 과잉행동 사이에는 연관성이 있어."라고 말했다. 그리고 과학자들이 이 둘 사이에서 아무런 연관성을 발견하지 못했다는 사실에 약간 놀라더니 이렇게 말했다. "사실이 그렇다면야, 뭐. 애들이 설탕을 섭취할 때 사회적 유인이 존재하는 건 분명하지. 주변에서 으레 곧 미쳐 날뛸 거라고 말하니까 말이야." 마지막으로 그 친구는 한마디 덧붙였다. "그래도 의료계에 종사하는 누군가가 어느 시점에서 연관성을 발견한다고 해도 놀랍지 않을 것 같아. 아무래도 나도 편향에 치우쳐 있나 보군!" 여기서 개인적인 경험을 이해하려는 인간의 욕구와 개인적 경험이 과학적 사실과 어긋날 때 편향에 치우쳐 그 간극을 합리화하려는 인간의 욕구를 엿볼 수 있다.

일단 믿음이 형성되고 나면, 뇌는 자동으로 이를 뒷받침할 확증적 증거를 찾는다. 증거를 찾으면 자신이 '옳았다'는 사실 때문에 작은 신경학적 분출(도파민)이 일어난다. 이러한 자기가치확인self-affirmation 피드백 고리는 자신감을 한껏 높여준다. 개인적 믿음은 뇌에 들어오는 매우 모호하고 복잡한 자극에서 의미를 추출하는 확실한 방법을 제공한다. 확고한 믿음은 옳든 그르든 상관없이 불확실한 환경에 의미와 통제력을 부여한다.

놀라움의 힘

경험이 우리를 만들고, 우리가 경험을 만든다

인간은 직관적으로 자신이 지닌 믿음 체계를 검증할 수 있는 증거를 찾는다. 이는 마치 좁은 열쇠 구멍에 필터까지 더해 세상을 바라보는 것과 같다. 믿음은 그 믿음이 진실인 것처럼 행동하도록 우리를 이끌고, 그 믿음이 틀렸다는 증거를 마주치거나 받아들이지 못하게 한다.

다음 사례는 질의 이야기다. 고민에 빠져 있던 질은 할머니 말에 깜짝 놀란다. 할머니 말을 듣고 놀라움을 느끼는 바로 그 순간, 믿음의 방어 체계가 일시적으로 무너지면서 사고방식이 변화한다. 질은 할머니의 말을 진실이라고 받아들인다. 이 새로운 사고방식은 이후 질이 요리하면서 이룬 모든 성공을 축하하고, 실패는 최소화하도록 유도한다. 이것이 바로 확증편향이다.

> 할머니, 할아버지가 우리 집에 오실 거라는 이야기를 듣고 내 마음을 표현하고 싶었다. 때마침 여름이면 청소년들 사이에 불어닥치는 베이킹 열풍에 나도 막 휩싸인 참이었다. 나는 요리할 때마다 가장 아끼는 요리책에 나오는 레시피를 한 치의 오차도 없이 정확히 따라 했다. 할머니, 할아버지께 감사한 마음을 담아 '울트라 초콜릿 칩 쿠키'를 굽기로 결정했다. 그런데 어디서도 요리책을 찾을 수 없었다. 당황스러움과 좌절감이 밀려들었지만, 기억력을 총동원하여 최

선을 다해 만들어보기로 했다. 그런데 쿠키 반죽을 냉각대에서 휴지하는 동안 찜찜한 기분을 떨칠 수가 없었다. 뭔가가 빠졌다. 맙소사! 초콜릿 칩을 깜박하고 말았다! '울트라 초콜릿 칩 쿠키'가 아니라 '울트라 쿠키'가 되어버린 것이다. 할머니는 왜 그렇게 속상한 얼굴을 하고 있느냐고 물으셨다. 나는 쿠키 하나를 들고 고백했다. "레시피를 못 찾아서 그냥 기억나는 대로 만들었어요. 재료를 하나라도 빠트릴까 봐 전전긍긍하다가 제일 중요한 재료를 빼먹고 말았어요." 쿠키를 한 입 베어 문 할머니는 깜짝 놀란 얼굴로 나를 돌아보셨다. "질, 이건 내가 먹어본 쿠키 중에 최고야! 넌 훌륭한 요리사구나. 너만의 요리책을 만들어야 할 것 같아." 나는 초콜릿 칩 없이 초콜릿 칩 쿠키를 만들 생각은 해본 적이 없었다. 나 좀 엄청난데?

나도 모르게 입이 벌어졌다. 그리고 재빨리 쿠키를 집어넣었다. 이럴 수가! 할머니 말씀이 옳았다. 역사상 최고의 쿠키를 만들어낸 것이다. 그날 이후로 나는 요리책에 나오는 레시피를 따라 하지 않았다. 무슨 재료가 들어가는지만 살펴보고 나머지는 내 재량껏 만들었다. 그렇게 내 손끝에서 수없이 멋진 요리가 탄생했고, 식탁에 올리면 순식간에 사라졌다. 물론 개중에는 강아지 입으로 들어가는 요리도 많았다. 하지만 그때를 기점으로 레시피의 속박에서 벗어나 자유롭게 꿈을 펼칠 수 있었다.

놀라움의 힘

처음에 질은 꼼꼼한 요리사였다. "나는 요리할 때마다 가장 아끼는 요리책에 나오는 레시피를 한 치의 오차도 없이 정확히 따라 했다." 하지만 할머니의 말에 놀라움을 느끼면서 사고방식을 수정할 기회의 창이 열렸다. 질은 새로운 사고방식을 받아들이고 시도했다. 만약 새로운 사고방식을 받아들이지 않았다면 이렇게 말했을지도 모른다. "그래, 반죽이 맛있긴 한데 원래 초콜릿 칩 쿠키만큼 맛있진 않아." 이러한 발언은 레시피를 정확히 따르지 않아 재앙이 발생했다는 이전 믿음을 견지하는 데서 나왔을 것이다. 하지만 질은 이렇게 말했다. "이럴 수가! 할머니 말씀이 옳았다. 역사상 최고의 쿠키를 만들어낸 것이다." 이러한 생각은 새로운 마음가짐에 대한 긍정을 드러낸다. 이후 질은 새로운 사고방식이 성공했음을 강조하며, 실패는 축소하고 무시하면서 이야기를 마무리 짓는다. "그렇게 내 손끝에서 수없이 멋진 요리가 탄생했고, 식탁에 올리면 순식간에 사라졌다. 물론 개중에는 강아지 입으로 들어가는 요리도 많았다."

질은 레시피를 꼼꼼하게 따르지 않아서 자신이 더 나은 요리사가 되었다고 믿는다. 부엌에서 요리가 성공하건 실패하건 이 새로운 믿음은 흔들리지 않는다는 사실에 주목하라. 과거에 질은 실수할까 봐 지레 겁을 먹기도 했지만, 지금은 실수를 피할 수 없는 학습 과정으로 여긴다.

질은 레시피를 따르지 않을 때 더 나은 요리사가 될 수 있다고 믿을 뿐 아니라, 실제로 더 맛있다고 느낄 것이다. 이는 뇌가 쉽게 속기 때문이다. 에릭 밴스Erik Vance는 자신의 저서《당신은 쉬운 사람Suggestible You》에서 책을 집필하려고 취재를 나갔다가 겪은 경험담을 이렇게 서술했다.

첫 취재를 나갔을 때, 이 의자에서 30분 정도 전기 충격을 받았던 적이 있다. 초록 불이 들어올 때마다 약한 전기 충격을 받았고, 빨간 불이 들어올 때마다 강한 전기 충격을 받았다. 초록 불과 빨간 불이 왔다 갔다 했다. 이 실험은 메릴랜드대학교 연구원 루아나 콜로카Luana Colloca가 진행했다. 빨간 불이 꺼질 때마다 내 입에서는 '맙소사'라는 말이 저절로 튀어나왔다. 그만큼 강한 전기 충격이었다. 발에서는 경련이 일어났다.

마지막 라운드에서는 초록 불이 켜진 게 아닐까 싶을 정도로 전기 충격이 약했다. 콜로카는 다가와 이렇게 말했다. "마지막 라운드에서는 잘 참으시던걸요? 전부 다 똑같이 강한 충격이었거든요." (이 발언은 알고 보니 실험 조작이었다.) 무슨 색을 보느냐에 따라 내가 느낀 충격의 강도는 달랐을까? 초록 불일 때는 약한 전기 충격을 느꼈고, 발에 경련이 일어나지도 않았다. 실제로 고통을 덜 느꼈다. 초록색과 빨간색이 의미하는 바에 기대치를 부여했기 때문이다. 기대가 현실과 어긋날 때 뇌가 개입해서 고통을 경감해주는 화학물질을 방출해 고통의 기대치를 맞추거나 적어도 기대치에 가깝도록 맞춰준 것이다. 바로 여기에 수많은 플라세보 효과의 핵심이 있다. 바로 당신의 뇌가 현실을 기대치에 맞추려고 노력한다는 것이다.[11]

정당화하여 승리하라

확증편향은 인간이 지닌 고유한 특징이다. 위고 메르시에와 당 스페르베르는 자신들의 논문 〈인간은 왜 추론하는가Why Do Humans Reason〉에서 생쥐가 인간처럼 확증편향을 가진다면 과연 어떤 일이 벌어질지 재미난 상상을 펼친다. "주변에 고양이가 없다는 믿음을 확증하는 데 열중한 쥐가 있다면, 조만간 고양이의 저녁거리가 될 것이다. 확증편향 때문에 인간이 자꾸 (인간 세계에서 고양이에 해당하는) 새로운 위협이나 과소평가된 위협의 증거를 무시한다면, 이러한 성향은 자연선택에서 도태되었어야 한다." 인간이 합리적 판단을 내리기 위해 추론하도록 진화했다면, 왜 확증편향과 같은 심각한 설계 결함을 발전시켰을까?

　진화 과정에서 확증편향이 살아남은 것은 모종의 적응 기능때문이다. 3장에서 언급한 것처럼, 우리는 동맹을 결성해 자신을보호하도록 진화했다. 우리는 진실을 찾도록 프로그래밍되어 있지않고, 논쟁에서 이기도록 프로그래밍되어 있다. 메르시에와 스페르베르는 이 '과사회성hypersociability'에서 확증편향 기능이 유래했다고 설득력 있게 주장한다. 메르시에와 스페르베르에 따르면, 추론 능력은 믿음을 설명하고 정당화하는 메커니즘으로 진화했다고 한다. 다시 말해, 진실을 찾기 위한 도구가 아니라 다른 사람을 설득해 원하는 것을 얻기 위한 도구로 진화했다는 것이다.[12]

불안정한 세상에서는 동맹도 중요하지만, 개인의 이익 또한 필요하다. 진화론적 측면에서 봤을 때, 동맹을 맺고 싶은 사람을 신뢰할 만한 사람이라고 믿는 것은 당연한 일이다. 우리 조상들은 살아남기는 더 어려웠지만 덜 복잡했다. 그들은 건강하고 유능해 보이는 사람들과 동맹을 맺었다. 그리고 동시에 누구나 자신만의 목적이 있고, 본능적으로 자신에게 최선의 이익을 협상하려 한다. 다른 사람과 동맹을 맺으려는 욕구와 자신의 이익을 우선시하려는 본능, 이 두 가지 상반된 성향은 자연스레 긴장 관계를 형성한다. 오늘날에도 이 긴장 관계는 여전히 존재하고, 우리는 동맹을 맺고 개인적 목적을 협상하려고 발전시킨 이 합리적인 하드웨어를 탑재하고 있다.

확증편향은 진화론적으로 중대한 설계 결함처럼 보이지만, 적응에 유리한 몇 가지 이점이 있다. 타인의 견해가 정확하든 부정확하든, 그 견해에 동조할 때 사회적 유대가 형성된다. 우리는 협력하고 협동하고 동맹을 맺은 덕분에 살아남을 수 있었다. 조상들이 살던 시대는 상상하기조차 힘든 위협과 공포로 가득했다. 그들은 성공에 대한 과신 혹은 순진한 낙관주의로 혁신과 창조를 이루어낼 수 있었다. 확증편향이 보장하는 거짓 안전감은 엄청난 역경에 맞서 앞으로 나아가도록 우리를 부추긴다. 세상이 어떻게 돌아가는 지를 우리가 이해하고 있다는 믿음이 없다면 어떨지 상상해보라. 아마 방향 감각을 상실한 채 엄청난 좌절감과 불안감에 직면하게 될 것이다.

믿음이 공격당하면 입장을 바꿔라

사람들은 종종 정보를 완전히 무시할 수 없을 때 자기 마음대로 해석해버린다. 반박이 통하지 않으면 아예 주제를 바꿔 개인적인 문제로 만들어버리기도 한다. 누군가와 말다툼하다가 서로 완전히 다른 이야기를 하거나 같은 주제의 다른 측면을 이야기한 적이 한번은 있지 않은가?

나는 취미로 하키를 한다. 한 선수가 다른 선수에게 반칙하면, 일반적으로 반칙한 선수가 사과하고 경기를 계속 진행한다. 우리 팀에는 반칙 혐의를 받을 때마다 유난히 공격적이고 방어적으로 반응하는 선수가 있었다. 하루는 이 선수가 경기 중에 나를 넘어뜨렸다. 나는 사과하지 않는 그의 태도에 짜증이 나서 얼굴을 찌푸렸다. 그는 사고였다고 주장했다. 반칙할 때마다 결백을 주장하는게 그 선수의 오랜 특기였다. 나는 눈을 돌리며 고개를 저었다. 그러자 그가 분노하며 공격적으로 돌변했다. "지금 내가 거짓말이라도 한다는 거요?" 내가 문제 삼은 건 '상대가 발을 걸어 넘어졌다는 사실'이었다. 그건 다른 선수들도 목격한 명백한 반칙이었다. 하지만 그는 적반하장으로 내 반응을 인신공격으로 전환해 방어적으로 나왔다. 이제 이 문제는 반칙에 관한 것이 아니라 그의 인격에 관한 것으로 비화했다. 가해자에서 피해자로 제멋대로 입장을 바꿔버린 것이다. 그는 인신공격으로 자신의 결백을 의심했다며 나를 비난했다.

공격당한다고 느끼자 투쟁-도피 반응이 그의 변연계를 자극한 것이다. 격양된 감정은 방어적인 자기합리화를 유발해 어떠한 합리적 사고도 할 수 없도록 방해한다. 종종 피해자는 자기 행동을 너그럽게 해석한다. 심지어 내가 인신공격했으므로 비난받아 마땅하다는 합리화도 서슴지 않는다. 더 이상의 대화는 무의미하다. 반칙 혐의는 이제 부차적인 일이 되었고, 곧 잊힐 것이다. 하지만 암시적 거짓말에서 오는 분노는 계속 남는다.

영리한 정치인은 감정이 이성적인 논쟁을 압도할 수 있다는 사실을 잘 안다. 2016년 미국 대선 기간에 방영된 심야 토크쇼에서 한 코미디언이 뉴트 깅리치Newt Gingrich(미국의 대표적인 보수주의 논객 — 옮긴이)를 풍자하는 장면을 본 적이 있다. 코미디언은 뉴스 진행자가 깅리치를 인터뷰하는 짧은 영상을 보여주며 뉴스 진행자가 통계적 사실을 말했을 때 깅리치가 보인 반응을 풍자했다. 영상에서 뉴스 진행자는 깅리치에게 이렇게 말했다. "통계를 살펴보면 미국인은 그 어느 때보다 안전한 세상에서 살아가고 있습니다. 일반적으로 범죄, 특히 폭력 범죄는 2015년에 한 번 급증한 것을 제외하고는 10년이 넘게 계속해서 감소하고 있습니다." 그러면 깅리치는 이렇게 대답했다. "하지만 미국인은 더 안전하다고 느끼지 않습니다." 카메라가 다시 코미디언을 비췄다. 코미디언은 믿을 수 없다는 표정을 지어 보이며 청중에게 이렇게 말했다. "깅리치는 사실에 신경조차 쓰지 않습니다. 그에게 사실이 무엇인지는 그다지 중요하지 않죠." 청중이 웃었다. 다시 뉴스 영상이 나오며 진행자가 말했다. "그렇죠. 하지만 미국인은 그 어느 때보다 안전합니다. 연구 결과에 이의를 제기하시는 겁니까?" 깅리치가 또다시 대답했다. "하지만 미국인들은 더 안전하다고 느끼지 않습니다." 카메라는 또다시 믿을 수 없다는 표정의 코미디언을 비췄고, 청중은 웃는다. 뉴스 진행자는 다시 한번 깅리치를 설득하려 하고, 깅리치는 노래의 후렴구를 부르듯 똑같은 말을 반복한다. "하지만 미국인들은 더 안전하다고 느끼지 않습니다." 카메라는 다시 공화당원들이 사실에 귀를 기울이지 않는다고 고함을 지르는 코미디언을 비춘다.[13]

깅리치는 틀리지 않았다. 감정은 언제나 사실을 능가한다. 우리는 다른 사람이 감정을 앞세워 사실을 무시하는 것을 보면 비웃는다. 하지만 비웃는 우리도 정작 다를 바 없다. 하지만 자신이 감정을 앞세워 사실을 무시할 때는 그 사실을 인식하지 못한다. 누군가 "이봐, 사실은 당신이 틀렸어."라고 지적하면 우리는 "하지만 이건 경우가 달라."라고 말한다. 정치인들도 자신이 할 때는 옳고, 상대 정당이 똑같이 하면 불공평하다고 주장한다.

내 안의 편향 성찰하기

인생에서 무엇이 우리에게 영향을 미칠지는 스스로 결정할 수 없다. 인생은 흘러가고 우리는 그저 도전과 기회가 닥치면 그때그때 처신하며 살아갈 뿐이다. 성찰은 본질적으로 사실이 있고 나서 이루어진다. 일반적으로 우리는 현재에 몰두하거나 미래를 계획하기 때문에 성찰하는 성향을 타고나진 않았다. 성찰은 의식적인 노력 없이는 잘 일어나지 않는다. 우리가 정신적으로 깊은 생각에 빠질 때면 현재와 앞으로 다가올 일에 초점을 맞춘다. 현재 믿음과 상충하는 이전 믿음을 경시하는 성향 때문에, 우리는 자신을 점검할 수 있는 합리적인 도구인 성찰의 역할 또한 무시해버린다.

왜 그렇게 행동하냐는 질문을 받으면, 우리는 재빨리 자신의 행동을 합리화하는 설명을 만들어낸다. 우리는 무엇이 우리에게 영향을 미치는지 잘 모르는 것으로 악명이 높다. 예컨대, 슈퍼볼 광고에 등장하는 제품은 당연히 슈퍼볼 경기 직후 판매량이 급증한다. 하지만 소비자들은 광고가 구매에 영향을 미치지 않았다고 말한다. 우리의 행동을 촉발하는 기폭제 중 대부분은 무의식에서 발생한다. 전형적인 사례를 하나 살펴보자.

아이제이아는 오후 4시 30분에 퇴근할 계획이었지만, 막판에 화가 잔뜩 난 고객의 전화를 응대하느라 퇴근이 늦어졌다. 마침내 퇴근해 차에 타려고 할 때 앞 유리에 붙어 있는 주차 위반 딱지가 눈에 띄었다. 아이제이아는 화를 내며 급하게 차를 빼려다가 옆에 있던 차를 긁고 말았다. 앞 유리에 사과문을 붙이고 있는데 차 주인이 나타나 불같이 화를 냈다. 그리고 서둘러 집으로 돌아가는 길에 과속하다가 범칙금 딱지를 받았다. 마침내 집에 도착했을 때, 차고로 들어가는 길을 가로막고 있는 아들의 자전거를 발견했다. 그는 차에서 내려 아들을 야단치고 벌을 줬다. "차도에 자전거 세워놓지 말라고 몇 번을 말했니! 오늘 밤은 텔레비전 시청 금지야!" 이 소란을 듣고 아내가 밖으로 나와 묻는다. "왜 조이한테 화풀이야?" 아이제이아는 "차도에 자전거를 두지 말라고 수백 번도 넘게 말했으니까!"라고 대답한다. 현명한 아내는 생각만 할 뿐 오늘 일진이 안 좋았냐고 소리 내어 묻진 않는다.

아들에게 벌을 주기로 한 아이제이아의 결정에서 오늘 일진이 사나웠다는 사실이 미친 영향은 어느 정도이며, 아들이 자전거를 차도에 세워 놓았다는 사실이 미친 영향은 어느 정도일까? 75퍼센트가 '일진이 사나웠던 탓'이고, 25퍼센트가 '아들이 자전거를 차도에 세워 놓아서'라고 말할 수 있을까? 아니면 100퍼센트 아들이 자전거를 차도에 세워 놓아서 벌을 주기로 한 것이라고 말할 수 있을까?

그럼, 이번엔 아이제이아가 평소보다 운 좋은 날을 보낸 경우를 가정해보자. 오후 4시 30분에 퇴근하려고 계획했지만, 상사가 업무 성과를 칭찬하며 더 일찍 퇴근시켜 준다. 퇴근해 차에 타려고 하는데 차 유리창에 붙어 있는 무료 세차 쿠폰을 발견한다. 동료 직원이 새 코트가 멋지다며 칭찬한다. 집에 가는 길에는 라디오에서 말도 못 하게 웃긴 코미디언이 나와 사랑과 관용으로 자녀를 키우는 일이 얼마나 중요한지를 이야기한다. 그리고 집에 도착하자마자 아이제이아는 차에서 내려 차도를 막고 있는 아들의 자전거를 발견한다. 그는 아들의 머리칼을 헝클어뜨리면서 장난스럽게 으르렁거리며 말한다. "지금 당장 차도에 자전거 꺼내 놓고 집 한 바퀴 돈 다음 자전거 치우기 다섯 번 실시한다! 습관을 들여야지." 아들이 "하지만 아빠!" 하면서 징징거리기 시작한다. 아이제이아는 가짜로 눈을 부릅뜨고 장난스럽게 아들의 머리칼을 헝클어뜨리며 말한다. "'하지만 아빠'는 금지야. 얼른 움직여." 아들도 장난스럽게 주먹을 흔들며 물러난다.

두 시나리오가 어떻게 진행될지 쉽게 짐작할 수 있을 것이다. 우리는 외부 요인이 다른 사람의 결정에 어떤 영향을 미치는지는 쉽게 알아차리지만, 자신의 결정과 행동에 어떤 영향을 미치는지는 거의 알아차리지 못한다. 예를 들어, 스탠퍼드대학교 소속 연구원이 한 범죄학 수업에서 '범죄는 바이러스다'라는 제목으로 강의를 했다. 그리고 다른 범죄학 수업에서는 '범죄는 야수다'라는 제목으로 유사한 강의를 했다. 그다음 연구진은 두 강의의 수강생들에게 범죄를 퇴치할 해결책을 제시하게 했다. '범죄는 바이러스다'라는 제목의 강의를 들은 수강생들은 체계적인 개혁 기반 해결책을 제시했고, 이는 정확히 바이러스를 치료하는 방식과 동일했다. '범죄는 야수다'라는 제목의 강의를 들은 수강생들은 형 집행을 강조하는 해결책을 고안했고, 이는 정확히 야수를 대하는 방식과 동일했다.

연구가 끝날 때쯤 연구진은 실험 참가자들에게 연구의 목적을 알렸다. 연구진의 실제 의도를 알고 난 이후에도 실험 참가자들은 '바이러스'나 '야수'라는 은유가 범죄 해결책을 고안할 때 영향을 미치지 않았다고 보고했다.[14]

편향에 맞서 싸울 수 있는가? 아니, 싸워야만 하는가?

> "세상에는 두 종류의 연구가 있다. 하나는 우리가 가진 상식을 확인시켜 주는 연구고, 다른 하나는 틀린 연구다."
>
> – 작자 미상

처음 배운 방식이 최선의 방식이라고 장담할 수 있을까? 만약 나중에 쉽게 배울 수 있는 더 나은 방법이 존재한다는 사실을 알게 된다면 어떻게 할 것인가? 확증편향은 우리가 미처 깨닫지 못하는 사이에 우리를 오래된 신념의 노예로 만들어버린다. 우리는 최적의 방법이 무엇인지도 모르면서 먼저 접한 철학이나 전략을 채택한다. 그저 항상 그렇게 해왔기 때문에 그렇게 할 뿐이다.

아내와 나는 같은 위치에서 집으로 돌아갈 때 서로 다른 경로를 선택한다. 내가 운전할 때면 아내는 자신이 다니는 길이 차가 덜 막힌다고 말한다. 아내가 운전할 때면 나 역시 내가 다니는 길이 더 빠르다고 말한다. 아내와 나는 길을 선호하는 기준이 다르다. 아내는 차가 덜 막히는 길을 선호한다. 만약 그 길이 막히기라도 하는 날에는 "오늘 여기서 행사가 있나 봐."라며 평소랑 다르다는 사실을 강조한다. 나 역시 다니던 길이 막히면 '평소랑 다르다.' 등의 자의적인 해석을 강조한다. 우리 둘 다 다니던 길을 바꿀 생각이 별로 없다.

내 친구 중 한 명은 자신에게 초능력이 있다고 믿는다. 카드가 눈앞에 보이면 내게 카드 하나를 선택해서 숨긴 다음 집중하라고 말하곤 한다. 그다음 무슨 카드인지 맞혀보겠다고 한다. 근접한 숫자를 말할 때는 "에이, 거의 맞췄는데."라고 말한다. 모양만 맞힐 때도 "후유, 거의 맞혔는데."라고 말한다. 이렇듯 기준이 관대하다 보니 거의 항상 맞히는 셈이다. 때로는 내가 자신의 초능력을 믿지 않아서 카드에 충분히 집중하지 않았다거나 추측을 방해했다며 비난하기도 한다. 친구는 자신의 초능력이 '적중'한 수많은 순간을 기억한다. 그럴 때면 나는 무언가를 자주 하면 결국 운이 따른다는 사실을 속으로 되뇐다.

용하다는 심령술사나 점술가, 타로술사도 실상은 똑같다. 사람들은 적중한 것만 기억하고 빗나간 것은 잊어버린다. 하지만 나는 과학자다. 과학자는 가설을 세우고 이를 확인할 때, 적중한 것뿐만 아니라 빗나간 것도 추적해야 한다. 과학에서는 연구 데이터 전체를 보관하면서 실제로 적중한 횟수가 우연히 적중한 횟수를 훨씬 뛰어넘는지를 확인한다. 인간은 일반적으로 예상이 적중한 경우와 빗나간 경우를 하나도 빠뜨리지 않고 정확하게 전부 다 기억하지 않는다. 식량을 찾고 포식자를 피하고 기회를 얻는 등 예상이 적중했을 때 훨씬 더 큰 보상이 따르므로, 예상이 빗나간 경우보다 예상이 적중한 경우를 훨씬 더 많이 기억한다.

위에서 나열한 사례는 편향이 일상에서 어떻게 작동하는지를 보여주는 아주 작은 사례다. 집에 갈 때 서로 다른 길로 운전하는 행위나 감춰진 카드를 맞출 수 있다고 믿는 행위에는 특별한 위험이나 기회가 따르지 않는다. 그러나 일부 매우 중요한 믿음에서도 같은 확증편향이 작용한다. 권총을 소유하는 편이 더 안전할까? 백신이 자폐증을 유발할까? 인간 활동으로 생성된 오염 물질이 인류의 생존을 위협하는 기후 변화를 유발할까? 이러한 문제에 관해서 더 많은 정보를 얻더라도 당신의 견해는 쉽사리 바뀌지 않을 것이다. 더 많은 정보가 기존의 믿음을 뒷받침한다면 그 믿음은 강화된다. 반면, 기존의 믿음을 반박하는 추가 정보는 폄하되거나 무시당한다. 역화 효과를 기억하라. 기존의 믿음을 반박하는 정보가 오히려 그 믿음을 더욱 굳건하게 만들 수도 있다. 편향은 우리를 도와주기도 하고, 방해하기도 한다.

더 정확하게 세상을 바라보고자 적극적으로 노력하고 싶다면, 먼저 편향이 본능적으로 인간의 인식을 왜곡한다는 사실을 인정해야 한다. 자신의 편향과 싸우는 일은 본능에 반하기 때문에 매우 어려운 일이다. 다이어트 중에 의식적으로 사탕 접시를 지나치는 것과는 차원이 다르다. 사탕 접시라는 시각적 자극이 있을 때는 의식적으로 대응할 수 있다. 그러나 편향이라는 본능적 성향에 맞서는 것은 인식의 외부에서 발생하며, 경계심을 일깨워줄 감각적 증거가 없어 훨씬 어렵다. 그렇지만 싸울 만한 가치는 있다.

직관이 옳다고 생각하는 경향을 버린다면, 우리는 진실에 조금 더 가까이 다가갈 수 있을 것이다. 일반적으로 어떠한 과학적 주장이 올바른지를 결정할 때는, 직감이 아닌 연구 증거를 참조해야 한다. 본능과 직감은 첫인상을 '판단'하거나 장기적으로 감정적 선호도를 '예측'하는 데 도움을 줄 수는 있지만, 일반적으로 세상에 대한 과학적 주장을 평가하는 데는 부적절하다.

직관, 맞을까 틀릴까?

한 인터뷰 진행자가 세계 비즈니스 포럼에서 대니얼 카너먼에게 직관을 믿어야 하는지 물었다. 카너먼은 직관을 "왜 알고 있는지 모른 채 안다고 생각하는 것"이라고 정의했다. 직관이 얼마나 쉽게 우리를 잘못된 방향으로 이끌 수 있는지 보여주고자, 그는 참석자들에게 '줄리'라는 대학교 4학년 학부생의 학점을 추측해보라고 했다. 카너먼은 줄리가 어린 나이에 유창하게 글을 읽었다는 사실만을 알려준 다음, 줄리가 얼마나 훌륭한 학생인지를 판단해보라고 했다.

카너먼은 이전 연구를 통해 사람들이 대부분 줄리의 학점을 3.7점 정도로 추측한다는 것을 이미 알고 있었다. 그는 참석자들에게 다음과 같이 말했다. "여러분은 이 정도면 괜찮은 대답이라고 생각할 수 있겠지만, 실은 끔찍한 대답입니다. 완전히 틀린 직관이죠. 통계적으로 분석한다면 전혀 다른 결과가 나올 것입니다. 글을 깨친 나이는 20년 후 성적을 추정하는 데 거의 도움이 되지 않습니다." 카너먼은 이 사례가 일반적으로 우리가 자신만만하게 자동으로 생성해내는 직관이 통계적으로 완전히 틀렸다는 것을 보여준다고 말한다.

카너먼은 다음 세 가지 조건을 충족하지 않으면 직관이 '틀릴 수 있다'고 믿는다. 첫 번째 조건은 '규칙성'이다. 그는 패턴이 깊이 뿌리내린 규칙성의 예로 체스 게임과 오랜 결혼 생활을 든다. 또한, 주식 시장에는 규칙성이 충분하지 않다고도 지적한다. 그러니 주식 시장에서만큼은 직관을 피해야 한다. 두 번째 조건은 '수많은 연습'이다. 여기서 체스 마스터와 오랜 부부의 직관이 얼마나 뛰어난지 다시 한번 볼 수 있다. 세 번째 조건은 '즉각적인 피드백'이다. 자신의 직관이 맞았는지 틀렸는지를 즉각적으로 알아차려야 한다. 체스 마스터는 어떤 수가 성공적이었는지를 빠르게 학습한다.[15]

주의! 직관을 의심해야 한다는 사실을 깨달았더라도, 제1종 오류인 긍정오류(실제로 존재하지 않는 것을 있다고 진단하는 것)는 저지르는 편이 더 낫다. 만약 밤늦게 여행하다가 화장실에 가고 싶으면 어떻게 해야 할까? 적막한 주유소에 도착했다. 깜깜하고 안개가 자욱하다. 간판이 깜박이는 불빛과 함께 삐걱거리는 소리를 내며 흔들린다. 그렇다면 직관을 의심하고 자시고 할 때가 아니다. 당장 도망쳐라.

편향과 공존하기

심리학자들은 편향성을 극복하는 것이 얼마나 어려운지 설명할 때 종종 비유를 사용하곤 한다. 이때 사용하는 비유는 뮐러-라이어 착시Müller-Lyer illusion 개념을 바탕으로 한다. 뮐러-라이어 착시를 본 적이 없다면 다른 어떤 착시라도 상관없다. 아마도 양쪽 끝에 화살표가 있는 두 개의 평행선을 본 적이 있을 것이다. 한 선은 화살표가 안쪽을 향하고 있고, 다른 선은 화살표가 바깥쪽을 향하고 있다. 화살표 방향 때문에 후자가 전자보다 훨씬 짧아 보이지만 실제로는 두 선의 길이가 같다. 자로 측정해 두 선의 길이가 같다는 사실을 확인하고 이 착시현상의 신경학적 기반을 배운 뒤에도, 우리는 여전히 두 선의 길이를 다르게 인식한다. 일상생활에서 인지적으로 착각을 불러일으키는 사람이나 상황을 맞닥뜨릴 때는 물리적인 측정이 불가능하므로, 착시를 간파하기는 더더욱 어렵다.

회의주의를 배우고 실천하라. 광고 대행사들은 어떤 주장이나 암시가 반복되면 대개 믿음으로 이어진다는 사실을 잘 알고 있다. 이것이 바로 브랜딩이 작동하는 방식이다. 브랜딩이 작동하는 방식이 바로 이러하다. 주장을 반복해서 듣는다고 해서 옳은 주장이 되는 것은 아니다. '입소문'으로 퍼진 믿음 가운데 대다수는 도시 전설에 지나지 않는다. 그러므로 널리 퍼져 있는 믿음이 정확하다고 가정해서는 안 된다.

균형 잡히고 사려 깊은 판단력을 얻고자 한다면, 가장 먼저 편향이 우리를 구성하는 방식이라는 사실을 인식해야 한다. 편향은 다른 사람의 견해뿐 아니라 자기 자신의 견해도 왜곡할 수 있다. 인간은 편향될 수밖에 없다. 확증편향은 믿음과 이해에 인지적으로 중대한 위협이 된다. 예컨대 CIA는 이에 맞서 싸우도록 요원들을 훈련시킨다. 앤드류 뉴버그는 자신의 저서 《우리가 믿는 것을 믿는 이유》에서 CIA가 더 현명하고 열린 마음으로 생각하도록 정보수집 분석가를 훈련시킬 때 이용하는 8가지 전략을 제시한다. 이는 누구나 실현 가능한 유익한 전략이다.

1. 대안적 관점을 개발하는 데 능숙해져라.
2. 다른 사람이 나처럼 생각하고 행동할 것이라 가정하지 말라.
3. 거꾸로 생각하라. 현재에 자신을 놓고 미래에 어떤 상황이 벌어질지 생각하는 대신, 미래에 자신을 놓고 잠재적으로 어떤 상황이 발생하고 어떻게 흘러갈 수 있을지 설명해보라.
4. 현재 가지고 있는 믿음이 틀렸다고 가정한 다음, 그러한 상황을 시나리오로 만들어보라. 이렇게 하면 자신의 믿

음이 지닌 한계를 볼 수 있다.

5. 다른 사람이 가진 믿음을 실제로 그 사람이 된 것처럼 행동에 옮겨보라. 이렇게 하면 자신만의 믿음에 갇혀 습관적으로 세상을 바라보던 관점에서 벗어날 수 있다.

6. '악마의 변호인' 역할을 자처해 소수의 관점을 옹호해보라. 그러면 다른 가정이 세상을 얼마나 다르게 보이게 하는지 확인할 수 있다.

7. 브레인스토밍을 하라. 아이디어의 양은 질로 이어진다. 가장 먼저 떠오르는 아이디어는 오래된 신념을 반영하기 때문이다. 새로운 아이디어는 정서적 장애물과 사회적 규범을 벗어날 수 있도록 도와준다.

8. 다양한 배경과 신념을 가진 사람들과 교류하라.[16]

정신적으로 지쳤는가? 인식은 위대한 첫걸음이다. 자신의 편향을 알아차리고 맞서 싸우는 것은 매우 어려운 일이지만, 다른 사람의 편향을 발견하는 것은 아주 쉬운 일이다. 하지만 그 편향을 지적하는 순간 상대는 필연적으로 방어적인 자세를 취하게 된다. 정체성을 위협받았기 때문이다. 확고한 믿음을 가진 사람들끼리 논쟁이 붙으면, 문제는 거의 해결되지 않는다. 확고한 믿음은 이를 반박하는 정보로부터 자신을 방어한다. 일반적으로 논쟁을 할 때면 상대방이 중요하게 여기는 믿음에 반박하는 정보를 퍼붓곤 하는데, 그러면 상대방은 이 정보를 수용적으로 처리하기보다 방어적으로 회피할 가능성이 더 크다.

믿음은 언제 바뀌는가?

그렇다면 우리는 어떻게 새로운 믿음을 형성하고, 다른 사고방식을 이끌어낼 수 있을까? 트라우마를 유발하는 충격적인 사건은 기존 패턴을 무너뜨리고 새로운 패턴을 구축할 수 있다. 말을 더듬는 한 코미디언의 인터뷰를 본 적이 있다. 그는 자신이 예전에는 특권의식에 사로잡힌 자기중심적인 얼간이었다고 고백했다. 그러던 어느 날 사고로 말을 더듬게 되었고, 이후로 어려움을 겪는 사람들을 돕는 사람이 되었다고 한다. 하지만 트라우마를 전략적으로 이용해 누군가의 믿음을 바꾸는 것은 윤리적·도덕적 문제를 수반한다.

다른 관점을 가진 문화에 노출되면 사회적 압박만으로도 믿음이 바뀔 수 있다. 인기 있는 캐나다 시트콤 〈시트 크릭 패밀리 Schitt's Creek〉는 이 과정을 잘 보여준다. 엄청나게 부유했던 로즈 가족은 하루아침에 궁핍해지고 만다. 결국 한때 장난삼아 구매했던 작은 마을의 집으로 이사를 가게 된다. 이 시트콤은 한때 특권층이었던 가족이 정직하고 평범하며 관대한 시민으로 서서히 변해가는 과정을 풍자한다. 하지만 시즌 6에 이르러서야 마침내 변화가 완성되었으니, 단기간에 깨달은 것은 아니다.[17]

그렇다면 이제 남은 것은 무엇인가? 바로 놀라움이다. 믿음을 바꾸는 것은 엄청난 작업이지만, 놀라움을 느끼는 바로 그 순간에는 누구나 믿음을 바꿀 수 있다. 놀라움이라는 감정은 기존의 믿음을 둘러싸고 있는 무장을 즉시 해제시키도록 진화했다. 놀라운 사건이 발생하면 믿음을 견고하게 유지해주는 편향을 우회해, 즉각적으로 새로운 믿음을 지지하는 편향이 생겨난다. 이 모든 과정은 의식적으로 통제할 수 없는 상황에서 순간적으로 일어나며, 인식하지 못하는 경우가 많다.

요약

이 장에서는 인지편향, 그중에서도 확증편향이 우리를 어떻게 믿음에 가두는지 설명했다. 믿음은 우리를 고유한 존재로 만들어주지만, 이러한 고유함은 종종 증거가 빈약한 빠른 판단에서 비롯된다. 사고 과정에서 발생하는 오류가 고유함이 되기도 한다.

다른 사람의 편향을 발견하기는 쉽지만, 자신의 편향을 발견하려면 상당한 노력이 필요하다. 정신을 집중해 우리 안에 있는 편향을 찾아낼 수도 있다. 하지만 이는 의식적으로 엄청난 노력을 기울여야 하는 일이고, 그러한 경계심을 갖춘 사람은 드물다. 의식적인 노력은 매우 귀중한 자원으로, 위험이나 기회를 찾아서 전략적으로 피하거나 접근할 때 쓰도록 진화했기 때문이다.

우리가 믿는 것의 대부분은 부정확할지라도 문제없이 기능한다. 만약 본능에 맞서 믿음을 '성찰'하고자 한다면, 성찰 자체도 편향에서 벗어날 수 없다는 것을 인지해야 한다. 우리는 기능적인 믿음을 유지하기 위한 튼튼한 뼈대를 가지고 있다. 편향에 맞서 싸우는 것은 반직관적인 행동이지만, 이러한 시도는 자신을 더 잘 이해하고 세상을 명확하게 볼 수 있게 도와준다. 편향과 싸우는 것은 힘들지만 그만한 가치가 있다. 이 장의 마지막 부분에서는 편향과 맞서 싸우는 데 도움이 되는 검증된 도구를 제시했다.

PART 3

놀라움은 어떻게
작동하는가

수정 반사를 일으키는
놀라움

다섯 살 난 캐럴은 미국 위스콘신주의 구불구불한 언덕길에서 가이드를 따라 가족들과 승마를 즐기고 있었다. 마구간이 조그맣게 내려다보이는 언덕 꼭대기에서 엄마가 스카프를 떨어뜨렸다. 가이드가 재빨리 스카프를 집어 올리려는 순간, 캐럴이 탄 말이 그 몸짓에 놀라 내달리기 시작했다. 말은 언덕 아래 마구간을 향해 전속력으로 질주했다. 캐럴은 그 순간을 이렇게 회상했다. "있는 힘껏 고삐를 잡아당겼지만 소용없었어요. 저는 그저 살기 위해 매달렸죠." 아빠와 가이드가 캐럴을 따라잡으려고 했지만, 오히려 말을 더 자극한 꼴이 되고 말았다. "제가 타고 있던 말은 경주가 시작되었다고 생각했는지 더 빨리 내달렸어요. 제 비명을 듣고 마구간에서 일하던 사람들이 달려 나와 제가 탄 말을 강제로 멈춰 세웠죠." 그다음 순간을 캐럴은 인생을 바꾼 사건으로 꼽는다. "말을 멈춰 세운 사람들에게서 공포에 질린 눈빛을 봤어요. 하지만 이내 '와! 정말 타고난 기수네!', '진짜 카우걸이 여기 있었네!' 하고 말하면서 감탄하지 뭐예요. 전 모든 걸 잊고 자랑스럽게 웃었어요. 아빠의 눈썹에 맺힌 땀방울과 뒤따라온 엄마가 애써 평정을 되찾으려고 애쓰는 모습은 안중에도 없었죠. 그 사건은 말과 승마에 대한 애정을 떨어트리는 계기가 될 뻔했지만, 그분들의 말 덕분에 오히려 명예의 훈장처럼 달고 다니는 이야기가 되었어요. 그리고 저는 집에 돌아와 종종 오빠의 크고 힘찬 말을 타기 시작했어요. 저의 사랑스러운 늙은 말 다코타도 여전히 사랑하고 즐겨 탔지만, 그 사건 이후로는 성깔 있는 말을 선호하게 되었죠."

만약 캐럴의 이야기가 위험천만한 질주 끝에 언덕 아래 마구간에 도착한 데서 끝났다면, 행동과학자들은 이 이야기를 승마에 두려움을 갖게 된 계기로 생각했을 것이다. 통제할 수 없는 말이 언덕을 질주하며 공포의 반응을 촉발하는 자극은 행동과학자들이 '고전적 조건화classical conditioning'라 부르는 것이다. 그러나 공포와는 정반대되는 반응이 나타났다. 캐럴은 오히려 자신을 강한 카우걸이라고 여기며, '성깔 있는' 말을 선호하게 되었다. 공포감이 어떻게 긍정적인 결과를 불러왔을까? 이는 바로 놀라움 때문이다. 놀라움은 행동주의 학습이론에서는 찾아볼 수 없는 인지적 요소를 포함하고 있기 때문에 고전적 조건화와는 다르다. 사건이 아니라 당사자의 인식에 따라 놀라움의 감정가가 결정된다. 그리고 이러한 인식은 전략적으로 조작할 수 있다.

놀라움의 힘

이 장에서는 놀라운 사건이 어떻게 신경학적 폭풍을 일으켜 믿음을 수정하는 창을 순간적으로 여는지 설명한다. 또한 평소에 방어 체계를 내재한 채 견고하게 유지되는 믿음 체계가 어떻게 흔들리고 재조립되는지도 배우게 될 것이다. 잿더미 속에서 부활하는 불사조처럼, 놀라움은 믿음이 다시 태어날 기회를 만들어준다.

예상치 못한 일이 발생할 때 느끼는 놀라움의 형태와 강도는 다양하다. 예컨대 외국에서 휴가를 즐기다가 동네 주민을 만나도 놀랄 수 있다. 새로운 기술을 배울 때 생각보다 빠른 자신의 습득 속도에도 놀랄 수 있고, 새벽 3시에 초인종이 울려도 놀랄 수 있다. 복권에 당첨되면 틀림없이 놀랄 것이다. 또한 갑자기 승진에서 누락되거나 이웃집 개에게 물리는 등 부정적인 의미로도 놀랄 수 있다. 하지만 이 책에서는 우리의 자아개념, 자기 자신에 대한 믿음, 우리가 사는 세상에 적응하는 방식을 뒤엎는 놀라움에 초점을 맞춘다. 이러한 믿음은 경험을 선별하고 분류하고 해석하기 위한 기초 역할을 하는 핵심 믿음이다.

자아개념과 자존감은 서로 다른 두 가지 개념이다. 자아개념은 잘 변하지 않는다. 또한 자기 자신에 대한 근본적인 믿음에 기반을 두고 강력한 방어기제를 갖는다. 반면 자존감은 자기 자신에 대한 평가다. 그리고 평가는 그때그때 상황에 따라 변할 수 있다. 예를 들어, 친구들과 있을 때는 자존감이 높아졌다가 적대적인 사람들과 있을 때는 낮아질 수도 있다(사회성). 성공할 때는 자존감이 높아졌다가 실패할 때는 낮아질 수도 있다(성취감). 골프를 칠 때는 자존감이 높아졌다가 수학을 할 때는 낮아질 수도 있다(노력). 또한 자존감은 기분에도 영향을 미칠 수 있다. 이 책에서는 자아개념을 송두리째 뒤흔들어 인생을 바꾸는 변화에 초점을 맞춘다.

여기에는 세상을 바라보는 시각과 인식을 극적으로 변화시키는 놀라움도 포함된다. 날다람쥐가 고양이를 쫓는 장면을 봤다고 해서 세상에 대한 인식이 크게 바뀌지는 않는다. 반면에 '세상은 진주조개와 같아서 진주를 발견하려면 열어보기만 하면 된다.'라는 명언은 인생을 변화시킬 수 있다. '세상은 진주조개와 같다'는 표현은 진부하지만, 캐서린의 이야기처럼 진부한 표현도 때로는 마음을 울려 놀라움의 순간을 불러일으킬 수 있다.

나는 학군이 좋은 동네에서 똑똑한 친구들과 친하게 지내며 자랐다. 그러다 고등학교 2학년 때 캘리포니아로 이사를 가게 되었다. 부모님은 내게 좋은 경험이 될 것이며, 아빠가 졸업한 고등학교에 다니게 될 거라고 말씀하셨다. 모든 것이 좋았다. 새롭게 다니게 될 학교 수준과 재학생들의 평균 시험 점수를 찾아보기 전까지는 말이다. 서류로 알아본 학교는 끔찍해 보였기에 슬슬 겁이 나기 시작했다. 나는 상담 선생님을 찾아가 상황을 털어놓았다. 수준 이하로 보이는 학교에 다니면 성적에 타격을 입을까 봐 걱정이 되었다. 울음이 터져 나왔다.

그때, 상담 선생님의 말씀을 듣자 머리를 한 대 얻어맞은 것 같은 느낌이 들었다. 선생님의 말씀은 오늘날까지도 내 마음속에 깊이 남아 있다. "상황이 마음에 들지 않으면 스스로 바꾸면 돼. 내가 보기에 넌 뭐든 변화시킬 수 있고, 최악의 상황조차 긍정적으로 바꿀 수 있는 사람이야. 적어도 이 상황을 배움의 기회로 삼을 수 있지 않겠니?" 그 순간부터 모든 것이 다르게 보이기 시작했다. 더 이상 내 인생에서 '부정적인 시각'이란 건 존재하지 않게 되었다. 모든 것은 배움의 경험이자 성장의 기회가 되었고, 내 삶은 훨씬 빛날 수 있었다.

캐서린의 부모님은 '좋은 경험'이라는 말로 딸을 설득하려 했지만 먹히지 않았다. 그때 상담교사가 해준 놀라운 말은 모든 의식적 저항을 물리치고, 곧바로 극적인 효과를 불러일으켰다. 그 한마디로 캐서린은 무엇이든 변화시킬 수 있는 사람이 되었고, 자기 자신과 세상을 이전과는 다르게 바라보게 되었다. 기회로 가득한 세상을 살아가는, 가능성으로 가득한 존재가 된 것이다.

놀라움과 놀라움이 아닌 것

"유레카!" 아르키메데스는 목욕탕에 들어간 직후 물의 수위가 올라간 것을 눈치채고 외쳤다. 순간적으로 탕 밖으로 넘친 물의 부피

179

가 물 안에 잠긴 자신의 부피와 같다는 사실을 깨달은 것이다. '아하'라는 탄성이 터져 나오는 이러한 깨달음의 순간은, 줄곧 고민하던 문제에 관한 갑작스럽고 예측할 수 없는 해결책이 떠오른 순간을 뜻한다.

아르키메데스가 경험한 깨달음은 정신적으로 막다른 골목에서 벗어나는 경험이다. 무언가를 알아냈다는 의미에서 긍정적인 깨달음이다. 놀라움은 깨달음과는 다르다. 순간적이지만, 처음에는 항상 부정적인 감정인 '혼란'으로 다가오기 때문이다. 이러한 혼란은 '지금 이 상황이 좋은지 나쁜지'에 관한 즉각적인 해석을 요구한다. 그 뒤에는 기쁨, 두려움, 분노, 혐오, 슬픔 같은 감정이 뒤따른다. 캐럴도 승마하다가 갑작스러운 깨달음을 얻었지만, 예상치 못하게 얻은 통찰이 고민하던 문제의 해결책은 아니라는 점에서 아르키메데스의 깨달음과는 성질이 다르다. 캐럴의 깨달음은 고민하던 문제를 해결한 것이 아니라 자신을 바라보는 방식을 바꿨다. 깨달음이 긍정적이든(사람들은 재미있다) 부정적이든(사람들은 비열하다), 통찰력을 얻는 것은 유익하고 이해가 깊어지는 유익한 경험이다.

몇 년 전, 나도 개인적인 깨달음의 순간을 경험했다. 수십 년 동안 자아 정체성이 형성되는 순간을 연구하다가, 갑자기 그 순간을 촉발하는 것이 놀라움이라는 사실을 깨달은 것이다. 이 급작스러운 깨달음은 수년간 이어오던 연구에 불꽃을 일으켰고, 결국 나는 이 책을 집필하기에 이르렀다.

놀라움은 예상치 못한 사건이 발생할 때 순간적으로 경험하는 인지적이고 감정적인 상태다. 놀라움이 유발하는 경험은 중립적일 수도 있고, 유쾌하거나 불쾌할 수도 있고, 긍정적이거나 부정적일 수도 있다. 놀라움은 기대가 갑자기 빗나갈 때 발생하고, 그 강도는 천차만별이다. 기대가 갑자기 빗나갔다는 사실을 인식하는 순간, 새로운 지식을 습득할 창이 열린다.

'움찔하다startled'와 '놀라다surprised'를 혼동하기 쉽지만, 둘은 엄연히 다른 개념이다. 둘은 따로 일어날 수도 있고, 같이 일어날 수 있다. 길을 걷다가 갑자기 '쿵' 하는 소리가 들린다면 '무슨 일이지?' 하며 놀라는 동시에 움찔하며 몸을 움츠릴 것이다. 반면 마트에서 장을 보다가 좋아하는 연예인을 마주치면 전혀 예상치 못했다며 놀라겠지만, 방어적으로 움찔하진 않을 것이다. 움찔함과 놀라움 모두 우리 주의를 사로잡으며 즉각적인 설명을 요구한다.

움찔하는 반응은 갑작스럽거나 위협적인 자극에 대한 원시적이고 생리적이며 방어적인 반사다. 갑작스러운 소음이나 움직임 때문에 움찔하는 경우가 가장 흔한데, 일반적으로 근육이 경직되고 어깨가 움츠러들고 눈을 깜박이게 된다. 이러한 자율신경반사는 생존 전략으로 진화했다. 돌풍에 문이 쾅 닫히면 움찔해서 저도 모르게 눈을 깜박이게 되고 근육이 긴장되는 것을 경험하지만, 돌풍에 문이 닫히는 일이 놀라운 일은 아니다. 새롭게 배운 것이 아무것도 없기 때문이다. 한 시간 후에 똑같은 일이 또 일어난다고 하더라도 우리 반응은 똑같을 것이다. 놀라움의 목적은 더 많은 정보를 수집하고 잘못된 기대를 조정하는 것이다.

놀라움은 기대와 관련이 있지만, 움찔함은 그렇지 않다. 가벼울 것이라 예상하고 손을 뻗어 커다란 분홍색 공을 집어 올린다고 가정해보자. 그런데 알고 보니 그 공은 약 4.5킬로그램짜리 운동용 공이었다. 놀란 당신은 눈을 크게 뜨고 예상을 빗나간 이 사건을 파악하려 애쓸 것이다. 하지만 5분 후 다시 공을 집어 들 때는 이미 학습이 된 상태이므로 두 번 놀라지 않는다. 기대를 조정했기 때문이다.

놀라움은 종종 '신기함'을 동반한다. 그래서 두 개념이 서로 관련이 있는 것처럼 보이기도 한다. 신기함은 새로운 것을 배우는 것이고, 놀라움은 안다고 생각했던 것을 바꾸는 것이다. 익숙한 사물이나 현상도 기대가 어긋나면 놀랍게 느껴질 수 있다. 예를 들어, 방금 차 키로 문을 열었다고 생각했는데 문이 잠겨 있으면 놀랄 수 있다. 하지만 이 상황은 놀라울 순 있지만 신기하진 않다. 친구가 워드프로세서에서 문서 서식을 지정하는 혁신적인 방법을 보여줬다고 가정해보자. 이는 신기하지만 놀랍진 않다. 아마 그 친구가 평소에 노래 부르는 것을 들어본 적도 없는데 갑자기 노래를 부른다면 신기할(새롭고 색다르고 특이할) 것이다. 그리고 그 친구가 음치라고 알고 있었는데, 갑자기 가수 뺨치는 가창력을 뽐낸다면 신기함에 놀라움이 더해질 것이다. 멋진 가창력은 신기하면서도 기대와 어긋나기 때문이다.

신기함은 기억 장치와 어떤 항목이 기억 장치 안에 있는지 없는지를 결정하는 과정에 기반을 둔다. 반면 놀라움은 예측 시스템과 예측 시스템에서 기대를 생성하고, 이를 실제 경험과 비교하는 과정에 기반을 둔다. 신기함은 기억 장치에 새로운 항목을 획득하는 일을 지원하는 반면, 놀라움은 시스템의 예측 능력을 향상시키는 데 핵심적인 역할을 한다.

또한 놀라움은 '감탄'과도 다르다. 마술 쇼 관람은 일반적으로 긍정적인 감정 반응을 이끌어낸다. 마술 쇼를 보러 갈 때는 당연히 놀라움을 느낄 것이라 예상하고 간다. 우리는 일반적으로 놀라운 행위를 관람하는 것 또한 놀라운 순간으로 분류하지만, 더 정확하게는 감탄으로 분류해야 한다. 우리는 마술 쇼에서 감탄을 느끼길 기대한다.

놀라움의 인지적 구조

놀라움은 우리 사고에 오류가 있다는 사실을 알려주는 감정으로, 말하자면 경고 같은 것이다. 이는 지식과 경험이 일치하지 않을 때 자동으로 나오는 반응이다. 1960년대 미국에서 인기리에 방영된 리얼리티 TV 프로그램 〈캔디드 카메라Candid Camera〉는 몰래카메라 열풍을 불러일으켰다. 오늘날까지도 이 열풍은 식지 않고 있다. 〈캔디드 카메라〉는 속임수에 당했을 때 사람들이 보여주는 가장 무방비하고 즉흥적이며 자연스러운 반응을 포착한 최초의 프로그램이었다. 텔레비전에서 방영되기에 앞서 라디오에서 먼저 선보였지만, 그다지 성공하지 못했다. 비평가들은 〈캔디드 카메라〉를 "숨어서 하는 못된 장난"이라고 비난했다.

제작자이자 진행자였던 앨런 펀트Allen Funt는 원석을 손에 쥐고 있다는 것을 확신하고, 몇 년 동안 수정에 수정을 거듭했다. 골자는 누군가를 속이는 것이었다. 고전적인 예를 하나 들자면, 커피를 주문한 사람에게 엄지손가락만 한 커피 한 잔을 건네고 정가를 청구한다. 초창기 방송에서는 몰래카메라를 당한 사람이 화를 내면 그 모습 그대로를 카메라에 담는 정도였다. 하지만 펀트는 새로운 방식을 시도해보기로 했고, 그 결과 뛰어난 심리적 쇼맨십의 표본이 되었다.

새롭게 각색한 버전에서는 몰래카메라를 당한 사람이 화를 내려고 하는 순간 펀트가 나타나 숨어 있던 카메라를 가리킨다. 그제야 숨겨진 카메라가 보인다. 바로 그 순간, 당사자의 얼굴에는 혼란스럽고 언짢은 기색이 떠오른다. 펀트는 몰래카메라의 당사자가 시선을 돌리지 못하도록 붙잡고, 카메라는 꾸미지 않은 날 것 그대로의 표정을 포착한다. 분노와 당황스러움과 창피함과 혼란스러움이 뒤범벅된 표정이 카메라에 그대로 잡힌다. 지금 느끼는 이 기분이 무슨 기분인지도 알 수 없는 표정이다. 그 순간 펀트는 마법의 주문을 외운다. "자, 스마일! 지금까지 〈캔디드 카메라〉였습니다!" 그제야 몰래카메라를 당한 사람의 얼굴에도 미소가 떠오른다. 갑자기 모든 문제가 풀렸다. 친숙한 시엠송이 흘러나온다. "호커스포커스hocus-pocus(흔히 마술에서 쓰이는 간교한 말장난 — 옮긴이). 카메라에 잡히셨군요. 운 좋은 당신, 웃으세요. 지금까지 〈캔디드 카메라〉였습니다!"[1]

놀라움은 모순적인 상황을 빨리 해결하라는 신호, 즉 상황을 정확하게 예측하지 못할 때 발생할 수도 있는 위험한 상황을 막으라는 신호다. 놀라움은 위협이나 기회가 닥쳤을 때 우리가 기존의 믿음을 수정해 재빨리 대처할 수 있도록 필요한 자원을 끌어다 쓰도록 동기를 부여한다. 우리는 믿음에 따라 세상을 인식하고, 예상하며, 행동한다. 놀라움은 믿음과 연결된 감정이기에 믿음이 없다면 놀랄 일이 없을 것이다. 놀라움은 믿음을 즉시 바꾸는 역할을 한다. 다시 말해, 원래 가지고 있던 지식이 잘못되었으니 수정이 필요하다고 알려주는 것이다.

놀라움을 느끼는 바로 그 순간, 우리의 인지 체계는 이 놀라움을 해결하는 일에 인지 자원을 집중적으로 투입한다. 놀라움을 일으킨 자극이 무엇인지에 주의를 집중하는 것이다. 아이오와대학교 연구진은 놀라운 사건이 발생하면 우리 뇌가 생각이 완전히 멈출 때와 동일하게 반응한다는 사실을 발견했다. 이러한 인지 활동의 일시적인 중단을 가리켜 연구진은 '주의 재정향attentional reorienting'이라고 이름 붙였다. 사고가 일시정지된 사이에 뇌는 인지 자원을 확보해서 놀라운 사건을 분석하는 데 재분배한다. 갑작스러운 경고음, 사고정지, 자원 재분배로 이어지는 이 과정을 우리 뇌는 '놀라움'이라는 감정으로 의식한다. 뇌가 갑작스레 유입된 이 감각 정보를 처리해서 사건을 분석하고 새로운 정보를 학습하는 동안, 우리 신체는 종종 얼어붙는다. 놀라운 일이 일어난 직후에는 지금 이 상황이 위험인지 기회인지를 판단하고자 온 신경이 곤두서는 것이다.[2]

바로 이 순간을 우리 뇌는 부정적인 경험으로 인식한다. 하지만 놀라움을 일으킨 원인을 파악하고 나면 그 결과에 따라 다른 감정이 뒤따른다. 따라서 시간은 놀라움을 이해하고, 그 결과를 구별하는 핵심 요소다. 네덜란드 출신 연구원 마레트 누르데비르Mar-ret Noordewier는 혁신적인 박사학위 논문을 발표했다. 누르데비르는 이 논문을 통해 놀라움에 대한 연구는 의미를 파악하는 데 필요한 시간을 고려해야 하고, 놀라움과 그 이후에 뒤따르는 감정 상태를 구분할 필요가 있음을 보여주었다. 그는 특히 '놀라움은 그 이후에 뒤따르는 (감정) 상태를 증폭시키는 것으로 알려져 있다.'라는 사실을 강조했다. 우리는 특별한 일이 있을 때 친구들을 놀라게 하는 것을 좋아한다. 외국에 있는 가장 친한 친구가 생일 파티에 깜짝 등장한다고 상상해보자. 이와 같은 즐거운 놀라움은 이미 알고 있던 이벤트보다 더 큰 기쁨을 선사한다.[3]

놀라움은 '방향감각 상실'이라는 불편한 인지 결과를 초래하기 때문에 뇌에서는 순간적으로 경보가 울린다. 경찰, 군대, 범죄자들이 기습을 전략적으로 사용하는 이유가 바로 여기에 있다. 놀라움은 순간적으로 주의를 빼앗아간다. 놀라움을 이해하려면 하던 일을 멈춰야 한다. 놀라움의 의미를 파악하는 이 짧은 시간 동안, 고의로 놀라움을 유도한 주동자는 시간을 벌고 전략적 이점을 확보할 수 있다.

놀라움의 감정가

우리는 감정 대부분에 긍정적 또는 부정적 감정가valence(특정 보상이나 결과가 개인에게 가져다주는 가치를 뜻하는 심리학 용어 — 옮긴이)를 분명히 매긴다. 두려움은 나쁜 느낌이고, 기쁨은 좋은 느낌이다. 최근까지도 놀라움은 감정가가 불분명했기에 수많은 연구자가 원인에 따라 그 가치가 변하는 일종의 '감정 카멜레온'으로 묘사했다. 놀라움은 긍정적일 수도 있고(칭찬받는 경우), 부정적일 수도 있다(비판받는 경우). 우리는 이제 놀라움이 비록 그 강도가 짧고 두려움이나 슬픔만큼 부정적이지는 않지만, 신경학적 오류 신호(부정적)로 경험한다는 것을 이해하게 되었다.

놀라움은 매우 짧은 순간의 감정이기 때문에, 우리는 놀라움과 뒤따르는 다른 감정을 혼동하곤 한다. 예기치 못한 사건은 일시적으로 부정적인 감정가를 지니는 놀라움을 불러일으키지만, 사건이 이해되고 나면 그 사건과 관련된 후속 감정이 우세해진다. 예를 들어 우리는 열렬한 칭찬은 긍정적으로, 맹렬한 비판은 부정적으로 이해한다. 이 후속 감정은 놀라움의 의미를 이해하고 난 후에 더 강렬해지고, 초기 감정인 놀라움은 사라진다. 놀라움은 뒤따르는 후속 감정을 더 강렬하게 경험하게 한다. 깜짝 선물이 우리가 기대한 것보다 더 큰 기쁨을 주는 것처럼 말이다.

학계에서는 놀라움을 2단계로 나누어 설명한다. 먼저 우리는 놀라움에 부정적으로 반응한다. 그다음에 놀라움의 의미를 파악하기 시작하면서 사건 자체에 반응한다. 사건의 의미를 어떻게 이해하느냐에 따라 후속 반응이 결정된다. 사건의 의미는 상황에 따라 다르고, 외부 영향을 쉽게 받으므로 조작할 기회가 많다. 바로 여기에 핵심이 있다. **놀라움은 경험을 구성할 기회를 만들어낸다.**

이 과정을 분석하면 다음과 같다. 먼저 놀라움이 발생한다. '이런, 세상을 이해하던 원래 믿음이 안 통하잖아. 방금 무슨 일어났는지 빨리 판단해야 해!' 놀라움을 느낀 첫 순간에는 그 의미는커녕 상황이 좋은지 나쁜지조차 알 수 없다. 모든 주의 집중 기제가 이 심리적 위기를 파악하는 데 초점을 맞추고, 이를 완화하는 해결책이라면 무엇이든 받아들일 준비를 한다. 이때가 바로 타인이 우리의 인식을 제어할 수 있는 순간이다.

놀라움의 신호, 도파민

보통 도파민을 '보상' 체계로 이해한다. 맨체스터대학교 신경과학자 마크 험프리스 박사는 이러한 일반적인 이해가 틀렸고, '보상'을 '결과'로 바꿔야 훨씬 더 정확한 이해라고 말한다. 도파민은 보상을 주는 것이 아니라, 보상 가능성을 예측해 우리를 보상이 수반되는 결과로 이끌거나 손해를 볼 만한 일에서 멀어지게 만든다는 것이다. 이렇게 생각해보라. 수많은 사람이 힘든 운동을 하러 헬스장에 간다. 이는 도파민이 '보상을 예측'하여 우리에게 '동기를 부여'하기 때문이다. 보상은 늘씬하고 균형 잡힌 몸매가 될 수도 있고, 고칼로리 음식을 죄책감 없이 즐길 기회가 될 수도 있다. 균형 잡힌 몸매로 거듭나는 상상만 해도 기분이 좋고, 먹고 싶은 음식을 마음껏 먹어도 기분이 좋다. 어느 쪽이든 보상이다.

그러나 도파민은 빠르게 혹은 느리게 분출될 수 있고, 그 속도에 따라 결과는 크게 달라진다. 험프리스 박사는 다음과 같이 설명한다.

> 뇌는 보통 도파민을 일정 수준으로 유지한다. 뇌의 목표는 일정한 수준의 도파민을 유지하는 것이다. 도파민이 일정한 수준으로 유지된다는 것은 곧 삶이 놀라움 없이 예상대로 순조롭게 흘러가고 있다는 뜻이다. 도파민 수준은 빠르게 혹은 느리게 변한다. 빠른 변화는 오류가 발생했다는 신호다. 느린 변화는 동기를 부여하는 신호다. 이 분출 속도는 도파민이 분출되는 두 가지 다른 방식에 각각 대응한다. 하나는 국소적인 뇌 영역에서 도파민이 짧게 대량으로 분출되는 방식이며, 다른 하나는 전체적인 뇌 영역에서 도파민이 항상 소량으로 일정한 농도를 유지하고 분출되는 방식이다.

여기서는 주로 빠르게 급증하는 도파민, 즉 놀라움을 나타내는 신경학적 신호에 초점을 맞춘다. 험프리스 박사의 표현을 빌리면, "도파민은 전체적인 뇌 영역에 동시다발적으로 '방금 아주 중요한 일이 일어났다'고 황급히 알린다." 도파민의 순간적인 급증은 예상이 틀려 수정이 필요하다는 경보다. 도파민 분출은 곧 끝난다. 그러고 나면 놀라움의 의미를 파악하는 일이 남는다. 험프리스 박사는 이렇게 덧붙인다. "뇌는 그러한 결과를 초래한 행동을 찾아내 그 인과관계를 파악해야 한다."[4]

그렇다면 그 놀라움 이후에는 무슨 일이 일어날까? 케임브리지 대학교 신경과학자 볼프람 슐츠Wolfram Schultz는 이렇게 설명한다.

도파민 급증은 뉴런이 그 원인이 된 대상과 보상을 제대로 식별하고 나면 수십에서 수백 밀리초 안에 사라진다. 따라서 뉴런은 일시적인 방식으로만 현저성을 부호화한다. 그 다음 두 번째 선택적 반응 요소가 식별되는데, 이는 보상 정보만을 반영한다(보상 예측 오류). 이 시점부터 도파민 뉴런은 보상 정보만을 나타낸다.[5]

쉽게 설명하면 다음과 같다. 뇌가 오류 신호, 즉 놀라움을 감지하면 그 원인을 파악한 다음, 험프리스 박사의 말처럼 "정확한 인과관계를 파악해 결과와 행동을 연결"시켜야 한다. 다시는 놀라움을 느끼지 않도록 놀라움을 이해해야 한다. 여기서 도파민은 두 단계로 분비되는데, 과학자들은 이를 가리켜 '위상성phasic 도파민 분비'라고 부른다. 1단계는 놀라는 동시에 찾아오는 갑작스럽고 일시적인 도파민의 급증으로, 중요한 일이 발생하고 있다는 신호를 보낸다. 심리학자들은 이를 '현저성salience'이라고 부른다. 2단계는 도파민 수준의 장기적인 변화로, 원인이나 결과에 따라 달라진다. 즉 도파민 감소는 '회피하라'는 신호고, 도파민 증가는 '접근하라'는 신호다. 이때 심리학자들은 도파민 감소를 '부정적인 감정가', 도파민 증가를 '긍정적인 감정가'라고 부른다.

이해를 돕기 위해 아래에 나오는 전형적인 사례들을 비교해보자.

1. 콘서트 리사이틀에서 성공적으로 노래를 마친 당신에게 친구가 말했다. "진짜 잘하더라." 당신은 그 말에 기분이 좋아진다. 도파민은 보상을 예측하는 신경전달물질로, 대개 보상받는 순간 분출된다(좋은 기분을 불러일으키는 것은 도파민이 아니라 다른 신경전달물질이다). 도파민은 '다음에도 공연하라'는 동기부여를 일으키는데, 이때 좋은 기분이 뒤따를 뿐이다. 당신은 이미 칭찬을 기대하고 있었기 때문에 놀라지 않았고, 도파민도 급증하지 않았다.

2. 콘서트 리사이틀에서 성공적으로 노래를 마친 당신에게 친구가 말했다. "진짜 못하더라." 당신은 칭찬을 기대했지만 끔찍한 비판을 받았다. 예상치 못한 결과에 도파민이 급증하면서 중요한 일이 일어나고 있다는 신호(현저성)를 보낸다. 이후 노래를 부를 때마다 도파민 수준이 낮아

지면서 노래 부르기를 회피하라는 신호(감정)를 보내고 동기부여가 줄어든다.

3. 콘서트 리사이틀에서 성공적으로 노래를 마친 당신에게 친구가 말했다. "정말 잘하더라." 기대했던 칭찬이므로 기분은 좋아졌지만, 도파민은 급증하지 않는다. 친구가 "고음을 끌어가는 능력에서 네가 얼마나 세심한 부분까지 집중하는지 알겠더라."라고 덧붙인다. 전혀 기대하지 못했던 칭찬에 도파민이 급증한다. 이제 당신은 본능적으로 고음을 낼 때 더 집중해서 음을 끌고 간다. 즉각적인 학습이 일어난 것이다.

4. 콘서트 리사이틀에서 성공적으로 노래를 마치고 친구가 칭찬해주기를 기대했다. 그런데 친구가 불만 어린 얼굴로 "좀 고쳐야 할 습관이 있던데."라고 말했다. 기대했던 칭찬 대신에 걱정스러운 표정과 비판이 돌아왔다. 놀라움은 경고한다! 친구가 덧붙인다. "노래할 때 박자에 맞춰서 머리를 흔드는 바람에 좀 산만해 보이더라고. 그 외에는 굉장했어." 당신은 방금 위상성 도파민 분비를 경험했다. 예상치 못한 표정과 비판이 1단계인 '중요한 일이 일어나고 있다'는 신호(현저성)를 촉발시켰다. 2단계는 즉각적인 학습을 요구한다. 친구가 덧붙인 말이 무엇을 학습해야 할지를 알려준다. 이제 노래할 때면 도파민이 일정한 수준으로 분출되지만, 고개를 흔들 때면 떨어진다.

놀라움의 힘

당신은 여전히 노래하는 것을 좋아하지만, 노래 부를 때 머리 흔드는 습관을 경계하고 회피하려고 의식적으로 노력한다.

칭찬은 큰 힘이 되며, 언제 들어도 기분이 좋다. **여기서 팁 하나!** 놀라움을 이용하면 말의 영향력을 훨씬 더 강화할 수 있다. 실제로 말로 다른 사람의 행동을 전략적으로 조종할 수 있다.

인식 조작하기

브리티시컬럼비아대학교 연구진은 중년 남성들을 대상으로 출렁다리를 건널 때 어떤 반응을 보이는지를 연구했다. 캐나다 밴쿠버 캐필라노강에서 70미터 떨어진 상공에 판자를 철사로 이어서 만든 출렁다리는 기울어지고 흔들리고 삐걱거린다. 매력적인 젊은 여성이 실험 참가자들에게 다가가 짧은 설문지를 작성해달라고 부탁한다. 설문 작성을 마친 뒤 여성은 연구 내용에 관한 더 자세한 설명을 듣고 싶으면 연락하라면서 전화번호를 건넨다. 바로 여기서 실험적 조작이 일어난다. 참가자 가운데 절반은 다리를 건너기 전에, 나머지 절반은 다리를 건넌 후에 여성과 만났다. 결과적으로 다리를 건넌 후에 여성을 만난 남성들이 받은 번호로 연락하는 확률이 훨씬 높았다.[6]

연구진은 출렁다리를 건넌 직후에 여성을 만난 남성들은 생리적으로 흥분한 상태였다고 결론지었다. 일반적으로는 이 흥분 상태를 공포라고 인식했지만, 매력적인 여성이 다가와 설문조사를 요청하자 성적 끌림으로 착각한 것이다. 베스트셀러 저자 대니얼 길버트Daniel Gilbert는 자신의 저서 《행복에 걸려 비틀거리다》에서 이 연구를 재치 있게 인용했다. "높은 곳에서는 공포로 해석되는 감정이, 시스루 블라우스 앞에서는 욕망으로 해석될 수 있다. 다시 말해, 사람들은 자신이 느끼는 감정을 착각할 수 있다."[7]

인식은 조작하기 쉽다. 신체 감각은 다양하게 이름 붙일 수 있고, 정확히 어떤 기분인지 헷갈리기도 쉽다. 어떤 상황에서는 한 가지 감정만 느낄 수 있을 것 같지만, 전혀 생각지 못한 다른 감정을 느낄 수도 있다. 작가와 철학자 들은 수 세기 전부터 이 점에 주목해왔다. 예수와 같은 시대를 살았던 로마 시인 오비디우스는 동시대인에게 다음과 같은 연애 조언을 했다. "배우자나 애인의 열정에 불을 지피고 싶다면, 검투 경기를 관전하라. 경기를 보면서 강한 흥분을 느끼면, 성적 욕망에 휩싸이기 쉽다." 오비디우스는 훗날 인간이 감정을 얼마나 쉽게 착각할 수 있는지 과학적으로 입증되리라는 사실을 내다보았던 모양이다.

《이 방에서 가장 지혜로운 사람》의 저자 토머스 길로비치와 리 로스Lee Ross는 책에서 오비디우스가 말한 검투 경기가 오늘날에는 어떤 상황에 해당하는지 설명한다. "공포 영화를 보거나, 놀이공원에서 롤러코스터를 타거나, 동네 체육관에서 함께 운동할 때처럼 심장 박동이 높아지고, 땀이 흐르고, 얇은 옷을 입은 상황에서는 갈망의 감정이라는 딱지를 붙이기 쉽다. 격렬하게 다툰 뒤에 나누는 '화해의 섹스'가 특별히 열정적이고 만족스러운 것도 이 때문이다."[8]

캐필라노 다리 연구 실험에 따르면, 감정이 고조된 상태는 다양한 감정으로 해석할 수 있기 때문에 자신의 감정을 착각하기 쉽다. 개인이 자신의 감정 상태를 이해하려고 노력하는 과정에서 감정이 고조된 원인을 착각할 수 있다. 착각이더라도 일단 감정을 결정짓고 나면, 내면의 편향과 자기 확인 프로그램이 작동해 인식을 확증해준다. 결국 우리가 만들어낸 설명이 경험의 본질까지 바꿔버리는 것이다.

어떤 감정을 느낄 때 몸에서 일어나는 변화가 감정마다 뚜렷하게 구분되는 것은 아니다. 그때그때 상황에 따라 혹은 어떤 단어로 정의하느냐에 따라 실제로 경험하는 감정을 다르게 인식할 수 있다. 가령 공개 연설, 시험, 공연, 면접 등의 상황에서 경험하는 감정의 고조를 우리는 '긴장'이라는 단어로 표현한다. 마찬가지로 간절히 보고 싶었던 것을 보거나, 듣고 싶었던 것을 들었을 때 경험하는 감정의 고조도 모두 '흥분'이라는 단어로 표현한다. 이처럼 감정의 고조를 경험할 때, 뇌에서는 딱히 특징적인 패턴이 나타나지 않는다. 우리는 상황에 따라 이 감정의 고조 상태에 '긴장'이나 '흥분' 같은 이름표를 붙인다. 통찰력 있는 사람들은 우리가 느끼는 감정에 해석의 여지가 있다는 사실을 이해하고, 이를 긍정적으로 인식의 기회로 활용한다.

새로운 기대감을 불러일으키기 위해 조작할 수 있는 것은 감정뿐만이 아니다. 우리는 쉽게 속아 넘어간다. 유명한 MIT 연구원 리언 페스팅어Leon Festinger는 서로 다른 두 가지 '인지'가 충돌하는 상황을 만들고 싶었다. 그는 실험 참가자들에게 문 가장자리가 구부러져 보이는 프리즘 고글을 착용한 채 문 가장자리를 손으로 따라가보라고 요청했다. 그렇게 하면 참가자들이 시각과 촉각이 서로 충돌하는 인지 불일치를 경험할 것이라고 생각했다. 다시 말해, 문이 눈으로 보면 곡선인데 손으로 만지면 직선이라 혼란을 느낄 것이라고 예상한 것이다. 하지만 놀랍게도 참가자들은 인지 불일치를 경험하지 않았다. 대신에 문이 실제로 곡선이라고 착각했다. 이 연구는 뇌가 인지 불일치를 줄이고자 착각을 만들어낼 수 있다는 사실을 보여준다. 페스팅어는 이 과정이 무의식에서 자동으로 이루어져 경험을 일관되고 이해하기 쉽게 만들어준다고 주장했다.[9]

이렇듯 기대를 조작할 수 있다는 사실은 최면과 플라세보 효과를 과학적으로 설명해준다. 심리와 감각은 사람들의 기대를 바꾸면 변할 수 있다. 플라세보 효과에 관한 연구로 유명한 하버드대학교 어빙 커시Irving Kirsch는 최면과 플라세보 효과가 참가자의 믿음에 기반한다고 주장했다. 커시는 플라세보 효과가 기대 반응의 자기실현 효과self-fulfilling effect로 나타날 것이라는 가설을 세웠다. 즉, 효과가 있을 것이라 기대하면 실제로 효과가 있는 것처럼 느껴

진다는 것이다.[10]

　신약 임상시험은 언제나 대조군으로 위약(플라세보) 투약군을
포함한다. 신약이 위약보다 더 높은 성능을 발휘해야 효과가 있는
것으로 간주한다. 치료제가 효과가 있을 것이라고 생각하는 사람
은 그렇지 않은 사람보다 강한 플라세보 효과를 나타낸다. 위약의
크기가 클수록 더 큰 효과를 발휘하는 이유도 바로 기대감 때문이
다. 위약은 색상, 크기, 모양이 다양하다. 플라세보 효과를 높이려
고 과학자들은 때때로 '활성속임약active palcebo'을 제공하기도 하는
데, 이 약은 손가락이 따끔거리는 등 작고 무해한 효과를 일으키도
록 제조한 것이다. 위약 투약군이 이 효과를 알아차리고 효능으로
'착각하게 하는 것'이 활성속임약의 목적이다. 이러한 착각은 기대
를 높이고, 위약이 성공할 확률도 높인다.

뇌는 기대를 따라 움직인다

뇌는 기대를 따라 움직인다. 우리가 무엇을 기대하느냐가 경험에
큰 영향을 미친다. 기대는 세상을 살아가면서 우리가 어떻게 생각
하고 움직일지를 결정한다. 뇌는 경험을 처리해 앞으로 무슨 일이
일어날지를 예측하는 데 많은 시간을 할애한다. 믿음에 기반한 기
대는 뇌가 매 순간 멈춰서 생각하지 않고도 삶을 이어갈 수 있도록
개발한 편리한 방법이다. 기대를 바꾸면 경험도 바뀐다.

친구와 공원을 산책하다가 커다란 블랙 리트리버를 마주쳤다고 상상해보자. 당신 눈에는 그 개가 쓰다듬어 주고 싶은 귀여운 동물로 보이지만, 친구 눈에는 위협적인 동물로 보인다. 친구가 불안해하기 시작한다. 과거의 경험이 쌓여 믿음을 만들어내고 현재의 인식을 결정한다. 개가 사람을 좋아하는 순한 동물이라고 믿는 당신은 개를 쓰다듬어 준다. 그리고 당신의 믿음이 옳다는 것을 다시 한번 확신한다. 반면에 개에게 물릴 수도 있다고 믿는 친구는 커다란 이빨을 보고 주춤하며 자기 믿음이 옳다고 확신한다.

수많은 연구가 경험이 어떤 기대를 가지고 있느냐에 따라 얼마나 쉽게 달라질 수 있는지를 보여준다. 스탠퍼드대학교 연구원 토머스 로빈슨Thomas Robinson은 식음료 브랜딩이 어린아이들의 맛 지각에 영향을 미친다는 사실을 발견했다. 로빈슨은 아이들을 두 집단으로 나누어 같은 음식을 제공했다. 한 집단에는 음식이 맥도날드에서 왔다고 말했다. 일반적으로 아이들은 맥도날드 음식이 더 맛있다고 기대한다. 맥도날드인 줄 알고 먹은 실험군이 그렇지 않은 대조군보다 음식이 훨씬 맛있었다고 평가했다. 로빈슨은 "아이들에게 채소를 더 많이 먹이고 싶다면 맥도날드에서 왔다고 이야기하라."고 말한다. 성인의 기대를 조작하는 것도 가능하다. 성인들은 포도주 가격이 비쌀수록 맛이 더 좋다고 느낀다. 기대는 단순히 자기 경험에만 영향을 미치는 것이 아니라, 다른 사람의 경험에도 영향을 미칠 수 있다.[11]

온라인 데이팅 서비스인 케이큐피드OKCupid 웹사이트 관리자는 자사의 알고리즘을 시험하고자, 궁합이 좋지 않은 남녀를 커플로 매칭한 뒤 궁합이 좋다고 거짓으로 알려주었다. 놀랍게도 매칭된 커플은 실제로 궁합이 좋은 것처럼 행동했고, 이메일로 더 오래 대화를 주고받았다. 궁합이 좋을 것이라고 기대했기 때문에 실제로도 그렇게 느낀 것이다. 이는 어떻게 기대하느냐가 우리의 생각과 행동뿐만 아니라, 다른 사람의 생각과 행동에도 영향을 미친다는 사실을 보여준다. 가령 당신이 양심에 거리끼는 행동을 한 다음에 들킬지도 모른다는 생각에 의기소침하게 행동한다면, 다른 사람들은 실제로 당신이 어떤 잘못을 저질렀다고 의심하고 캐묻기 시작할 것이다. 당신의 기대가 그에 상응하는 반응을 불러일으키는 것이다. 오케이큐피드에서 매칭한 커플에게도 이런 원리가 작동했다. 궁합이 좋을 것이라는 기대가 서로에게 호감을 끌어내고, 그에 맞춰 행동하게 했다.[12]

1986년에 발표된 피그말리온 실험이 이러한 역동적인 상호 과정을 멋지게 설명했다. 로버트 로즌솔Robert Rosenthal과 리노어 제이콥슨Lenore Jacobson이 주도한 이 연구는 교사가 학생들의 성적이 좋아질 것이라 기대하면, 실제로 그러한 결과로 이어진다는 것을 보여준다. 연구진은 학생들을 무작위로 교실에 배정한 다음, 교사들에게 한 교실에는 '성적 우수자'들만 모여 있다고 말했다. 그러자 교사들은 소위 '우등반' 학생들을 다르게 보기 시작했다. 교사들은 우등반 학생들이 더 우수하고 '더 학구적'이라고 평가했다. 교사들의 시선뿐만이 아니라 행동도 달라졌다.[13]

초등학교 교사들은 우등반 학생들을 대할 때 무의식적으로 개개인의 성공을 격려했다. 우등반 학생들 또한 이러한 기대에 맞추어 행동하려고 노력하면서, 교사와 학생 사이에 선순환 구조가 만들어졌다. 로즌솔은 학생과 교사 모두 조작된 기대에 따라 행동하면서 그 기대가 현실이 되었다고 주장했다. 영리한 교사는 이러한 전략을 직관적으로 이용한다. 다음은 초등학교 4학년 담임교사인 에린의 이야기다. 에린이 교사로서의 기대를 변경함으로써 어떻게 학생이 기대하는 바를 변화시켰는지 살펴보자.

새 학기를 준비하며 아이들 명단을 훑어보고 있는데, 한 동료 교사가 다가와 조니만 제외하면 모두 훌륭한 학생들이라고 했다. 작년에 조니랑 글쓰기 때문에 애를 좀 먹었다는 것이다. 동료 교사는 내가 조니에게 한두 문장이라도 쓰게 할 수 있다면 운이 좋은 거라고 말했다.

나는 이 말을 별로 귀담아듣지 않았다. 동료 교사는 내가 조니를 만나보기도 전에 그 아이가 실패할 것이라는 선입견을 심어주었기 때문이다. 그 말을 듣는 순간 내가 이 아이의 인생을 바꾸는 교사가 되어주리라 다짐했다.

개학 날, 아이들에게 짧은 글쓰기를 시켰다. 이번 학기 동안 배우고 싶은 것을 적어보라고 했다. 교실을 돌아다니며 학생들과 쓰고 있는 주제에 관해 이야기를 나누었다. 조니에게 다가갔을 때 종이에는 딱 한 문장만 쓰여 있었고, 덩달아 내 마음도 살짝 가라앉았다. 가라앉는 기분을 애써 떨치고 조니 옆에 무릎을 꿇고 앉아 속삭였다. "뭘 쓸지 아주 열심히 고민하고 있구나?" 조니가 부끄러운 듯 고개를 끄덕이길래 바로 덧붙였다. "멋진걸! 선생님은 조니 머릿속에 멋진 생각들이 가득 들어있다는 걸 알아. 그게 뭔지 선생님도 알고 싶어. 네 머릿속에 있는 생각을 글로 옮기면 온 세상과 나눌 수 있을 거야." 나는 조니에게 재빨리 미소를 지어 보이고 일어나 다음 학생에게로 이동했다. 그리고 교실을 한 바퀴 돌아 다시 조니에게로 돌아왔을 때, 조니의 종이를 보고 깜짝 놀랐다. 조니가 반절을 빼곡히 적은 종이를 내밀며 환하게 웃었다. 나도 미소를 지으며 말했다. "정말 멋진 일을 해냈는걸!"

이후 며칠간 아이들에게 다양한 주제로 글쓰기를 시켰다. 자원을 받아 완성된 글을 발표하게 했다. 어느 날 처음으로 조니가 손을 들어 발표하겠다고 했을 때 나는 뛸 듯이 기뻤다. 조니는 두 장이 넘는 글을 들고 얼굴 가득 환한 미소를 지었다.

에린은 전략적으로 자신의 기대를 변경했다. 처음에는 조니가 글을 많이 쓸 것 같지 않은 예감이 들었지만, 동료 교사의 예측이 맞았다고 믿고 싶은 충동과 맞서 싸웠다. 에린은 "뭘 쓸지 아주 열심히 고민하고 있구나?"라는 말로 선뜻 글을 쓰지 못하는 조니의 행동을 영리하게 재해석했다. 교사와의 실랑이에 익숙했을 조니는 아마도 이런 상황 전개에 놀랐을 것이다. 그래서 부끄러운 듯 미소를 지었고, 고개를 끄덕이기까지 했다. 에린이 영리하게 재해석한 말을 조니가 받아들인 것이다. 이렇게 사고방식이 바뀌면서 조니는 생산적인 작가로 거듭났다. 에린이 스스로 다짐하면서 기대한 대로 말이다.

에린이 다가왔을 때 조니는 아마도 스트레스를 받고 있었을 것이다. 예전 교사와 벌였던 실랑이를 떠올리며 틀림없이 같은 상황이 펼쳐질 것이라 기대했을 것이다. 스트레스만으로도 피암시성 suggestibility(타인의 반응이나 주변 환경에 쉽게 영향을 받는 경향 — 옮긴이)을 높일 수 있다. 여기에 놀라움이 추가되면 스트레스는 급격히 치솟는다.

스트레스는 피암시성을 높인다

누군가의 기대를 바꾸면 그들의 경험이 근본적으로 바뀐다. 놀라운 사건이 발생했을 때 순간적으로 새로운 기대를 불러일으키고, 나아가 자기실현 효과로까지 이어질 가능성이 있는 제안을 할 수 있는 창이 열린다. 엄청난 스트레스는 그 자체로 생리적 불안감을 조성하고, 이에 대응하고자 피암시성을 높인다. 놀라움은 피암시성을 더욱 높일 수 있다. 다음 이야기에서 수전은 큰 스트레스를

받은 뒤, 교사에게 놀라운 말을 듣는다. 이 말은 수전에게 인생의
전환점이 되었다.

나는 고등학교 때 프랑스어, 독일어, 러시아어 등의 외국어
수업을 좋아해서 교실에 들어갈 때마다 기분이 좋아졌다.
어느 해 프랑스어 수업 시간에 있었던 일이다. 나는 시 암송
과제로 폴 베를렌Paul Verlaine의 〈내 마음에 비가 오네Il Pleure dans
Mon Coeur〉를 선택했다. 한 명씩 앞으로 나가 시를 낭독한 뒤
발음, 암기, 해석 점수를 받았다. 내 차례가 끝나고 선생님
이 말씀하셨다. "수전, 잘했어. 수업 끝나고 볼 수 있을까?"
나는 망연자실했다. 너무 못해서 꾸중을 들을 것 같았기 때
문이다. 수업이 끝난 후 선생님은 내 낭독에 감동받았다며,
다가오는 주 전체 경연대회에 참가해보지 않겠느냐고 물으
셨다. 그 순간 나는 내 능력을 굳게 믿게 되었고, 이후로도
언어 능력만큼은 의심한 적이 없다. 대학에 진학해 프랑스
어를 전공한 뒤, 몇 년간 작은 사립학교에서 프랑스어를 가
르쳤다. 그때 낭독한 그 시는 지금까지도 토씨 하나 틀리지
않고 암송할 수 있다.

수전은 처음에 수업 끝나고 잠깐 볼 수 있냐는 교사의 말에
'망연자실했다'라고 표현했다. 그리고 나머지 수업 시간 동안 스트
레스 반응에 몰두한 나머지 교사에게 찬사를 듣고는 소스라치게

놀랐다. 이미 높아진 피암시성이 한 단계 더 높아지면서, 수전은 선생님이 건넨 칭찬과 그로 인해 인생이 바뀌는 효과를 기꺼이 받아들였다. 이 사건에서 놀라움은 이미 고조된 피암시성을 증폭시켰다.

놀라움으로 사고 과정이 바뀌기 시작하면, 신뢰할 만한 출처에서 새로운 정보를 받아들일 가능성이 커진다. 그렇다면 신뢰할 만한 출처란 무엇일까? 이때의 신뢰성은 전통적인 권위자뿐만 아니라 다양한 곳에서 발생한다.

믿음을 수정하게 하는 대리인

우리에게 영향을 미칠 수 있는 사람들은 다양한 모습으로 등장한다. 심지어 어린아이의 말조차도 순수한 관찰에서 나오는 것이기 때문에 강력한 영향을 미칠 수 있다. 언젠가 나는 한 어린아이가 약간 통통한 체형을 가진 지인에게 "아기가 언제 태어나나요?"라고 묻는 걸 본 적이 있다. 또한 감수성이 예민한 청소년기에 또래 친구에게 들은 말은 평생 영향을 미칠 수도 있다. "와! 너 진짜 패션 감각 있네." 같은 말이 그 사례다. 사랑하는 사람이 진심으로 생각해서 건네는 말은 받아들일 수도 있고, 무시할 수도 있다. 사랑으로 해주는 말이라고 생각해서 수용할 수도 있고, 애초에 좋은 말만 해줄 것이라 기대하기에 무시할 수도 있는 것이다. 그리고 때로는 무심코 지나가는 사람조차도 인상적인 말을 할 수 있다. 결혼식에서 춤을 추는데, 그 모습을 본 다른 하객이 "와, 몸을 정말 잘 쓰시네요."라는 말을 건넨다고 가정해보자. 오히려 정치인, 상대편 변호사, 우리의 관심을 끌려고 노력하는 영업사원 등 우리가 본능적으로 신뢰하지 않는 사람들 목록을 만드는 편이 더 쉬울 수도 있다.

아래 일화에서 카라는 하이킹을 하다가 처음 만난 사람이 건넨 말을 회상한다. 숨은 동기나 이해관계가 없는 낯선 사람에게 들은 말은 카라에게 큰 영향을 끼쳤다.

나는 남편과 함께 캘리포니아주 웨스트할리우드에 있는 러니언캐니언 등산로를 하이킹하고 있었다. 처음 방문하는 사람이 여기서 주차하기란 하늘의 별 따기에 가깝고, 엄청난 인파와 유모차 때문에 등산로 산책은 마치 장애물 피하기 게임을 하는 것 같았다. 우리는 러니언캐니언에 갈 때마다 아는 사람을 마주치곤 했는데, 이번에는 남편의 친구 데이브를 만났다. 스턴트 일을 하는 여성과 교제 중인 데이브는 여자친구의 동료들과 함께 하이킹을 하고 있었다. 방금 훈련을 마치고 온 그들은 전속력으로 달리는 말 위에서 일어선 일, 불 속으로 뛰어든 이야기 등을 늘어놓았다. 나로선 도저히 상상조차 할 수 없는 이야기였다. 이는 수많은 이야기 중 일부에 불과했다. 눈앞에 있는 이 여성들이 영화 속 실제 액션 영웅이라니. 나는 경외심 가득한 눈빛으로 그들을 바라보았다.

그러자 그들 중 한 사람이 내게 물었다. "무슨 일 하세요? 댄서 맞죠?" 뭐? 내가? 댄서냐고? 춤이라곤 고작 힙합 교실에서 배운 게 전부고, 거기서 춤을 춘답시고 자기 눈앞에 주먹만 날려대는 사람이 나란 걸 알고 하는 얘긴가? 당시 요가를 열심히 다니고 있었고 요가 겸 등산복을 입고 있어서 몸매가 꽤 좋아 보이긴 했지만, 그래도 댄서라고? 그럴 리가. 아닌가? 춤추는 걸 꽤 좋아하긴 했지만, 댄서 아니냐는 질문을 듣기 전까지 춤을 잘 춘다고 생각해본 적이 없었다. 나는 그 질문을 계속 곱씹었다. 이 아름답고 강인한 스턴트 우먼이 나를 보고 댄서라고 생각하다니. 기분이 좋았다. 그리고 그때부터 춤을 출 때 남의 시선을 덜 의식하게 된 것 같다.

그 후 몇 년이 지났다. 최근에 친자매들에게 거침없는 춤동작이 마음에 든다는 이야기를 들었다. 나더러 춤을 잘 춘다며 칭찬했다. 그래, 그게 바로 나다! 나는 댄서다!

카라는 자신이 춤을 못 춘다고 생각해왔다. 우연히 마주친 지인의 지인에게 들은 놀라운 말은, 누군가에게 영향력을 미칠 수 있는 대리인이 얼마나 광범위한지를 보여준다. 카라는 새로운 믿음으로 <u>스스로에게서</u> '거침없는 춤동작'을 기대한다. 새로운 믿음은 춤동작을 해석하는 방식 또한 바꾼다. 과거에는 (자기 눈앞에 주먹만 날려대는 것 같은) 무모한 허우적거림이라고 생각했던 동작을 이제는 거침없는 댄서의 숙명으로 받아들인다. 이 이야기는 스쳐 지나가던 사람의 예상치 못한 말 한마디조차 순간적으로 믿음을 수정하는 계기가 될 수 있음을 보여준다. 당신도 개인적으로 영감을 받았던 순간의 기원을 추적해보라. 아마 어떤 말을 듣고 깜짝 놀라서 촉발된 경우가 많을 것이다.

교사는 특별한 권위를 가진 사람이다. 이 책에 실린 사례 중에는 교사에게 들은 말을 계기로 사고방식이 바뀌었다는 이야기가 많다. 아이가 학교에 입학하는 순간부터 교사는 절대적인 권위자로서 부모를 대신한다. 부모라면 누구나 아이가 교사의 말을 앞세워 자신의 말을 거역한 경험이 한 번쯤 있을 것이다. "그런데 엄마, 선생님이 '항상 채소를 다 먹을 필요는 없다'고 하셨어요." 밥상머리 논쟁에서는 부모가 이길 수도 있지만, 지식 대결에서는 교사가 이기는 경우가 많다. 권위가 도전받는 이러한 상황은 '지식 전달자' 역할이 부모에게서 교사로 넘어갔음을 나타낸다.

일반적으로 동료나 부하 직원의 의견보다 권위 있는 인물의 의견이 강력하지만, 예외도 존재한다. 피암시성이 높아진 순간에는 확신을 가지고 의견을 제시하는 사람의 권위를 본능적으로 인정해준다. 중요한 것은 바로 확신이다. 어른들이 종종 어린아이들 말에 넘어가는 이유도 아이들이 확신에 차서 말하기 때문이다. 어린아이들은 아직 사회적 예의와 정치적 올바름political correctness(사회적 약자나 소수자에 대한 차별적 표현을 쓰지 말자는 주장을 나타낼 때 쓰는 말 — 옮긴이)을 배우지 못했기 때문에 솔직함과 투명성을 중요하게 여긴다.

친구 중에 초등학교 4학년 교사가 한 명 있다. 그 친구는 최근에 꽤 돈을 들여 헤어스타일을 대담하게 바꿨는데, 다음 날 교실에 들어서자 한 학생이 당황하며 이렇게 물었다고 한다. "머리에 무슨 짓을 하신 거예요?" 친구의 말을 빌리자면, 다른 학생들은 모두 할 말을 잃은 채 넋을 놓고 머리만 쳐다보았다고 한다. 반면에 동료 교사들은 모두 예의를 차려 멋지다고 말해주었다. 결국 다음 날 보수적인 스타일로 머리를 다시 하고 학교에 갔다. 이처럼 사회적 지위와 관계없이 솔직함에서 비롯된 확신은 그 자체로 권위를 지닌다.

언제, 누가 하는 말이 우리에게 어떤 영향을 미칠지는 알 수 없다. 다만 그 사람이 누구든 간에 확신을 가지고 말을 한다면 그 말이 받아들여질 가능성은 커진다. 단, 이는 그 말을 듣는 상대방이 수용적일 때만 가능하다. 놀라움은 우리를 수용적으로 만들지만, 놀라움의 강도는 다양하다.

놀라움의 강도는 다양하다

놀라움은 그 정도가 다양하다. 앞마당에서 파란 줄무늬 개구리를 보면 작은 놀라움을 느낀다. 아마 눈보라 속에서 개구리를 보면 더 놀라울 것이다. 여기에 더해 만약 개구리가 추운데 집 안으로 들어가도 되냐고 부탁해온다면……. 놀라움의 강도는 상황이 기대한 대로 흘러가고 있지 않으니 지식을 다시 점검해봐야 한다는 신호다. 잘못된 믿음은 대개 목표를 달성하는 과정에서 실수나 성과 저하로 이어진다. 하지만 새로운 사실을 인지할 때마다 믿음을 업데이트하거나 점검하는 것은 생존에 도움이 되지 않는다. 만약 새로운 사실을 인지할 때마다 믿음을 재평가한다면, 일상생활에 크게 방해가 되고 목표를 달성하는 데 필요한 소중한 인지 자원을 낭비하게 될 것이다.

학습 분야 연구의 대가 장 피아제Jean Piaget는 우리가 새로운 정보에 어떻게 적응하는지에 초점을 맞췄다. 피아제는 이 적응 과정을 '동화assimilation'와 '조절accommodation'로 나누었다. '동화'란 새로운 정보를 기존의 개념이나 정신 모형에 맞추는 과정이다.[14] 이를테면 처음으로 상어를 보고 기존에 가지고 있던 물고기라는 개념에 끼워 맞추는 것이다. 돌고래를 처음 봤던 어린 시절을 떠올려보자. 아마도 기존에 가지고 있던 물고기 개념에 돌고래를 동화시키려고 했을 것이고, 부모가 돌고래는 포유류라서 물고기가 아니라고 말해주었을 것이다. 하지만 아무리 봐도 돌고래는 기존의 포유류 개념에 들어맞지 않는 것 같다. 당신에게 포유류란 네 발 달린 털로 뒤덮인 생물이기 때문이다. 이제 포유류에 대한 개념을 완전히 바꿔야 한다. 이때 개념 또는 정신 모형을 변경하는 것을 '조절'이라고 한다. 새로운 정보를 기존 개념에 꿰맞추는 것이 더 쉽기 때문에, 우리는 본능적으로 동화한다(카너먼의 시스템 1을 떠올려보라). 반대로 조절하려면 의식적인 노력이 필요하다(카너먼의 시스템

2를 떠올려보라). 우리는 새로운 지식을 의식적으로 고려한 다음에 이 지식이 속한 개념 전체를 바꿔야 한다.

돌고래를 기존의 물고기 개념에 꿰맞추려는 아이처럼 우리도 동화되기 쉽다. 고속도로를 달리다가 과속하는 구형 쿠페를 본 적이 있다. 보험업계의 고정관념을 따라 나는 운전자가 성질 급한 젊은 남성일 거라고 예상했다. 쿠페 운전자가 내 '과속 운전자' 모형에 들어맞을 것이라고 가정하고 동화한 것이다. 고속도로 출구에서 그 차를 따라잡았을 때, 운전자가 백발의 중년 여성임을 알게 되었다. 만약 이 중년 여성을 내 기존의 과속 운전자 모형에 집어넣어 동화시키고 '젊은 남성처럼 운전했다'고 결론짓는다면, 이 중년 여성은 이상값으로 분류되고 원래 정신 모형은 그대로 유지된다. 혹은 '나이 많은 여성 운전자에 관한 내 정신 모형을 수정해야 할 것 같다'며 기존 모형을 조절할 수도 있다. 일주일 뒤 또 다른 과속 운전자를 목격했을 때, 이번에도 나는 젊은 남성일 것이라 생각한다. 내 정신 모형은 바뀌지 않았다. 조절하지 않고 동화했음이 틀림없다. 일반적으로 우리는 개인적이고 주관적인 방식에 따라 사건을 이해하고 해석한다. 이는 지극히 자연스러운 일이다. 자아개념을 일부 무너뜨릴 만큼 크게 놀라면 우리는 즉시 새로운 자아개념을 구축한다. 이것이 바로 조절이다. 강렬한 놀라움은 새로운 믿음을 빠르게 만들어내는 지름길이다.

다음 이야기에서 코리는 무례할 정도로 교사에게 따지고 든다. 하지만 교사의 반응은 코리를 놀라게 한다. 코리의 표현을 빌리자면, 이 놀라움은 자기실현적 예언이 된다. 코리는 교사의 말을 단순한 칭찬으로 받아들이고 기존의 사고방식에 동화시킬 수도 있었지만 그러지 않았다. 그 놀라움은 교사의 말을 열린 마음으로 받아들이고 자기실현적인 새로운 자아개념을 구축(조절)할 수 있는 수용성을 만들어냈다.

고등학교 시절 어느 날, 경제·행정 수업에 들어갔다가 대리로 오신 선생님을 발견하고 약간 실망했다. 원래 그 수업을 가르치는 선생님이 내가 가장 좋아하는 선생님이었기 때문이다. 그런데 대리로 오신 선생님이 갑자기 내게 오늘 수업을 가르칠 준비가 되었냐고 물으셨다. 원래 선생님이 오늘 수업은 내가 가르칠 것이라고 말씀하셨다는 것이다. 그 얘기를 듣고 나는 충격에 빠졌다. 당사자인 나는 선생님께 아무런 얘기도 듣지 못했기 때문이다. 수업 직전에 달랑 유인물만 가지고 수업을 진행해야 하는 상황이었다.

다행히 어려운 내용이 아니었기에 나는 최선을 다해 수업을 진행했다. 다음 날, 나를 그렇게 불편한 상황에 빠뜨린 선생님께 화가 잔뜩 난 채로 학교에 도착했다. '어떻게 내 생각은 하나도 안 하실 수가 있지? 먼저 내 의사를 물어보셨어야 하지 않나?' 그동안 수업을 들으면서 느꼈던 신뢰와 존경심과 안정감이 박살 나는 것을 느꼈다. 배신감이 들었다. 나는 선생님을 찾아가 말했다. "선생님, 어제는 도대체 어떻게 된 거예요? 적어도 저한테 귀띔은 해주셨어야죠." 화난 마음을 막상 쏟아내고 나니, 너무 무례했나 싶어 걱정스러웠다.

선생님은 멋쩍게 웃으며 말씀하셨다. 예상치 못한 일로 수업을 빠지게 되었는데, 아무리 생각해도 아무 예고 없이 수업을 맡겼을 때 그 불편함을 이겨내고 이 도전을 받아들일 학생은 나뿐일 것 같았다나. 학습 의욕과 지적 능력을 고려할 때 내가 탁월한 능력으로 잘 해낼 거라 확신하셨단다.

내 성향이나 지능이 어떠하든 탁월한 능력으로 해낼 수 있을지 확신할 수 없었지만, 어찌 되었든 나는 그날 이후로 조금 불편하더라도 도전적인 일을 기꺼이 받아들이게 되었다. 심지어 도전적인 일을 찾아다닌 것 같기도 하다. 그런 일을 마주할 때마다 잘 감당할 수 있을 뿐만 아니라 눈부신 성과를 거둘 것이라고 나 자신에게 되뇌곤 했다. 이 같은 태도는 자기실현적 예언이 되었다. 실제로 무슨 일이든 완수해내고야 말겠다는 각오로 온 힘을 다해 노력했기 때문이다. 내가 정말로 임기응변에 뛰어난지는 모르겠지만, 지금까지는 성공적으로 잘 해냈다고 느낀다.

일반적으로, 새로운 정보가 원래 가지고 있던 정신 모형에 일관성 있게 들어맞을 때 우리는 이를 받아들인다. 특정한 뉴스 채널을 선호하는 것도 이러한 까닭이다. 대체로 같은 편향을 공유하는 뉴스 채널일수록 그들의 관점을 받아들이기 쉽기 때문이다. 또한 우리는 사소한 업데이트를 점진적으로 받아들이는 경향이 있다. 그러면 의식적인 노력이 거의 들지 않기 때문이다. 충격과 경악에 빠뜨릴 정도의 큰 놀라움만이 단번에 새로운 것을 받아들이는 일회성 학습을 만든다.

일회성 학습

인간은 원인과 결과 사이에 어떤 관계가 있는지를 파악하기 위해 두 가지의 뚜렷한 학습 전략을 사용한다. 바로 '점진적 학습'과 '일회성 학습'이다. 점진적 학습은 시행착오를 겪으며 점차 지식을 습득하는 것이다. 어떤 원인과 결과가 짝을 지어 반복되는 상황을 경험하다 보면 점진적 학습이 이루어진다. 학교 공부도 글쓰기도 모두 점진적 학습이다. 우리는 때때로 처음 겪는 상황을 마주하는데, 생존하려면 재빨리 학습해야만 하는 순간이 있다. 이때 즉시 학습할 수 있는 메커니즘이 필요하다. 일회성 학습은 한 쌍의 잠재적인 원인과 결과를 통해 학습하는 것이다. 과학자들은 오랫동안 일회성 학습이 점진적 학습과는 다른 뇌의 작용일 것이라고 생각했지만, 무엇이 일회성 학습을 유발하는지, 뇌가 언제 어떤 학습 모드를 선택하는지는 설명하지 못했다.

캘리포니아공과대학교 연구진은 최근 인과관계가 불확실할

때 일회성 학습이 일어난다는 사실을 발견했다. 뛰어난 발표자들과 교육자들은 누군가를 가르칠 때 불확실성을 유도하려고 노력한다. 나의 경우, 자존감에 관한 강의를 할 때 첫 수업에서 성인 수강생들에게 자존감과 높은 성적 사이에 어떤 상관관계가 있을 것 같은지 물어보곤 한다. 그러면 대부분 '자존감이 높으면 성적도 좋을 것'이라고 대답한다. 이어서 나는 이렇게 질문한다. "학창 시절 주변에 몸무게, 옷차림, 피부색 등으로 놀림받는 친구가 있었나요? 만약 있었다면, 그들 중에 공부를 잘했던 학생이 있었나요?" 학생들은 모두 손을 든다. 이 질문의 답은 앞서 자존감이 높으면 성적도 좋을 것이라는 추측에 반론을 제기한다. 나는 곧바로 또 다른 반론을 유도하는 질문을 한다. "자신을 사랑하고 자랑스럽게 생각하지만, 학교 성적은 좋지 못한 학생을 알고 있나요?" 내가 제기한 불확실성 때문에 대부분 첫 질문에 대한 생각을 바꾼다. 그리고 내가 정답을 말해주기만을 기다린다. 나는 그들의 기다림에 '복잡한 문제'라고 답해준다. 내 말을 들은 학생들은 단체로 탄식한다. 이런 식으로 첫 수업에서 불확실성을 깔아두면, 이후 학생들이 새로운 정보를 점진적으로 받아들이도록 준비시킬 수 있다.[15]

회의실이나 강의실에서 불확실성을 높이는 것은 호기심을 자극하고 관심을 끌 수 있다. 객관적인 지식을 배울 때는 이 같은 사실이 분명하게 드러난다. 그러나 뇌는 자존감과 학교 성적 사이의 상관관계 같은 지식을 '중요한 정보'로 분류하지 않는다. 반면 정체성보다 중요한 것은 없다.

놀라움을 느끼면 불확실성이 치솟는다. "방금 무슨 일이 일어난 거지?" 불확실성은 원인과 결과 사이에 어떤 관계가 있는지 학습하는 데 우리가 관심을 집중하게 한다. 연구진은 인과관계가 불확실할 때, 우리 뇌가 일회성 학습을 하도록 지시한다는 사실을 발견했다.

이러한 활성화는 마치 스위치처럼 켜지거나 꺼지는 것 둘 중 하나다. 연구진은 복잡한 인지 활동과 관련된 뇌 영역 가운데 일부인 전두엽 피질이 인과관계의 불확실성을 평가하고 필요한 경우 즉각적인 학습을 유발한다는 사실을 발견했다. 중요성을 결정하는 것은 감정이다. 일단 일회성 학습이 활성화되면, 뇌는 감정을 조절하고 새롭게 학습된 정보를 장기 기억으로 저장하고자 해마를 가동한다. 즉각적인 학습에 이용되지 않을 때 해마는 침묵한다. 연구진은 "일회성 학습 모드는 전등 스위치처럼 켜져 있거나 꺼져 있다."라고 설명한다. 일회성 학습을 활성화하는 데 감정적 자극이 어느 정도 필요한지는 알 수 없으나, 스위치처럼 활성화 아니면 비활성화 상태로 작동한다는 사실은 밝혀졌다. 일회성 학습을 유도하는 다른 경로가 존재할 수도 있지만, 자아개념을 뒤흔드는 놀라움으로 인한 감정적 폭발은 확실한 방아쇠다.

놀랄 때마다 믿음을 업데이트할 필요는 없다. 바다에서 범고래를 목격했다고 가정해보자. 범고래가 유유히 헤엄칠 때마다 지느러미가 물 밖으로 나왔다가 사라진다. 갑자기 범고래가 보트 바로 아래로 헤엄쳐 지나간다. 놀랍지만 그렇다고 해서 믿음을 업데이트할 필요는 없다. 여기서 우리는 예상한 놀라움과 예상치 못한 놀라움의 차이를 볼 수 있다. 보트 아래로 헤엄쳐 지나간 범고래 때문에 놀라긴 했지만, 그건 예상할 수 있는 일이다. 그래서 위상성 도파민 분비는 일어나지 않는다. 훌륭한 이야깃거리는 될 수 있지만 그뿐이다. 위상성 도파민 분비를 일으키는 놀라움은 시냅스 가소성을 촉진한다. 다시 말해, 믿음을 수정할 준비가 된다.

우리는 호기심이 가장 많을 때, 가장 효율적으로 학습할 수 있다. 호기심은 새로운 정보를 학습하고자 하는 충동으로, 놀라운 사건이 발생할 때 가장 강하게 작용한다. 중요한 것은 놀라운 사건이 발생했을 때 갑작스레 생겨나는 호기심을 우리가 의식하지는 못한다는 사실이다. 놀라운 일을 경험하면 모든 일이 순식간에 일어나고, 뇌는 자동으로 이 예상치 못한 상황에 대한 해결책을 찾는다. 그럼에도 불구하고 호기심을 의식할 때를 연구하면, 놀라는 순간 우리가 새로운 정보를 어떻게 학습하는지를 알 수 있다.

호기심

아기는 어떤 물체가 자기 자신의 예상대로 반응하지 않을 때 놀란다. 그러면 아기는 그 물체에 온 신경을 집중하게 되고, 자신의 예상대로 반응하는 비슷한 물체를 접할 때보다 훨씬 더 많은 것을 학습한다. 우리는 평생 이런 식으로 반복학습하면서 성장한다. 신경과학 분야가 발전하면서, 인간이 예상과 일치하지 않는 것에 주의를 집중한다는 사실이 밝혀졌다. 예상이 빗나갈 때 도파민이 약간 분출되는데, 이는 우리가 주변 환경에서 어디에 집중해야 하는지 알려주는 신호다.

호기심은 우리가 이해하고 싶은 것에 대한 지식이 부족하다는 사실을 인지했을 때 정보를 얻고자 하는 욕구로, 지식 공백을 메우는 데 주의를 집중하도록 동기를 부여한다. 호기심은 주변 환경을 체계적으로 이해해서 예상치 못한 일이 일어날 가능성을 최대한 줄이려는 본능과 충돌하기 때문에 불쾌하게 느껴진다. 이를 뒷받침하는 연구 결과가 있다. 네덜란드의 한 연구진은 호기심을 유도한 뒤 fMRI로 뇌를 촬영했다. 실험 참가자에게 호기심을 유발하자, 갈등 및 각성과 관련된 뇌 영역이 활성화되었다. 반대로 호기심을 해소하자 보상과 관련된 뇌 영역이 활성화되었다. 이 연구 결과에서 알 수 있듯이 뇌는 새로운 정보를 발견하는 것을 보상으로 여기는데, 이는 불확실성이라는 바람직하지 않은 상태를 해결하는 데 도움이 되기 때문이다.[16]

우리 뇌는 호기심을 불쾌한 것으로 인지하지만, 때에 따라 호기심은 즐거운 경험이 될 수도 있고 불쾌한 경험이 될 수도 있다. 예컨대 박물관에 들어가면 자연스럽게 흥미롭고 새로운 전시물에 이끌린다. 세금 신고서를 작성하다가 금액이 맞아떨어지지 않으면, 어디에서 실수를 저질렀는지 궁금해진다. 이 두 가지 형태의 호기심은 정보를 얻도록 동기를 부여한다. 지식 공백에 답을 찾을 수 있으리라는 기대가 우리를 자극하는 것이다. 정보를 습득할 수 있다는 기대감은 지식이 부족한 상태를 지양하게 만든다. 우리는 모르는 채로 있을 때 치를 대가보다 답을 알 수 있다는 기대감(보상)이 클 때 호기심을 즐거운 것으로 느낀다.

미국 국립보건원 소속 연구진은 도파민과 호기심의 관계를 밝혀냈다.[17] 새로운 정보를 알고 싶어 하는 욕구와 갈망이 뇌의 중변연계 경로를 직접 활성화해서 도파민을 분출한다는 사실을 발견한 것이다. 또한 뇌가 호기심이 해결되는 것을 보상으로 취급한다는 사실도 발견했다. 연구진은 답을 정확히 알 수 없는 상황이 발생하면, 뇌는 이 불확실성을 해결할 정보가 있을 것으로 예상한다고 설명했다. 다시 말해, 도파민 활성화 시스템은 호기심이 발생했을 때 이를 해결해줄 새로운 정보를 보상으로 받아들일 준비를 한다는 것이다. 앞에서 언급했던 나의 경우로 보자면, 내가 강의 시간에 자존감과 학교 성적 사이의 인과관계에 불확실성을 제기했을 때, 학생들의 도파민 수준이 증가했을 것이다. 도파민은 학생들에게 학습 동기를 부여하고, 답을 배우는 보상을 기대하게 했다.

호기심에 관한 연구는 보상이 불확실하고 상황이 익숙하지 않을 때 뇌가 더 많은 도파민을 생성한다는 사실도 보여준다. 바로 우리가 놀랄 때 이러한 상황이 발생한다. 놀라운 사건이 발생하면, 우리가 무슨 일이 일어났는지 파악할 동안 많은 양의 도파민이 분출될 준비를 한다는 것이다. 놀라움을 이해하는 데 걸리는 시간이 길어질수록 불편함과 긴박감도 커지면서 더 많은 도파민이 축적

된다. 마침내 우리가 그럴듯한 첫 번째 대답을 찾아내는 순간, 뇌는 이를 '해결책'이라고 표시한다.

놀라움을 경험한 순간에 처음 떠오른 해결책을 수용한다

우리는 일반적으로 호기심이 생겼을 때 첫 번째로 찾아낸 해결책에 매달린다. 그 해결책이 최선이거나 정확하지 않을지라도 말이다. 지식 추구에 관한 연구에 따르면, 인간은 모르는 것이 있을 때 불편함을 느낄 뿐 아니라 모르는 상태로 있는 것보다는 아는 것을 선호한다고 한다. 부정적인 결과일지라도 말이다. 호기심을 해결하려는 욕구는 인간의 유전자에 깊이 뿌리박혀 있기 때문에, 알지 못하는 데서 오는 불편함을 줄일 수 있다면 어떤 해결책이든 받아들이려는 경향이 있다. 심지어 부정확한 해결책일지라도 충동적으로 받아들인다. 이렇게 생각해보자. 갑자기 극심한 치통이 찾아온다면 우리는 고통을 없앨 수 있는 그 어떤 해결책이라도 받아들일 것이다. 또한, 상황을 이해하고 해답을 찾으려는 욕구는 우리가 놀랐을 때 기하급수적으로 치솟는다.

단순화해서 설명하자면, 도파민은 우리가 맨 처음에 찾은 해결책을 '정답'이라고 표시한다. 인지적 관점에서 보면, 첫 번째 해결책을 받아들이는 것은 효과적이다. '왜 내가 찾는 물건은 항상 맨 마지막으로 들여다보는 곳에 있을까?'라고 자문해본 적이 있지 않은가? 그 이유는 일단 발견하는 순간 찾기를 그만두기 때문이다. 우리가 놀란 뒤 이 혼란을 설명해줄 해결책을 찾는 순간, 재빨리 해결책을 받아들이는 것도 이러한 까닭이다. 도파민은 우리에게 동기를 부여해주는 전달자다. 일단 해결책을 찾으면 우리는 동기를 잃고, 이 문제를 더 이상 들여다보지 않는다. 다음의 항공 산업 분야 연구는 이러한 인간의 성향을 보여준다.[18]

비행기 사고는 조종사가 기술 변화를 따라잡지 못해서 놀라움과 혼란을 겪을 때 주로 발생한다. 항공 및 항공 운송 연구원 에이미 랜킨Amy Rankin, 로이허르 볼티에Rogier Woltjer, 요리스 필드Joris Field는 조종실에서 예상치 못한 사건이 발생했을 때, 조종사가 어떻게 반응하는지를 연구했다. 그들은 놀라움 이후에 조종사들이 사건을 어떻게 이해하는지를 조사했다. 관찰이 예상과 어긋날 때 느끼는 놀라움을 어떻게 이해하는지를 알아본 것이다.

연구진은 비행 중에 비정상적인 사건을 맞닥뜨리는 훈련 상황을 연출해 조종사가 얼마나 빨리 해결책을 찾고 실행하는지를 살펴보았다. 연구진은 조종사가 일단 가설을 세우고 나면 재빨리 맞는지를 확인한 뒤(확증편향), 다른 가능성은 전혀 탐구하지 않고 넘어가는 경우가 많다는 사실을 발견했다. 연구진은 이로 인해 중요한 사건이 감지되지 않을 수 있다고 지적했다. "하나의 프레임에 갇혀서 모순이나 다른 대안을 고려하지 못하는 것을 '고정 오류fixation error'라고 한다." 어떤 해결책이 효과가 있다고 해서 그게 최선의 해결책이라는 의미는 아니다. 조종사가 이상 현상을 기존의 프레임에 맞추려고 합리화하는 경향 또한 고정 오류다.

미로에 갇힌 쥐를 생각해보자. 쥐는 치즈 조각이라는 보상을 찾으려고 경로를 탐색한다. 일단 성공적인 경로를 찾으면 쥐는 그 경로를 기억해두었다가 다음번에 재빨리 치즈를 찾아간다. 하지만 쥐가 찾아낸 경로는 단지 처음 발견한 경로일 뿐 최적의 경로는 아닐 수 있다. 우리는 일단 목표를 달성하기만 하면, 그 해결책을 받아들이고 옳다는 증거를 찾는다. 우리도 마찬가지다. 다른 대안은 무시한 채 문제 해결에 성공한 첫 해결책만을 수용하고 확증하려 했던 쥐와 조종사와 우리도 다르지 않다.

놀라움은 현재 가지고 있는 믿음에 자신감이 떨어졌다는 증거이기도 하다. 그래서 새롭게 관찰한 사실을 더 중요하게 생각한다. 이는 불확실한 원인과 관계를 맞닥뜨렸을 때 학습 속도가 빨라진다는 것을 의미한다. 2015년, 유럽의 생의학 연구진은 인간이 놀라기 전에 습득한 정보보다 놀란 이후에 습득한 정보를 더 중요하게 여긴다는 사실을 발견했다. 또한 그들은 놀란 이후에는 새로운 정보를 학습하는 속도가 빨라지고, 동시에 믿음을 빠르게 바꾼다는 사실을 발견했다. 지금은 당연한 이야기처럼 들릴지 모르지만, 당시로서는 엄청난 화제였다. 놀란 이후에 습득한 새로운 정보는 종종 오래된 믿음을 넘어서며 더 뛰어난 것으로 여겨진다.[19]

인간의 뇌가 머릿속에 떠오른 첫 번째 해결책에 집착하고 다른 대안을 무시하는 끈질긴 경향을 '아인슈텔룽 효과Einstellung effect'라고 한다. 아인슈텔룽은 '설정'을 뜻하는 단어다. 영국 과학자

프랜시스 베이컨Francis Bacon은 무려 1620년에 이러한 인간의 성향을 다음과 같이 설명했다. "인간은 일단 한 가지 의견을 채택하고 나면… 다른 모든 것이 그 의견을 지지하고 동의하도록 유도한다." 1942년, 에이브러햄 루친스Abraham Luchins는 사고방식이 어떻게 새로운 문제 해결 능력을 방해할 수 있는지를 임상실험으로 처음 입증했다. 루친스는 이 연구를 통해 참가자들이 더 빠르고 효율적인 방법이 존재하는데도 이전에 해결책을 찾을 때 이용했던 방법을 고집했다는 것을 보여주었다. 그는 이러한 행동을 설명하기 위해 비연속성 이론(특정 행동이 먹히지 않을 때까지 유지하려는 인간의 경향)을 사용했다. 주변에 더 나은 방법이 존재하는데도 예전과 같은 방식을 고집하는 사람이 있는가? 눈치챘을지도 모르겠지만, 사실 우리 모두가 그렇다.[20]

이러한 경향은 채용 관행에서 자주 나타난다. 면접관이 지원자의 외모가 매력적이라고 생각할 때, 그 사람의 지능과 성격을 더 긍정적으로 인식한다. 그 반대 경우도 마찬가지다. 이러한 경향은 우리 모두에게 나타나며, 심지어 잘못된 결론을 피하도록 훈련받은 사람들에게도 나타난다. 연구진은 영상의학과 전문의들이 흉부 엑스레이상에서 처음으로 발견한 이상에 집착해서 부종 같은 암을 나타내는 추가적인 징후를 알아차리지 못한다는 사실을 발견했다. 반면 이러한 추가 징후가 나타난 검사 결과를 단독으로 판독해달라고 요청했을 때는 즉시 발견했다.[21]

양파 껍질을 벗기는 성공적인 방법을 한 가지 알아내면, 양파를 자를 때마다 다양한 기술을 시도할 필요가 없다. 하지만 이 인지적 지름길 때문에 우리는 때때로 더 효율적이고 적합한 해결책을 보지 못한다. 또한, 우리는 권위자가 제시한 첫 번째 해답을 받아들이는 경향이 있다. 설사 그 해답이 틀리더라도 갑작스러운 사건으로 놀라게 되면 이러한 경향이 강해진다. 그래서 수많은 사람이 자신에게 해가 되는 믿음을 갖게 된다.

다음 서니의 사례를 살펴보자. 서니는 아버지 말에 '충격'을 받고 자신에게 해로운 사고방식을 갖게 되었다. 고등학교 시절, 서니는 더 이상 배구 팀에서 뛰고 싶지 않았다. 재미도 없고 스트레스만 받았다. 결국 서니는 배구를 그만두었지만, 스포츠에 열광하는 아빠에게 이 사실을 이야기하기가 두려웠다. 서니는 아빠가 공감하고 위로해주기를 바랐다.

하지만 아빠 입에서 나온 첫마디는 이랬다. "네게 화난 게 아냐. 실망한 거지. 힘들어지기 시작하니까 그만둔 걸로밖에 안 보이는구나." 그 말에 나는 큰 충격을 받았다. 배구를 그만두고 내가 얼마나 속상해하는지를 아빠가 분명히 보고 이해했으리라 생각했는데, 예상치 못한 아빠의 반응에 나는 당황스러웠고 더 속상해졌다.

이후로 일이 감당하기 어렵다고 느껴질 때마다 급격히 자신감을 잃고 포기해버린다. 헌신이 두려워 클럽 활동에도 가입하지 않았다. 스트레스를 받으면 내가 또 포기할까 봐 걱정되었다. 실제로 얼마나 잘 해냈고 얼마나 많은 목표를 세웠는지에 상관없이, 나는 스스로 의욕도 부족하고 열심히 노력하지도 않는 사람이라 생각했다. 내가 많은 것을 이루어낸 강한 사람임을 알면서도, 그날 이후로 마음속 어딘가에선 나를 약하고 두렵고 게으른 사람이라 생각하게 되었다.

서니는 기대했던 공감 대신 비판을 받고 놀랐다. 그래서 권위자인 아빠의 말을 지나칠 정도로 깊이 받아들이고 말았다. 그 이후로 서니는 안타깝게도 무언가를 그만두게 되면 자신뿐만 아니라 다른 사람들도 실망시킬 수 있다는 새로운 사고방식의 지배를 받게 되었고, 이로 인해 인생에서 수많은 기회를 놓치고 말았다. 만약 아빠가 딸을 껴안고 "그만하면 잘했어. 지나간 일은 잊고 나아가면 돼."라고 말했다면 어땠을까? 아마도 서니의 사고방식은 더 생산적으로 바뀌었을 것이고, 서니는 아빠의 사랑을 다시금 확인했을 것이다.

요약

이 장에서는 놀라운 사건이 어떻게 뇌 폭풍을 일으켜 잠시나마 믿음을 수정할 수 있는 창을 열어주는지를 배웠다. 놀라움은 인지적 위기를 알리는 신호로, 우리가 자신과 세상을 이해하던 방식이 제대로 작동하지 않는다는 사실을 알려준다. 우리 뇌는 놀랐을 때 즉시 그 이유를 파악하는 데 주의를 집중한다. 그리고 이 심리적 위기를 해결하고자 제일 먼저 떠오른 해결책을 받아들이는 성향이 생겨난다.

뇌가 크게 놀라고 이를 중요하게 받아들이면, 두 단계에 걸친 처리 과정이 시작된다. 1단계에서는 이 놀라움을 부정적인 것, 즉 오류 신호로 받아들인다. 이어서 2단계에서는 우리를 놀라게 한 원인이 긍정적인지, 부정적인지를 판단한다. 의미를 형성하는 2단계가 바로 긍정적인 변화를 일으킬 수 있는 기회다. 또한 이 장에서는 놀라움과 그 의미를 얼마나 쉽게 또 자주 조작할 수 있는지도 살펴보았다.

연예인, 코미디언, 작가, 영화감독은 관객을 몰입시키는 수단으로 놀라움을 밥 먹듯이 이용한다. 다음 장에서는 우리

가 원하는 사람을 상대로 평생에 걸쳐 긍정적인 영향력을
미치고 싶을 때, 어떻게 놀라움의 순간을 전략적으로 활용
하고 창조할 수 있는지를 설명한다.

우리 주변은
놀라움투성이다

놀라움은 언제 어디서나 누구에게나 일어날 수 있다. 우리는 놀라움을 의도적으로 이용하기도 한다. 깜짝 파티, 깜짝 선물, 깜짝 등장 같은 이벤트를 한 번이라도 계획해보지 않은 사람이 있을까? 대부분은 놀라움이 후속 감정을 증폭시킨다는 사실을 이해한다. 물론 그렇게 설명하는 사람은 드물지만 말이다. 깜짝 선물은 항상 기대했던 것보다 설렌다. 우리는 종종 깜짝 선물을 받는 사람이 놀라는 모습을 상상하며 짜릿한 기쁨을 느끼곤 한다. 또한 깜짝 소식은 보통 기분 좋은 순간으로 마무리된다. 군대에서 복무하는 누군가가 눈앞에 깜짝 등장할 때처럼 말이다. 물론 단점도 똑같이 증폭된다. 예상치 못한 실망은 후폭풍이 거세고 예상했던 좌절보다 더 가슴을 후벼판다.

평범한 우리는 대부분 놀라움을 직감적으로 이용하지만, 연기

자와 전문가는 놀라움의 힘을 인식하고 이를 더 체계적으로 이용한다. 코미디언은 의도적으로 유머러스한 펀치 라인punch lines(언어유희를 사용해 정곡을 찌르는 말이나 농담 — 옮긴이)을 설정해 예상 밖의 전개로 관객을 놀라게 한다. "내가 요리할 때는 와인이 빠지지 않습니다. 심지어 종종 음식에 넣기도 하죠I cook with wine. Sometimes I even add it to the food."('I cook with wine.'이 '와인을 마시면서 요리를 한다.', '와인을 넣어 요리를 한다.'라는 두 가지 뜻으로 해석될 수 있다는 사실을 이용한 농담 — 옮긴이) 천재 코미디언이라 불리는 W. C. 필즈 W. C. Fields가 남긴 유명한 펀치 라인이다. 한 번 들은 농담은 더 이상 놀랍지 않기 때문에 재미가 덜하다. 펀치 라인은 잘못된 가정을 다시 검토하게 만든다. 그 간극이 클수록 더 큰 웃음을 유발한다. 놀라움이 불협화음을 해결하는 기쁨을 배가시키기 때문이다. "He's so modest, he pulls down the shade to change his mind."('change'까지 들으면 '그는 너무 정숙해서 블라인드를 내리고 옷을 갈아입는다.'라는 뜻이었다가, 그 뒤에 'his mind'라는 예상치 못한 전환이 일어나며 '그는 너무 정숙해서 블라인드를 내리고 마음을 바꾼다.'라는 뜻이 된다 — 옮긴이) 이 농담에 웃지 않았더라도 우리는 이 말이 농담이라는 것은 인식한다. 추가된 맥락을 이해하기 때문이다. 하지만 컴퓨터는 이 농담을 이해하지 못한다. 컴퓨터는 맥락이 바뀌면 오류로 인식하기 때문이다. 반면 인간은 이 전환을 농담으로 '인식'하고 '이해'하기 때문에 웃는다. 이처럼 우리는 예상치 못한 일을 해결한다.

노스웨스턴대학교 제프리 일리Jeffrey Ely 교수는 영화에서 놀라움을 어떻게 이용하는지에 주목했다. "긴장감과 놀라움을 비롯한 여러 엔터테인먼트 요소를 구성하고 개발하는 것은 '누군가의 믿음을 바꾸는 능력'이라는 희소한 자원을 최적화하여 절약하는 행위다." 영화감독은 관객의 믿음이 바뀔 것을 기대하고, 마음의 준비를 하게 하는 수단으로 긴장감을 이용한다. 놀라움은 관객이 가지고 있던 원래 믿음을 깨뜨리는 신호탄이다.[1]

세계적인 스토리 컨설턴트인 리사 크론Lisa Cron은 문학에서 뇌과학이 어떻게 이용되는지를 탐구했다. 크론은 자신의 저서 《끌리는 이야기는 어떻게 쓰는가》에서 이렇게 말했다. "서사 구조를 설정하는 데 중요한 것은 놀라움뿐이다. 기대치를 설정한 다음 그 기대치를 위반해야 한다." 놀라움은 이야기에서 도파민을 분출하고 불확실성을 창조하며 예상할 수 없는 것을 기대하게 만드는 방식으로써 기능한다. 크론은 "새로운 정보를 적극적으로 추구할 때, 즉 다음에 무슨 일이 일어날지 알고 싶을 때 우리는 적극적으로 새로운 정보를 찾아 나선다. 호기심은 보상으로 도파민을 분출시켜 밤늦도록 손에서 책을 놓지 못하게 만든다."라고 말하며, "뒷이야기에서 얻게 될 통찰이 내일 당장 필요할지도 모르기 때문이다."라고 덧붙여 설명한다. 예고편도 같은 원리로 작동한다. 예고편은 놀라움을 설정해 호기심을 유도하고, 호기심을 해결하면 그 보상으로 도파민을 분출하는 방식으로 작동한다. 심지어 저녁 뉴스 아나운서도 이렇게 말한다. "채널 고정하십시오. 광고 보고 와서 시청에서 무슨 일이 있었는지 알려드리겠습니다. 아마 보고도 믿지 못하실 것입니다." 도파민은 '광고를 보고 와서' 보상받으라는 신호를 보낸다.[2]

지상파 방송에는 '리얼리티 TV'라고 불리는 대본 없는 프로그램이 난무한다. 하지만 대본이 없어도 프로그램은 전략적으로 연출된다. 방송국은 시청자를 확보하기 위해 예고편으로 반전과 놀라움의 순간을 보여준다. 내용이 일단락될 때마다 다가오는 놀라움을 예고해 시청자가 채널을 돌리지 못하게 만든다. 선풍적인 인기를 끈 미국 버라이어티 쇼 〈아메리카 갓 탤런트America's Got Talent〉는 놀라움을 노련하게 이용한다. 프로듀서는 영리하게도 관객이 예상치 못했는데 뛰어난 공연이 펼쳐질 때 훨씬 더 큰 전율을 느낀다는 사실을 잘 안다. 그래서 재능이 특출 난 연주자가 공연 전 무대 위에서 심사위원들과 인터뷰하는 영상을 편집할 때 더욱더 심혈을 기울인다. 이때 시청자의 기대치를 낮추는 방향으로 편집하는 경우가 많다. 그러면 시청자는 놀라면서 참가자에 대한 믿음을 즉시 수정한다.

광고주들은 놀라움을 교묘하게 조작해 브랜드 이미지를 각인시킨다. 1980년대 미국에서 찬사를 받았던 매인앤테일Mane 'n Tail 샴푸 광고를 생각해보자. 첫 장면은 화장실이다. 물 흐르는 소리가 들리고 매인앤테일 샴푸 병이 클로즈업된다. 카메라가 샴푸 병에서 점점 더 뒤로 물러난다. 욕조 안에서 어린 소년의 머리를 감겨주는 아버지가 보인다. 카메라가 계속 뒤로 물러난다. 이제 아버지가 반대쪽으로 몸을 돌려 무언가를 씻긴다. 다름 아닌 조랑말이다. 이 놀라움은 지울 수 없는 인상을 남긴다. 광고는 다음과 같은 메시지를 전달한다. '아이들이 사용할 만큼 순하고, 말 털을 부드럽게 만들 만큼 강한 샴푸라면, 당신에게 어떨지 한번 상상해보세요.'

광고가 나간 직후, 매인앤테일 샴푸의 판매고가 치솟았다. 마케팅에서 놀라움을 영리하게 이용하면, 소비자는 그 메시지를 대개 비판 없이 받아들인다. 그 효과는 단순한 슬로건보다 훨씬 강력하다. 놀라움을 매개로 제품에 대한 호의적인 첫인상이 극적으로 강화되면서 매출이 급증한 것이다. 하지만 소비자에게 매인앤테일 샴푸를 구입한 이유를 묻는다면 아마도 해당 광고를 언급하지는 않을 것이다. 오히려 '순하지만 강한' 샴푸의 특성을 칭찬할 것이다. 그러나 판매량 급증은 해당 광고와 직접적으로 연결된다. 이 광고는 매인앤테일이라는 브랜드 정체성이 형성된 결정적인 계기가 되었다.

브랜딩

우리는 수많은 첫인상을 별생각 없이 만들어내기 때문에, 무언가를 보고 자신이 어떤 인상을 받았으며 그 인상이 어떻게 처음 형성되었는지를 알지 못하는 경우가 많다. 당신은 애플이 브랜드로 자리매김한 때를 기억하는가? 할리데이비슨, 쉐볼레 콜벳, 하이브리드 자동차, 몬스터 트럭에 대한 인상은 어떤가? 민소매나 정장을 입은 남성은? 문신을 하거나 하이힐을 신은 여성은?

브랜드는 뇌에 커다란 영향을 미친다. 내 친구 중에는 보수주의자가 한 명 있는데, 이 친구는 애초에 스바루 자동차는 구매할 생각조차 하지 않는다. 그는 스바루를 진보주의자들이나 타는 차라 여기고, 다른 사람들이 자신을 진보주의자라고 생각하는 것을 원치 않기 때문이다. 애플 컴퓨터 구매자들은 종종 자신이 남들보다 창의적이라고 생각한다. 우리는 매일 아무 생각 없이 수많은 사물에 가치를 부여한다. 미디어는 뉴스를 비롯해 영화, 책, 광고, TV, 정치인 등을 매개로 우리가 받는 인상을 상당 부분 브랜딩한다. 브랜딩은 타의로 생겨난 고정관념, 즉 많은 사람이 믿는 지나치게 단순화된 아이디어나 이미지라고 생각하면 된다. 우리는 일단 (대개는 무의식적으로) 브랜드를 받아들이고 나면, 무차별적으로 적용한다. 브랜드를 받아들이는 과정은 대부분 의식적인 인식 아래에서 발생한다.

기업 및 엔터테인먼트 분야 전문가들은 브랜드를 만들기 위해 의도적으로 놀라움을 이용하지만, 학교, 의료 시설, 직장, 가정, 팀, 기타 집단 내에서는 의도치 않게 강력한 놀라움을 유발하는 브랜딩 사례가 종종 나타난다. 절묘한 타이밍에 놀라움을 전략적으로 이용하면 사고방식을 변화시킬 수 있다. 모니카는 어린 시절 인생을 바꾼 이야기를 다음과 같이 회상한다.

어린 시절, 나는 체조에 전념했다. 코치님들은 내게 두 번째, 세 번째 부모님이나 마찬가지였다. 체조를 그만두기로 했을 때, 마사 코치님은 나를 따로 불러내셨다. 코치님도 나도 이미 감정이 북받칠 대로 북받친 상태였다. 코치님은 내 눈을 바라보며 넌 '빛나는 사람'이라서 인생을 잘 살아낼 것이라 믿는다고 말씀하셨다. 처음에는 흠칫 놀랐다. 하지만 이야기를 나눌수록 그리고 수년이 흘러 생각하면 생각할수록, 그 말이 마음에 와닿았다. 이제 무슨 일을 하든지 나는 '빛'을 내려고 노력한다. 어딜 가든지 무얼 하든지 다른 사람들의 삶에 빛을 비추고 온기를 나누는 것이 내 꿈이다.

코치는 모니카를 '빛나는 사람'으로 브랜딩했다. 그 말은 모니카를 놀라게 했다. "처음에는 흠칫 놀랐다." 이미 고조된 감정 상태는 신경학적으로 놀라움을 증폭시켰다. "코치님도 나도 이미 감정이 북받칠 대로 북받친 상태였다." 수년이 지난 후에도 모니카는 말한다. "어딜 가든지 무얼 하든지 다른 사람들의 삶에 빛을 비추고 온기를 나누는 것이 내 꿈이다." 모니카는 코치가 제시한 브랜드를 몸소 보여주려고 노력한다. 광고주가 브랜드 인지도를 높이고 매출을 늘리려고 하는 일도 이와 다르지 않다.

광고주는 단순히 제품 판매를 넘어 아이디어를 판매하는 이미지를 창조하고자 한다. 다음 슬로건을 들으면 바로 떠오르는 기업이 있는가?

- Just Do It(일단 해)

- Breakfast of Champions(챔피언의 아침 식사)

- Like a Rock(바위처럼 단단하다)

- It's finger lickin' good(손가락을 빨아먹을 정도로 맛있다)

- I'm lovin' it(완전 좋아)

- They'rrrrr Great!(지이이이이인짜 맛있다!)

- Like a good neighbor, ___ ___ is there(좋은 이웃처럼 ___ ___이 곁에 있습니다)

이러한 슬로건은 너무 자주 보고 듣다 보니 귓가를 맴도는 노래처럼 지워지지 않는 인상을 남긴다. (슬로건 문제의 정답을 공개한다. 순서대로 나이키, 휘티스, 쉐보레 트럭, 켄터키 프라이드치킨, 맥도날드, 프로스티드 플레이크, 스테이트 팜이다.) 슬로건은 슈퍼볼(미국 미식축구 리그 NFL의 결승전 — 옮긴이) 같은 특별한 이벤트에서 공개되는 일회성 광고로도 대중을 사로잡을 수 있다. 광고주는 1분도 안 되는 광고를 제작하는 데 수백만 달러를 지불한다. 그렇다. 그들이 판매하려는 것은 제품이 아니라 아이디어다. 화려한 수상 이력을 자랑하는 영화감독 모건 스펄록Morgan Spurlock은 이렇게 설명한다.

우리가 단지 브랜드에 매료되는 것은 아닙니다. 우리는 브랜드를 둘러싼 이미지에 매료됩니다. '이 바지가 당신을 더 날씬하게 만들어줄 것입니다.' '이 음료가 당신을 더 매혹적

으로 만들어줄 것입니다.' '이 향수가 당신을 더 섹시하게 만들어줄 것입니다.'

우리를 사로잡는 건 브랜드에서 파생되는 모든 것과 브랜드를 둘러싼 메시지입니다. 우리는 제품을 구매한다기보다 그 제품을 둘러싼 꿈을 구매합니다. 일단 제품을 이용하기 시작하면, 그 제품이 다양한 방면으로 우리에게 가져다주는 그 꿈을 믿기 시작합니다. 저는 여전히 기네스를 마실 때마다 기네스가 제게 힘을 가져다준다고 믿습니다.[3]

모니카는 운 좋게도 '금빛'으로 브랜딩되었다. 브랜딩은 누군가에게 같은 메시지를 일관되게 반복해서 주입할 때 점진적으로 이루어진다. 메시지는 '넌 명석해.'처럼 긍정적일 수도 있고, '넌 명청해.'처럼 부정적일 수도 있다. 놀라움의 순간에 브랜딩이 즉각적으로 이루어질 수도 있다. 놀라움 자체가 긍정적이거나 부정적인 것은 아니다. 감정가를 결정하는 것은 놀라움 이후의 맥락이다.

브랜딩 메시지는 강력한 힘을 발휘할 수 있고, 부정적인 의도가 아니었더라도 그렇게 인식할 수 있다. 놀라움 이후에 이어지는 맥락에 따라 감정가가 결정되곤 한다. 의도와 관계없이 의미와 감정가(긍정적 또는 부정적)를 결정하는 것은 메시지를 수신하는 사람이다.

레노르는 다섯 살 때 친구 아빠가 무심코 던진 말이 이토록 오랫동안 나쁜 영향을 미칠지 몰랐다며 성인이 되어 당시를 회상한다. 여느 아이들처럼 레노르도 친구의 아빠를 처음 만났을 때, 주눅 들고 긴장해서 아무 말도 하지 못했다. 친구의 아빠는 그런 레노르를 '꿀 먹은 벙어리'라고 부르며 놀렸다. 그때를 회상하며 레노르는 이렇게 말한다. "너무 충격을 받아서 한참 동안 그 호칭을 곱씹고 또 곱씹었어요. 무슨 말이든 해야 한다는 뜻인 줄은 알았는데, 무슨 말을 언제 어떻게 해야 할지 알 수 없었죠. 내 침묵이 불편하게 느껴지기 시작했어요."

이러한 사건은 누구에게나 일어날 수 있다. 레노르는 이미 긴장한 상태였고, 친구의 아빠가 무심코 한 말에 깜짝 놀랐다. 이 두 가지 신경학적 사건이 결합하여 강력한 영향을 미쳤다. 감정가는 어느 쪽으로도 기울 수 있다. 레노르는 그 말을 농담으로 인식하고 받아칠 수도 있었다. 하지만 아직 발달 과정 중에 있는 어린아이들은 그처럼 복잡한 의도를 대개 해석해내지 못한다. 특히 감정이 고조된 상태라면 더더욱 그렇다. 아이들은 말을 액면 그대로 받아들인다. 성인이 된 레노르는 자신을 브랜딩한 이 발언을 정체성 형성에 영향을 미친 사건으로 인식하는 상당한 통찰력을 보여준다. 이러한 일화는 아이들에게는 무심코 던지는 말에도 주의를 기울여야한다는 사실을 알려준다. 특히 아이들이 이미 긴장한 상태일 때는 더더욱 주의를 기울여야 한다.

이러한 사건은 아이들에게서 특히 두드러지긴 하지만, 성인에게도 흔히 발생한다. 고등학교를 중퇴하고 검정고시를 치른 도리스는 미래에 대한 불안감을 느끼면서도 동시에 희망을 품고 있었다. 도리스는 법률 사무보조원으로 일하다가 궁극적으로는 로스쿨에 들어가고 싶었다. 그리고 대학 진학에 관한 상담을 받던 중에 자신의 마음을 상담교사에게 털어놓았다. 그때 상담교사가 두 눈을 마주보며 했던 말을 도리스는 지금도 똑똑히 기억한다. "언젠가 네가 대법관으로 임명되고, '대법관님'이라고 불리는 모습을 볼 수도 있겠네." 도리스는 그 순간이 전환점이 되었다고 말한다. 상담교사가 보여준 도리스의 능력에 대한 믿음과 확신은 도리스가 자신에 대한 믿음을 바꾸는 계기가 되었다. 이후 상담교사는 복도에서 마주칠 때마다 도리스를 '대법관님'이라고 불렀고, 도리스는 이를 여전히 기억하고 있다.

예상치 못한 발언은 뇌에 원하던 효과를 일으켰다. 이 메시지는 도리스를 놀라게 해 어떤 말이든 쉽게 받아들일 수 있는 정신 상태로 바꿨다. 영리한 상담교사는 정체성이 형성되는 순간을 만들어내고, 주기적이고 전략적으로 강화할 수 있는 브랜드를 만들어주면서 마무리했다. 스필록 감독이 언급한 것처럼, "우리는 제품을 구매한다기보다 그 제품을 둘러싼 꿈을 구매한다." 그러나 모든 새로운 믿음이 갑작스러운 깨달음을 불러일으키진 않는다.

놀라움으로 믿음이 형성되는 순간, 갑작스러운 깨달음을 불러일으킬 수도 있다. 하지만 깨달음은 믿음을 변화시키지 않는다. 오히려 그 반대다. 깨달음은 이미 바뀐 믿음에 대한 인지적 평가를 반영한다. 일반적인 통념과는 달리, 우리는 새로운 믿음을 원하는지 아닌지에 대해 성찰하지 않는다. 우리가 성찰하는 것은 '이미 변화된 믿음'이다.

개안, 성찰, 놀라움

인생을 뒤바꾼 사건이라고 해서 반드시 개안epiphany, 즉 갑작스러운 깨달음을 불러오는 것은 아니다. 이 주제에 대한 선입견을 없애려면 개안과 놀라움 사이에 어떤 미묘한 차이가 존재하는지를 먼저 설명해야 한다. 나는 개안을 '갑작스러운 깨달음'이나 '이해'를 나타내는 용어로 사용한다. 즉, 마침내 깨달음을 얻게 되는 결정적인 순간이다. 가령 차이점에 대한 이 부분을 읽는 동안 갑자기 "아하, 이제 알겠어!"라며 무릎을 치는 순간이 올 수도 있다. 이 순간이 바로 개안이다. 하지만 이 순간이 당신의 정체성을 바꾸거나, 새로운 믿음을 불러일으키지는 않는다. 개안의 순간은 내가 이 책을 쓰게 된 계기이기도 하다. 독자들이 이 책을 읽으면서 '아하' 하는 순간을 자주 발견하길, 놀라움이 어떻게 사고방식을 수정하는 기회를 만들어내는지 이해해서 새롭고 유익한 결실을 가득 보기를 바란다.

메리엄-웹스터 사전은 개안을 "일반적으로 어떤 것의 본질적이나 의미에 대한 갑작스러운 발현이나 인식"으로 정의한다. 개안은 아르키메데스가 욕조에서 물을 밀어내고 부피의 원리를 발견한 뒤 "유레카!"라고 외쳤던 것과 같은 놀라움을 반영한다. 아르키메데스를 놀라게 한 것은 물을 밀어낸 행위 자체가 아니라 갑작스러운 깨달음이었다. 이 깨달음은 아르키메데스 자신에 대한 내면적이고 개인적인 믿음을 바꾸진 않았다. 대신 과학의 요소를 이해하는 방식이 바뀌었다. 최근 강의에서 나는 대학원생인 로런에게 그러한 놀라움의 순간을 이끌어냈다.

강의가 끝난 후 로런은 나에게 다가와 불만을 토로했다. 로런은 읽기 과제가 불명확해서 둘 중에 정확히 무엇을 읽어야 할지 알 수 없었기에 일단 두 장만 읽었다고 했다. 그러면서 "둘 다 읽었어야 했나요?"라고 방어적으로 물었다. 당시 대화가 정확히 기억나진 않지만, 로런은 내가 "꼭 그럴 필요는 없지만 많이 배우려고 노력하는 사람일수록 많이 배울 수 있다."라고 대답했다고 한다. 로런은 그 말을 듣자마자 수업을 바라보는 시각이 바뀌었다며 이렇게 말했다. "단지 과제를 위한 과제가 아니라, 진정으로 제가 더 나은 교사가 되고 다방면으로 더 유능한 사람이 될 수 있게 도와주려 한다는 사실을 이해하게 되었어요."

로런은 지시가 '불명확했다'는 사과를 기대했지만, 나는 초점을 살짝 벗어난 긍정적인 대답으로 로런을 놀라게 했다. 로런은 이제 새로운 사고방식으로 읽고 공부한다. 의도한 결과였지만, 운이 좋아 후일담을 들을 기회를 얻었을 뿐 대부분 우리가 한 말이 의도한 대로 적중했는지를 확인할 길은 없다. 나는 시냇물에 낚싯줄을 드리우고, 물고기가 물기를 바라는 심정으로 이 같은 말을 밥 먹듯이 던진다. 로런은 개안하여 내 말에서 갑작스러운 깨달음을 얻었다.

다른 수강생이었다면 같은 말을 들어도 다르게 경험했을 수 있다.

나에게는 갑작스러운 깨달음이, 당신에게는 의미 있는 통찰이 아닐 수도 있다. 다음에 나오는 단나의 사례는 청자가 수용성에 따라 같은 메시지를 어떻게 다르게 수신하는지를 보여준다. 단나는 학생들로 가득한 대학 강의실에 앉아서 어떤 말을 듣고 마음을 빼앗긴다. 학생들은 대개 이 말을 기억조차 하지 못할 것이고, 일부 학생들은 이의를 제기할 수도 있다. 하지만 단나는 이 말을 해방의 의미를 지닌 깨달음으로 받아들였다.

단나는 철자를 자꾸 틀리는 바람에 자신의 지적 능력을 의심하고 있었다. 어느 날 과학 교수가 "철자 실수는 지능과는 상관없습니다."라고 객관적으로 선언하기 전까지는 말이다. 단나는 교수가 무심코 던진 말에 얼마나 놀랐는지를 회상했다. "저도 몰랐던 무거운 짐을 어깨에서 내려놓은 기분이었어요. 철자를 모르더라도 여전히 똑똑할 수 있겠다는 생각이 들었죠." 제2의 직업을 찾고자 뒤늦게 다시 대학생이 된 단나는 이 긍정적인 말을 듣기 전까진 '괜히 공부를 다시 시작했나?' 하는 자기 의심에 빠져 있었다. 그러다가 갑작스러운 통찰로 다시금 앞으로 나아갈 용기를 얻었다.

우리는 놀라지 않고도 개안을 경험할 수 있다. 수잰은 일곱 살 때 갑작스러운 깨달음을 얻은 순간을 이렇게 회고했다.

나는 저녁 식사가 마음에 들지 않아 떼를 쓰고 있었다. 부모님은 먹기 싫으면 먹지 말라고 말씀하셨고, 나는 그렇게 했다. 그날 밤, 아빠가 신문을 읽다가 나를 불러다 무릎에 앉혔다. 〈데일리뉴스〉 일면에는 베트남 어린이 두 명이 풀과 흙으로 만든 케이크를 먹는 사진이 실려 있었다. 아빠는 음식을 먹을 수 있다는 것은 행운이고, 지구상에는 말 그대로 흙과 풀을 먹으며 연명하는 사람들도 있다고 말씀해주셨다. 사진을 보니 그 사실이 생생히 와닿았다. 특권이란 무엇인지 그리고 그 특권을 내가 가지고 있다는 사실을 처음으로 깨달은 순간이었다.

놀라운 말이 항상 갑작스러운 깨달음으로 이어지는 것은 아니다. 수신자가 그 의미를 이해하려고 노력할 때는 의식적인 깊은 생각으로 이어지기도 한다. 또한, 놀라움이 항상 해결책이나 명확한 메시지를 동반하는 것도 아니다. 그래서 놀라운 사건은 때때로 그 의미를 찾아보려는 깊은 성찰로 이어진다. '무엇을 바꿔야 할까?'

다음 일화에서 론은 수치스러운 꾸지람을 들으리라 예상했지만 오히려 따뜻한 격려를 받는다. 그 격려는 론을 놀라게 했고, 나아가 론의 인생 경로를 바꿨다. 다만 그 격려의 의미는 갑작스러운 깨달음이 아니라 뒤늦은 성찰로 분명해졌다. 론의 사고방식은 즉시 바뀌었지만, 깨달음을 얻기까지는 꽤 오랜 시간이 걸렸다.

고기능 자폐증을 앓고 있던 론에게는 개별 공간에서 추가 시간을 받고 시험을 치를 수 있는 기회가 주어졌다. '보통' 학생이었던 같은 반 친구가 자신에게도 그런 기회가 있었으면 좋겠다고 이야기했고, 그 말에 론은 울컥해서 소리를 질렀다. "정말로 그걸 원해? 정말 자폐증이 있으면 좋겠다고 생각해? 하나도 안 좋아. 창피하다고!" 교사는 론에게 복도로 나가 마음을 가라앉히라고 말했고, 얼마 지나지 않아 교사도 복도로 나왔다. 론은 방과 후에 남으라는 말과 함께 꾸중을 들으리라 예상하고 마음의 준비를 했다. 하지만 교사 입에서는 공감 어린 말투로 뜻밖의 말이 흘러나왔다. 론은 놀랐고, 그 말은 자신에 대한 믿음을 즉각 바꾸는 계기가 되었다. "넌 때때로 자신에게 너무 가혹해. 너 자신을 부끄러워할 게 아니라 자랑스러워해야 해. 지금까지 쌓아올린 경험으로 보나 마음가짐으로 보나 넌 성실한 사람이야. 세상에는 네 능력을 필요로 하는 일이 아주 많으니까 두려워하지 않아도 돼. 선생님은 네 능력으로 세상을 더 나은 곳으로 만들 수 있다고 믿는단다."

그날 이후, 론은 몇 년간 그 말을 생각하고 또 생각했다. 론은 그날 교사가 해준 놀라운 말 덕분에 세상에 자폐증을 알리고, 자신이 자폐증을 앓고 있다는 사실을 드러내 이해를 돕고, 나아가 자폐증을 앓고 있는 다른 사람들도 도와야 한다는 소명을 깨달았다고 말한다. 몇 년 후, 론은 교사가 되기로 결심했다. 그는 다음 세대를 가르치는 교육자가 되어 선생님께 받은 대로 학생들에게 돌려주고 싶었다.

개인적인 믿음을 바꾸는 놀라운 사건이 의식적인 깨달음을 전혀 유발하지 않을 수도 있다. 이어지는 이야기는 왜 수많은 변화의 순간들이 눈에 띄지 않고 지나가는지를 보여준다. 너태샤를 처음

만났을 때 그녀는 음악을 전공하는 대학교 4학년생이었다. 너태샤는 나에게 무슨 연구를 하는지 물었고, 나는 놀라움을 연구한다고 대답했다. 그다음 너태샤에게 처음 음악에 관심을 갖게 된 계기가 있느냐고 물었다. 잠시 생각에 잠긴 너태샤는 이내 자신이 여덟 살 때 겪었던 이야기를 들려주었다.

여덟 살 무렵 할머니가 돌아가신 지 얼마 되지 않았을 때, 너태샤는 엄마와 함께 할머니 댁을 찾았다. 엄마는 너태샤에게 마당에서만 놀고 할머니 침실에는 들어가지 말라고 했다. 함께 놀 사람이 없어서 곧 지루해진 너태샤는 집 안을 탐험하기 시작했다. 이리저리 돌아다니다가 할머니 방문 앞에 이르렀다. 호기심을 이기지 못한 너태샤는 결국 할머니 방으로 들어갔다. 방 안에 있는 예쁜 소품들에 마음을 빼앗긴 너태샤는 온몸에 아름다운 레이스 스카프를 휘감았다. 그리고 침대 옆 탁자에 놓인 하모니카를 발견하고는 바로 집어 들어 방 안을 빙글빙글 돌며 하모니카를 불기 시작했다. 그러던 중 갑자기 문이 벌컥 열렸다. 너태샤는 제자리에 얼어붙었다. 엄마는 뒤죽박죽 어질러진 방을 바라보며 부드럽게 말했다. "아름다운 연주구나. 우리 딸이 음악적 재능을 타고났네. 할머니가 들었다면 좋아하셨겠다." 엄마가 미소를 지으며 자리를 떴다.

너태샤는 꾸지람을 예상했지만, 오히려 칭찬을 받았다. 그래서 놀랐다. 너태샤가 말했다. "재밌네요. 그때 그 순간을 음악에 대한 내 사랑과 연결 지어 생각한 건 지금이 처음이에요. 아마 그게 시작이었던 것 같아요." 여기서 알 수 있듯이, 모든 놀라움에 개안이 뒤따르는 것은 아니다. 새로운 믿음은 우리의 의식 밖에서 발생할 수 있다. 너태샤의 개안은 무려 30년이라는 세월이 지난 뒤 나와 이야기하면서 일어났다. 만약 내가 놀라움의 요소를 이야기하며 음악을 사랑하게 된 계기를 묻지 않았다면, 개안은 아예 일어나지 않았을지도 모른다. 누군가에게 정체성이 형성된 순간이 언제냐고 물어보면, 대부분 놀라움이 그러한 순간을 촉발했다는 사실을 알게 된다.

정체성이 형성되는 순간은 우리가 의식하지 못하는 사이에 지나간다. 그 순간을 조금이라도 의식할 수 있는 사람은 극소수에 불과하다. 당신은 자신의 정체성이 형성된 모든 순간을 기억할 수 있는가? 아마 아닐 것이다. 그런 순간이 발생하면 우리는 적응하고 새로운 관점을 얻어 나아간다. 다음 장에서는 의도적으로 또한 놀라움을 이용하는 방법을 배우게 될 것이다. 또한 놀라움으로 정체성이 형성되는 순간을 어째서 당사자가 감지하지 못하는지를 보여줄 것이다. 어쩌면 상대방의 삶을 풍요롭게 만들어주고자 고르고 고른 말이 의식적인 저항에 부딪혀 떨어지는 일이 없도록 처음부터 감지되지 않기를 원하는 경우가 많다는 사실을 눈치챈 독자가 있을지도 모르겠다.

부하 직원이 매뉴얼을 빨리 익히지 못해 걱정하고 있는 상황을 상상해보자. 상사는 사무실로 그 직원을 호출한다. 직원은 혼날 것을 예상하고 긴장할 것이다. 하지만 상사는 혼내는 대신 무심하게 말한다. "당신처럼 새로운 매뉴얼을 철저하게 익히는 직원이 있어서 회사가 잘 굴러갈 수 있지요. 즐거운 하루 보내세요." 언뜻 보기에는 단순한 긍정적 발언처럼 보이지만, 그뿐이라면 직원은 입에 발린 말로 받아들이거나 공허한 칭찬으로 일축하거나 아예 무시해버릴 수도 있다. 하지만 그 말에 직원이 진정으로 놀랐다면, 더 많은 일이 진행된다(7장과 8장에서는 의도된 놀라움의 뉘앙스와 구조에 관해 더 자세히 알아볼 것이다). 여기서 기억해야 할 것은 부하 직원이 상사의 말을 듣고 이를 정체성이 형성되는 순간으로 경험한다고 해도, 실제로 그렇게 기억할 가능성은 거의 없다는 점이다. 누군가 "그래서 당신이 매뉴얼을 철저하게 익힌다는 사실을 언제 처음 인식했습니까?"라고 묻진 않을 것이다. 만에 하나 그런 질문을 받는다고 해도, 대답은 "제가 기억하는 한 저는 언제나 철저하게 익혔습니다."일 것이다. 단지 상사가 말해주기 전까지 의식하지 못했을 뿐이다.

놀라움이 작동하는 방식을 알게 되면, 더 이상 자신에 대한 새로운 믿음이 생겨나는 과정을 인식하지 못하는 일은 없다. 그러면 새로운 믿음이 전개되는 과정을 의식적으로 경험할 수 있고, 믿음 체계의 진정한 설계자가 될 수 있다. 다음은 내가 말하려는 바가 무엇인지 보여주는 사례다.

2019년 1월, 나는 TED에서 강연을 했다.[4] 다행히 강연을 무사히 마쳤지만, 중간중간 침묵이 너무 길었다는 점이 조금 아쉬웠다 (평소 말할 때 침묵이 길지 않은 편이라고 생각했다). 그로부터 몇 달 후, 닉 마슨Nick Marson이 비즈니스 세계의 효과적인 리더십에 관해 쓴

《코칭의 리더십Leading by Coaching》을 읽었다.[5] 마슨과 나는 이메일로 서로의 공통점에 관해 대화를 나누며, 비즈니스 세계에서 놀라움이라는 요소를 어떻게 활용할지 아이디어를 주고받았다. 한 이메일에 마슨은 다음과 같은 메모를 남겼다. "당신의 책을 고대하고 있습니다! TED 강연도 좋았어요. 침묵을 어떻게 이용해야 하는지를 잘 아시는 것 같아요." 이럴 수가! 나는 놀라움이 일으키는 신경학적 파동을 느끼며 미소를 지었다. 마슨은 내가 단점이라고 생각했던 것을 강력한 자산으로 바꿔주었고, 이후 나는 내가 침묵을 효과적으로 이용한다는 새로운 믿음을 갖게 되었다.

나는 바로 답장을 써서 그의 말이 어떻게 내게서 새로운 정체성이 형성하는 계기를 촉발했는지를 알렸다. 새로운 믿음은 새로운 사고방식을 이끌어낸다. 마슨에게 그 말을 듣기 전까지 나는 침묵에 불안을 느끼고 머뭇거렸지만, 지금은 자신 있게 의도적으로 사용한다. 또한 다른 사람들이 메시지를 더 매력적으로 전달하기 위해 침묵을 어떻게 이용하는지를 관찰하기도 한다. 이 모든 과정은 내가 '놀라움의 순간을 잡아내는 레이더'를 가지고 있기 때문에 의식적으로 일어났다. 이제 당신도 할 수 있다. 쉽게 말해, 긍정적인 말은 받아들이고 부정적인 말은 무시하면 그만이다. 이제 나는 말할 때 침묵을 전략적으로 능숙하게 이용한다.

이 사례에서 정체성이 형성된 순간은 내 발표 능력에만 영향을 미쳤다. 하지만 발표 능력은 교수이자 발표자로서 내 직업 생활의 상당 부분을 차지하기 때문에 사실상 정체성을 형성했다고 볼

놀라움의 힘

수 있다. 때때로 놀라움이 촉발한 믿음 변화가 인생 전반을 아우르는 새로운 시각으로 일반화되기도 하는데, 아래 내털리의 이야기가 이를 잘 보여준다.

내털리는 들뜬 마음으로 댄스 스튜디오에 들어섰다. 롤 모델이었던 댄서와 함께 작업하는 첫날이었다. 수년간 헌신적으로 노력했지만, 댄서가 되기에는 아직 충분히 우아하지도 가볍지도 여성스럽지도 않다고 생각하던 차라 걱정이 되었다. 내털리가 명백한 자기 단점을 사과하자 그는 말했다. "그건 혼자만의 생각일 뿐이에요. 자신에 대한 부정적인 생각이 쌓이더라도 결국 무엇을 사실로 받아들일지는 우리가 선택하는 거예요." 그 말은 내털리에게 즉각적인 영향을 미쳤다. 이후 내털리는 이렇게 회상했다. "전 그 수업을 결코 잊지 못할 거예요. 이후로 저는 아무런 거리낌 없이 계속 춤을 추고 있답니다."

내털리가 자신의 롤 모델이었던 댄서의 말을 성찰하는 데는 오랜 시간이 걸리지 않았지만, 이미 감정이 고조된 상태에서 놀라움을 느끼면서 수용성이 극대화되었다. 내털리는 곧바로 거침없이 춤을 추었고, 새롭게 생겨난 관점을 그 자리에서 확인했다. 내털리는 다음과 같은 결론으로 이야기를 끝맺었다. "저는 '그건 혼자만의 생각일 뿐'이라는 선생님 말씀을 받아들여서 '나'라는 인격을 구성하는 모든 측면에 적용했어요. 남들 시선에 휘둘려 진실이라고 받아들였던 내 특성과 내가 정당하게 사실로 받아들이고 싶은 내특성은 무엇인지 들여다보았죠." 내털리의 성찰은 단순하지만 강력한 발언이 어떻게 삶의 모든 영역에서 일반화될 수 있는지를 보여준다.

내털리의 성찰은 찰나에 이루어졌다. 내털리는 빠르게 공감했고, 그 말을 즉시 새로운 '진실'로 받아들였다. 반면에 의미를 단번에 파악하기 어려운 놀라움은 해결책에 도달하기까지 더 오랜 시간이 걸린다. 다시 말해, 의미를 파악하지 못한 놀라움은 그 뜻을 이해하기 전까지 머릿속을 계속 지배한다. 자닌의 이야기는 결론에 도달하기까지 훨씬 긴 과정이 소요된 사건을 보여준다.

중학교 1학년 때, 자닌은 통학버스에서 친구들과 장난을 치면서 아무렇지도 않게 어느 친구를 '정신지체'라고 부르며 깔깔댔다. 그 말을 들은 버스 기사는 자닌을 경멸 어린 표정으로 바라보면서 말했다. "이 버스에서는 그런 단어를 용납할 수 없어. 네 입에서 그 단어가 나오는 걸 두 번 다시 듣고 싶지 않구나. 그 말을 들은 당사자들이 어떤 심정일지 알기나 하니? 다운증후군을 앓고 있는 딸을 둔 나로선 그 단어가 부정적으로 쓰일 때마다 정말 화가 나고 불쾌해." 자닌은 버스 기사가 자기한테만 뭐라고 해서 화가 났다. 하지만 곰곰이 생각해보니 그 말이 이해가 되었고, 그 후로 자닌은 단 한 번도 그 단어를 모욕이나 농담으로 사용하지 않았다.

버스 기사의 발언이 일으킨 놀라움은 자닌에게 지울 수 없는 영향을 미쳤다. 우리 대부분이 그러하듯이 자닌도 처음에는 방어적인 본능이 앞섰지만, 버스 기사의 말은 성찰을 불러일으켰다. 결국 자닌은 버스 기사가 폭발한 까닭을 이해했고 행동을 바꿨다. 이처럼 놀라움이 즉각적으로 해결되지 않는 혼란을 초래하면, 해결책을 찾을 때까지 성찰이 이루어진다.

감정이 고조된 상태는 수용성을 극대화한다

감정을 고조시킬 만큼 크게 놀라면, 그 순간 우리는 잠시나마 다른 사람 말에 영향을 받기 쉬운 상태가 된다. 감정이 고조되어 흥분한 상태에서 놀라움은 어떤 효과든 증폭시키는 신경학적 자극제가 된다. 강렬한 감정은 대체로 어떤 감정인지 구분하기 힘든 극도의 경계 상태로, 무슨 일이 일어나고 있는지 이해할 방법이 필요하다. 이때 주변에 현명한 어른이 있다면, 그 감정에 이름을 붙여 긍정적인 감정가를 유도할 수 있다.

루커스가 열 살 때 할아버지와 함께 말을 타다가 일어난 일을 살펴보자. 루커스는 말을 소유한 조부모님 덕분에 평생 말 가까이에서 자랐다. 연례 가족 행사인 캠핑을 준비하면서 루커스는 태어난 지 얼마 안 된 망아지를 배정받았다. 난생처음 조랑말을 탈 생각에 루커스는 잔뜩 흥분했다.

말을 탈 시간이 다가왔다. 할아버지는 무슨 일이 생기면 말에서 뛰어내리라고 말씀하셨다. 꽤 긴 시간 동안 즐겁게 말을 타고 캠프로 돌아왔다. 그때 할아버지가 말에서 내리시

다가 나뭇가지가 부러졌고, 그 바람에 깜짝 놀란 내 망아지가 날뛰기 시작했다. 고삐를 놓친 나는 필사적으로 안장 뿔을 붙들었다.

"루커스! 당황하지 말고 안장을 꽉 잡으렴!" 할아버지가 소리치셨다. 말이 마구잡이로 날뛰는 동안 나는 할아버지가 일러주신 대로 계속 뛰어내릴 곳을 찾았다. 결국 할아버지가 말을 진정시켰고, 나는 무사할 수 있었다. 너무 무서워서 다시는 말을 타고 싶지 않다는 생각이 들었다. 그런데 할아버지가 날 보더니 너무너무 잘했다며 자랑스러워하시는 게 아닌가? 그때 이후로 나는 기운 넘치는 말을 좋아하게 되었다.

할아버지는 빠르게 루커스의 감정적 고조 상태를 재해석했다. 날뛰는 망아지 등에 올라탄 채 루커스는 감정의 폭발을 경험했다. 영리한 할아버지는 루커스가 두려움으로 반응할까 봐 빠르게 이 상황을 짜릿하고 자랑스러운 경험으로 바꿨다. 할아버지가 개입해서 감정을 재해석해 주지 않았다면 이 경험은 루커스에게 평생 고통스러운 기억으로 남았을 테고, 루커스는 기운 넘치는 말을 좋아하기는커녕 말 자체를 두려워하게 되었을 것이다. 일반적인 각성 상태에 이름을 붙이는 일은 이처럼 간단하다.

루커스의 감정은 급격하게 고조되었다. 그런데 때로는 감정이 서서히 고조되어 영향력을 미칠 수 있는 상태로 이어지기도 한다. 대니얼은 어렸을 때부터 노래를 부르고 싶었고, 20대에 충동적으로 보컬 레슨을 신청했다. 그는 수업이 끝난 후 초조하게 강사의 평가를 기다렸다. 대니얼은 당시 강사가 한 말을 토씨 하나 틀리지 않고 기억한다. "재능을 타고났네요. 마음만 먹으면 되겠어요. 제가 보기엔 틀림없이 재능을 타고났어요." 대니얼은 그 말을 듣고 놀라서 아무 말도 나오지 않았다고 회상한다. "당시 마음이 약해질 대로 약해진 상태라 보컬 강사의 말을 비판 없이 받아들였어요. 강사가 해준 말 한마디 한마디가 있는 그대로 불꽃처럼 뇌리에 꽂혀 타올랐다가 사그라졌어요. 내가 마음만 먹으면 할 수 있다는 사실을 알게 된 거죠."

강사의 말이 자신에게 미칠 영향력을 기대하는 동안 대니얼의 감정은 점차 고조되었다. 자기 의심으로 급격한 감정 변화를 겪으며 대니얼은 보컬 강사의 평가를 간절히 기다렸다. 평가는 '재능이 있습니다.'가 될 수도 있고 '재능이 없습니다.'가 될 수도 있었다. 그리고 이어진 강사의 평가에 대니얼은 놀랐다. 작사가인 대니얼은 이 평가가 그에게 어떤 영향을 미쳤는지를 서정적으로 표현했다. "그대로 불꽃처럼 뇌리에 꽂혀 타올랐다가 사그라졌어요." 대니얼은 기대에 차 신경학적으로 감정이 고조되었고, 재능이 없을지 모른다는 걱정을 무색하게 만든 놀라운 평가가 더해져 보컬 강사의 발언을 비판 없이 수용했다. 때에 따라 민감한 주제 자체가 감정을 고조시킬 수도 있다. 발표와 몸무게가 그 대표적인 예다.

몸무게와 발표

몸무게와 발표 사이에 존재하는 공통점은 바로 남들에게 부정적인 판단을 받거나 수치나 조롱을 당할지도 모른다는 두려움이다. 또 다른 공통점은 둘 다 청소년 시절에 흔히 하는 고민이라는 사실이다. 청소년기에는 지나치게 몸을 신경 쓰고, 학교에서는 매일 발표를 시킨다. 이는 개개인에게 엄청난 영향력을 미칠 수 있는 조건이 된다. 이러한 조건에 놀라움이 더해지면 급진적인 변화가 일어날 수 있다.

앤절라는 성인이 되어 열두 살 때 있었던 일을 회상하며 다음과 같이 성찰했다. 엄마의 놀랍고 무감각한 발언으로 생겨난 부정적인 자아상은 20년 이상 지속되었다. 이 무감각한 발언은 앤절라를 놀라움이라는 감정에 무방비하게 노출시켰다. 앤절라는 엄마가 안쓰러워하며 공감해줄 것을 기대했지만, 돌아온 건 빈정거림이었다.

열두 살이 되던 해 여름, 우리 가족은 캘리포니아 유레카에 사시는 증조할머니를 뵈러 갔다. 유난히 덥고 습한 날이었고, 우리는 숨 막히는 공기 속에서 한 시간 넘게 해안을 따라 걷고 있었다. 나는 몸에 감기는 가벼운 여름 원피스를 입고 있었는데, 걸을 때마다 허벅지 안쪽이 맞부딪히면서 쓸리는 바람에 살갗이 까지기 시작했고 점점 뒤처져갔다.

"서둘러! 왜 이렇게 걸음이 느리니." 앞서가던 엄마가 소리쳤다. 나는 걸으면 아프다고 대답한 뒤, 쓸려서 상처 난 허벅지를 보여주었다. 안쓰러워할 줄 알았던 엄마가 대뜸 나를 조롱하며 빈정거렸다. "그 나이에 벌써 허벅지가 쓸린다고? 난 애를 넷이나 낳고 나서야 허벅지가 붙던데." 그 발언의 기저에는 '허벅지가 맞붙는 건 좋지 않다'는 가정이 깔려 있었다.

당시에는 살갗이 쓸린 데서 오는 고통이 더 컸기 때문에 충격이 크지 않다고 생각했지만, 엄마의 발언은 내 자아상을 통째로 바꿔놓았다. 그날 이후, 나보다 훨씬 키가 큰 서른 살 엄마보다 열두 살 내 몸집이 더 크다는 사실에서 나 자신이 뭔가 잘못되었다고 느꼈다. 나는 과체중은 아니었다. 키는 작았지만, 몸집이 단단했고 운동도 잘했다. 여러 댄스 수업에 적극적으로 참여했고, 달리기와 하이킹을 비롯해 야외 활동에 더 많은 시간을 보냈다.

이처럼 건강한 체격 조건을 갖췄는데도 믿을 수 없을 정도로 부정적인 신체상이 만들어지기 시작했다. 더불어 아무리 운동해도 내 힘으로 고칠 수 있는 건 아무것도 없다는 무력감이 생겨났다. 청소년기에는 미디어의 영향으로 부정적인 신체상을 가지기 쉽다고 하지만, 나는 미디어의 영향을 거의 받지 않았다고 확신한다. 내가 존경하는 사람 입에서 내 신체상을 부정적으로 언급하는 말이 나온 탓에 나는 자신감을 잃었다.

1년 전쯤 언니에게 체력을 회복하려 애쓰고 있다고 이야기하다가, 엄마가 그 말을 했던 순간이 떠오르면서 당시 기억이 쏟아져 내렸다. 그때 엄마의 발언이 내 관점을 근본적으로 바꿔놓았다는 사실을 깨달았고, 비로소 자신을 비하하는 마음가짐에서 조금 벗어날 수 있었다. 다소 개인적인 이야기라 누군가에게 털어놓으려니 기분이 이상하다. 하지만 이 일은 내게 가장 뚜렷한 영향력을 미친 경험으로 손꼽힌다.

그 말을 듣기 전까지만 해도 앤절라는 이상적인 신체상을 제시하는 메시지에 영향을 받지 않았다. 앤절라는 엄마가 한 말이 자기 삶에 엄청나게 부정적인 영향을 미쳤다고 말한다. 청소년기까지는 매우 활동적이고 운동도 잘했지만, 지금은 '허벅지가 굵어질까 봐' 전전긍긍하며 체력을 회복하느라 애쓰고 있다.

이렇듯 스쳐 지나가는 단순한 말도 지나친 걱정을 불러일으킬 수 있다. 심지어 심한 경우 정신 질환까지 유발할 수도 있다. 엘리스는 열한 살 때 할머니가 한 어떤 말을 듣기 전까지는 몸무게를 인식조차 하지 못하고 살았다고 한다. 할머니의 발언은 예상치 못한 파괴적인 결과를 낳았다. 이 모든 일은 어느 크리스마스에 일어났다.

열한 살 때 엘리스는 부모님께 작은 루비가 박힌 은반지를 선물받았다. 신이 난 엘리스는 곧장 할머니께 달려가 자랑했고, 아룰 본 할머니는 "반지가 어울리려면 손가락이 더 가늘어야겠구나."라고 말씀하셨다. 엘리스는 "그 말 한마디가 자기 인식을 통째로 바꿨고, 갑자기 스스로가 거대하게 느껴지기 시작했다."라고 회상한다. 그날 이후 엘리스는 지나치게 몸매를 의식하기 시작했고, 고등학생이 되면서 섭식 장애가 생겼다. 그리고 성인이 된 지금도 엘리스는 자기 몸무게를 받아들이는 데 어려움을 겪고 있다.

어린 엘리스는 할머니와 기쁨의 순간을 나누기를 기대하며 신나게 달려갔다. 하지만 뜻밖에도 할머니는 비꼬는 말로 어린 엘리스를 짓밟았다. 그 결과, 엘리스는 자멸적 악순환에 빠져 급기야 정신 질환까지 앓게 되었다. 몸무게는 특히 청소년기에 매우 민감한 주제다. 하지만 때때로 몸무게를 언급하는 것이 긍정적인 결과를 낳을 수도 있다.

메이슨의 일화에 등장하는 발언은 그다지 권장하지 않지만, 어찌 되었든 결과가 긍정적이었기 때문에 여기에 공유한다. 첫 만남 당시 메이슨은 신체 조건이 뛰어난 대학 미식축구 선수였다. 나는 메이슨이 어렸을 때 과체중으로 마음고생을 했으리라고는 상상도 하지 못했다. 메이슨이 여덟 살 때 일어난 일이다.

메이슨은 학교 점심시간에 치킨을 우걱우걱 먹고 있었는데, 앙숙이던 친구가 그 모습을 보고 소리쳤다. "으악! 너 닭 껍질 좋아하는구나. 그거 다 지방이야. 그래서 네가 그렇게 뚱뚱한 거야!" 그 말을 듣고 난 이후로 메이슨은 건강한 음식을 가려 먹기 시작했고,

자칭 운동 중독자가 되었다.

몸무게에 관한 발언이 으레 부정적인 결과를 초래하는 와중에 '뚱뚱하다'는 이 발언은 어떻게 긍정적인 결과를 만들었을까? 메이슨의 이야기는 앞의 두 이야기와 미묘하지만 결정적인 차이가 있다. 앞서 나온 두 이야기에서 엄마와 할머니는 각각 앤절라와 엘리스가 뚱뚱하다는 사실을 에둘러 말했다. 그로 인해 몸무게는 앤절라와 엘리스의 정체성을 구성하는 일부가 되었다. 반면 메이슨의 친구는 '너는 뚱뚱하고 이게 바로 그 이유다.'라고 선언하듯이 말했다. 바꿔 말하면 '이유를 제거하면 살을 뺄 수 있다.'가 된다. 메이슨은 '내가 뚱뚱한 이유는 먹는 것 때문이니까 먹는 걸 바꾸면 되겠구나.'라는 깨달음을 얻었다. 사소한 차이가 인생을 바꾼다(8장에서 미묘한 차이로 강력하고 효과적인 언어 전략을 구사하는 방법을 배울 것이다).

친구의 발언은 메이슨에게 변화의 주도권을 부여했기 때문에 긍정적인 결과를 낳았다. 하지만 몸무게에 대한 부정적인 언급은 위험한 결과를 초래할 가능성이 크므로, 언급하지 않는 게 상책이다(적어도 8장을 읽기 전까지는 말이다).

발표할 때는 대개 긴장감으로 감정이 고조된다. 적극적으로 발표하거나 소극적으로 회피하려는 성향은 외부 영향에 휘둘리기 쉬운 청소년기에 주로 형성된다. 청소년은 또래 집단과 잘 어울리길 원하고, 어울리기 힘들면 그냥 투명 인간처럼 눈에 띄지 않고 싶어 한다. 물론 반대로 눈에 띄고 싶어 하는 청소년도 있다. 둘 중 어느 쪽이든, 또래 친구들 앞에서 발표하게 되면 진땀을 흘릴 수 있다. 반에서 가장 잘나가는 아이일지라도 말이다. 이때 친구들에게 조롱과 비웃음을 듣는다면 성인이 되어서도 지속되는 발표 공포증이 생길 수 있다.

미국의 유명 코미디언 제리 사인펠드Jerry Seinfeld는 이 같은 두려움을 재치 있게 표현했다. "미국에서 가장 큰 두려움은 대중 앞에서 말하는 것이다. 두 번째 두려움은 죽는 것이다. 아마도 다들 장례식에 참석한다면 추도사를 하는 것보다 관 속에 누워 있는 편이 더 낫겠다고 생각할 것이다." 그런데 다음 코린나의 사례에서 볼 수 있듯, 놀라움의 순간은 때때로 발표 공포증을 상쇄할 수 있다.

어린 시절, 나는 극심한 발표 공포증을 가지고 있었다. 꼭 발표해야 할 때는 수도 없이 많은 예행연습을 했다. 그럼에도 긴장해서 발표 시 더듬거리거나 우왕좌왕하고는 했다. 고등학교 3학년 초, 비즈니스 수업 시간에 선생님은 내게 즉석에서 3분 스피치를 시키셨다. 발표가 끝난 후 선생님은 나를 바라보며 "우와, 타고난 발표자네."라고 말씀하셨다. 그날 이후 나는 스스로를 다르게 바라보게 되었다. 나는 내 능력에 자신감을 얻어 훨씬 더 유능한 연사가 되었다. 그리고 그해 설득력 있게 말하기 대회에 참가했다. 나는 지역 대회에서 1위를 차지했고, 주 대회에서 2위를 차지했다. 선생님은 긴장하고 약해질 때마다 나를 북돋아주셨다. 오늘날 발표할 때 자기효능감이 높아진 것은 전부 선생님 덕분이다.

처음에 코린나는 발표를 극도로 두려워했다. 즉석에서 연설하는 동안 고조된 감정 상태는, 코린나를 무슨 말이든 받아들이기 쉬운 상태로 만들었다. 코린나에게 '우와'라는 감탄사와 함께 '타고난 발표자'라는 칭찬이 쏟아졌다. 이 발언은 한껏 고조된 감정을 불안 대신 자부심과 흥분으로 바꿔놓았다. 발표 직후, 여전히 감정이 고조된 상태일 때 이 발언을 들은 코린나는 깜짝 놀랐다. 선생님은 틀림없이 환한 표정으로 감탄했을 것이고, 이는 코린나에게 강한 인상을 남겼다.

나는 말 대신 글로도 놀라움의 순간을 만들 수 있느냐는 질문을 자주 받곤 한다. 물론이다. 상사가 직원에게 개인적인 쪽지를 전달하거나, 교사가 과제에 피드백을 남기거나, 코치가 평가를 수행할 때, 글로도 얼마든지 극적인 결과를 얻을 수 있다. 타이밍만 놓치지 않는다면 말이다. 멜리사의 사례가 바로 이런 경우다.

멜리사는 발표를 세상에서 가장 두려워했다. 공들여 발표를 준비해도 극도의 긴장감을 느꼈다. 한번은 너무 덜덜 떠는 바람에 영어 교사가 조명을 꺼서 멜리사를 진정시키기도 했다. 멜리사는 눈물을 터뜨릴 뻔했지만 가까스로 이겨냈고, 당시를 이렇게 회상한다. "자칫 트라우마로 남을 수도 있는 상황이었지만, 지나고 보니 제 인생에 긍정적인 영향을 미쳤더라고요." 어떻게 그럴 수 있었느냐고 물었더니 멜리사는 이렇게 대답했다.

선생님이 채점 기준표에 남긴 메모 덕분이었어요. 선생님은 제가 급우들에게 용기가 무엇인지 훌륭한 본보기를 보여주었고, 두려움을 이겨내고 발표한 것이 자랑스럽다고 써주셨어요. 저는 감정이 격해진 상태였고 남들 앞에 섰던 게 너무 싫었기에, 선생님 반응에 깜짝 놀랐죠. 그 뒤로 발표를 해야 할 때마다 이 말을 생각하며 더 잘할 수 있었어요.

멜리사는 발표 직후 여전히 감정이 고조된 상태에서 교사의 피드백이 적힌 채점 기준표를 받았다. 멜리사는 그 충격적인 사건을 '긍정적'이었다고 표현한다. 멜리사를 놀라게 한 것은 교사가 '말하기 능력'이 아닌 '용기'에 초점을 맞췄다는 사실이다. 이제 멜리사는 발표할 때마다 불안감 대신 용기를 느낀다. 교실에서든 회의실에서든, 발표가 끝나고 떨림이 잦아들 때 긍정적인 말을 해줄 수 있다. 그 자리에서 즉각적으로 긍정적인 말을 해줄 수 있다면 가장 이상적이겠지만, 조금 늦더라도 여전히 가치 있다. 특히 수신자를 놀라게 할 수 있다면 말이다. 다음 라일리의 사례를 살펴보자.

5학년 때 담임선생님은 창의적이고 재미있는 과제를 내주시곤 했다. 한번은 단편소설을 써서 발표하는 과제를 받았다. 나는 용에게 입양된 후 서서히 용으로 변해가는 소년에 관한 이야기를 썼다. 아이디어는 괜찮았지만, 결과물은 끔찍했다. 게다가 반 친구들에게 어마어마한 조롱을 당했다. 모두가 내 이야기를 싫어했고, 심지어 몇몇은 나를 비웃었다. 그날 오후 늦게 선생님은 나를 따로 불러내 아이디어가 훌륭했다고 말씀하셨다. 아무도 내 글을 좋아하지 않더라도 자신이 생각하기엔 훌륭하다고 말씀하셨다. 그날 이후 나는 환상적인 인물이 등장하는 이야기를 꾸준히 썼고, 그 덕분에 글쓰기 실력이 향상되었다. 언젠가 나 같은 아이를 만나면 선생님처럼 긍정적인 영향을 줄 수 있기를 바란다.

자기 연민과 자기 의심으로 가득하던 차에 교사가 해준 말은 라일리의 사고방식을 돌연 바꿔놓았다. 교사의 말에 놀라, 수치스러움이 자랑스러움으로 뒤바뀐 것이다. 영리한 교사, 코치, 감독, 부모는 누군가 성과로 스트레스를 받으면, 바로 그때가 확신에 찬 긍정적인 발언으로 그 괴로움을 뒤집을 수 있는 완벽한 타이밍이라는 사실을 안다.

설득력은 우연히 들었을 때 더욱 높아진다

어린 시절, 나는 부모님이나 선생님이 해주시는 긍정적인 말을 무시하곤 했다. 그들은 애초에 좋은 말을 해줘야 하는 사람들이니 설득력이 떨어지지 않는가? 나는 배우자가 기분 좋은 말을 해줄 때

놀라움의 힘

도 비슷한 맥락으로 받아들이고 미소 지으며 고맙다고 하고 만다. 하지만 어떤 말을 우연히 듣게 되면, 말의 무게가 커지는 듯하다. 사회적 예의를 차리지도, 이해관계에 얽매이지도 않은 상황에서 나온 말이기 때문이다. 더욱이 그게 놀라운 말이라면 완전히 새로운 사고방식을 창조하는 계기가 될 수 있는데, 이는 그 말이 더 진실하게 들리기 때문이다.

터너는 타인을 돕는 일에 솔선수범하는, 외향적이고 활기찬 중년 교사다. 어린 시절, 터너는 소심한 소녀였다. 운명적인 그날, 우연히 대화를 엿듣고 자신을 보는 방식이 바뀌기 전까지는 말이다. 편부모 가정에서 자란 아홉 살 터너는 학교에서 줄곧 시간을 보냈고, 방과 후에는 어린이집 일을 도왔다. 어린이집을 딱히 좋아하지는 않았다. 어린이집에서 일하는 교사들이 자신을 좋아하지 않는다고 생각했기 때문이다. 그래서 있는 듯 없는 듯 있다가 도울 일이 생기면 조용히 손을 보탰고, 그런 터너의 행동에는 어떠한 칭찬이나 긍정적인 피드백도 돌아오지 않았다. 그런데 이 모든 것은 놀라움과 함께 한순간에 바뀌었다.

어느 날 책장 뒤에 앉아 조용히 책을 읽고 있는데, 선생님 세 분이 이야기를 나누는 소리가 들려왔다. 한 학생을 칭찬하는 내용이었다. 싹싹하고 열정적인 태도와 밝은 미소와 지성을 갖춘 학생이라며 칭찬이 자자했다. 각자 그 학생과 있었던 재미난 에피소드를 이야기하며 따뜻하게 웃었다. 대화가 끝나갈 무렵, 선생님 한 분이 그 완벽한 학생의 실명을 언급했다. 그 학생은 다름 아닌 바로 나였다! 그날 이후 나는 아무런 증거가 없어도 내가 잘하고 있고 사랑받고 있다고 느꼈다. 그 일을 기점으로 나의 자기 이해는 매우 긍정적인 방향으로 완전히 바뀌었다.

터너는 열정적이고 똑똑한 도우미로 인정받길 원했다. 만약 터너가 원하는 대로 면전에서 칭찬받았다면, 그저 연약한 어린아이의 자기 평가를 확인시켜 주는 결과밖에 되지 않았을 것이다. 심지어 '선생님이니까 당연히 그렇게 말씀하시겠지.'라고 생각하며 무시했을지도 모른다. 그러나 교사들이 다정하게 자신에 대해 이야기하는 것을 우연히 듣고 확신에 차 정체성을 굳히게 되었다.

터너는 "아무런 증거가 없어도 내가 잘하고 있고 사랑받고 있다고 느꼈다."라고 말한다. 그 순간 터너는 자기 평가와 선행이 칭찬을 듣고 싶은 욕구보다 앞선다는 사실을 깨달았다. '선행은 그 자체로 보상이구나.' 어린아이의 깨달음이라기에는 상당히 어른스럽다. "아무런 증거가 없어도"라는 터너의 말에서, 우리는 그 증거를 볼 수 있다.

예상치 못한 말을 우연히 들었을 때 부정적인 결과를 초래할 수도 있다. 부정적인 뜻으로 한 말이 아니더라도 듣는 사람은 그렇게 받아들일 수 있다. 교육학 대학원생인 가너는 초등학교 3학년 때 학부모 상담 시간에 선생님이 엄마에게 하는 말을 우연히 듣고 말았다. 그 당시 가녀는 스스로를 장난을 좋아하는 개구쟁이지만 그래도 사려 깊고 예의 바른 학생이라고 생각했다. 하지만 이 생각은 선생님이 걱정스러운 말투로 엄마에게 하는 말을 듣고 순식간에 바뀌었다. 선생님은 엄마에게 가녀가 학급에서 개그맨이 되어가고 있다고 말했다. 좋은 뜻으로 해석하자면 그럴 수도 있었지만, 그러기에는 당시 가녀는 너무 어렸다. 그 이후로 가녀는 의기소침한 아이가 되었고, 이러한 성향은 성인이 되어서도 변하지 않았다. 내용보다는 선생님의 말투가 문제였다. 같은 말이라도 말투를 달리하면 다른 인상을 줄 수 있다. 안타깝게도 가녀는 명랑했던 예전 모습으로 돌아가고 싶다고 했다.

마음이 따뜻해지는 로리의 일화로 이 장을 마무리하고자 한다. 우연히 듣게 된 엄마 친구의 말은 로리의 삶을 영원히 밝혀주는 빛이 되었다. 그 말은 로리가 스스로 부정적으로 여겼던 외모를 긍정적으로 받아들일 수 있게 해주었다. 이 같은 사례를 접하면 '다른 사람에게 긍정적인 영향력을 미치려면 그 사람이 우연히 우리 말을 듣도록 상황을 연출해야 하는 거 아닌가?' 하는 생각까지 들 수도 있다. 다음 장에서는 바로 이 주제를 다룰 것이다.

열한 살 때, 나는 갓 태어난 망아지처럼 깡마르고 볼품없었다. 항상 스스로가 초라하게 느껴졌다. 앞으로도 지금 모습 그대로 영원히 누구에게도 '아름다워' 보이지 않을 거라 확신했다. 나는 내가 정말 이상하게 생겼다고 생각했다. 열세 살이 되자 깡마른 막대기 같은 외모에서 벗어났지만, 내 생각은 여전히 그대로였다. 어느 날 밤, 엄마 친구가 찾아왔다. 가수이자 벨리 댄서였던 엄마 친구는 조용하지만 자신감 넘치는 강한 사람이었다. 어쩌다 그런 이야기가 나왔는지는 모르겠지만, 엄마 친구는 엄마에게 내가 이국적으로 생겼다고 말했다. 그 말은 뇌리에 날아와 박혔다. 그 이후로 나는 내 외모를 있는 그대로 받아들이고 오히려 장점으로 생각하게 되었다.

요약

놀라운 사건은 언제 어디서나 일어나고, 광범위하게 영향력을 행사한다. 이 장에서는 일부 전문가들이 어떻게 놀라움을 전략적으로 이용해서 사람들의 주의를 집중시키고 사고방식을 변화시키는지를 설명했다. 비전문가들이 자연스럽게 또는 우연하게 놀라움을 이용해서 누군가에게 영향력을 미치는 순간을 만들어내는 사례도 살펴보았다. 또한, 놀라운 사건으로 감정이 극도로 고조된 상태에서 어떻게 뇌가 강렬하게 반응하는지도 살펴보았다. 이때 놀라움은 반사적으로 믿음을 변화시킨다.

다음 장에서는 지금까지 배운 내용을 종합하고, 이 귀중한 지식을 전략적으로 활용하는 데 유용한 이론적 틀을 소개한다. 즉, 삶을 변화시키는 사건을 언제 어디서 어떻게 만들어내는지 배우게 될 것이다.

The Power of Surprise

PART 4

놀라움을 도구로
이용하는 법

놀라움을 전략적으로
활용하기

이 장에서는 놀라움의 메커니즘을 활용해 자녀, 학생, 운동선수, 팀원, 직원 등에게 기회를 창출하고 개인 자원을 구축하는 방법을 설명한다. 나는 대학원생들에게 놀라움을 만들고 전략적으로 활용해 생산적인 사고방식을 이끌어내는 방법을 가르친다. 다음의 짧은 이야기는 고등학교 교사 칼라가 어떻게 학생의 자아개념을 바꿨는지를 보여준다.

나는 고등학교에서 영어를 가르친다. 제러미는 자신감이 낮고 조용한 학생으로, 학교를 자주 빠지곤 한다. 최근에 제러미가 아빠와 함께 컴퓨터 상점에서 일하며 온갖 전자 장비를 수리하고 조립한다는 사실을 알게 되었다. 제러미는 나로선 상상도 못 할 엄청난 기술을 가지고 있었다.

어느 날, 조별로 과제를 수행하고 있을 때 뒤늦게 제러미가 수업에 들어왔다. 나는 제러미에게도 조를 배정해주었다. 그런데 제러미가 자신은 똑똑하지 않아 조별 활동에 아무런 도움이 될 것 같지 않다며, 그냥 도서관 자료실에 가 있어도 되냐고 묻는 게 아닌가. 평소 같으면 안쓰러워하면서 그냥 보내줬겠지만, 그날은 제러미에게 놀라움을 안겨주고 싶었다. 나는 담담하게 말했다. "농담이지? 넌 내가 아는 가장 똑똑한 아이 중 하나야. 두뇌가 명석한 사람들만 너처럼 컴퓨터를 능숙하게 다룰 수 있어." 내 말에 제러미는 교실에 남아 조별 활동에 참여했다. 이후 제러미의 출석률은 여전히 낮았지만 그래도 예전보다는 훨씬 높아졌고, 더 이상 자료실에 가겠다고 말하지 않는다.

칼라는 어떻게 놀라움을 전략적으로 이용해 제러미의 사고방식을 바꿀 수 있었는지를 보여준다. 교사만이 이 전략을 사용할 수 있는 것은 아니지만, 이를 훈련하고 평가하기에 가장 좋은 환경에 있는 것은 사실이다. 대학원 강사나 교생은 실제 교육 현장에서 놀라움을 전략적으로 이용하는 방법을 몸소 배우고 연습하고 그 결과를 즉석에서 눈으로 확인할 수 있다. 따라서 여기서 다루는 많은 사례는 교사와 학생 간의 상호작용에 초점을 맞췄다.

이러한 역동적인 원칙은 교실 밖에서도 쉽게 적용된다. 부모를 비롯해 전문 의료인, 코치, 고용주 등 타인에게 영향력을 미치기 쉬운 직종에 종사하는 사람이라면 누구나 놀라움을 전략적으로 이용할 수 있다. 문자 그대로, 정말 누구나 활용 가능하다.

심리학자인 나는 나를 찾아오는 사람들에게서 건설적인 사고 방식을 이끌어내고자 놀라움을 이용한다. 또한 운동 코치이자 지도 교수로서도 놀라움을 전략적으로 활용하며, 부모이자 조부모로서 가족들에게서 건강한 사고방식을 이끌어내고자 놀라움을 이용한다. 수많은 전문가가 놀라움을 도구로 활용하지만, 대부분 직관적으로 활용할 뿐 과학적 기반이 부족하다. 이 책을 쓴 이유가 바로 여기에 있다.

예를 들어, 미합중국 해병대사령관 찰스 크룰랙은 놀라움을 전략적으로 활용하는 방법을 훈련 규칙에 도입했다. 크룰랙은 예상치 못한 상황에서만 칭찬하라고 지시한다. 그는 "약골들에게 달리기를 잘했다고 (그 의지를) 칭찬해주고, 리더십 역할을 맡은 부끄럼쟁이들에게 (그 주도성에 대한) 칭찬을 아끼지 말라."며 훈련부사관을 훈련한다.[1]

놀라움이라는 요소를 전략적으로 활용하려면, 놀라움이 자연스럽게 발생하는 순간을 알아차리거나 의도적이고 체계적으로 놀라움을 만들어내야 한다(8장에서 의도적으로 놀라움을 유발하는 방법을 몇 가지 설명할 것이다). 이 기술을 연마하는 여정에서 강력하고 긍정적인 믿음을 창출할 기회가 왔을 때, 이를 알아차리는 방법을 배우게 될 것이다. 실제 놀라움의 순간에 실수로 부정적인 결과가 초래된 사례를 소개하면서 이 여정을 시작하고자 한다. 우리는 실수에서 배운다. 실수를 복기하다 보면, 무엇이 올바른 방법인지가 대조되어 명확히 보인다. 무엇을 하지 말아야 할지 돌이켜봄으로써 자신만의 창의적인 방법을 창출하는 능력을 기를 수 있다.

이제 놀라움의 순간에 외부에서 영향력을 행사한 대리인이 부정적인 사고방식을 촉발한 사례를 살펴볼 것이다. 놀라움을 일으킨 촉매제, 부정적인 믿음을 형성하게 한 발언, 더 생산적인 사고방식을 유발할 수 있었던 발언을 염두에 두고 이야기를 살펴보자.

당신은 뭐라고 말하겠는가?

첫 번째 이야기는 가수를 꿈꾸던 폴의 이야기다. 폴은 장기자랑과 합창단 공연에서 뛰어난 실력을 발휘하며 칭찬과 상을 휩쓸었다. 폴은 이모와 야심 찬 미래 계획에 관해 이야기하던 중, 이모에게 노래를 불러달라는 갑작스러운 요청을 받았다. 갑작스러운 요청에 당황한 폴은 긴장해서 쉽게 노래가 나오지 않는다고 털어놓았다. 이때 이모가 보인 반응에 폴은 놀랐고, 야망과 자기 평가가 즉시 바뀌었다. 폴은 그 순간을 다음과 같이 회상한다.

이모가 말했다. "큰 무대가 아니더라도 공연을 요청받았다면 즉석에서 노래할 수 있어야 진정한 음악가야." 그 말을 듣고 나는 놀랐다. 이윽고 이모가 옳다는 생각이 들면서 스스로에게 약간의 실망감을 느꼈다. 그 순간, 나는 노래뿐만 아니라 음악 자체가 적성에 맞지 않는다는 생각이 들었다. 그리고 지금은 개인적인 즐거움을 위해서만 노래한다.

긴장한 상태에서 이모가 보인 예상치 못한 반응은 폴의 피암 시성을 더 높은 수준으로 끌어올렸다. 이윽고 폴은 '노래 부르기를 주저하는 것'을 곧 '가수가 될 자질이 부족하다'는 신호로 여겼다. 취약해진 정신 상태에서 폴은 이 근거 없는 발언을 즉시 받아들였 고, '그 순간 노래뿐만 아니라 음악 자체가 적성에 맞지 않는다'고 생각했다.

무대공포증과 실제 공연 사이의 관계는 복잡하다. 공연을 직 업으로 하는 수많은 전문가도 주기적으로 무대공포증을 경험하지 만, 막상 무대에서는 훌륭한 무대를 선보인다. 당신이라면 뭐라고 말했겠는가? 무슨 말을 하든지 이를 뒷받침할 객관적인 증거는 필 요하지 않다는 사실을 유념하라. 폴의 이모도 아무런 증거를 제시 하지 않았다. 폴은 피암시성이 높아진 상태였으므로 상대가 설득 력 있게 말한다면 어떤 놀라운 말이라도 받아들였을 것이다. (잠시 책을 내려놓고 당신이라면 어떻게 말했을지 생각해보라.) 나라면 폴이 긴 장해서 감정이 고조되는 모습을 보고 이렇게 말했을 것이다. "우 와, 어떤 공연을 선보일지 신중하게 고민하는 걸 보니까 벌써 전문 가수 다 됐는데!" 나는 폴의 생리적 각성 상태와 망설임을 '신중하 게 고민하는 것'이라 이름 붙이고, 이를 '전문 가수의 자질'로 연결했다. 이러한 발언이 폴의 공연 실력을 높이지는 못하겠지만, 긴장감이라는 잠재적 방해 요소를 물리쳐줄 수는 있다. 실제로 이 발언은 불가피한 감정적 고조 상태를 누구나 겪을 수 있는 상태로 묘사한다. 노련하게 영향력을 행사하는 대리인은 이용할 수 있는 모든 자극(신체적 흥분이나 망설임 등)을 동원해 목표(전문 가수)로 연결할 수 있다.

두 번째 이야기는 니콜의 수학공포증이 생겨나게 된 놀라운 사건이다. 니콜은 이 사건이 아니었다면 지금까지도 자신을 따라다니는 수학공포증이 없어질 수 있었을까 궁금하다고 말한다. 니콜은 수학 문제와 씨름하던 초등학교 2학년 때를 회상한다. 선생님은 니콜에게 방과 후에 남아 보충 수업을 받게 했다. 운명을 바꾼 그날, 니콜을 가르치다 좌절한 교사의 입에서 나온 말은 평생 니콜을 따라다녔다. 니콜은 이날 '수학 못하는 아이'로 낙인찍혔다.

선생님은 포기했다며, 나더러 넌 수학을 잘하긴 글렀으니 다른 잘하는 과목을 정말 열심히 해서 만회하는 수밖에 없다고 말씀하셨다. 그때부터 나는 모든 사람이 수학을 잘할 수는 없고, 나 역시 수학을 잘할 수 없다고 판단했다. 가족들 사이에선 내가 수학을 못한다는 사실이 농담거리가 되었고, 나는 수학을 지독히 못하는 아이가 되었다. 손가락을 접으며 계산하다가 수치심을 느꼈던 기억이 난다. 지금까지도 나는 손가락을 접어가며 계산한다. 고등학교 가서도 수

놀라움의 힘

학 시간은 지옥이었고, 숙제를 하려면 매번 도움을 받아야 했다. 대학에 진학하기로 했을 때 과학이나 수학과 무관한 전공을 선택한 것은 너무나 당연한 결정이었다. 이제 와 돌이켜보니 수학과 싸우느라 시간을 허비하는 대신 이해하고자 도전하는 데 시간을 투자했다면, 수학을 바라보는 시각이 달라지지 않았을까 궁금하다.

분명하게 언급하지는 않았지만, 보충 수업을 받는 동안 니콜은 이미 긴장한 상태였다고 추정할 수 있다. 또한 교사처럼 신뢰할 수 있는 권위자가 자신을 포기했을 때는, 놀라거나 적어도 극도로 감정적인 상태였을 것이다. 어린 니콜에게는 이 권위자의 말에 반론을 제기할 능력이 없었다. 따라서 니콜은 교사의 말을 비판 없이 받아들였다. 성인이 된 니콜은 선생님이 좀 더 긍정적으로 말씀해주셨다면 결과가 달라졌을지 궁금하다고 말한다.

당신이라면 뭐라고 말하겠는가? 어떻게 하면 감정이 고조된 상태를 긍정적인 사고방식을 형성하기 위한 촉매제로 사용할 수 있었을까? 답을 생각하는 동안, 이 이야기에 등장하는 교사도 아마 좋은 의도로 그렇게 말했을 거라는 사실에 유념하라. 하지만 고작 여덟 살짜리 어린아이의 근본적인 수학 실력을 어느 누가 단정할 수 있겠는가? (잠시 책을 내려놓고 당신이라면 어떻게 말했을지 생각해보라.) 나라면 다음과 같은 말로 성공적인 사고방식을 발전시킬 기회를 조성했을 것이다. "방과 후에 남아서까지 수학 문제를 풀려고 노력하다니 대단한걸. 이런 의지라면 언젠가 수학이 편안하게 느껴질 날이 올 거야." 이 발언은 보충 수업을 해야만 하는 좌절감을 '노력'으로 해석한 다음, '언젠가 수학이 편안하게 느껴질 것'이라는 결과로 연결시킨다.

코치는 리더이자 멘토라는 강력한 위치에서 선수들에게 상당한 영향력을 행사한다. 열정적인 달리기 주자인 데이비드는 대학 크로스컨트리 팀에 발탁되었는데, 이 팀은 전국대회에서 막 우승을 거머쥔 팀이었다. 데이비드는 애정 어린 눈길로 코치를 바라보며 안내와 지시를 기대했다. 현재 코치로 열심히 일하고 있는 데이비드는 이 과거 일화에서 어떤 행동을 하지 말아야 하고 미래의 자기 선수들을 어떻게 대우하지 말아야 하는지를 배웠다고 말한다.

코치가 자신을 전혀 신경 써주지 않는 것 같아 불안해하던 데이비드에게 팀 동료가 말했다. "코치님은 칭찬에 후한 분이 아니셔. 여간해선 칭찬을 잘 안 해주시거든." 그 말을 듣고 데이비드는 더욱 열심히 노력했다. 그러던 어느 날, 허들 훈련을 하다가 넘어지고 말았다. 코치에게 깊은 인상을 남기려고 열심히 노력했던 데이비드는 당혹감을 느꼈다. 하필 그날따라 코치는 훈련을 촬영하고 있었다.

코치는 팀원들에게 말했다. "누구든 데이비드가 허들에서 넘어지는 장면을 보고 싶은 사람 있으면 내 사무실로 와라. 큰 화면으로 보여줄 테니." 데이비드는 "코치님의 지도 방식이 저와는 맞지 않았어요."라며 당시를 회상했다. "하지만 코치님 덕분에 제가 어떤 코치가 되고 싶지 않은지 알게 되었죠. 현재 저는 헤드 코치로 일하며 선수들에게 구체적으로 칭찬하고 매일 얼마나 발전했는지를 알려주고 있어요."

당혹감으로 감정이 고조된 상태에서, 코치의 예상치 못한 발언으로 데이비드의 감정은 더욱 격해졌다. 이 사건으로 데이비드가 자신을 바라보는 견해를 바꾸지는 않았지만 코치를 바라보는 견해가 바뀌었고 궁극적으로 어떤 코치가 되고 싶은지를 명확히하는 데 도움이 되었다. 코치의 발언이 데이비드의 성과에 영향력을 미치진 않았지만, 만약 놀라움을 전략적으로 이용하는 기술에 정통한 코치였다면 데이비드에게 결정적인 순간을 만들어주었을 것이다.

데이비드는 허들에 걸려 넘어진 것을 부끄러워했다. 하지만 기민하고 긍정적인 코치였다면 아마도 이렇게 말했을 것이다. "이 친구는 노력파라 실패해도 개의치 않아. 일어나서 계속 앞으로 나아가지. 저게 바로 집념이야." 이러한 발언은 의욕을 꺾기보다 격려하고 정체성이 형성되는 순간을 만들어낼 잠재력을 자극한다. 징후를 알아차리기만 한다면, 어떤 상황이라도 놀라움의 순간을 활용할 수 있다.

징후 알아차리기

어느 작은 마을에 홍수가 나 사람들이 대피했다. 비가 계속 내리면서 위험할 정도로 수위가 높아졌다. 조지프 목사는 약자들이 대피할 수 있도록 도왔다. 막차가 떠나기 직전에 운전기사가 말했다. "목사님, 타세요. 제가 자리를 만들어드릴게요." 조지프 목사는 "제 걱정은 하지 말고, 다른 가엾은 영혼을 구하십시오. 하나님이 저를 지켜주실 것입니다."라고 말했다. 어느덧 물이 허리 높이까지 차올랐다. 카누를 타고 떠나려던 한 남자가 조지프 목사를 발견하고 말했다. "얼른 타세요. 고양이랑 개 옆에 자리가 있습니다." 조지프 목사는 손을 흔들며 말했다. "제 걱정은 하지 마십시오. 다른 가엾은 영혼을 구하십시오. 하나님이 저를 지켜주실 것입니다." 물이 계속 차올라 이제 지붕밖에 보이지 않았다. 첨탑에 매달려 손을 흔드는 조지프 목사의 머리 위로 헬리콥터가 날아왔다. 조종사가 외쳤다. "줄사다리를 내려드릴 테니 타고 올라오세요." 조지프 목사가 말했다. "제 걱정은 하지 마십시오. 다른 가엾은 영혼을 구하십시오. 하나님이 저를 지켜주실 것입니다." 안타깝게도 조지프 목사는 결국 죽고 말았다. 조지프 목사는 천국 문에 들어서면서 하나님께 물었다. "저는 삼십 평생 헌신적으로 당신의 양 떼를 보살폈습니다. 그들이 위급할 때 항상 제 자신보다 그들을 먼저 돌봤습니다. 제가 필요할 때 당신이 저를 돌봐줄 거라고 굳게 믿었습니다. 왜 절 구해주지 않았습니까?" 하나님은 말씀하셨다. "내가 차와 카

놀라움의 힘

누, 마지막으로 헬리콥터를 보내지 않았느냐. 뭘 더 어떻게 했어야 하느냐?" 목사님의 일화가 주는 교훈을 통해 알 수 있듯이, 우리는 징후를 읽을 수 있어야 한다.

교묘하게 영향력을 행사하는 대리인은 기회의 징후를 읽은 뒤, 놀라운 순간에 감정이 고조된 상태를 본능적으로 활용해 건설적인 말을 건넨다. 이는 교사, 코치, 부모, 고용주, 감독에게 특히 좋은 습관이다. 다음 사례와 같이 가장 강력한 영향력을 미칠 수 있는 순간은 대부분 눈에 띄지 않고 지나간다. 하지만 그 순간을 기억해보라고 적극적으로 요구한다면, 많은 사람이 제이미와 비슷한 경험을 기억해낼 수도 있다. 중학생 제이미는 학부모 면담 시간에 끝내지 못한 과제에 대해 선생님이 뭐라고 말씀하실까 걱정하며 초조하게 앉아 있었다.

선생님은 엄마에게 내가 1년 내내 숙제를 제때 제출하는 것을 어려워했지만, 뒷심이 좋아 좋은 성적으로 마무리할 수 있을 것 같다고, 별걱정은 안 한다고 말씀하셨다. 선생님이 나를 좋게 봐주셔서 너무 감사했고, 한편으로 안도했으며, 영광스럽기도 했다. 선생님은 숙제를 늦게 제출한 것을 강점으로 바꾸고, 학업을 완주하는 능력을 칭찬해주셨다. 나는 그 발언을 내면화하고 실현했다. 그때 선생님이 하신 말씀은 학업에서 스포츠에 이르기까지, 나아가 내 일반적인 직업윤리에까지 영향을 미쳤다. 지금도 열심히 노력하는,

뒷심 좋은 내가 자랑스럽다.

교사는 현명하게도 학생이 무엇을 걱정하는지 알아차렸다. 취약성이 고조된 순간을 포착한 교사는 예상치 못한 반전이 사고방식을 전환하는 토대가 될 수 있다는 사실을 이해하고 있었다. 교사는 '숙제를 늦게 제출한 것'을 '뒷심이 좋다'로 바꿨고, 학생은 이 사고방식을 다른 생활 영역으로 일반화했다. 이 이야기를 통해, 영향력의 순간을 전략적으로 구성하는 방법을 엿볼 수 있다. 고조된 감정을 활용하든 놀라움을 의도적으로 촉발시키든지 간에, 일단 징후를 인식하는 것이 중요하다. 영리하게 영향력을 행사하는 대리인은 감정이 고조된 상태에서 영향을 쉽게 받는다는 사실 또한 잘 알고 있다..

저명한 감정 연구가인 리사 펠드먼 배럿은 이렇게 설명한다. "감정이란, 그 순간에 어떻게 느껴야 할지를 뇌가 가장 잘 추측해 낸 것이다. 감정은 뇌에 작은 회로처럼 연결된 것이 아니라 필요할 때 생성된다. 당신은 생각보다 감정을 더 잘 통제할 수 있다."[2] 우리가 감정적 반응을 보일 때는 보통 감정 자체가 고조된다. 이 일반적인 감정에 이름을 붙인 뒤 긍정적인 맥락에 넣으면, 오래 지속되는 효과를 낼 수 있다. 다음 사례에서 조던은 무대 공포증이라는 맥락에서 감정이 고조되는 상태를 경험했다. 현명한 피아노 교사는 이 경험을 '정상'이라고 명명해 상황을 제어했고, 조던의 두려움은 사그라들었다.

무대에 다가갈수록 손이 덜덜 떨리고 심장을 바짝바짝 조이는 듯한 엄청난 긴장감이 밀려왔다. 나는 피아노 앞에 앉은 채로 얼어붙고 말았다. 머릿속이 새하얘졌고, 그저 울고 싶은 심정이었다. 그때 갑자기 따뜻한 손이 내 어깨를 감쌌다. 피아노 선생님이셨다. 그때 선생님이 평생 잊지 못할 말을 건네셨다. "괜찮아. 지금 네가 느끼는 감정은 모두 정상이야. 나도 공연할 때마다 매번 똑같은 감정을 느껴. 선생님은 너를 믿는단다."

선생님은 내 감정을 예리하게 읽어내셨고, 하마터면 인생에서 부정적으로 남았을지도 모를 순간을 긍정적인 순간으로 바꿔놓으셨다. 선생님의 현명한 충고 덕분에 딱 한 번 머뭇거린 후에 무사히 연주를 마쳤고, 관중의 환호를 받으며 무대 인사를 마쳤다. 무대 공포증을 극복하도록 격려해준 선생님의 긍정적인 영향력에 정말 감사드린다. 선생님께서 영감을 준 이 순간을 언제나 기억할 것이다.

눈치 빠른 피아노 교사는 조던의 '감정이 고조된 상태'를 '사고방식을 변화시킬 수 있는 순간'으로 인식했다. 이 젊은 음악가는 그날 기대와 설렘으로 하루를 시작했다. 적절한 순간에 교사가 건넨 발언은 '엄습하는 두려움'이라고 느꼈던 감정을 '강한 설렘'으로 되돌려놓았다. 교사가 조던의 감정을 정상이라고 명명해준 덕분에 조던은 정신을 쇠약하게 만드는 두려움에서 해방되었고, 결과적으로 연주를 성공적으로 마칠 수 있었다. 감정은 주관적이다. 좋든 나쁘든 교사가 그 감정을 정상이라고 명명했을 때 조던은 설렘을 되찾았고, 그 순간을 다시 즐길 수 있었다.

행동은 대부분 인생에서 펼쳐지는 사건에 대한 반응이다. 일반적으로 순간순간의 행동을 성찰하지는 않기 때문에 믿음은 인식의 레이더 아래에서 우리 행동을 인도한다. 이처럼 본능에 따라 자동으로 나타나는 행동이나 인식을 누군가 틀렸다고 지적하지 않는 한, 우리는 자신이 옳다고 믿으며 살아간다. 그러나 경험과 인식은 변할 수 있다는 사실을 기억하라. 교사든, 부모든, 코치든, 감독이든 영향력을 미칠 수 있는 대리인으로서 강력하고 긍정적인 순간을 만들고자 한다면 행동, 의도, 상황, 맥락, 반응, 생각 등 주어진 모든 것을 도구로 인식하고 활용하는 방법을 배워야 한다. 이러한 도구가 손안에 있다는 사실을 알아차리는 방법을 배워야 한다. 사건 자체, 모든 행동, 수반되는 감정은 전부 도구다. 행동은 암시적일 수도 있고, 명시적일 수도 있다. 가령 '사려 깊은 생각'은 암시적인 행동일 뿐, 반드시 명시적으로 관찰할 수 있는 것은 아니다.

창의력을 발휘하라. 주어진 모든 것을 활용하라. 운동선수가 허들에 걸려 넘어진 뒤 좌절한 듯 다시 시도하지 않고 어디론가 걸어가버린다면, "성찰하고 정신적으로 재정비할 시간이 필요하구나."라고 말해줄 수 있다. 동료가 큰 실수를 저지른다면, 기꺼이 실패할 수 있는 용기가 어떻게 개선하려는 열망이 될 수 있는지를 설명해줄 수도 있다. 당신에게는 무궁무진한 기회가 있다.

놀라움의 힘

가진 것 활용하기

영화 〈꿈의 구장Field of Dreams〉에서 한 농부는 미국 아이오와주에서 옥수수 농사를 짓다가 어떤 소리를 듣는다. 농부는 이 소리를 옥수수밭에 야구장을 지으라는 명령으로 해석하고 이를 실행한다. 1919년 시카고 화이트삭스 팀이 와서 공을 친다. 그리고 농부의 귓가에 신비한 속삭임이 들린다. "만들면 그들이 올 것이다If you build it, they will come."[3] 이 유명한 말을 다음과 같이 각색하여 제안하려한다. "알아차리면 그들이 보여줄 것이다." 그러려면 무엇보다 먼저 알아차리고, 징후를 읽고, 주어진 모든 것을 활용해야 한다.

다음 사례에서 대니엘은 초등학교 3학년 때 같은 반 친구가 한 말을 떠올린다. 오랜 시간이 흘렀지만, 그는 그 말이 미친 영향을 아직도 생생히 기억한다. 대니엘의 이야기는 한번 알아차린 것은 반복되고 강조되는 경향이 있다는 사실을 보여준다.

초등학교 3학년 때, 나는 끔찍한 악필이었다. 부모님은 내가 일종의 난독증 검사를 받아보기를 원하셨다. 하지만 3학년 때 필기체로 필기를 시작하면서 내 글씨는 비약적으로 좋아지기 시작했다. 어느 날 같은 반 친구가 내 글씨체를 칭찬해줬는데, 그 순간에는 별다른 생각이 들지 않았다. 하지만 그 이후로 나는 다른 사람들에게 찬사를 받기 위해 엄청나게 의식적인 노력을 기울여 손 글씨를 개선했다. 내 손 글씨는 꽤 훌륭하지만, 아직도 개선할 필요가 있다. 그래서 지금도 틈틈이 종이 옆면에 단어와 문장을 쓰는 연습을 한다.

부모님은 대니엘이 난독증(쓰기 능력에 영향을 미치는 학습장애)이 아닐까 걱정했다. 이런 맥락에서 예상치 못한 사람에게 들은 예상치 못한 발언은 아마도 대니엘에게 놀라움을 주었을 것이다. 친구의 발언이 의미 없었다면 대니엘은 아마 기억하지 못했을 것이다. 같은 반 친구는 대니엘이 이전에 '약점'이라고 생각했던 것을 '귀중한 자산'으로 바꿔주었다.

약점이라고 생각했던 속성이 강점으로 묘사될 때, 이 예상치 못한 관점은 필연적으로 놀라움을 불러일으킨다. 세라는 일에 집중하지 못하는 탓에 언젠가 회사에서 쫓겨나지 않을까 걱정했다고 한다. 어느 날 상사가 "생각이 흘러가는 대로 두는 능력이 창의적인 우위를 만들어내지요."라고 언급하기 전까지는 말이다. 세라는 이제 혁신적인 아이디어를 자랑스럽게 내보인다. '일에 집중하지 못하는 무능력'을 '생각이 흘러가는 대로 두는 능력'으로 재구성하면서, 부정적인 감정가가 긍정적인 감정가로 바뀌었다.

나는 대학원 수업에서 서맨사를 처음 만났다. 서맨사는 과묵한 편이었지만, 말할 때는 대개 신중하고 정보에 근거하며 일관성이 있었다. 서맨사에게는 동료 학생들의 이목을 집중시키는 능력이 있었다. 나는 강의를 하면서 이 사실을 발견했고, 서맨사가 발표할 때 이 부분을 언급했다. 내 말을 들은 서맨사는 항상 그랬던 것은 아니라고 말했다. 예전에는 과묵함을 긍정적인 인상을 남기지 못하도록 방해하는 약점으로 생각하곤 했는데, 몇 년 전 수영 코치가 정체성을 형성하는 발언으로 서맨사를 놀라게 했고, 그 순간 모든 것이 바뀌었다고 한다.

서맨사가 고등학교 3학년이었던 시절, 수영팀 코치는 서맨사를 세 명의 주장 중 한 명으로 발탁했다. 공동 주장 중 한 명은 시끄럽고 독단적이었고, 다른 한 명은 명랑하고 친절했다. 서맨사는 자신이 어떻게 이들 사이에 끼게 되었는지 어리둥절하기만 했다. 스스로 리더 감이라고 생각한 적도 없었고, 리더가 되기를 열망한 적도 없었다. 코치가 주장 발탁 기준을 설명하고자 회의를 소집했을 때, 서맨사는 코치가 무슨 말을 할지 두려웠다. 자신에게 이목이 쏠리는 게 싫었다. 코치는 이렇게 말했다.

"마지막 주장은 서맨사다. 서맨사는 과묵하지만, 일단 입을 열면 어느새 모두가 서맨사의 말에 귀 기울이게 된다." 나는 그 순간을 결코 잊지 못한다. 코치님이 한 말은 내 모든 걱정을 불식시켜 주었다. 좋은 리더가 될 수 있을까, 좋은 주장이 되려면 어떻게 해야 할까, 너무 조용해서 문제가 되진 않을까. 이 모든 걱정이 순식간에 날아갔다. 코치님은 내 목소리에 가치를 부여했다. 내 '과묵함'은 목소리 때문이었다. 이목을 끌거나 놀림거리가 되기도 했던 '과묵함'이 부정적

인 것이 아니라 자산이 되었다. 코치님은 나를 생각이 깊고
가치 있는 사람으로 봐주셨다.

명백한 약점을 긍정적인 속성으로 묘사하는 것은 누군가를 놀
라게 하는 강력한 전략이다(다음 장에서는 이 전략에 대해 자세히 설명
할 것이다). 약점을 자산으로 둔갑시킬 때, 강력하고 건설적인 메시
지를 주입할 수 있는 순간을 촉발할 수 있다. 성향과 관련하여 어
떤 것이 유익한 속성이고, 어떤 것이 파괴적인 속성인지 그 누가 단
정할 수 있을까? 잠재적인 결점을 가치 있는 도구로 둔갑시키는
기술은 언제 어디서든 긍정적인 면을 찾아내는 능력을 보여준다.
다음은 다재다능한 배우이자 프로듀서, 작가, 코미디언인 존 레귀
자모John Leguizamo에게 일어난 일이다. 놀라운 말 한마디가 레귀자
모의 인생과 경력에 큰 변화를 몰고 왔다.

레귀자모는 친구들을 웃기는 일에 앞장서는 오락부장이었다.
어느 날, 수학 교사가 레귀자모를 불러 세웠다. 평소처럼 꾸지람을
기다린 그는 교사가 들려준 뜻밖의 말을 듣고 크게 놀랐다. "들어
봐. 맨날 싫은 척만 하지 말고. 그 넘치는 에너지를 수업 시간에 낭
비하는 대신, 네가 가진 적개심이랑 유머 감각을 좀 더 생산적으로
바꿔보는 게 어때? 코미디언이 될 생각은 없니?" 너무 놀란 나머지
레귀자모는 평소처럼 말대꾸도 못 하고 말문이 막혀버렸다. 교사
의 말은 레귀자모에게 인생의 전환점이 되었다. "뭐랄까, 모든 것이
수렴되는 기분이었어요. 마침내 행성들이 제자리를 찾았달까요."

교사는 겉보기에는 파괴적인 행동에서 긍정적인 속성을 찾아내, 평생에 걸쳐 긍정적인 사고방식을 형성할 만한 놀라운 사건을 만들었다. 이처럼 행동에 내재된 자원을 찾으려면 첫인상을 뛰어넘어 생각해야 한다.[4]

잠재적 자산에 이름을 붙일 수 있다면, 모든 행동에는 풍부한 자원이 잠재되어 있다. 직장 내 성희롱 발언을 개인적인 표현의 자유로 포장하는 파괴적인 행동까지 눈감아도 좋다는 말이 아니다. 하지만 누군가의 행동에서 잠재적 자산을 찾아내는 것은, 실패를 배움의 의지로 분류하는 것만큼 힘을 실어줄 수 있다. 나는 대학원생들에게 행동에 잠재된 자산을 찾아내도록 가르친다. 그들의 목표는 학생들에게서 자원이 될 행동을 찾아내 알려주고, 학생들이 주체적인 삶을 살 수 있도록 도와주는 것이다.

기억하라. 좋은 행동이든 나쁜 행동이든, 모든 행동에는 이름을 붙이고 강점으로 동원할 수 있는 잠재적 자산이 포함되어 있다.

모든 행동에는 잠재된 자원이 있다

나는 강연 때 언어 구조를 설명하면서 "세부 사항에 주의를 기울이면 리더십이 향상된다."라고 말했다. 이 자명한 발언에 청중 대부분이 고개를 끄덕였다. 내가 이에 대해 어떻게 생각하는지 말해달라고 요청하자, 세부 사항에 주의를 기울이면 어떻게 리더십이 향상되는지에 관한 다양한 의견이 쏟아졌다. "모든 사람의 의견을 반영할 수 있게 됩니다." "장기적인 문제를 피하는 데 도움이 됩니다." "결국 일이 원활히 진행될 수 있게 해주는 건 작은 세부 사항입니다." 그런 다음 나는 완전히 반대로 "세부 사항에 주의를 기울이면 리더십이 저해된다."라고 말했다. 마찬가지로 세부 사항에 주의를 기울이면 어떻게 리더십이 저해되는지에 관한 다양한 의견이 줄줄이 쏟아졌다. "큰 그림을 보지 못하게 됩니다." "사람들에게 무신경해집니다." "장기적인 목표를 잊어버리게 됩니다."

이 연습은 내가 선택한 길로 다른 사람의 생각을 이끌어 나가기가 얼마나 쉬운지 보여준다. '리더십'과 '세부 사항에 주의를 기울이는 것'처럼 추상적인 개념 사이의 연관관계는 모호하다. 누구나 살면서 가끔일지라도 리더십을 발휘한다. 또한 누구나 시시때때로 세부 사항에 주의를 기울인다. 내가 세부 사항과 리더십의 관계를 암시한 것처럼 누군가 서로 다른 두 개념 사이의 관계를 암시할 때, 우리는 자동으로 경험을 훑어 증거를 찾은 다음 그 발언에 동의할지 말지를 결정한다. 즉, 어떤 발언을 이해하려면 먼저 그 유효성을 시험하고 암묵적으로 수용한 다음, 비로소 완전히 수용할지 말지를 결정하는 것이다. 어떤 발언을 이해하려는 정신적 노력 자체가 그 발언의 타당성에 몰입하게 만든다.

이렇게 가정해보자. 한 친구가 당신에게, 당신이 마치 고양이처럼 움직인다고 말했다. 이 말을 이해하려면 고양이가 어떻게 움직이는지 알아야 하고, 정신적으로 고양이의 이미지를 형성해야 한다. 그다음, 정신적으로 자신의 움직임을 이미지화해서 이를 고양이의 이미지에 겹쳐 놓아야 한다. 그런 다음, 동의하거나 동의하지 않아야 한다. 이때는 유사점을 찾는 것이 더 쉽다. 지금 이 글을 읽는 데 대략 15초 정도 걸렸겠지만, 실제로 머릿속으로 이 과정을 수행하는 데는 1000분의 1초밖에 걸리지 않는다. 그 정도로 빠르게 일어나기 때문에 인식 과정을 눈치챌 겨를조차 없다.

다음 사례에서 마이클은 스스로 수학 능력이 부족하다고 생각했다. 사려 깊은 미국 지역 전문대학인 커뮤니티칼리지 교수는 순식간에 마이클에게 새로운 믿음을 만들어주며 그동안의 믿음을 전복시켰다. 교수는 마이클의 행동을 '아이디어를 능숙하게 설명하는 능력'으로 명명한 다음, 이를 '수학적 적성'과 연결했다.

커뮤니티칼리지에서 데비 교수님 수업을 듣기 전까지 나는 내가 '수학을 못 한다'고 생각했다. 데비 교수님은 "어떻게 답에 도달했는지 명확하게 설명하는 네 능력은 수학적 능력이 있다는 걸 보여준다."라고 말씀하셨다. 이 예상치 못한 발언은 내게 진정한 자신감을 불어넣었다. 그 순간 이렇게 생각했던 것을 아직도 기억한다. '지금까지 내가 수학을 못 한다고 생각했는데 아니었어.'

의미를 이해하려는 인지 행위는 수용하는 경향을 만든다. 우리의 기본 입장은 '믿음'이고, 그럴듯함이 진실보다 우선한다는 점을 기억하라. 교수가 한 말의 의미를 숙고한 결과, 마이클은 이를 진실로 받아들이게 되었다. 예상치 못한 놀라운 말을 들었을 때는 특히 더 그렇다. 놀라움은 처음 듣는 그럴듯한 설명을 받아들이도록 우리를 준비시킨다.

내가 아는 부유한 사람 중에는 돈 없는 이도 있다. 내가 아는 똑똑한 사람 중에는 대학에 가지 않은 이도 있다. 사람들은 대개 이런 모순적인 발언을 쉽게 받아들인다. 이 발언을 사실로 만드는 것은 쉽다. 의미를 해석하는 행위 자체가 우리를 긍정적인 방향으로 이끈다는 사실을 기억하라. 메시지를 해석하는 행위는 우리를 미묘하게 그 메시지를 수용하는 쪽으로 이끈다. 무의식은 기억 속에서 긍정적인 사례를 찾거나 만들어낸 다음, 즉시 '내 경험 저장소에서 사례를 찾았기 때문에 이는 사실임이 틀림없다.'라고 결론을 내린다. 심리학자들은 주장을 검증하고자 긍정적인 사례를 찾으려는 이러한 경향을 '심리적 폐쇄psychological closure'라고 부른다. 상황에 접근하는 방식은 그 상황에서 찾아내는 의미와 후속 감정에 영향을 미친다.

"남자는 너무 많은 위험을 감수한다."라는 주관적인 발언을 들으면, 우리는 각자 자신의 세상 모형과 일치하는 고유한 해석을 생성한다. 이 발언이 어떻게 하면 각자가 소유한 고유한 이해의 틀 안에 가장 잘 맞아 들어갈지를 결정하는 것이다. 모호한 발언이 능동태(X는 Y를 만든다)로 전달되면, 수신인에게서 자신에게 가장 적합한 해석을 구성하려는 경향이 나타난다. 누구나 남자들이 너무 많은 위험을 감수한 경우를 떠올릴 수 있지만, 각각의 경우는 개인마다 다른 의미를 지닌다. "남자는 항상 쉬운 길을 선택한다."라고 발언을 바꿔도 마찬가지로 우리는 이를 증명할 증거나 생각을 찾아낼 것이다. 어떤 발언을 들을 때마다, 개개인은 개인화된 생각을 만들어내야 하는 도전을 받게 되는 셈이다.

결론적으로 세부 사항에 주의를 기울이면 리더십에 유익할까, 해로울까? 아니면 중립적일까? 인생에서 많은 것이 그러하듯, 이 또한 상황에 따라 다르다. 믿음이 우리를 이끈다. 누구나 어떤 세부 사항에는 주의를 기울이고, 어떤 세부 사항에는 주의를 기울이지 않는다. 그것이 방해일지, 유익일지는 우리의 믿음에 달려 있다. 세부 사항에 주의를 기울이는 것이 리더십을 향상시킨다고 믿으면, 의식적으로 이러한 방식을 리더십의 일부분으로 통합해 대담하고 자신 있게 세부 사항에 주의를 기울일 것이다. 세부 사항에 주의를 기울이는 것이 리더십을 저해한다고 믿으면, 주저하고 걱정하면서 은밀하게 세부 사항에 주의를 기울일 것이다. 이렇게 상반된 행동 중 어느 쪽이 어느 시기에 어떤 목표를 위한 자원이 될지 누가 장담할 수 있겠는가? 핵심은 우리가 고유한 개인 자원을 활용해 다양한 방식으로 목표를 달성한다는 것이다. 우리는 거의 모든 행동을 자원으로 동원할 수 있다. 자원이라고 믿기만 한다면 말이다. 하지만 반대로 거의 모든 행동을 장애물로 삼을 수도 있다.

다음 이야기는 어린 소년이 학업에 어려움을 겪는 이유에 대한 자신의 믿음을 어떻게 바꿨는지를 보여준다. 맥스는 열 살 때까지 매우 열심히 공부했다. 읽기장애와 주의력결핍장애를 극복해야 했기 때문이다. 맥스는 학교 성적이 나쁜 이유가 학습장애 때문이라고 생각했고, 계속해서 노력을 기울였다. 그런데 한 교사의 감정이 폭발하면서 이 모든 것이 바뀌고 말았다.

여느 때와 다르지 않던 어느 날, 한 교사가 칠판에 적힌 내용을 공책에 옮겨 적는 쉬운 일도 이렇게 오래 걸리면 어떡하냐며 맥스를 질책했다. 맥스는 자신에게는 힘든 일이라고 간단히 대답했다. 그다음에 일어난 일을 맥스는 이렇게 설명했다.

선생님은 대답했다. "어렵다고? 이건 쉬운 몸풀기야. 네가 하는 일은 여기서 저기로 단어를 복사하는 것뿐이야. 넌 지금 게으름에 핑계를 대고 있을 뿐이야." 전혀 예상하지 못한 반응이었지만 '쉬운'이랑 '게으름'이라는 단어가 귀에 쏙쏙 박혔다. 선생님은 자기도 모르게 어려운 일은 시도조차 해보지 않을 수 있는 편리한 핑곗거리를 내게 준 것이다. 이 '쉬운' 작업이 내게도 어려운 일이 아니라고 생각하는 편이 훨씬 더 위안이 되었다. 누구에게나 쉬운 작업이 나에게만 어렵다는 건, 결국 내가 어리석다는 뜻밖에 되지 않기 때문이다. 그때 이후로 나는 과제가 조금 어렵다 싶으면 포기해버렸다. 그럴 때마다 게으른 학생이라는 자아상과 인성을 강화시켰다. 이러한 나쁜 습관은 대학원까지 지속되었다.

하지만 이제는 더 이상 그러지 않는다. 성실했던 예전 모습으로 돌아왔다.

교사의 말을 듣기 전까지 맥스는 '학업의 어려움'을 '학습장애'와 연결했다. 하지만 예상치 못한 교사의 말은 설득력이 있었고, 새로운 연결과 새로운 믿음을 만들었다. 맥스는 곧바로 '게으름'을 '학업의 어려움'과 연결했다. 아마도 감정이 고조된 상태에서 설득력 있고 예상치 못한 발언을 들었기 때문일 것이다. 수용적인 정신 상태에서 두 개념 사이의 연결 관계가 그럴듯해 보일 때, 우리는 이를 받아들이려는 경향이 있다. 어떻게 발언을 구성하느냐에 따라 듣는 사람은 완전히 다르게 받아들일 수 있다.

'의사결정 권한을 위임하면 리더십을 강화하거나 방해할 수 있다.'와 그 반대인 '의사결정 권한을 중앙에 집중하면 리더십을 강화하거나 방해할 수 있다.'는 둘 다 진실이다. 다음에 제시된 시나리오를 상상해보자. 당신은 직장 동료에게 그가 권한을 위임하여 직원들 사이에서 혼란이 일어났다고 말하고 싶다.

"당신이 권한을 위임해 직원들 사이에서 혼란이 일어나고 있습니다."
"의사결정 권한을 중앙에 집중하면 직원들 사이에 명확성이 증진됩니다."

둘 중에 어느 쪽이 최선의 결과를 이끌어낼 수 있을까? 둘 다 같은 문제를 이야기한다. 하지만 전자는 장애물을 지적하고, 후자는 자원을 언급한다. 상대방이 가진 자원을 알아봐주면, 그 사람에게 힘이 된다. 듣는 사람은 본능적으로 경험에서 증거를 찾아내 이를 사실로 만들 것이다. 반대로 장애물을 지적하면, 듣는 사람은 본능적으로 방어적인 자세를 취하고 자기 입장을 고수하려고 한다. 우리는 가진 자원을 활용해 장애물을 극복하려고 하기 때문이다.

그럴듯한 발언을 받아들이는 이유는 기존의 이해 틀에 적합하기 때문이다. '의사결정 권한을 중앙에 집중하면 직원들 사이에 명확성이 증진된다.'라는 그럴듯한 연결 관계를 만들면, 무의식에서는 목표가 만들어진다. 저명한 신경과학자 제프 호킨스Jeff Hawkins는 생각이 예측의 전조라고 설명한다. 사고 과정은 뇌에 예측하라고 명령한다. 호킨스는 "생각, 예측, 행동은 모두 피질 계층 구조 아래로 이동하며 동일하게 전개되는 시퀀스의 일부"라고 했다. 그러니 예측을 기대의 능동적 형태라고 생각하라.[5]

기대는 무의식적인 목표다

잘할 것이라고 기대할 때와 못할 것이라고 예상할 때의 행동은 천지 차이다. 나쁜 결과를 예상하면, 그 예상과 상응하는 행동을 보여줄 가능성이 크다. 당신이 가수고, 행사에서 애국가를 불러달라는 요청을 받았다고 가정해보자. '나는 노래를 못하는 가수'라는 자아상을 가지고 있다면, 노래를 못할 것이라는 예상이 공연을 방해할 것이다. 못할 것이라는 예상은 생리적 반응을 유발한다. 자율신경계는 아드레날린을 몸 전체로 분출시켜 긴장감을 느끼게 한다. 이러한 느낌은 불안으로 해석되고, 점차 고조되면서 적절한 호흡과 올바른 자세와 목소리 전달력을 방해해 공연을 망치게 한다. 공연 전에 목소리를 점검하는데 자신감도 없고 음정도 흔들린다. 공연을 망치고 말 것이라는 두려움이 현실로 다가오면서 불안감은 한층 더 높아진다. 반면에 잘할 것이라고 예상하면, 깊게 호흡하고 똑바로 서서 목소리를 효과적으로 발산해서 공연을 보다 성공리에 마칠 것이다. 공연 전 목소리를 점검할 때 음정이 흔들린다 해도 음정을 맞추는 과정이니 크게 개의치 않는다. 생리적 각성 상태는 설렘으로 해석한다. 본질적으로 기대는 그에 상응하는 반응과 인식을 불러일으킨다.

우리는 세상을 어떻게 이해하느냐에 따라 경험을 걸러내고 주어진 상황에 적절한 행동을 결정한다. 이 선별 과정은 기대를 생성해 상응하는 행동을 유도하며, 이는 결국 자기실현적 예언이 된다. 노래를 제대로 부르지 못할 것이라는 예상(기대)은 공연을 망칠 가능성을 높일 뿐만 아니라, 예상되는 오류에 대한 과잉 경계와 생리적 각성을 불안으로 해석하는 경향을 이끌어내며 나아가 부정적인 자기 평가를 낳는다. 이런 의미에서 기대는 현재 행동을 활성화한다. 미래에 대한 기대가 현재를 예측할 수 있게 한다. 기대는 무의식적으로 감각을 이용해 우리의 기대가 옳았음을 확인하는 증거를 찾게 만든다. 사고, 즉 무언가를 생각하는 것은 말 그대로 그 일을 시작하는 첫걸음이다.

기대를 무의식적 목표로 상정하라. 다시 말해, 기대를 '온종일 당신의 행동을 자동으로 이끄는 무의식적인 목표'라고 생각하는 것이다. 이러한 무의식적 목표는 본능적으로 환경의 보상 구조를 이용한다. 최면술사는 기대를 조작하는 방법을 알고 있다. 앞서 언급한 긴장한 가수의 상황을 다시 한번 떠올려보자(긴장한 가수의 이름은 '멜'이다). 최면술사가 멜에게 "당신은 위대한 가수이며, 밖에서는 관중이 당신이 애국가를 열창하기를 애타게 기다리고 있다."라고 최면을 건다고 상상해보자. 아마도 이 최면으로 멜은 인상적인 공연을 펼쳐 친구들을 깜짝 놀라게 했을 것이다. 최면술사는 '노래 못하는 가수'에서 '위대한 가수'로 멜의 기대를 조작해, 노래하는 행위를 '회피를 유도하는 부정적인 감정가'에서 '접근을 유도하는 긍정적인 감정가'로 바꿔놓았다. 긍정적인 감정가는 긍정적인 태도와 동기부여를 강화해 본능적으로 목표를 향해 나아가게 한다. 우리는 성공하거나 즐거울 것이라고 기대할 때 목표를 더 열심히 쫓아가게 된다.

크리스티나의 이야기를 들어보자. 부모님과 터놓고 이야기하려는 크리스티나의 의지는 놀라움 덕분에 일순간 부정적인 감정가에서 긍정적인 감정가로 바뀌었다. 이제 크리스티나는 이제 새롭고 낙관적인 사고방식으로 부모님과의 대화를 두려워하지 않고 기꺼워한다.

열여섯 살에 막 운전면허를 딴 크리스티나는 친구들을 태운 채 운전을 시도했다. 그런데 친구 집 진입로에서 빠져나오다가 실수로 후진이 아닌 주행에 기어를 넣는 바람에 차고 문을 박고 말았다. 크리스티나는 떨리는 손으로 간신히 전화기를 들고, 아빠에게 전화를 걸었던 순간을 회상한다.

아빠가 전화를 받자 울음이 터져 나왔다. 더듬거리며 무슨 일이 일어났는지 간신히 이야기했는데, 전화기 반대편에서 들려오는 아빠의 웃음소리에 나는 혼란에 빠졌다. "다친 사람은 없니?" 아빠는 웃음기 가득한 목소리로 물으셨다. 나는 다친 사람은 없지만 차가 엉망이 되었다고 말했다. 아빠는 평상시에 어쩔 수 없이 발생한 사고에는 화를 내지 않을 테니 도움이 필요하면 전화하라고 말씀하셨지만, 이번만큼은 아빠가 길길이 화를 내리라 확신했었다. 아빠는 여전히 웃으면서 너희만 무사하다면 괜찮으니 차는 신경 쓰지 말라고 말씀하셨다. 안도감과 충격이 동시에 밀려들었다. 그날 이후로 부모님께 더 마음을 열고 솔직하게 이야기하게 되었고, 부모님 말씀도 실제로 믿게 되었다.

신경학적으로 믿음을 긍정할 때 도파민이 약간 분비된다. 도파민 분비는 정보의 한 형태로, 유기체에 '그 행동을 또 하라'는 메시지다. 과거에는 도파민이 쾌락을 유발하는 신경전달물질이라고 생각했다. 하지만 이제는 도파민이 쾌락보다는 동기를 부여하는 역할을 하며, 쾌락을 추구하는 것은 오피오이드 수용체라는 사실을 안다. 이 차이는 미묘하지만 매우 중요하다. UCLA 신경과학자 러셀 폴드랙Russel Poldrack은 쥐를 대상으로 한 영리한 실험으로 이를 설명했다. 그는 "쥐의 도파민 시스템을 차단해도 쥐는 여전히 보상을 즐길 수 있지만, 보상을 얻기 위해 노력하지 않을 뿐이다."라고 말한다.[6]

우리 안에 내재된 접근-회피 같은 과정은 경험과 결합해 믿음을 형성한다. 이렇게 형성된 믿음은 자동으로 무의식적인 영향을 미친다. 목표를 추구하면 관련된 상황적 특징이 활성화되고, 이는 의식적 인식 밖에서 작용한다. 예를 들어 크리스티나는 앞으로 문제에 직면할 때 아빠를 찾을 가능성이 더 커졌다. '아빠에게 다가가기가 편해졌으니까.'라고 의식적으로 생각해서가 아니라, 교통사고라는 중대한 사건이 아빠에게 다가가는 행위의 감정가를 바꿨기 때문이다. 크리스티나는 본능적으로 그렇게 행동한다.

소심한 성격 탓에 어린 시절 친구가 거의 없었던 라이언은 여섯 살 때 가라테에 입문하면서 모든 것이 바뀌었다고 말한다. 라이언은 가라테를 배우기 시작한 뒤로 학업 성취도가 높아지고 여러 친구를 사귀게 되면서, 어떻게 자신이 외향적이고 자신감 있는 사람으로 거듭났는지를 이야기한다. 열 살 때 처음으로 승급시험에 떨어지면서 또다시 상황이 반전될 뻔했지만, 다음 날 단장이 해준

놀라움의 힘

말 덕분에 자신감을 회복할 수 있었다. 난생처음 승급시험에 떨어져 망연자실한 라이언은 가라테를 그만두기로 하고 밤새 울었던 당시를 회상한다. 라이언은 이제 성적도 좋고 친구도 많으니 가라테 따위는 필요 없다고 생각했다. 하지만 심사숙고 끝에 내린 결정은 단장을 만나자마자 번복되었다.

단장님은 말씀하셨다. "라이언, 너는 내가 아는 아이 중에 가장 열심히 노력하는 아이란다. 네가 이 상황에서 회복할 거라 믿는다. 넌 분명 언젠가 훌륭한 사범이 될 거야." 당시에는 별말 아닌 것 같았지만, 단장님의 말씀은 나를 다시 가라테의 세계로 돌아가게 했다. 나는 돌아갈 수 있어서 정말 기뻤다. 이후 다음번 승급시험에 통과해 빨간띠를 따고, 몇 년 후에는 검은띠를 땄다. 검은띠를 따고 사범을 거쳐, 현재는 6년째 단장으로 일하고 있다. 당시를 돌이켜보면 감정이 북받쳐 오른다. 단장님이 나를 그만두게 놔두었다면 어떻게 되었을까? 내 인생은 지금 얼마나 달라졌을까?

가라테에 입문하고 처음 몇 년 동안 무술은 라이언에게 긍정적인 감정가를 지녔다. 그러다 빨간띠 승급시험에 실패하면서 감정가는 극적으로 반전되었고, 라이언은 포기하기로 했다. 하지만 기민한 단장의 말 덕분에 라이언은 가라테에 대한 사랑(긍정적인 감정가)을 되찾았을 뿐만 아니라, '노력과 회복탄력성으로 장애물을 극복할 수 있다.'라는 훨씬 더 우월하고 일반화된 사고방식을 갖게 되었다. 이 결과를 이끌 수 있었던 것은 단장이 라이언의 근면 성실한 행동을 "가장 열심히 노력하는 아이"라는 표현으로 칭찬하고, 라이언이 가진 회복탄력성을 언급하면서 예상치 못한 말로 라이언을 놀라게 한 덕분이다. 우리는 종종 다른 사람의 입을 통해 우리 자신에 대해 배우고 발전한다.

행동에서 의미 창조하기

살아가다 보면 필연적으로 어떤 사건이 펼쳐지고, 우리는 이에 자동으로 반응한다. 우리는 매일 수많은 행동을 만들어낸다. 삶은 대부분 일상적이다. 인간은 온전히 인식하고 끊임없이 의식하는 방향으로 진화하지 않았다. 행동에 의미를 부여하고자 의식적으로 노력하게 되면, 귀중한 정신적 자원에 막대한 부담이 될 것이다. 믿음은 이전 행동에서 발전된 패턴에서 진화한다. 누군가 당신의 단편적인 행동을 보고 의미를 부여한다고 상상해보자. 한가롭게 대화를 나누던 중 한 직장 동료가 당신에게 개인적으로 설정한 새로운 목표가 있느냐고 묻는다. 당신은 잠시 생각에 잠긴다. 동료가 말한다. "명료하게 생각하는 능력이 신중한 결정을 내릴 수 있도록 도와주는군요." 그 말을 듣기 전까지는 '생각에 잠기는 행위'가 '명료하게 생각하는 능력'이라는 사실을 자각하지 못했지만, 이제는 그 행위에 이름이 붙었다.

당신은 아마도 이 발언이 마음에 들어 받아들일 것이다. 아마 누구라도 '명료한 사고'가 '사려 깊은 결정'으로 이어진다는 암시적 연결 관계를 본능적으로 받아들일 것이다. 대부분의 사람이 그러하듯, 우리는 상대방이 무심코 건넨 말을 비판적으로 검토하지 않는다. 자신이 정말로 명료하게 생각하는지, 명료한 사고가 필연적으로 신중한 결정으로 이어지는지 평가하기보다는, 그저 칭찬을 받아들이고 감사 인사를 할 뿐이다. 여기서 많은 일이 일어나고 있다. 찬찬히 살펴보자.

1) 행동이 일어난다: 당신은 잠시 생각에 잠긴다.
2) 이름이 붙는다: 명료하게 생각하는 능력
3) 의미 만들기: "명료하게 생각하는 능력이 신중한 결정을 내릴 수 있도록 도와주는군요."
4) 어떤 현명한 관찰자가 당신의 행동에 내포된 의미에 이름을 붙였으니, 당신은 이를 받아들이거나 거부한다.

앞서 살펴보았듯이, 우리의 기본값은 유입된 정보를 수용하는 것이다. '명료한 사고'와 '신중한 결정' 사이의 연결 관계를 받아들였기 때문에, 이 개념적 연결은 개인적인 정신 구조의 일부가 된다. 이제 이 개념적 연결은 당신 소유가 되었다. 당신은 이 개념적 연결에 동의할 뿐 아니라, 실제 삶에서 개념적 연결을 구현한다. 직장 동료는 단지 말했을 뿐이다. 이러한 인지적 조정은 즉각적이고 자동적이며, 대개는 우리가 인식하지 못하는 사이에 이루어진다.

신경학적으로 봤을 때, 이름 붙은 행동은 긍정적인 개인적 특성인 경우가 많다. 그 때문에 긍정적인 감정가(접근)를 촉발해 앞으로 같은 행동이 더 자주 나타날 가능성이 크다. 특정 믿음에 상응하는 방식으로 행동했기 때문에, 그 믿음을 확증할 증거를 찾는 경향이 나타난다. 다시 말해, 그 믿음을 받아들이려는 경향이 나타난다는 것이다. 이처럼 긍정적인 발언은 듣는 사람에게 이를 뒷받침하는 증거를 찾도록 유도한다. 나는 이러한 발언을 '원인-효과-자원 발언Cause-Effect-Resource Statement'이라고 부른다(머리글자만 따서 'CERS'라고 하자). 이 발언은 '명확한 사고'라는 원인을 '신중한 결정'이라는 결과로 연결해, 듣는 사람의 개인적인 자원이 된다. 이 발언은 듣는 사람에게 명료한 사고로 신중한 결정을 내리는 능력을 불어넣는다. CERS는 듣는 사람을 조작하는 것이 아니다. 그 사람이 가지고 싶어 하는 긍정적인 특성을 이미 가지고 있다고 주장하는 것이다. CERS의 C(증거)가 이를 뒷받침한다(CERS의 언어적 중요성에 대해서는 8장에서 자세히 설명할 것이다).

타인의 발언이 전부 듣는 사람에게 믿음을 형성하거나 의미 있게 받아들여지는 것은 아니다. 하지만 우리는 놀라움을 유발하거나 놀라움이 자연적으로 발생하는 경우를 활용해 생산적인 결과로 이어질 가능성을 높일 수 있다. 서문에서 언급한 칼리 사이먼의 이야기를 떠올려보자. 10대 때 남자친구에게 들은 놀라운 말은 사이먼에게 큰 영향을 미쳤다. 더 자세히 살펴보자.

사이먼은 어려서부터 말을 더듬은 탓에 만성적인 불안감을 안고 자랐다. 학교에서는 친구들에게 놀림 받을까 두려웠다. 사이먼은 노래가 원활한 의사소통에 도움이 된다는 사실을 깨달았다. 친구들에게 다가가는 법을 스스로 터득했고 인기를 얻었다. 11학년(우리나라 고등학교 2학년에 해당함 — 옮긴이)이 되고 조금은 나아졌으나 여전히 남아 있었다. 말을 더듬는다는 사실이 창피했던 사이먼은 이를 비밀로 하려고 노력했다. 그러던 어느날, 남자친구와 함께 차에 앉아 저수지를 바라보는데 문득 남자친구가 말했다. "우리 엄마가 네가 말을 좀 더듬는 것 같다고 하시더라." 엄청난 충격에 휩싸인 사이먼은 감정을 주체하지 못하고 엉엉 울어버렸다. 그런데 이어진 남자친구의 반응이 사이먼을 놀라게 했다. "근데 완전 매력 있어." 이후 사이먼은 이렇게 회상했다. "그 후로 더 이상 말더듬증을 숨길 필요가 없다는 사실을 깨달았다. 닉은 내 말더듬증에 새로운 이름을 부여했다. 내 말더듬증은 완전 매력 있다." 신경학적으로 사이먼의 말더듬증과 관련된 도파민의 감정가는 부정(충격)에서 긍정(매력)으로 완전히 이동했다.[7]

비정상적인 사건이 발생하면 우리는 본능적으로 이를 이해하려고 노력한다. 심리학자들은 사람들이 살면서 겪는 사건, 관계, 자아를 해석하고 이해하고 의미를 찾는 이 과정을 가리켜 '의미 형성하기sense-making'라고 부른다. 이 의미 형성 과정에서 우리는 믿음 체계를 구성하는 요소들을 재확인하거나 수정하거나 교체해 더 유용한 체계를 구축한다. 앞서 설명했듯이, 놀라움은 예전에 한 번도 경험하지 못한 사건(신기함의 정점)을 경험할 때 느끼는 감정으로, 이때 우리는 놀라움을 해소해주는 첫 번째 설명을 받아들이는 경향이 있다.

모든 메시지가 설득력이 있는 것은 아니다. 의사소통의 설득력은 아주 작은 것에서 심오한 것까지 다양하다. 방대한 연구 결과를 들여다보면 효과적인 발언과 효과가 없는 발언은 무엇인지, 발언의 영향력을 극대화하는 방법은 무엇인지 알 수 있다. 다음 장에서는 이 매혹적인 주제를 더 철저히 탐구할 것이다. 설득력의 핵심 요소를 검토하고 분석할 때 최적표준으로 일컬어지는 정교화 가능성 모델elaboration-likelihood model을 소개할 것이다. 아울러 강력한 인지 반응 모델cognitive response model을 포함해, 기억에 남을 만한 강력한 메시지를 구성하는 간단한 공식 또한 제시할 것이다.

요약

이 장에서는 놀라움을 전략적으로 활용해 다른 사람에게
영향을 미치는 방법을 소개했다. 유해한 영향을 미친 사례
를 소개하고, 유익한 영향을 미치려면 어떻게 개입해야 할
지 독자 여러분이 직접 발언을 구성해보게 했다. 개입할 방
법을 배우는 것은, 놀라움을 촉매제로 이용해 강력한 영향
력을 미치는 대리인이 되기 위한 첫걸음이다.

또한 영향력을 미칠 수 있는 기회의 징후를 인식하고, 현재
행동을 변화를 이끌어내는 도구로 이용하는 방법을 배웠
다. 이어서 모든 행동에 잠재된 기능적 요소를 찾아내 개인
적인 자원으로 활용할 수 있게끔 활성화하고, 무의식적인
목표를 이끌어내는 방법도 배웠다. 그리고 마무리하면서
어떻게 다른 사람의 발언도 내 행동의 의미를 결정짓는지
까지 보여주었다.

이제 놀라움을 전략적으로 활용하는 방법을 알았으니, 다
음 장에서는 의도적으로 놀라운 사건을 일으키는 방법에
대해 알아본다.

놀라움
활성화하기

이 장에서는 변화의 순간을 활성화하는 방법을 알려준다. 놀라움을 일으키거나 놀라움의 기회를 인식할 능력을 갖췄다면, 긍정적인 영향력을 극대화하고 싶을 것이다. 이제부터 설득에 관한 최신 연구를 검토하고, 발언의 효과를 극대화할 언어 구조를 공식화해 제시할 것이다.

당신은 이 책이 누군가의 믿음을 즉시 바꿀 방법을 알려줄 것이라 기대할 수도 있다. 한순간에 타인의 믿음을 바꾸는 일은 불가능한 일도 아니고 실제로 일어나기도 하지만, 이 책이 마법의 도구는 아니다. 드라이버는 적합한 조건이 갖춰졌을 때 효과적으로 사용할 수 있는 공구다. 놀라움도 마찬가지다. 놀라움은 적합한 조건이 갖춰졌을 때 누군가의 믿음을 바꿀 수 있는 도구가 된다.

어떠한 전략적 개입도 적용할 때마다 확실한 효과를 보장하지 않는다는 점에 유의해야 한다. 하지만 이러한 접근 방식은 지속적으로 성공 가능성을 높인다. 그리고 때로는 이 사실만으로도 결정적인 이점을 얻을 수 있다. 물론 또 다른 이점도 존재한다. 또 다른 이점이란 바로 이러한 접근 방식이 의식적인 저항을 우회해 긍정적으로 성장하는 길을 열어준다는 사실이다.

마법은 아니지만 마법 같은

마술사가 왼손으로 공을 공중에 세 번 던진다. 네 번째 던질 때 몰래 공을 오른손에 숨긴다. 공은 날아가지 않는다. 공이 날아갈 것이라 예상(기대)한 우리는 놀란다. 이 놀라움은 우리를 기쁘게 한다. 고전적인 야바위 게임에서 마술사는 종이컵 세 개를 놓고 그중 하나에 완두콩을 숨긴다. 마술사는 종이컵을 이리저리 섞은 다음, 관객에게 어느 종이컵 밑에 완두콩이 있는지 추측하게 한다. 관객은 정확하게 맞춘다. 관객은 자신감이 생겨 다음번에도 정확하게 추측할 수 있을 것이라 기대한다. 마술사는 다시 한번 종이컵을 섞는다. 이번에는 추측이 빗나간다. 놀란다! 마술사는 기대를 불러일으킨 후에 그 기대를 위반하면, 놀라움이 더 커진다는 사실을 잘 알고 있다.

발언 자체가 놀라움을 유발하기도 한다. 산만한 직원에게 "다른 사람들이 놓치고 지나가는 것을 잡아내는 당신의 능력은 우리 팀에 귀중한 자산입니다."라고 말하면 놀라움을 불러일으킬 수 있다. 이 놀라움을 강화해 위상성 도파민 분비를 유발할 수 있을까? 다음 시나리오를 상상해보자. 캔텔러스사에서 근무하는 키스는 산만한 행동으로 동료들 사이에서 악명이 높다. 물론 키스 본인도 이 사실을 알고 있다. 상사가 키스를 사무실로 부른다. 상사는 책상에 앉아 서류를 노려보다가, 갑자기 고개를 들고 미소를 지으며 키스에게 말한다. "다른 사람들이 놓치고 지나가는 것을 잡아내는 당신의 능력은 우리 팀에 귀중한 자산입니다. 알고 계셔야 할 것 같아서요." 상사는 전화기를 들고 전화를 걸기 시작하며 키스에게 이제 나가보라고 손짓한다. 키스는 약간 얼떨떨하고 다소 흥분된 상태로 뒤돌아 나온다. 상사는 전략적으로 키스의 기대치를 설정한 다음 이를 위반했다. 그 결과, 더 극적인 놀라움을 이끌어냈다.

놀란 척으로 놀라움 이끌어내기

부모는 어린 자녀를 격려해주려고 놀란 척할 때가 많다. "와! 그 퍼즐을 5분 만에 풀다니 믿을 수가 없는데!" 다른 사람이 놀라는 모습을 보면 우리 감정도 고조된다. 인간은 갑작스러운 위험이나 기회에 옆에 있던 사람이 놀라면 그 상황만으로도 놀라도록 진화했다. 타인의 놀라움을 대리 경험할 때 일시적인 위험이나 기회에 대한 경계가 강화된다. 우리가 모르는 지식을 누군가 가지고 있을 때 호기심을 자극하며 우리를 수용적인 상태로 만든다. 인간에게는 '거울 뉴런'이 있다. 거울 뉴런은 다른 사람의 행동이나 감정을 목격할 때 활성화되며, 마치 직접 경험하는 것 같은 내적 상태를 만들어준다. 다른 사람 목에 붙은 거미를 보면 내 몸에 소름이 돋고, 주삿바늘이 다른 사람 팔을 찌르는 것을 보면 내가 움찔하는 것도 이 때문이다. 또한 거울 뉴런은 웃음이 전염되는 현상도 설명해주며, 감정과 의도를 이해하는 방법이기도 하다. 다른 사람의 감정과 의도를 관찰하면서 대리 경험하기 때문이다.

아래 사례는 좋은 인상을 남기고 싶은 마음에 걱정하느라 감정이 고조된 학생을 보여준다. 위협적인 주변 환경이 무방비하고 긴장된 상태를 불러일으켰다. 외부 영향력에 휘둘리기 쉬운 상태가 된 것이다. 이때 교사가 깜짝 놀라는 반응을 보였고, 덩달아 학생도 외부 영향력에 더욱더 취약한 상태가 되었다.

수준 높은 고등학교로 진학하면서 성적이 뒤처질까 두려웠다. 영어는 제일 좋아하는 과목인 동시에 가장 큰 노력을 기울인 과목이었다. 운명의 그날, 나는 주제문을 작성한 뒤 칠판에 쓰고 평가를 받아야 했다. 이전에도 에세이와 주제 문장은 많이 써봤지만, 선생님뿐 아니라 반 친구들 전체에게 보여주고 평가를 받는 건 이번이 처음이었다. 최대한 깔끔한 필체로 화이트보드에 문장을 써 내려가면서도 쥐구멍이 있다면 숨고 싶은 마음이 들었다. 다른 친구들이 작성한 주제문이 내 글보다 훨씬 수준 높다고 생각했다. 그런데 이게 웬일인가! 선생님은 다른 친구들 문장을 몇 개 읽고 수정한 뒤 내 글을 읽으셨다. 내가 쓴 내용은 기억나지 않지만, 선생님이 말씀하신 내용은 기억난다. 선생님은 내 문장을 큰 소리로 읽고 잠시 멈췄다. 나는 마음을 다잡았다. 마침내 선생님이 놀란 목소리로 말씀하셨다. "정말 좋은데? 이거 누가 썼나요?" 덩달아 놀란 내가 손을 들자, 선생님은 계속해서 내 작문 실력을 칭찬하셨다. 그 순간 나는 앞으로 모든 영어 수업에서 열심히 공부해야겠다고 다짐했다. 실력을 검증받았기 때문이다. 새롭게 찾은 열정으로 무언가 해내고 말겠다는 의욕과 열정이 가장 넘쳤던 순간이기도 했다.

만약 교사가 부정적인 의미로 놀라움을 표출하면서 "맙소사! 이 말도 안 되는 문장은 누가 썼나요?"라고 물었다면 끔찍한 결과를 낳았을지도 모른다. 하지만 다행히 이 학생은 격려의 말을 들었다. 교사가 놀라서 한 발언은 글쓰기에 대한 열망을 심어주는 역할을 했다. 인생을 바꾸는 경험은 아니지만, 예상치 못한 반응으로 촉발된 감정은 자부심을 높이고 '제일 좋아하는 과목'을 '새롭게 찾은 열정'으로 강화했다.

최근에 초보 하키 선수에게 파워 스케이팅을 가르친 적이 있다. 보폭 연습을 하는 도중에 나는 놀란 척 이렇게 말했다. "와! 기술을 익히는 속도가 믿을 수 없을 정도로 빠른걸요! 혹시 예전에 다른 운동을 배운 적이 있나요?" 그러자 선수가 놀란 표정으로 잠시 생각하더니 입을 열었다. "축구를 해서 다리 힘을 쓸 줄 압니다."

누가 놀라는 것을 보면 우리는 그 의미를 이해하려고 한다. 그 선수 역시 내가 놀라며 한 말에서 의미를 파악하고 '나는 이 기술을 빠르게 습득할 수 있다.'라는 새로운 믿음을 형성했다. 새로운 믿음은 더 집중해서 기술을 배우도록 동기를 부여한다. 내 관찰은 그 선수에게 놀라움을 유발했기 때문에 효과가 있었다. 실제로 배우는 속도가 더 빠른지는 상관없다. 그 선수는 이제 스스로를 필연적으로 실력이 빠르게 향상될 수밖에 없는, 성실하고 재능 있는 학생으로 바라본다.

깜짝 놀라는 듯한 행동은 놀라움을 유발할 수 있지만, 때로는 그 반대의 경우도 마찬가지다. 예컨대 열광적인 반응을 기대했는데 마치 당연히 잘 해낼 거라 예상한 듯이 무심하게 반응하면 놀라움을 안겨줄 수 있다. 감탄을 기대했는데 감탄하지 않은 척해도 놀라움을 안겨줄 수 있다. 다음은 상대방을 믿어 의심치 않는다는 사실을 내비쳐 발언의 설득력을 높인 사례다.

대학원생 에이든은 항상 최선의 노력을 요구하는 극도로 엄격한 교수의 강의를 회상한다. 교수는 수강생 전원이 지역 웅변대회에 참가하도록 신청서를 내게 한 후, 모든 학생과 개별적으로 만나 리허설을 진행했다. 에이든은 연설문을 암기하며 열심히 리허설을 준비했다. 마침내 리허설 시간이 다가왔고, 에이든은 열광적인 반응을 기대하며 자랑스럽게 그동안 연습한 실력을 선보였다.

교수님은 별다른 감흥을 받지 못한 듯했다. 그저 날 빤히 쳐다보며 말씀하셨다. "너는 어딜 가나 분위기를 띄우는 능력이 있으니 그걸 활용하렴." 그 순간 머릿속 어딘가에 불이 켜지는 느낌이 들었고, 그 말은 뇌리에 박혀 그 이후로 꽤 오랜 시간 동안 나를 떠나지 않았다.

머릿속 어딘가에 불이 켜진 바로 그 순간, '나는 어딜 가나 분위기를 띄우는 능력이 있다.'라는 새로운 믿음이 형성되었다. 열광적인 반응을 기대했는데 무심한 반응이 돌아오면 놀라움을 느끼게 되고, 본능적인 인지 반응으로 자신에게 이런 질문을 던지게 된다. '무슨 일이지? 왜 이런 반응이지? 이건 무슨 의미지?' 담담한 어조로 건넨 발언은 듣는 사람이 어떤 기대를 품고 있을 때 특히 설득력이 높아진다. 상대방이 칭찬을 기대할 때 무심하게 반응하는 이 전략을 사용하면 의도적으로 놀라움을 일으킬 수 있다.

다만 이 전략을 사용할 때는 결과를 인정하고 노력을 언급하는 것이 중요하다. 노력이 긍정적인 결과를 낳았다는 사실을 강조하라. 직장 동료, 부하 직원, 특히 자녀들은 성과를 인정하고 열심히 노력한 덕분에 좋은 결과를 얻었다는 사실을 강조할 때 눈부시게 성장할 수 있다. 단, 무관심한 태도가 아니라 진실하게 믿는 자세로 반응해야 한다.

이 전략을 사용할 때는 상당한 주의가 필요하다. 관심이 없거나 칭찬할 점이 없다는 식으로 음울한 반응을 보이는 것과는 완전히 다르다. 놀라움의 순간에 부정적인 반응을 보이게 되면 상대방에게 해로운 영향을 미칠 수 있다. 놀라움을 일으킬 수는 있겠지만, 감정적인 어조가 부정적인 사고방식을 이끌어낼 것이다.

예를 들어, 로버트는 학창 시절 미술을 좋아했지만 툭하면 화를 내는 선생님 때문에 미술 수업은 싫어했다고 회상한다. 미술 성적은 이내 뚝 떨어졌고, 선생님을 화나게 하지만 말자는 마음으로 최소한의 노력만 했다. 어쨌거나 최소한의 노력으로 그는 지역 대회에서 상을 받았다. 하지만 상을 받고 되살아난 미술에 대한 흥미는, 로버트의 수상을 못마땅해하는 교사 반응에 놀라 다시 사그라졌다. 로버트는 "그날 '최소한의 노력만으로도 잘할 수 있다'는 깨달음이 잠재의식에 각인된 것 같다."라고 말했다.

이 결정적인 순간은 부정적인 사고방식을 촉발시켰다. 만약 교사가 "단순한 이미지를 이토록 매력적으로 만들 수 있다는 건 예술적 재능이 매우 뛰어나다는 뜻이야."라며 생산적인 말을 했다면 어땠을까? 그랬다면 로버트는 자신의 예술적 능력을 확신하고, 그 방면으로 꿈을 키워나갔을지도 모른다. 놀라움을 해석하지 못할 때 감정적인 분위기가 해석을 만들어낸다. 로버트는 교사의 놀라움을 '가능한 한 최소한으로 노력하라.'와 같은 파괴적인 의미로 해석했다. 이처럼 기대와 극적으로 다른 반응이 돌아올 때 놀라움이 발생한다. 다른 사람을 놀라게 하려면 의도적으로 기대와 반대로 행동하는 것도 하나의 전략이다.

반대로 행동하기

나는 이런 질문을 자주 받곤 한다. "놀라움이 어떻게 피암시성이 급증하는 순간을 불러일으키는지는 알겠어요. 그렇다면, 놀라움은 어떻게 불러일으키나요?" 전략적으로 놀라움을 불러일으키는 가장 좋은 방법은 기대와 반대로 행동하는 것이다. 가장 좋은 기회는 누군가가 경멸이나 조롱이나 꾸중을 기대할 때다. 이때 정반대로 반응하면 긍정적인 영향력을 미치는 순간이 만들어진다.

다음 사례에서 수전이라는 이름의 아이는 자신의 학습 능력에 불안감을 느꼈다. 수전은 예상과는 다른 교사의 발언에 놀란다. 수전은 이 발언을 받아들이고, 즉시 새로운 사고방식을 형성했다. 이때 형성된 사고방식은 성인이 되어서도 그대로 유지되었다. 수전은 학교를 좋아했지만, 수학은 어렵기만 했다. 새로운 수학 개념을 이해하지 못하면 때때로 울음을 터뜨렸다. 새 학년이 시작되기 전 수전은 새로운 교사를 만날 기회를 얻었다. 수전은 선생님께 이 사실을 미리 알려드려야 한다고 생각했다.

나는 목소리를 가다듬은 뒤, 수학을 이해하지 못할 때가 많다고 조심스럽게 선생님께 말씀드렸다. 선생님은 놀라거나 실망하는 대신 고개를 끄덕이며 우리는 모두 배우려고 여기에 있는 거고, 배우는 과정에서 이해하지 못하는 건 당연하다고 말씀하시며 나를 안심시키셨다. 선생님이 아직 날 잘 몰라서 그렇게 말해주는 거라고 생각한 나는, 가끔 수학을 공부하다가 울기도 한다고 덧붙여 말씀드렸다. 그러자 선생님은 세상에서 가장 다정한 미소를 지으며 말씀하셨다. "우는 건 나쁜 게 아니야. 그저 네가 그만큼 좌절했다는 뜻이지. 거기서부터 시작하면 돼." 그 말에 가슴을 짓누르던 무거운 짐에서 해방되는 느낌을 받았다. 더 이상 울고 싶을 때마다 바보 같다는 생각이 들지 않았고, 단지 좌절했을 뿐이며 거기서부터 시작하면 된다는 사실을 깨달았다. 그 이후로 나는 항상 그 느낌을 마음에 새기고 살았다. 좌절은 배움으로 가는 문이다.

선생님이 실망할 것이라고 예상했지만 예상과 다른 반응이 돌아오자 수전이 어떻게 했는지 주목해보자. "선생님이 아직 날 잘 몰라서 그렇게 말해주는 거라고 생각한 나는, 가끔 수학을 공부하다가 울기도 한다고 덧붙여 말씀드렸다." 어린 나이에도 수전은 선생님의 인식을 자신의 인식, 즉 확증편향과 일치시키려고 노력했다. 수전은 실망을 예상했지만, 예상했던 반응이 돌아오지 않자 이를 얻고자 다시 노력했다. 영리한 교사는 상황을 눈치채고 인식의 전환을 시도해 수전을 놀라게 했다. "우는 건 나쁜 게 아니야. 그저 네가 그만큼 좌절했다는 뜻이지. 거기서부터 시작하면 돼." 이 말은 수전을 놀라게 했고, 즉시 사고방식을 바꾸는 자극제가 되었다. 수전은 이 새로운 사고방식을 수학뿐만 아니라 모든 학습에 일반화했고, '좌절은 배움으로 가는 문이다.'라는 근본적인 믿음을 형성했다.

영업 사원이 고객에게 자신의 말이 진실성 없게 들릴까 봐 걱정하고 있다고 가정해보자. 잠깐, 방금 그 걱정은 진정성 있고 솔직하지 않은가? 바로 그것을 활용하라. "남들이 내 말을 어떻게 인식하는지 본능적으로 알아차리는 그 능력이 진정한 관계를 형성하는 데 도움이 될 것입니다." 영업 사원이 이 말에 놀란다면, 이전과는 다르게 더 생산적인 믿음을 가지게 된 것이다.

예상치 못한 웃음은 양날의 검이다

예상치 못한 웃음은 유익한 사고방식을 이끌어낼 수도 있고, 치명적인 상처를 치유할 수도 있다. 또한 조심스럽게 사용만 한다면 효과적으로 휘두룰 수 있는 도구가 된다. 앞서 소개한 칼리 사이먼의 어린 시절 이야기를 다시 한번 떠올려보자. 사이먼은 말더듬증 때문에 또래 사이에서 놀림감이 될까 두려웠다. 마음이 취약해진 상태에서 남자친구는 웃으며 사이먼의 말더듬증이 '매력'이라고 말했다. 사이먼은 말더듬증이 '매력'으로 거듭난 이 순간을 인생의 전환점으로 여긴다. 웃음이 믿음을 수정하는 이 순간을 촉발시킨 것이다.[1]

당신이 교사라고 가정해보자. 학생이 주어진 과제를 빨리 끝내지 못해 당황하며 좌절하고 있다면 다가가서 의미심장하게 웃어보라. 학생은 아마도 조롱이나 비난을 기대할 것이다. 이때 다음과 같은 말로 학생을 놀라게 하라. "세세한 것도 놓치지 않고 꼼꼼하게 배우려는 열의를 보니까 공부 잘하겠구나." 그 말만 남기고 자리를 떠라. 당연한 사실인 양 말하라. 그 말에 학생이 놀라움을 느꼈다면, 이제 과제를 느리게 수행하는 것은 세세한 것도 놓치지 않고 꼼꼼하게 학습하는 것과 신경학적으로 연결된다. 적어도 학습을 방해했던 불안감을 덜어준다. 같은 발언을 자녀에게나 직원에게도 적용할 수 있다. 아예 똑같이 말해도 된다. 이미 바퀴가 있는데 굳이 다시 발명할 이유는 없지 않은가?

이 마지막 사례의 배경을 사무실로 재구성해 보자. '교사와 학생'을 '상사와 직원'으로 바꾸면 된다. 같은 방식으로 '부모와 자식'이나 '코치와 선수'로 바꿔도 무방하다.

이번엔 당신이 상사라고 가정해보자. 부하 직원이 주어진 업무를 빨리 끝내지 못해 당황하며 좌절하고 있다면, 다가가서 의미심장하게 웃어보라. 직원은 아마도 조롱이나 비난을 기대할 것이다. "세세한 것도 놓치지 않고 꼼꼼하게 배우려는 열의를 보니까 일 잘하시겠는데요." 그 말만 남기고 자리를 떠라. 당연한 사실인 양 말하라. 그 말에 직원이 놀라움을 느꼈다면, 이제 업무를 느리게 수행하는 것은 세세한 것도 놓치지 않고 꼼꼼하게 학습하는 것과 신경학적으로 연결된다. 그렇다면 적어도 업무를 방해했던 불안감은 완화될 것이다.

웃음은 매우 강하고 대개 자발적인 감정 반응이기 때문에 예상치 못한 경우 놀라움을 불러일으킨다. 자발성은 일반적으로 사회적 예의나 정치적 올바름에 얽매이지 않는 진정성 있고 솔직한 반응을 의미한다. 웃음 자체가 주의를 빼앗기 때문에 웃음 뒤에 나오는 내용은 대부분 기억에 오래 남는다.

웃음은 상처를 줄 수도 있고, 사람들을 끌어들일 수도 있다. 사이먼의 남자친구는 사이먼이 말을 더듬어서 웃은 게 아니다. 사이먼이 자신의 말더듬증을 어떻게 인식했는지 완전히 잘못 판단했기에 웃은 것이다. 부적절한 웃음은 상처를 주거나 괴롭히거나 따돌릴 목적으로 사용될 때 폭력이 된다. 만약 사이먼의 남자친구가 말더듬증을 비웃었다면, 사이먼이 어떻게 반응했을지 상상해보자. 사이먼의 남자친구는 자신이 왜 웃었는지 설명했다. 웃고 나서 이유를 설명하지 않으면, 상대방은 자신이 웃음거리가 되었다고 생각할 것이다.

앤절라의 사례를 살펴보자. 앤절라가 수업 시간에 대답을 하자 교사가 웃었다. 교사가 웃는 이유를 설명하지 않자, 앤절라는 자신이 웃음거리가 되었다고 생각했고 분노와 창피함을 느꼈다. 그 결과, 수학에 대한 자신감은 의심으로 전락했다. 앤절라는 자신의 전망을 한순간에 바꿔버린 날을 회상한다. 앤절라는 넘치는 자신감으로 설렘을 느끼며 고등학교 AP 통계학 수업에 들어갔다. 교사는 평판이 좋았지만 학생 놀리기를 좋아했다. 앤절라는 열심히 계산했고, 자신 있게 그 결과를 발표했다. 하지만 돌아온 교사의

놀라움의 힘

반응은 앤절라를 놀라게 했다.

선생님은 웃음을 터뜨렸다. 10초쯤 웃고 나서 내가 제시한 답에 대해 아무런 언급도 하지 않고 다음 학생으로 넘어갔다. 수치심과 굴욕감이 치밀어올랐다. 선생님은 10초 만에 웃음만으로 내 모든 자신감을 앗아갔다. 남은 학기 동안 나는 단 한 번도 손을 들지 않았고, 선생님이 직접 지명하지 않는 한 수업에 자발적으로 참여하지 않았다. 결국 수학 성적은 점점 떨어졌고, 수업에 들어가는 것도 두려워졌다. 그 일이 있기 전까지만 해도 수업과 선생님에 대한 기대, 수학 능력에 대한 자신감이 충만했지만, 선생님은 이 모든 것을 앗아갔다.

예상치 못한 웃음을 터뜨린 바로 그 순간에 교사는 앤절라에게 성취감과 생산적인 결과를 안겨줄 수도 있었다. 하지만 그러지 않았다. 그 웃음은 앤절라를 놀라게 했으며, 즉각적인 영향력을 미치는 순간을 열었다. 교사가 10초 동안 웃고 나서 이렇게 말했다면 어땠을까? "와! 그렇게 접근할 수도 있구나. 창의적이고 영리하고 통찰력 있는데?" 앤절라의 자신감과 의욕은 틀림없이 상승했을 것이다.

나는 놀라움을 일으켜 순간적으로 피암시성이 높아진 상태를 이끄는 촉매제로 웃음을 자주 이용하곤 한다. 웃음은 긍정적인 방식으로 영향을 미칠 수 있는 기회로, 상대방의 관심을 끌 수 있는 가장 빠른 방법이다. 가령 칼이라는 직장 동료가 당신을 찾아와 곧 있을 프레젠테이션을 걱정하며 불안감을 표출한다고 가정해보자. 칼의 고민을 듣고 당신이 웃는다. 아마도 공감을 기대했을 칼은 멍하니 당신을 쳐다본다. 이윽고 당신이 말한다. "괜히 그러는 거죠? 당신이 발표할 때면 자세히 설명을 잘해줘서 다들 얼마나 집중하는데요." 이제 칼은 자세한 설명으로 청중을 집중시킬 방법을 생각하게 된다.

이번엔 당신이 농구 꿈나무를 지도하는 코치라고 가정해보자. 그 선수는 선발 라인업에 들어가기에는 자신의 실력이 부족하다고 생각한다. 당신은 코치로서 이렇게 말해줄 수 있다. "느려도 꾸준하게 실력을 키우는 데 집중하다 보면 엄청난 발전이 있을 거야." 이제 그는 느리지만 꾸준하게 실력을 키우는 것이 성공으로 가는 관문이라고 생각하게 된다.

결점을 자산으로 만들기

최근, 나는 교사를 대상으로 한 워크숍을 진행했다. 워크숍에 참여한 한 참가자는 자신의 동료 교사인 라파엘이 여러 가지 일을 동시에 잘 처리한다고 칭찬했다. 나중에 내가 라파엘에게 다가가 "선생님의 멀티태스킹 능력은 학생들 요구에 빠르게 대응할 수 있는 학습 환경을 조성하는 데 도움이 될 것입니다."라고 말했더니, 라파엘은 놀란 듯 미소를 지으며 의아한 표정으로 말했다. "전 지금껏 저의 멀티태스킹 능력을 강점이 아닌 약점으로 여겨왔어요."

7장에서는 어떻게 행동에 잠재된 자산을 찾아내 개인 자원을 창출할 수 있는지 보여주었다. 라파엘은 이제 멀티태스킹 능력이 학생을 가르칠 때 유용한 도구라고 생각하게 되었다. 이제 자신의 멀티태스킹할 때 죄책감을 느끼거나 이를 회피(부정적 감정가)하기보다는, 의도적이고 건설적으로 학생들을 가르치는 데 활용(긍정적 감정가)할 수 있게 된 것이다. 이 말을 들었을 때 라파엘의 얼굴에 떠오른 의아한 표정은 의미 형성 과정을 보여준다. 그러나 의미 형성 과정이 언제나 이처럼 눈에 보이는 것은 아니다.

7장에는 서맨사가 예기치 않게 수영팀 주장으로 발탁된 이야기가 나온다. 서맨사는 과묵하고 내성적인 자신이 왜 주장으로 뽑혔는지 궁금했다. 이러한 자질이 리더십과 일치하지 않는다고 스스로 평가했기 때문이다. 코치는 '깊이 생각하고 말하는 능력'을 리더십의 필수 요소라고 말해 서맨사를 놀라게 했다. 서맨사는 그 결정적인 순간을 되돌아보며, 코치님이 어떻게 이러한 자질을 부정적인 것이 아닌 '자산'으로 둔갑시켰는지 감탄했다. 자신의 어떤 특성이 부정적인 결과를 낳는다고 확신할 때, 권위 있는 누군가가 반대로 긍정적인 결과를 낳을 수 있다고 확신하면 놀랄 수밖에 없다.

단나는 자신의 수학 실력이 향상될 가망이 없다고 믿었다. 심지어 수학 공포증이 있을지도 모른다고 생각했다. 초등학교 저학년 때 수학 시험에 낙제한 단나는, 이후 고등학교에 진학해서도 여러 수학 수업에서 낙제했다. 단나는 낙제점을 면하고자 교무실에서 과외받으며 보낸 수많은 시간 덕분에 얼마나 많은 수학 선생님과 친구가 되었는지를 떠올리며 웃는다. 스스로 평가하기에도 수학 실력이 형편없었지만, 단나는 여전히 초등학교 교사가 되고 싶었다. 그러려면 반드시 수학 시험을 통과해야 하기에 걱정이 이만저만이 아니었다. 하지만 그중에서도 단나를 가장 곤혹스럽게 한 것은 미래의 학생들에게 수학에 대한 불안감을 물려줄 수도 있다는 믿음이었다. 하지만 이 모든 것이 바뀐 건 한순간이었다. 단나는 수학 과외를 받던 중 과외 선생님께 걱정을 털어놓았다.

과외 선생님은 이렇게 말씀하셨다. "수학을 어려워하는 사람들이 최고의 교사가 되는 경우가 많아. 왜냐하면 그 사람들은 여러 각도에서 숫자를 들여다봐야 했기 때문에 결국에는 모든 도구를 손에 넣게 되거든." 그날 이후로 수학은 가장 좋아하는 과목이 되었다. 아이들이 마침내 수학을 이해하게 되는 그 순간을 나는 사랑한다. 아이들이 수학 때문에 고생하면 덩달아 나도 마음고생을 한다. 그러다 갑자기 모든 조각이 제자리를 찾으면서 이해의 순간이 찾아온다. 이 모든 일이 하루아침에 이루어진 것은 아니었다. 게다가 여전히 생소한 개념이 등장하면 금세 소심해지곤 한다. 하지만 이제는 피하지 않고 도전을 받아들인다.

놀라움의 힘

단나의 사고방식이 바뀐 이유는 수학의 감정가가 바뀌었기 때문이다. 단나는 이제 어렵다는 이유로 수학을 '회피'하지 않고, 더 나은 교사가 될 수 있는 성장의 기회로 바라보며 '접근'한다. 단나는 수학을 어려워하는 아이들을 도와주는 능력에 자신감을 느낀다. 수학과의 투쟁은 여전히 진행 중이지만, 이제 수학은 성공을 의미한다.

"이 모든 일이 하루아침에 이루어진 것은 아니었다."라는 단나의 말에서 사고방식이 무의식 수준에서는 즉시 바뀔 수 있지만, 변화를 인식하는 과정은 더디거나 아예 일어나지 않을 수도 있다는 사실을 다시금 알 수 있다. 변화를 즉시 인식하고, 이를 개안 또는 갑작스러운 깨달음이라고 부르는 사람도 있고, 오랜 기간 사고방식의 변화와 그에 따른 행동 변화를 알아차리지 못하는 사람도 있다. 이는 하버드대학교 연구원 에이미 커디Amy Cuddy의 '파워포즈Power Posing'에 관한 TED 강연에 아주 잘 설명되어 있다. 대학원에 진학한 커디는 소속감을 느끼지 못해 그만두려 했다. 하지만 지도교수는 격렬하게 반대하며 "될 때까지 그런 척하면 그렇게 된다."라고 말했다. 즉, 이미 소속된 척하라는 말이었다. 커디는 5년 후 갑작스러운 깨달음을 경험하고 나서야 실제로 그렇게 되었다는 사실을 깨달았다. 마침내 커디는 자신이 더 이상 '소속된 척'하지 않는다는 사실을 인식했다.[2]

감독, 부모, 코치, 교사, 치유자의 근본적인 역할은 함께하는 사람들이 풍요로운 삶을 살 수 있도록 도와주는 것이다. 누군가 강점을 알아볼 때, 우리는 더 생산적인 방향으로 성장한다. 또한 누군가 개인적으로 약점이라고 생각했던 특성에 내재된 강점을 알아볼 때 우리는 성장한다. 자신의 개인적인 약점을 떠올려보라. 이 약점을 보완하려는 노력은 결국 고유한 강점으로 발전한다. 나는 읽기장애를 안고 자랐다. 천천히 온 신경을 집중해서 글을 읽어야 했고, 되돌아가 다시 읽을 때도 많았다. 하지만 결과적으로 뛰어난 독해 능력을 갖추게 되었다. 자, 당신은 어떤가?

　때로는 이미 명명된 자원이 결점이 아닌 이전에 발견되지 않은 자산일 수도 있다. 이 역시 놀라움을 불러일으키고 사고방식을 수정하는 계기가 될 수 있다. 아이가 시키지도 않았는데 정리 정돈하면, 부모는 책임감 있게 행동하려는 능력을 알아차린다. 직원이 질문을 많이 하면, 상사는 경쟁적인 환경에서 잘 해내려는 열의를 알아차린다. 운동선수가 실수를 웃어넘기면, 감독은 힘든 상황이 닥쳐도 이겨내고 성공하려는 열망을 알아차린다. 이때 놀라움을 일으키는 발언을 건네면 도파민을 분출시켜 동기를 부여할 수 있다. 설령 놀라움을 유발하지 못했더라도, 긍정적인 발언만으로도 개인의 강점을 부각시킬 수 있다.

　토머스는 학창 시절부터 자신이 유머를 찾고 만드는 데 능숙하다는 사실을 알고 있었다. 그는 매사에 진지한 구석이라곤 찾아볼 수 없었고, 진지한 사람들을 놀려대곤 했다. 그러던 어느 날, 선생님이 토머스에게 방과 후에 남으라고 말했다. 토머스는 여느 때와 다름없이 꾸지람을 예상했지만, 교사는 토머스가 남들이 우러

놀라움의 힘

러보는 타고난 리더라고 말해 토머스를 놀라게 했다. 이윽고 교사는 토머스에게 물었다. "어떤 방향으로 사람들을 이끌고 갈 거니? 더 크고 밝은 미래로? 아니면 잘못된 길로? 그걸 결정하는 게 바로 네 몫이란다." 그때부터 토머스는 항상 신중하고 긍정적으로 올바른 결정을 내리려고 노력했고, 다른 친구들의 모범이 되었다.

교사가 토머스에게 리더십의 자질을 만들어준 걸까? 아니면 단지 사고방식을 바꾸는 발언으로 그러한 자질을 강조한 걸까? 분명히 토머스는 사고방식이 바뀌었고, 이 새로운 도구에 집중하기 시작했다. 이 같은 집중력과 뒤이은 발전은 교사의 발언에서 비롯되었다. 교사는 의도적으로 도전 과제를 제시해 토마스를 놀라게 하고 호기심을 불러일으켰다. 토머스는 이제 자신의 유머 감각을 리더의 자질로 연결시킨다.

토머스의 사례와 마찬가지로, 그래미상을 받은 음악가 데이브 매튜스Dave Matthews는 어린 시절에 사고방식의 변화를 겪었다. 인식과 믿음은 그 당시 즉시 바뀌었지만, 어른이 되고 나서야 그 순간이 사고방식을 바꾼 결정적인 순간임을 깨달았다.

매튜스는 여덟 살 때 음악에 빠져서 항상 노래를 부르고 다녔다. 아빠가 지나가듯 던진 말 한마디에 매튜스는 단지 음악을 감상하는 데서 그치지 않고, 음악을 할 수 있을지도 모른다고 생각하게 되었다. 저녁 식사를 하기 위해 가족과 함께 식탁에 앉아 있을 때였다. 매튜스는 일부러 시끄럽게 노래를 부르며 식사를 방해했다. 그러자 아빠가 엄마를 쳐다보며 이렇게 말했다. "봐, 노래를 얼마나 잘 부르면 일부러 음정을 틀리겠어." 꾸중을 예상했던 그는 아빠의 말에 놀라움과 자부심을 동시에 느꼈다. 매튜스는 틀린 음정으로 노래 부르기를 멈췄고 저녁 식사가 이어졌다. 그날 이후로 매튜스는 이렇게 생각했다. '모든 것이 달라졌어. 난 노래를 부를 수 있을지도 몰라.' 매튜스의 말을 그대로 옮기면 이렇게 생각하기 시작했다고 한다. '음악은 그저 내가 좋아하는 것만이 아닐지도 몰라. 어쩌면 음악이 곧 나일 수도 있겠어.'[3]

당시 매튜스는 고작 여덟 살이었지만, 여전히 이 일을 생생히 기억한다. 하지만 인지 연구에 따르면, 기억에는 결함이 있다는 사실이 밝혀졌다. 매튜스가 기억하는 이야기의 세부 사항은 정확하지 않을 수 있지만, 매튜스에게 그 의미는 고정되어 있다.

이야기에서 세부 사항은 중요하지 않다

아내와 함께 겪은 사건을 회상하다 보면, 에릭 밴스가 쓴 《당신은 쉬운 사람》이 생각난다. 특히 다음 한 구절이 떠오른다. "남에게 듣는 이야기와 우리가 하는 이야기가 세상을 바라보는 우리 시각을 형성한다."[4] 같은 일을 두고도 아내가 하는 이야기는 다소 다르지만, 이 책을 쓰는 사람은 나기 때문에 내가 하는 이야기가 '진짜'다. 내 이야기가 '진짜'라는 말에 아마도 당신은 코웃음을 쳤을 수도 있다. 본능적으로 비슷한 사건을 경험하더라도 사람마다 다르게 기억한다는 사실을 알기 때문이다.

내가 기억하는 이야기는 이렇다. 캐나다 밴쿠버에서 가족끼리 아이스 스케이트를 타다가 아내 로라의 손목이 부러진다. 우리는 병원 응급실로 간다. 엑스레이를 찍고 의사를 만난다. 로라가 들것에 누워 고통으로 얼굴을 찡그리는 동안, 나는 로라의 발을 부드럽게 문지른다. 의사는 손목 두 군데가 부러졌다며 어찌 된 영문인지 묻는다. 로라는 아이스 스케이트를 타고 있었다고 말한다. 의사가 고갯짓으로 나를 가리키며 로라에게 묻는다. "당신이 넘어졌을 때 아들도 함께 있었습니까?" 나는 미소를 짓는다. 로라가 단호한 목소리로 말한다. "아들 아니고 남편이에요!" 의사가 맞는지 확인하려고 나와 시선을 마주치더니 다시 묻는다. "세상에, 머리를 어디서 자르시나요?" 나는 미소를 짓고, 아내가 화를 내며 대답한다. "어찌나 구두쇠인지, 자기가 직접 자른답니다." 우리는 모두 가볍게 웃는다.

나는 문득 이게 로라의 첫 번째 깁스일지도 모른다는 생각이 든다(나는 하키를 했기 때문에 여러 번 깁스를 해봤다). 나는 묻는다. "로라, 이번이 첫 깁스야?" 로라가 코웃음 치며 분을 낸다. "그래." 의사가 맞장구친다. "저도요." 모두가 킬킬댄다. 의사가 깁스를 수백 개 만들어봤다며 우리를 안심시킨다. 도와주러 들어온 남자 간호사가 로라의 손목을 확보하려고 스웨터를 벗기려 한다. 로라가 말한다. "낡은 스웨터잖아요. 그냥 자르세요." 남자 간호사가 말한다. "아니에요. 전 사람들 몰래 옷 벗기는 데 선수랍니다." 이제 모두가 웃음을 터뜨린다. 내가 정확히 기억하는 바로는 이렇다. 나는 내 기억이 더 정확하다고 믿는다. 고통과 불안에 휩싸이지 않고 정신이 멀쩡한 건 결국 나뿐이었으니까 말이다.

로라가 기억하는 이야기도 비슷하다. 큰 줄기는 같다. 로라는 맹세컨대 자신의 기억이 '진실'이라고 말한다. 우리는 단지 사소한 세부 사항에서 기억이 일치하지 않을 뿐이다. 하지만 로라는 내 기억이 더 재미있다는 이유로, 모임에 가면 내 기억대로 이야기하도록 내버려둔다. 이 이야기의 요점은 같은 사건을 경험하더라도 기억은 보통 각자 다르다는 것이다. 하지만 이 경우 본질적으로 기억은 동일하고, 사소한 세부 사항만 과장되거나 흐릿할 뿐이다.

동료들로부터 이 책에 실린 일화가 사실이냐는 질문을 받기도 한다. 그럴 때면 나는 "잘 모르겠지만, 그건 중요하지 않아요."라고 대답한다. 내가 수집한 이야기는 그 사람이 가진 믿음, 진화된 기억, 인식을 반영한다. 하지만 내 동료들이 알아내려고 하는 것은 세부 사항의 정확성이다. 회상과 기억은 복잡하고 역동적이다. 이야기의 형식은 우리가 사건을 어떻게 기억하는지, 사건이 우리에게 무슨 의미인지, 우리가 믿음을 어떻게 표현하는지를 반영한다. 그런 의미에서 모든 일화는 사실이고, 화자를 대표한다. "세부 사항이 정확한가요? 화자가 내용을 정확하게 묘사하나요?"라고 묻는다면, 아마도 그렇지 않을 수도 있다고 대답하겠다. 기억은 그런 면에서 틀릴 수 있기 때문이다. 그리고 언제, 누가 무엇을 말했는지와 정확한 단어 배열은 중요하지 않다. 중요한 것은 이야기가 담고 있는 의미, 표현하는 믿음, 전달하는 메시지다.

우리는 이야기로 생각하고, 이야기로 다른 사람에게 자신을 설명한다. 플라세보와 최면이 효과를 보는 것도 부분적으로는 이 때문이다. 누군가가 이야기하고 그 이야기가 사실이라고 느껴지면, 우리는 함께 따라오는 제안과 더불어 그 이야기를 사실로 받아들인다.

단어와 구문이 중요하다

어느 날, 여성 지인들 틈바구니에 끼여 일상적인 이야기를 나누고 있었다. 그러다 내가 한마디를 보탰다. 뭐라고 했는지 기억도 안 나지만, 한 사람이 갑자기 말을 멈추고 나를 빤히 쳐다보는 바람에 이목이 집중되었다. 그 사람이 혼란스럽다는 표정으로 나를 쳐다보길래, 혹시 내가 실수로 무례하거나 어리석은 말을 한 것은 아닐까 생각했다. 하지만 뜻밖의 말이 나왔다. "당신은 다른 남자들과 다르네요. 진짜 경청하는군요." 그 말을 들은 다른 사람들이 고개를 끄덕였고, 대화는 곧바로 다시 이어졌다. 이게 벌써 30년 전 일이고, 이 책을 쓰기 전까지는 딱히 그 순간을 떠올린 적이 없었다. 하지만 돌이켜보니 그 순간은 정체성을 형성한 순간으로, 놀라움의 특징을 모두 지니고 있었다. 일상적인 대화 속에서 의도적인 시선은 나를 사로잡았고, 호기심을 자극했으며, 강력한 선언에 대비시켰다. 그 말은 문맥에서 벗어났기 때문에 놀랍게 느껴졌다(당시 우리는 듣기 능력에 대해 이야기하고 있지 않았다). 그 이후부터 지금까지, 나는 내가 탁월한 듣기 능력을 가지고 있다고 생각한다(내 아내는 동의하지 않을 수도 있다). 실제로 탁월한 수준에 도달했는지는 모르겠지만, 그렇게 믿고 의도적으로 이야기를 듣고 나만의 단어로 바꿔 표현하는 연습을 했다. 그 발언은 교과서적인 전달은 아니었지만, 효과는 있었다(이 장과 다음 장에서는 교과서적인 전달 방법을 설명한다).

일부 단어와 구문은 다른 단어와 구문보다 효과적이다. 의미 있고 강력한 언어 구조를 구축하려면, 과학적 지식에 예술적 기량이 더해져야 한다. 지난 30년 동안, 나는 7장에서 설명한 CERS(원인-효과-자원 발언)라는 강력한 언어 구조를 구성하고 다듬었다. 이 구성은 이야기가 설득력이 있는지 확인하고, 사건을 설명하며, 강력한 개인 자원을 동원하기 때문에 효과적이다. 여기서는 CERS를 구성하고 전달하는 방법을 더 자세히 살펴보겠다.

내가 제안하는 구조화된 발언은 얼핏 보면 단순히 긍정적인 발언처럼 보일 수 있다. 놀라움이라는 요소가 빠지면 아마도 그럴 것이다. 칭찬은 편안함, 만족감, 흥분감을 낳는다. 칭찬을 들으면 기분이 좋다. 하지만 여기서 명확히 짚고 넘어갈 것은 고무적인 발언은 그 자체로 장점이 있지만 이 책의 요점은 아니라는 것이다. 고무적인 발언이 놀라움으로 전달되거나 놀란 상태에서 전달되면 인생이나 일의 판도를 바꿀 수 있다. 신경학적으로 볼 때, 놀라움을 느끼는 도중에 전달된 발언은 위상성 도파민 분비를 일으켜 어떤 일이든 계속 수행하려는 동기를 부여하고 새로운 믿음을 촉발할 가능성이 있다.

설득

본격적으로 CERS 구성에 들어가기 전에 설득에 관한 최신 문헌을 살펴보자. 제2차 세계대전 이후 이런 질문이 나오기 시작했다. '사람들은 어떻게 집단학살에 가담하게 되었을까?' 심리학에서는 설득이 중심 연구 주제로 발전했다. 1970년대 초까지 이 분야는 총체적 난국이었다. 연구 결과는 하나같이 혼란스럽고 서로 상충했다. 어떤 경우에는 효과가 있다고 했다가, 또 어떤 경우에는 효과가 없거나 정반대의 효과가 나타난다고도 했다. 모든 연구가 개념적 일관성이나 근본적인 원칙 없이 뒤죽박죽이었다.

당시에는 메시지의 설득력이 수신자가 메시지를 얼마나 잘 학습하느냐에 달려 있다고 가정했다. 그러나 이제 메시지를 학습하는 것과 메시지에 설득당하는 것은 거의 관련이 없다는 사실이 밝혀졌다. 예컨대 오늘날 영양 정보는 넘쳐나지만, 여전히 비만이 될 위험은 만연하다. 운동의 중요성이나 단 음식의 위험성은 잘 알려졌지만, 단순히 아는 것만으로는 행동이 바뀌지 않는다. 설득은 단순히 '아는 것'과는 다르다.

1986년, 리처드 페티Richard Petty와 존 카치오포John Cacioppo는 사람들의 마음을 바꾸는 메시지와 바꾸지 못하는 메시지 사이에 어떤 차이가 있는지를 설명하는 이론을 개발했다. 이는 심리학에서 가장 강력하다고 알려진 이론이다. 시간이 지나도 그 영향력을 지속시켜 주는 것과 사라지게 하는 것, 이를 '정교화 가능성 모델elaboration likelihood model'이라고 부른다. 이 이론은 심리학자들이 설득을 이해하는 방식을 바꿨다.[5]

우리는 정교화 요소가 포함된 설득이 더 효과적이라는 사실을 알게 되었다. '정교화'란 메시지가 수신자에게 높은 수준의 인지를 유발한다는 뜻이다. 간단히 말해서, 설득력 있는 메시지는 수신자를 생각하게 만든다. 앤서니 그린월드Anthony Greenwald는 1968년에 '인지 반응 모델'이라는 이름으로 이 개념을 처음 제안했다.[6] 그린월드는 의사소통의 설득력은 내용 자체가 아니라 의사소통의 '자기대화self-talk'에 있다고 주장했다. 자기대화를 인지 정교화의 사고 기능과 유사하다고 생각하라. 본질적으로 의사소통이 우리를 생각하게 만들 때, 이를 받아들이는 가능성이 더 커진다. 왜일까?

무언가에 대해 생각할 때 우리는 의사소통의 의미에 관여한다. 이때 관여는 논쟁과는 확연히 다르다. 논쟁은 생각하는 것처럼 보이지만 대개 자동응답이다. 논쟁에서 우리는 관점, 즉 방어하고 표현해야 할 이해관계를 가지고 있다. 논쟁은 이기기 위한 것이지 배우기 위한 것이 아니다. 설득으로 이어지는 사고는 '여기서 무엇을 배울 수 있는가?'처럼 깊이 생각하는 종류의 사고다. 정교화는 효

놀라움의 힘

과적으로 촉발되면 방어적인 자세가 아니라 심사숙고하도록 유도한다.

내 강의를 들었던 어느 교사는 고등학생 시절 겪었던 한 사건을 회상한다. 이 일화를 읽어 내려갈 때 교사의 발언이 어떻게 정교한 사고를 촉발했는지를 주의 깊게 살펴보라.

고등학교 1학년 때 학생들을 잘 알아가려고 노력하시는 선생님이 한 분 계셨다. 첫 학기가 끝날 무렵, 선생님은 자신이 찾아낸 아이들의 고유한 장점을 한 가지씩 말씀해주셨다. 장점은 저마다 고유했고, 정말로 그 아이에게만 적용되는 것이었다. 선생님이 한 명 한 명 찾아가 장점을 말해줄 때마다 나도 덩달아 공감했다. 선생님은 모든 아이에게서 최고의 자질을 찾아내셨다. 드디어 내 차례가 되었을 때, 선생님은 내 측은지심에 감탄했다고 말씀하셨다. 뭐라고? 단 한 번도 그런 관점에서 스스로를 바라본 적이 없었기에 사실 조금 실망스러웠다. 마치 선생님이 나만 빼고 다른 학생들만 알아가려고 노력한 것 같았다.

그 후 며칠 동안 그 단어에 관해 깊이 생각했다. 그러자 서서히 그 단어가 나한테 어떻게 적용되는지 보이기 시작했고, 점차 주변 사람들에게서도 이를 찾기 시작했다. 나는 이 선생님을 잊지 못할 것이다. 스스로를 바라보는 방식과 주변 사람들을 바라보는 방식을 바꿔주었기 때문이다. 측은

지심은 이제 내가 사람들에게서 찾고, 내 학생들에게서 찾 아내 인정해주려고 노력하는 특성이다.

예상치 못한 발언, 즉 놀라움은 본능적으로 정교화 과정을 촉 발하고 발언의 설득력을 높인다. 정교화 가능성 연구 결과에 따르 면, 이러한 방식으로 수신된 메시지는 상대적으로 지속적이고 변 화에 저항적이며 행동을 예측하는 경향이 있다고 한다. 놀라움이 라는 요소를 추가하면, 정체성이 형성되는 순간을 만들 가능성이 기하급수적으로 증가한다.

여기서 주목! 정체성을 형성하는 모든 순간이 인지 정교화를 유발하는 것은 아니다. 어떤 경우에는 의식적인 사고가 전혀 발생 하지 않기도 하는데, 이는 바로 정체성을 형성하는 사건이 너무 빠 르게 일어나서 인식되지 않는 경우다. 이 책에서 설득에 관한 연구 를 논의하는 이유는 두 가지다. 첫째, CERS를 만든 이유와 방법을 설명하기 위해서다. 설득력 있는 발언의 효과를 극대화하고자 하 는 것이 그 이유다. 둘째, 의식적이든 무의식적이든 CERS가 전달 되는 동안 발생하는 인지 과정을 설명하기 위해서다.

인간은 정신적 수고를 줄이고자 노력하는 '인지 구두쇠'다. 따 라서 메시지는 짧고 정확하며 관련성이 있을 때 가장 설득력이 높 다. CERS는 이러한 중요한 기준을 충족한다. 한 문장으로(짧음) 하 나의 원인을 하나의 결과에 연결하고(정확) 수신자가 가진 자원을 선언한다(관련성). 또한 정교화 가능성 모델은 '동기'와 '능력'을 가장 영향력 있는 요인으로 강조한다.

동기를 메시지 처리의 욕망이라고 생각하라. 동기는 관련성과 직접적인 연관이 있다. 이 정보가 나에게 영향을 미치는가? 예를 들어, 열성적인 사냥꾼에게 채식주의와 건강한 삶을 연결하는 발언은 동기부여의 가능성이 작다. 반대로 신예 작가에게 세부 사항에 주목하는 것과 가독성 증가를 연결하는 발언은 더 큰 동기를 부여하는 경향이 있다. 누구나 자신의 실제 삶에 적용할 수 있는 말에 이끌리기 마련이다.

능력은 '인지 자원의 가용성'과 '흔들림 없이 집중하는 것'을 의미한다. 놀라움은 바로 이 능력에 불을 붙이는 도화선이다. 강렬한 놀라움이 발생할 때 뇌는 인지 자원을 동원하여 놀라움을 일으킨 원인에만 집중해 의미를 파악한 다음 적절한 새로운 믿음을 구축한다.

요약

모든 전략적 개입이 생산적인 결과를 낳는 것은 아니지만, 이 장에서 논의된 방법을 사용하면 유익한 효과를 낳을 가능성이 매우 높아진다. 일반적으로 누군가의 기대와 정반대로 행동하면 놀라움을 불러일으키게 된다. 이 장에서는 몇 가지 구체적인 전략을 언급했다. 놀란 척하기와 기대와 반대로 반응하기, 즉 감동하는 반응을 예상했을 때 감동하지 않는 것은 모두 놀라움을 불러일으킨다.

예상치 못한 웃음 또한 놀라움을 유발한다. 웃음은 진실한 감정 반응을 나타낸다. 예상하지 못하거나 예상은 했는데 결과가 부재할 때, 상대방은 당황하며 이 놀라운 사건을 설명할 해답을 찾는다. 긍정적인 놀라움의 순간을 일으키는 가장 효과적이고 즉각적으로 실행 가능한 방법은, 상대방이 결점으로 여기는 것을 자산으로 재구성하는 것이다. 설득에 관한 문헌을 검토하면서 이 장을 마무리했다. 다음 장에서는 CERS가 어떻게 설득의 핵심 요소를 내포하는지 살펴볼 것이다.

Chapter 9

이해
형성하기

얼마 전, 컴퓨터로 글을 쓰고 있는데 어디선가 음악이 흘러나왔다. 갑작스러운 멜로디에 놀라 주의가 흐트러졌고, 그와 동시에 호기심이 일었다. '어디서 나는 소리지?' 다시 일에 집중하려면 소리의 근원을 찾아 꺼야 했다. 주의가 전환되고 호기심이 생겨난 건 내 의지로 멈출 수 없는 자동적인 반응이었다. 나는 집중력을 흐트러뜨린 이 사건의 의미를 파악해야만 했다. 내 인지 과정을 따라가보면 다음과 같다. 우선 소리의 근원을 파악하는 데 집중했다. '이웃집에서 시끄럽게 음악을 틀어놓았나, 아니면 아내가 다른 방에서 피아노를 치고 있나? 왜 하필 지금 피아노를 치는 거지? 내가 글을 쓰고 있다는 걸 알 텐데. 아니면 내 앞에 있는 라디오가 고장 나서 혼자 켜졌나? 도대체 어디서 나는 소리지?' 몇 초 후, 내가 열어둔 브라우저 탭에서 광고가 재생되고 있다는 사실을 알아냈다. 나는 탭을 닫고 방금 떠오른 인지 과정을 메모하고는 다시 글쓰기에 몰입했다.

　이 예상치 못한 사건은 즉시 내 주의를 끌었고, 본능적으로 궁금증을 해결하려는 열망을 불러일으켰다. 이제 글을 쓰다가 어디선가 음악 소리가 들려오면 내가 어디부터 살펴볼 것 같은가? 그렇다. 내 정신은 인터넷 창부터 확인하려는 성향을 가지게 되었다. 일단 열린 인터넷 창에서 음악이 흘러나왔다는 결론에 이르고 나면, 뜬금없이 음악이 흘러나올 때 본능적으로 컴퓨터를 먼저 확인할 것이다. 이 사례는 주기적으로 발생하지만, 의식적인 처리 과정까지 도달하는 경우는 거의 없는 사건을 보여준다. 성공을 한 번 경험하면, 이후에도 본능적으로 같은 해결책을 시도하는 경향이 생긴다. 뜬금없는 음악과 열린 인터넷 창처럼 인과관계가 객관적이고 구체적인 세계에서는 이러한 역학 관계를 쉽게 확인할 수 있다. 주관적인 영역에서도 같은 역학이 발생하지만, 이처럼 눈으로 확인하기 어렵고 인과관계를 규명할 수 없는 경우도 있다.

　방에 들어서자 초인종이 울린다. 음? 밖으로 나갔다가 다시 들어와 우연의 일치인지, 아니면 동작 감지기가 작동한 것인지 확인한다. 또 초인종이 울린다. 다시 확인한다. 또 울린다. 아하! 동작 감지기가 작동한 것이 틀림없다. 이처럼 감각으로 경험하는 구체적인 세계에서는 가설을 확인하고 믿음을 형성할 수 있다. 본능적으로 긍정적 검증 전략이 작동하는 것이다. 우리는 '어딘가에 동작 감지기가 있다.' 같은 가설을 세운 뒤, 이 가설을 확인하려고 시도한다. 주관적인 세계에서 이 긍정적 검증 전략에 해당하는 것이 바로 '확증편향'이다. "사물을 바라보는 독특한 시각이 창의적인 아이디어가 샘솟게 도와주나 보군요."라는 자아개념에 관한 발언을 듣고 놀랐다고 가정해보자. 이 발언은 그 자리에서 검증할 수 없다. 그 대신, 정신은 본능적으로 기억 저장소에서 증거를 검색해 몇 가지 예를 반드시 찾아낼 것이다. 이제 이 발언은 옳다는 사실이 검증되었다.

친구에게 이렇게 말한다고 가정해보자. "너처럼 곡을 쉽게 연주할 수 있다는 건 언어를 배우는 귀가 있다는 뜻이야." 이 예상치 못한 관찰에 놀란 친구는 당신의 발언에 주의를 빼앗기고, 본능적으로 의미를 파악하려고 한다. '음악을 듣는 귀'와 '언어를 배우는 귀' 같은 추상적인 개념 사이의 연결 관계는, 어디선가 갑자기 음악 소리가 들려오는 구체적인 세계와는 달리 확인하거나 반박하기 어렵다. 따라서 이 진정성 있는 칭찬을 굳이 무시할 이유가 없다. 갑작스러운 음악 소리가 들려오면 내 정신이 컴퓨터를 먼저 확인하려는 쪽으로 기울 듯이, 친구의 정신도 타고난 언어적 재능이 사실이라는 증거를 본능적으로 찾아 나선다. 이제 외국어가 들리면 친구의 정신은 청각을 집중해 들으려는 수용적인 태도로 기운다. 결과적으로 '친구는 언어를 배우는 귀를 가진 사람'이 되었다.

위에서 설명한 본능적인 인지 과정은 계속해서 발생하지만, 강한 감정 반응을 불러일으키거나 오랫동안 답을 찾아 헤맨 경우가 아니라면 거의 알아차리지 못한다(나는 관련된 책을 쓰고 있으므로 예외다). 일단 설명(믿음)을 확보하면, 그 설명이 미래에도 유사한 사

건을 불러온다. 이를 가능하게 하는 것이 바로 CERS다. 이 중요한
개념을 잠시 되짚어보자.

CERS로 경험 구성하기

소프트웨어 설계 책임자가 부하 직원에게 이렇게 말한다고 가정
해보자. "실패도 거리끼지 않는 패기가 있어서 업무 생산성이 높군
요." '실패도 거리끼지 않는 패기(원인)'를 '업무 생산성(결과)'으로
연결하면 활용 가능한 자원이 된다. 부하 직원은 자신이 '패기 있
게 실패한다'는 사실을 인지하지 못했기 때문에 놀라움을 느낀다.
부하 직원은 '실패도 거리끼지 않는 패기'와 '업무 생산성' 사이의
연결 관계에 의문을 제기하지 않는다. 딱히 반박할 근거가 없기 때
문이다. 이 추상적 발언을 이해하려는 인지적 행위는 그 의미를 암
묵적으로 수용하도록 유도한다. 일단 행동에 이름이 붙으면 가치
를 가지게 된다. 게다가 상사는 "당신은 파란 셔츠를 입고 있습니
다."라고 말하는 것처럼 마치 객관적인 사실을 관찰한 양 말했기
때문에 부하 직원은 더더욱 사실로 받아들인다.

　상사의 목표는 칭찬이 아니라 선언적 발언을 하는 것임을 유
념하라. "세상에, 일을 정말 열심히 하시네요." 같은 칭찬은 거짓말
이나 상대방을 조종하려는 의도로 들릴 수도 있다. 반면 선언은 진
정성 있게 들린다. 또 감정이 실리지 않은 객관적인 사실처럼 들린

다. 이처럼 듣는 사람이 객관적 진실로 받아들일 수 있는 언어 구조를 실제 현장에서 직접 적용하며 개발하고 개선하기까지 20년이 걸렸다.

CERS를 이용하면, 문자 그대로 경험을 구성할 수 있다. 위에서 언급한 CERS 사례는 실패를 어떻게든 회피해야 하는 대상에서 받아들이고 배울 수 있는 기회로 전환하려고 시도한다. 만약 그렇게 되면 실패할 때마다 도파민이 조금씩 분비되어 실패 직후에 오히려 의지를 다지게 된다. 마지막으로 이 발언은 부하 직원에게서 강점을 발견하고 칭찬한다. 부하 직원은 이를 당연한 사실로 받아들여 감사 인사를 한다. (사실 실패는 이 사례에서 묘사한 것보다 훨씬 더 복잡한 개념이다. 빨강 신호등에서 정지하는 데 실패하는 것과 새로운 요리를 준비하면서 실패하는 것은 아예 다른 문제다. 여기서 말하는 실패는 후자다.)

같은 사례에서 "업무 생산성이 높군요." 대신에 "혁신적인 사고를 할 수 있군요."나 "그토록 긍정적일 수 있군요."라고 바꿔 말할 수도 있다는 점 또한 중요하다. 구글로 거의 모든 것을 검색할 수 있듯 우리는 거의 모든 것을 연결할 수 있지만, 부정적인 연결은 심각한 결과를 초래할 수도 있다. 만약 누군가가 "실패를 거리끼지 않는 패기 때문에 복잡한 개념을 빨리 이해하지 못하시네요."라고 말한다면 어떻게 될까? 이러한 발언을 받아들이면 복잡한 개념을 이해해야 하는 상황에 직면할 때마다 어쩔 수 없이 의기소침해질 것이다. 그러니 반대로 "실패를 거리끼지 않는 패기 덕분에 복잡한 개념도 빨리 이해하시네요."라고 말하라. 이 말을 들은 부하 직원은 복잡한 개념을 이해해야 하는 상황에 직면할 때마다 긍정적인 감정가로서 빠르게 이해하고자 하는 동기를 부여받을 것이다.

부하 직원이 정말 이런 발언에 놀랄까? 사실, 실제로 놀라고 말고는 중요하지 않다. 눈이 커지고 입이 벌어지고 이마에 주름이 잡히는 등 전형적인 놀라움의 신호는 나타날 수도 있고, 나타나지 않을 수도 한다. 놀라움을 나타내는 신호는 문화권별로 극단적으로 다르거나 아예 존재하지 않을 수도 있다는 사실을 유념하라. CERS는 그 언어 구조 때문에 효과가 있다. 그런데 놀라움을 동반하면 효과가 더 커진다. 일하다가 갑자기 음악이 흘러나오면 컴퓨터 탭부터 확인하려는 경향이 내게 생긴 것처럼, 부하 직원도 이제 실패를 학습과 연결시키는 경향이 생겼을 것이다. 이 모든 것은 자동으로 그리고 통상 인식 밖에서 발생한다. 적어도 이 책을 읽기 전까지는 말이다. 이제 당신은 이러한 종류의 발언이 어떻게 인식과 행동에 영향을 미치는지 알게 되었다. 따라서 마음에 드는 발언은 의도적으로 수용하고 그렇지 않은 발언은 거부할 수 있는 권한을 갖게 된 셈이다.

CERS 구성하기

"타인에게 의도적인 영향력을 행사할 윤리적·도덕적 권리가 우리에게 있나요?"라고 궁금해하는 독자가 있을 수도 있다. 우리는 항상 상대방의 윤리적·도덕적 의도에 의문을 가져야 한다. 놀라움을 유발하고 CERS를 전략적으로 이용하는 방법을 전파하려는 나의 의도는, 개개인의 강점과 자원을 발굴하며 역경에 맞설 수 있는 개인적 역량을 구축하고 성공과 행복에 이를 수 있도록 돕는 데 있다. 나의 목표는 모든 사람이 성장하고 잠재력을 광범위하게 개발할 수 있도록 돕는 것이다.

CERS가 정말 중요할까? 단순한 긍정적인 발언만으로도 효과가 있지 않을까? 다음 사례를 살펴보자. 부하 직원이 상사에게 업무 시간을 절약할 수 있는 아이디어를 제안한다. 상사가 부하 직원에게 말한다. "와! 좋은 생각이네요." 이 유쾌한 반응에 부하 직원의 도파민 분비가 급증한다. 그러나 우리는 상사의 발언이 무슨 의미인지 정확히 알 수 없다. 상사가 그냥 부하 직원을 좋아하는 건지, 그 아이디어를 좋아하는 건지, 그저 '좋은 게 좋은 거지.'라는 생각으로 대충 칭찬하고 마는 건지, 아니면 또 다른 의미인지 알 수 없다. 대신 이렇게 말한다고 가정해보자. "와! 복잡한 문제를 실행 가능한 해결책으로 단순화하다니, 창의 지능이 높군요." 이제 우리는 부하 직원이 이 발언에서 어떤 의미를 찾아낼지 알 수 있다. '나는 창의 지능이 높고, 복잡한 문제를 단순화하는 능력이 탁월하다.' 첫 번째 발언은 들으면 기분이 좋다. 두 번째 발언은 더 세분화된 언급으로 성장과 생산적인 사고방식을 촉진한다. 이렇듯 언어는 매우 중요하다.

CERS를 구성하는 것은 간단하다. 행동을 관찰해 자원으로 활용 가능한 수신자의 강점을 찾아서 이를 부각시킬 수 있는 결과에 연결한다. 가령 직장 동료가 열심히 제안서를 작성하는 모습(원인)을 봤다고 가정해보자. 그 모습을 본 나는 이 노력으로 철두철미한 제안서가 나올 것(결과)이라고 생각한다. 그러면 끝이다. '노력'을 '철두철미한 결과'로 연결한다. 이것은 그다지 획기적인 연결은 아니다. 자, 상황을 되짚어보자. 당신은 직장 동료가 생각에 잠긴 채 조용히 앉아 있는 모습을 봤다. 또한 당신은 제안서 제출일이 코앞으로 다가왔다는 사실을 알고 있다. 이번에는 원인을 '세부 사항에 집중하는 능력'이라고 이름 붙이고, 이를 '창의적인 접근 방식'이라는 결과에 연결한다. 그다음 직장 동료에게 확신을 가지고 이렇게 말한다. "세부 사항에 집중하는 능력이 창의적으로 접근할 수 있도록 도와주는 거군요." 당신은 직장 동료가 꼼꼼하고 상상력이 풍부하다는 사실을 확인했다. 이는 훌륭한 자원이다. 이제 직장 동료는 자신에게서 세부 사항에 집중하고 상상력을 발휘하는 경향을 발견한다. 무엇을 원인과 결과로 명명할지 결정하는 일에는 약간의 예술성이 필요하다. 그 과정을 세 단계로 정리하면 다음과 같다.

1. 수집한 정보에 내재된 기술, 능력, 잠재력을 식별한다. (예를 들어 생각에 잠긴 채 조용히 앉아 있는 모습은 '세부 사항에 집중한다.'라고 볼 수 있다.)
2. 긍정적인 결과를 결정한다. (1번에서 사례로 언급한 원인은 '상상력이 풍부하다.'라는 결과와 연결할 수 있다.)

3. 강력한 동사로 원인과 결과를 연결한다. ("세부 사항에 집중하는 능력이 창의적으로 접근할 수 있도록 도와주는 거군요.")

사례 문장에서 원인과 결과를 바꿔보자. "상상력이 풍부한 접근 방식이 중요한 세부 사항을 빠뜨리지 않도록 도와주나 보군요." 이 주장 또한 같은 원리로 작동한다. 이 주장을 이해하려는 행위 자체는 수용하는 쪽으로 인지 자원을 투자하게 만들고, 반박하기가 어렵고, 진심으로 칭찬하는 것처럼 들린다. 이쯤에서 궁금증이 하나 떠오른다. 수신자에게서 관찰한 행동은 거의 다 언급해도 되는 걸까? 수신자와 관련이 있고, CERS 형식으로 문장을 표현하고, 명백하게 반론 가능한 주장을 하지 않는 한 '그렇다'. 구체적인 사례를 살펴보자.

빨간 셔츠와 파란 바지를 입은 사람에게 "빨간 셔츠 입었네."라고 말하면 상대방은 그 사실을 새삼 인식할 것이다. "파란 바지 입었네."라고 말하면 이 또한 인식할 것이다. 만약 "빨간 셔츠랑 대비되어 파란 바지가 더 돋보이네."라고 말하면 상대방은 그 증거를 찾으려 할 것이다. CERS의 핵심은 수신자가 이미 성공적으로 일을 해내고 있다는 사실을 강조하면서 눈앞으로 다가온 목표를 달성하는 데 도움이 되는 개인 자원을 알아차리도록 하는 것이다. CERS가 놀라움을 불러일으키거나 놀라움을 느끼는 상태에서 전달되는 경우, 인지 및 신경학적 처리 과정에서 지울 수 없는 표식처럼 꽃피는 자기 긍정적인 믿음을 만드는 데 필요한 모든 조건이 갖춰진다.

CERS 구성할 때는 긍정적인 문장 구조로 표현해야 한다. 다시 말해, 무엇을 하지 말아야 하는지가 아니라 무엇을 해야 하는지를 강조해야 한다. "생각하지 마."라는 말보다는 "마음을 비워."라는 말이 더 이해하고 반응하기 쉽다. "잘 들어봐."라는 말과 "끼어들지 마."라는 말 중에 어느 쪽이 더 받아들이기 쉬운가?

믿음 체계는 우리가 무엇을 찾고 주목할지를 결정한다. 누군가에게는 걸림돌이, 또 다른 누군가에게는 발전의 기회가 될 수 있다. 누군가에게는 극복할 수 없는 장애물이, 또 다른 누군가에게는 결정적인 도전이 될 수 있다. 누군가에게는 어려워서 포기할 수밖에 없는 일이, 또 다른 누군가에게는 어려워서 도전할 만한 일이 될 수 있다. 무엇을 믿고, 그 안에서 어떻게 자리 잡으며, 어떤 능력을 갖췄느냐로 인생을 살아가는 태도를 결정한다.

어린 소년이 야구 스윙을 연습하면서 혼잣말한다. 허공으로 공을 던져 올리며 "나는 세계 최고의 타자야!"라고 외친다. 방망이를 휘두를 때마다 공이 빗맞았지만 '나는 세계 최고의 타자다.'라는 말을 끊임없이 속으로 되뇐다. 셀 수 없이 많은 스윙 실패에 소년은 잠시 좌절한 듯 보였지만, 이내 다시 미소 지으며 말한다. "와! 나 정말 대단한 투수네!" 소년은 관점을 전환해 자기 안에 잠재된 개인 자원을 건설적으로 명명하고 발전시킬 방법을 찾았다.

이 귀여운 사례는 잠재적인 강점과 자원을 찾아내는 독창성을 보여준다. 다른 사람에게서 잠재력을 찾을 수 있다고 기대한다면 실제로 발견했을 때 보상을 느끼기 때문에 본능적으로 항상 찾으려 할 것이다. 좋든 나쁘든 간에, 모든 행동에는 기능적 요소가 포함되어 있다. 하다못해 흉악범죄차도 자원으로 활용 가능한 기술을 가지고 있다. 교묘한 계획성 같은 기술은 궁극적으로 범죄자가 유익한 행동을 하도록 이끄는 데 도움이 될 수 있다.

CERS를 구성할 때는 추정하여 비약해도 된다. 예컨대 "세부 사항에 세심하게 주의를 기울이는 능력이 유능한 리더가 될 수 있도록 도와주는 거군요."라는 말은 단지 실현 가능한 연결 관계를 만들고, 이런 식으로 자원을 활용할 수 있다는 사실을 알려줄 뿐이다. 이렇듯 확률적으로 진실로 받아들여지는 믿음은 수신자에게서도 믿음을 이끌어내며, 반박할 수 없는 성격과 칭찬하는 어조 때문에 별 저항 없이 수용된다. 추정적 발언은 기저에 깔린 가정을 절대 직접 언급하지 않기 때문에 의식적인 저항을 줄일 수 있다. 반면 '유능한 리더는 세부 사항에 주의를 기울인다.' 같은 선언적 발언은 내용이 동일하더라도 논쟁을 불러일으킬 수 있다.

추정적 발언은 의미를 암시하기 때문에 반응을 이끌어낸다. 이러한 발언은 기대를 이끌어내고 수신자가 그 기대를 충족하려는 사고방식을 가지고 행동하게끔 유도한다. 대학원에서 내 강의를 들었던 교사 한 명은 CERS가 열세 살 소년에게서 의도하지 않은 결과를 불러일으킨 사례를 이야기한 적이 있다. 어린 테런스는 열심히 노력했지만, 시험 점수가 평균에 그치자 낙담한다. 교사는 그런 테런스에게 CERS를 시도했다.

테런스는 최근에 제출한 과제 성적을 받자마자 슬픈 표정을 지으며 책상에 머리를 대고 한숨을 쉬었다. 나는 테런스에게 다가가 말했다. "속상할 때 감정을 다스리는 너의 능력은 대학에 진학한 후에도 도움이 될 거야." 그러자 테런스가 내게 물었다. "제가 대학에 갈 수 있을까요?" 전혀 예상치 못한 반응이었지만 이렇게 대답했다. "왜 못 가? 열심히 노력하는 사람이면 누구나 가는 곳인데." 최근 들어 테런스는 훨씬 더 활기가 넘친다. 과제를 돌려받을 때도 더 이상 한숨을 쉬지 않는다.

교사는 테런스의 '노력의 감정가'를 효과적으로 전환했다. 이제 성적은 테런스에게 이겨낼 수 없는 도전에 직면했다는 사실을 상기시키는 것이 아니라, 험난하지만 대학 문에 조금씩 가까워지고 있다는 사실을 나타낸다.

우리는 항상 추정해서 판단을 내리지만, 대부분 그 추정을 입밖으로 꺼내지 않는다. 직장 동료가 반복적으로 지각하면 부주의한 사람이라고 추정할 수 있지만, 직장 동료는 아이를 학교나 어린이집에 데려다주고 와야 하는 편부모일 수도 있다. 당신이 상사에게 다시 설명해달라고 했을 때 상사가 답답해하는 모습을 보인다면, 상사는 당신이 그다지 똑똑하지 않다고 생각해서 그런 것일 수도 있다. 아니면 상사 본인이 설명을 명확하게 하지 못한다고 생각해서 좌절감을 느낀 것일 수도 있다. 우리는 본능적으로 추정한다.

그러니 이를 이용해 강점을 키워나갈 기회로 삼지 않을 이유가 없지 않은가?

CERS 사례로 넘어가기 전에 다시 한번 강조하고 싶은 점이 있다. 나는 주로 현직 교사들을 대상으로 CERS를 가르치고 검증했으나, 여기서 제시된 전략은 교실 밖에서도 효과가 있다. 교사에게 초점을 맞추는 이유는, 교육 현장에서는 CERS를 적용할 기회가 넘쳐나기 때문이다. 교사는 주기적으로 같은 학생들을 만나고, 학생들에게서 자원을 창출하고 발굴하는 일에 관심을 가지며, 행동을 관찰하도록 전문적인 훈련을 받았고, 그 결과를 논의하려는 의지가 있는 집단이다.

CERS 사례

20대 후반쯤, 새 벨트를 사러 갔던 적이 있다. 당시 내 허리둘레는 31인치였기에 31인치에서 34인치 사이의 벨트를 사야겠다고 생각했다. 나이가 들수록 살이 찌기 마련이고, 어느덧 나도 서른에 접어들고 있었다. 계산하러 가는 길에 문득 이런 생각이 들었다. '이건 미친 짓이야. 배불뚝이 아저씨가 되는 게 당연하다고 생각해선 안 돼.' 나는 다시 벨트를 제자리에 가져다 놓고 원래 사이즈로 구입했다. 그리고 그 후로 규칙적으로 운동을 하기 시작했다. 수십 년이 지난 지금도 내 허리둘레는 그대로다. 믿음과 사고방식은 순식간에 변화했다. 확실한 징후는 없었지만 말이다. 이 이야기는 CERS와는 상관없지만, 믿음의 변화를 알아차리기는 어렵다는 사실을 보여준다. 아마 당시 내 주위 사람들은 내가 평소와 별반 다르지 않다고 생각했을 것이다. 나조차도 나의 달라진 점을 체감하지 못했다. 하지만 몇 년이 지나 돌이켜보니, 비로소 그 사소한 믿음의 변화가 내 인생의 결정적 순간이었다는 사실을 깨달았다.

CERS의 다양한 측면을 설명하고자 제시한 사례는 모두 구체적인 결과를 보여준다. 애초에 그렇기 때문에 선정했다. CERS는 효과를 극대화하도록 설계되었다. 하지만 다른 접근 방식과 마찬가지로 항상 효과적인 것은 아니다. 게다가 CERS로 믿음이 즉시 변화하더라도, 그 결과는 천천히 나타날 수 있다. 심지어 몇 년 뒤에 나타날 수도 있다. '나는 아무것도 되지 못할 거야.'라는 믿음이 '열심히 노력하면 무엇이든 할 수 있을 거야.'로 바뀌고, 그 결과가 눈으로 보이기까지는 몇 년이 걸릴 수도 있고 눈에 전혀 보이지 않을 수도 있다. '나는 아무것도 되지 못할 거야.'라는 믿음을 가진 사람은 실패에 절망하고 새로운 도전을 회피할 것이다. 반면 '열심히 노력하면 뭐든지 할 수 있을 거야.'라는 믿음을 가진 사람은 실패에 실망해도 빠르게 회복하고 의욕적으로 전진할 것이다. 믿음은 인식을 전환하고 그에 상응해 경험도 변화한다. 믿음은 경험에서 진화하며, 믿음의 변화가 항상 명백한 징후를 동반하지는 않을 수도 있다.

대학원에서 나에게 상담 강의를 들었던 브라이언은 지역 대학 마사지 프로그램에서 신체 역학 수업을 가르쳤다. 그는 내게 수업

중에 끊임없이 말해서 다른 학생들의 주의를 빼앗고 수업 진행을 방해하는 학생 때문에 고민이라고 말했다. 개입하고 싶은데 어떻게 해야 할지 모르겠다고 했다. 나는 브라이언에게 그 학생이 어떻게 하기를 원하는지 물었다. 브라이언은 "수업에 적극적으로 집중해 참여했으면 좋겠어요."라고 대답했다. 나는 브라이언에게 그 학생이 수업에 참여하는 방식을 수강생 전체의 참여를 유도하는 방식으로 연결해보자고 제안했다. 그리고 모든 수강생이 듣는 데서 문득 생각난 듯 담담한 어조로 이야기해 보라고 권장했다. 브라이언은 CERS를 작성했고, 다음 수업 시간에 발언을 전달할 기회를 찾았다. 그는 그 결과를 다음과 같이 설명했다.

나는 그 학생에게 "학생이 수업에 참여하는 방식은 모든 학생이 참여하도록 유도하는군요."라고 말했다. 지극히 담담한 어조로 말한 뒤, 곧바로 나머지 수업을 진행했다. 그러자 그 학생은 즉시 열심히 수업에 참여하기 시작했고, 이후 가장 수업 참여도가 높은 학생이 되었다. 심지어는 다른 학생들이 농담을 하거나 수업 진행을 방해하려고 하면 본인이 거의 화를 내는 것 같았다. 이러한 행동을 강화할 수 있는 기회가 서너 차례 있었고, 일단 지금까지는 모든 것이 잘 진행되고 있다.

이 사례는 브라이언이 본인에게 자연스럽게 느껴지는 CERS

를 어떻게 구성했는지 보여준다. 듣는 사람에게는 CERS가 자연스럽게 들릴 수 있지만, 일반적으로는 이러한 방식으로 의견을 전달하지 않는다. 브라이언처럼 처음에는 어색해할 수 있다. 하지만 습관을 들일수록 일상 대화처럼 자연스럽게 흘러갈 것이다. 여기서 중요한 점은, 반드시 담담한 어조로 이야기해야 한다는 것이다. 명백한 사실인 것처럼 말하면 더 설득력 있게 들린다. 또한 다른 사람들이 놓친 특성에 주목하면 예리한 사람처럼 보일 수 있다. 예리한 관찰자의 발언은 호기심을 자극하고 수용력을 높인다. 또한 칭찬할 점을 찾아내는 예리한 관찰자는 친밀감을 높여 수용성을 더욱 증가시킨다.

'피그말리온 효과'는 기대치가 높아지면 결과가 향상되는 현상으로, CERS를 전달할 때도 나타난다. 일단 CERS를 전달하고 나면, 전달자는 결과가 예상과 맞아떨어지는지 확인한 뒤 그 결과를 다시 인정해줌으로써 이를 강화한다. 우리는 확증편향에 휘둘리곤 한다. 이는 그 누구라도 마찬가지다. CERS가 효과적이라고 믿으면, 우리는 본능적으로 이 믿음을 뒷받침할 증거를 찾는다. 앞 장에서 논의한 것처럼, 인간에게는 믿음을 확증하는 증거를 찾으려는 경향이 있다. 심리학자들은 부정하기보다 검증하길 선호하는 이 같은 본능을 가리켜 '긍정적 검증 전략positive test strategy'이라고 부른다. 어떤 가능성을 검토할 때, 우리는 일반적으로 빗나간 증거보다는 적중한 증거를, 반증하기보다는 확증하려 한다.

브라이언은 CERS로 긍정적인 결과를 얻었고, 이를 강화할 수 있다. 이제 브라이언의 눈에는 보이길 기대하는 것이 보인다. 이게 바로 확증편향이다. 학생에게서 자신이 기대하는 행동이 보일 때마다 이를 강화해주면 그 행동은 그대로 굳어진다. 학생도 자신이 수업에 참여함으로써 다른 학생들이 수업에 참여하도록 유도하는 것처럼 행동한다. 이 학생 역시 확증편향으로 새로운 관점에서 결과를 바라보는 경향이 있는 것이다.

다른 초등학교 교사가 제공한 다음 사례를 보면, 이러한 형태의 확증편향이 명확하게 나타나는 것을 볼 수 있다

한 학생이 학습지에 답안을 작성한 뒤 살펴봐달라고 내게 요청했다. 학습지를 살펴보니, 전반적으로 좋았지만 조금 더 세부적이면 좋겠다는 생각이 들었다. 나는 학생에게 이렇게 말했다. "세부 사항에 세심한 주의를 기울이는 능력이 있으니까, 이렇게 훌륭한 글이 나오는구나." 학생은 내 말에 딱히 반응하진 않았지만, 나중에 학습지에 작성한 나머지 답변을 살펴보니 평소보다 더 자세히 작성한 것을 확인할 수 있었다.

교사는 학생에게 더 세부적으로 답안을 작성하라고 요구하지 않았다. 만약 단순히 더 세부적인 답변을 요구했다면, 학생도 단순히 그 요청에 응답하고 말았을 것이다. 하지만 영리한 교사는 '세부 사항에 주의를 기울이는 명백한 능력'과 '훌륭한 글' 사이의 연

관성을 언급했을 뿐이다. 여기서 주목할 점은, 처음에 학생이 작성한 답변은 세부 사항이 부족했다는 사실이다. 그러나 학생은 자신의 글이 훌륭하며 더 훌륭한 글이 나오려면 세부 사항에 주의를 기울여야 한다는 교사의 발언을 수용하면서, 결과적으로 처음에는 부족했던 세부 사항을 보완해 글쓰기 실력을 향상시켰다. 분석 결과, CERS에 효과가 있었던 것으로 추정된다. 행동에 이름을 붙이는 순간, 그 행동은 실제로 드러난다. 드러나면 알아차리고 강화할 수 있다. 누군가에게서 특정 행동을 발견하고 그 행동에 성장의 기표를 붙이면, 그 사람은 그 목표를 향하게 된다.

조나 버거Jonah Berger의 흥미로운 신작《캐털리스트》에서는 설득을 새로운 각도에서 살펴본다. 버거는 우리가 설득할 때 직면하는 자연적인 저항을 나열하고, 이러한 저항을 극복하려 하지 말고 줄이려고 노력하는 것이 더 효과적이라고 제안한다. "에너지를 더 사용하는 것보다 장애물을 줄이는 것이 더 쉽다. 이것이 바로 촉매제다." 그는 이러한 자연적 저항을 '줄이다'라는 뜻을 가진 영단어 'REDUCE'의 머리글자를 따서 다음과 같이 정의한다.

- 리액턴스 효과Reactance effect: 사람들은 타인의 설득에 저항한다.
- 소유 효과Endowment effect: 사람들은 전부터 해오던 방식을 고수한다.
- 거리감Distance: 사람들은 수용 범위 밖의 정보를 거부한다.

- 불확실성Uncertainty: 사람들은 불확실한 상황을 접하면 일시 정지한다.
- 보강 증거Corroborating Evidence: 사람들은 더 많은 증거를 원한다.[1]

CERS 모델은 버거의 연구 결과와 상당히 잘 맞아떨어진다. 앞에서 언급한 교사의 일화를 버거가 제시한 이론적 틀 안에 넣어 다시 살펴보자. "세부 사항에 세심한 주의를 기울이는 능력이 있으니까, 이렇게 훌륭한 글이 나오는구나."라는 CERS는 수신인이 이미 언급한 속성을 가지고 있거나 이를 입증할 능력, 즉 개인 자원을 가지고 있다는 사실을 암시한다. 학생은 당시 세부 사항에 세심한 주의를 기울이지 않았지만, CERS에서는 원인으로 세부 사항에 세심한 주의를 기울였다고 암시한다. 무언가가 이미 존재한다고 말할 때 '리액턴스'를 우회하여 반발을 없애고 '나는 이미 그 능력을 가지고 있다.'라는 소유 효과를 불러일으킨다. 이 CERS는 변화에 필요한 거리감도 제거한다. 이미 존재하기 때문에 거리감도 생기지 않는다. 이미 존재하기에 새로운 것도 없으므로 불확실성도 사라진다. 보강 증거는 우리의 오랜 친구 확증편향의 또 다른 이름이다. 본능적으로 기억 저장소에서 이 발언이 사실이라는 증거를 찾아내 그 정확성을 확증한다. "세부 사항에 세심한 주의를 기울이는 능력이 있으니까, 이렇게 훌륭한 글이 나오는구나."라는 말을 듣고 반박하려고 드는 사람은 아마 없을 것이다.

미래를 현재진행형으로

행동과학자들은 "반응을 지속시키는 가장 좋은 방법은 개인이 그 행동에 헌신하도록 만드는 것"이라고 말한다. 효과적으로 헌신할 때 정체성에 영향을 미치는 행동이 미래까지 이어질 수 있다. CERS는 수신인이 특정 행동에 적극적으로 헌신하고 있다고 암시하기 때문에 강력한 효과를 발휘한다. CERS의 C(원인)가 바로 이에 해당한다. 이렇게 조작된 자기 인식은 미래가 이미 현재 진행형인 것처럼 보이게 만든다.

창의적인 인플루언서들은 눈에 띄는 행동을 관찰하여 유익한 점을 찾아낸 다음, 이를 개인 자원과 연결한다. 로라는 다가올 실패를 예상하고 우는 학생을 관찰한 뒤, 이를 잠재적 이점으로 바꿨다. 로라가 쪽지 시험을 치르겠다고 하자, 한 학생이 고개를 숙이고 울기 시작한다. 쪽지 시험 때문에 우는 것이냐 묻자, 학생은 그렇다고 대답한다.

나는 학생에게 말했다. "학업에 신경을 많이 쓰는구나. 너처럼 학업에 관심을 기울이는 사람은 훗날 크게 성공할 거야." 학생은 그 말을 듣자마자 울음을 그치고 부지런히 시험 문제를 풀었다.

로라는 '눈물'을 '배움에 대한 열정'으로 분류한 다음, 창의적

놀라움의 힘

으로 '미래의 성공'과 연결했다. 로라의 말에 학생은 갑작스럽고 예상하지 못했다는 반응을 보인다. 이 같은 반응은 로라의 말이 학생에게 깊은 인상을 남겼음을 보여준다. 이제 학생은 수학을 마주할 때 패배감보다는 미래의 성공을 바라보며 배움의 열정을 느끼고, 쪽지 시험을 넘을 수 없는 산이 아닌 성공으로 가려면 반드시 넘어야 할 산으로 인식한다. 결과에 상관없이 말이다. 기분 좋은 CERS로 누군가를 놀라게 하면, 도파민이 분출되면서 CERS에서 언급한 행동을 다시 하라는 신호를 보낸다.

CERS를 전달할 때 흔히 저지르는 실수

앞서 CERS를 예술적으로 전달한 사례를 살펴보았다. 매우 쉬워 보이지만, 전달 시 뉘앙스가 매우 중요하다. 흔히 저지르는 실수를 보여주고자 이 부분을 추가했다. 놀라움을 일으키지 않고 단순히 칭찬하기, 강화하고 싶은 행동을 상대가 보일 때까지 기다리기, 발언의 의미를 직접 설명하거나 설득하려고 시도하기가 흔히 저지르는 실수다. 다만 효과를 최대화하지 못한다는 의미에서 실수로 분류할 뿐, 긍정적인 효과는 여전히 존재한다.

누군가 창의적으로 사고하는 모습을 보고 칭찬하면, 수신인은 칭찬받을 만해서 칭찬받았다고 생각할 뿐 놀라지 않는다. 하지만 직장 동료나 학생이 집중하는 모습을 보고 "깊이 사고하는 능력이 창의적인 해결책을 찾는 데 도움이 되는군요."라고 말하는 경우는 다르다. 이 발언은 수신자에게 놀라움을 불러일으킬 수도 있고, 자신감 있게 다각적으로 사고하도록 자극할 수도 있다.

상대방이 리더십 기술을 보여줄 때까지 기다렸다가 CERS로 강화해주려고 한다면 기다림은 길어질 수 있다. 게다가 어떤 형태로든 리더십 기술을 보여준다 하더라도, 그 시점에서는 이미 놀라움을 불러일으키지 못하는 단순한 칭찬이 되고 말 것이다. 따라서 상대방의 행동에서 이미 존재하는 특성을 선택해 관련된 리더십 기술과 연결한 다음, 그러한 리더십 기술을 이미 소유하고 있는 것처럼 교묘하게 연결하는 것이 좋다. "철두철미한 업무 능력이 훌륭한 리더가 될 수 있게 해주는군요." 이제 상대방은 업무를 철두철미하게 처리하려고 노력할 것이다. 비로소 리더십 업무를 맡을 준비가 된 것이다."

CERS의 의미를 설명하는 것이 본능적으로 맞는 말처럼 들릴 수도 있지만, CERS 효과의 중요한 부분은 '수신자가 스스로 의미를 파악하도록 만든다'는 점이다. 수신자가 스스로 의미를 파악하는 것은 발언을 확증하는 암묵적 인지 행위로, 이 과정을 통해 발언을 진실로 만들어나가게 된다.

당신이 누군가에게 CERS를 전달한다면, 당신은 아마 수신자가 정교화 과정을 사용해 발언을 강화하기 원할 것이다. 강당에 앉아 흥미로운 TED 강연을 듣고 있다고 상상해보자. 매력적인 연사가 새로운 정보와 참신한 통찰력을 제시하면, 우리는 달콤한 초콜릿 쿠키를 먹듯 정보를 소화한다. 이때 우리는 수동적인 수신자다. 친구가 당신에게 강연이 어땠는지 묻는다. 당신은 친구에게 강연에서 들은 대로 정보를 전달하지만, 이제는 더 이상 수동적인 수신자가 아니다. 여기서 미묘한 차이가 생긴다. 정보를 듣고 이해한 내용을 설명해달라고 요청받을 때, 우리는 정보를 '수동적으로 수용하는 수신자'에서 '능동적으로 생산하는 생산자'로 바뀐다.

우리는 능동적인 생산자로서 우리에게 영향을 준 정보를 구성한다. 개인적 경험, 선호도와 강연에 참석한 이유, 가용성 편향(가장 중요하게 생각하는 것)을 기반에 두고 정보를 구성한다. 우리에게 중요한 것은 기억하고, 관련 없는 것은 무시하거나 기억하지 못한다. 본질적으로, 우리는 몰입하며 들었던 부분을 과장하고 해석하고 강조해 저마다의 방식으로 강연을 재구성한다. 그리고 스스로 경험한 것을 종합한다. 이러한 적극적인 생산 과정을 통해 우리는 개인적인 의미를 구성한다. 심지어 그 정보가 실제 TED 강연 내용과 다르더라도, 우리는 스스로 재구성한 내용을 믿는다.

누군가에게 설명하거나 사례를 들어달라고 요청하는 것은, 말 그대로 자세한 설명(정교화)을 요청하는 것이다. CERS를 전달한 뒤 수신자에게 구체적인 설명이나 사례를 요청해보라. 못하겠다고 한다면 "나도 어떻게 하는지 모르겠어요."라고 말하라. 그리고 상대방이 스스로 알아낼 때까지 기다려라. 그래야만 자기 것이 된다. 이는 CERS를 전달한 뒤 날카로운 질문을 하는 것이 중요하다는 사실을 강조한다. 질문은 정교화라는 인지적 반응을 자극하여 생각을 믿음으로 확고히 한다. 예를 들어 평소 자신감이 부족한 사람과 대화하는데, 중간에 상대방이 말을 멈췄다고 가정해보자. 당신이 말한다. "연상 능력이 좋아서 흥미로운 답변이 나오나 봐요. 어떻게 하는 거예요?" 또는 "언제 또 그 능력을 발휘하세요?" 이 질문에 상대방이 대답하지 못하면 어깨를 으쓱하며 이렇게 말하는 것이 가장 좋다. "당신이 잘하는 일인걸요." 또는 "어떻게 하는 건진 모르겠지만, 그냥 하던 대로 하시면 될 것 같아요." 이처럼 확신을 가지고 단언하는 말에는 이의를 제기하기 어렵다. 당신은 수수께끼를 남겼고, 이제 상대방은 본능적인 긍정적 시험 전략에 따라 결국에는 이 발언을 사실로 확증하게 될 것이다.

다음은 한 고등학교 스페인어 교사의 이야기다. 그는 별다른 설명 없이 암묵적으로 멜리사에게 구체적인 설명(정교화)을 장려했다.

> 멜리사는 언어 능력이 부족해 스페인어 수업을 거의 이해하지 못하고 어려워했다. 어느 날 함께 앉아서 숙제를 봐주려는데, 멜리사가 자신은 멍청해서 못하겠다고 말했다. 나는 이건 스페인어 입문 수업이기 때문에 모든 것을 이해하지 못하는 게 당연하다고 말했다. 그리고 멜리사를 조금 더 격려해주고 싶은 마음에 이렇게 덧붙였다. "하루도 빠짐없이 출석하고 노력하는 것만으로도 용기가 대단하다고 생각해. 이 모든 게 머지않아 도움이 될 거야." 멜리사는 약간 놀라

며 내가 틀렸다는 걸 설명하려고 했지만, 나는 멜리사에게 다시 숙제에 집중하라고 한 다음 자리를 떴다.

여기서 교사의 발언이 멜리사의 마음에 각인되는 것을 볼 수 있다. 멜리사는 교사의 말을 듣자마자 반박할 정도로 놀랐다. 명백한 사실이므로 설명하지 않겠다는 교사의 확신에 찬 태도가 정교화를 촉발시킨다. 멜리사는 스스로 이 발언을 이해해야 한다. 어쩌면 받아들이지 않을 수도 있다. 이 발언이 인내의 사고방식을 불러일으켰는지는 시간이 지나야 알 수 있다. 노력의 결과를 항상 볼 수 있는 것은 아니다.

주의가 중요하다, 아주 많이

이 책을 읽는 동안 잠시 주변의 소리, 방의 냄새, 이 책장에 인쇄된 글꼴의 종류, 피부에 닿는 옷의 감촉, 주변의 온도에 주목해보라. 이 모든 것이 주변 환경이다. 우리 뇌는 매우 효율적인 기관이다. 하지만 우리 주변에서는 단순히 책을 읽을 때조차도 뇌가 처리하기 벅찰 정도로 많은 일이 일어난다. 진화는 주변을 에워싼 수많은 감각 데이터에 압도당하지 않도록, 주의 시스템을 개발하여 이러한 과부하 문제를 해결했다.

주의는 우리가 뇌에서 가용 가능한 자원을 인식하고, 선택하고, 지시할 수 있게 한다. 주의 연구자이자 신경과학자인 아미쉬 자Amishi Jha는 이렇게 말했다. "주의는 뇌를 이끄는 리더다. 주의가 향하는 곳이면 뇌도 따라간다."[2] CERS는 그 순간 가장 눈에 띄는 특성에 주목함으로써 주의를 사로잡기 때문에 효과적이다. 설사 그 특성이 가장 정확하거나 유용하지 않더라도 말이다. CERS는 순간적으로 주의를 사로잡는다.

혹자는 CERS 메커니즘이 다소 과장되었다고 생각할 수 있다. 원인과 결과를 찾아서 연결하고 세부적인 언어에 주의를 기울이는 것이 정말로 그토록 큰 차이를 만들어낼까? 그렇다! 애덤 그랜트Adam Grant와 데이비드 호프만David Hofmann은 미국의 한 병원에서 어떤 연구를 실험했다. 이 연구에서 그들은 의사들에게 환자를 검사하기 전에 손을 씻을 것을 강력하게 권고했지만, 의사들이 권고대로 손을 씻는 횟수는 절반도 채 되지 않았다고 한다. 그뿐만이 아니다. 이 문제를 개선하려고 시도한 다양한 해결책도 별 효과가 없었다. 결국 의사와 환자 모두 높은 감염 위험에 노출되었다. 그랜트와 호프만은 이 문제를 해결하고자 두 가지 서로 다른 접근 방식을 시도했다. 하나는 '환자의 감염 위험'에 초점을 맞췄고, 다른 하나는 '의사 자신의 감염 위험'에 초점을 맞췄다.[3]

연구진은 진료실에 비치된 비누나 세정제 위에 서로 다른 두 가지 문구를 써놓았다. 하나는 '의사 자신의 감염 위험'에 주의를 기울이게 하는 '손 위생은 질병에 걸리지 않도록 당신을 보호합니다.'라는 문구였고, 다른 하나는 '환자의 감염 위험'에 주의를 기울이게 하는 '손 위생은 질병에 걸리지 않도록 환자를 보호합니다.'라는 문구였다. 의사 자신을 보호할 것이라는 문구는 비누와 세정제 사용 빈도에 아무런 영향을 미치지 않았다. 그러나 환자를 보호할 것이라는 문구는 손 씻기 횟수를 45퍼센트나 증가시켰다. 연구진은 이 방법이 '환자의 건강을 걱정하는 마음'과 '의사들의 행동'을 무의식적으로 연결했기 때문에 효과적이었다고 결론지었다. 이 연구를 언급한 이유는, 연결이 의식적인 인식 아래에 존재하는 서로 다른 두 개념을 이어주는 강력한 도구임을 설명해주기 때문이다. 이는 CERS가 매우 효과적으로 작동하는 이유이기도 하다.

CERS로 변화된 삶

CERS를 잘 활용하여 승승장구하는 사람들을 보면 굉장히 흡족하다. 바라건대, CERS를 전략적으로 이용해 '믿음 변화 → 확증 증거 발견 → 믿음 강화 → 확증 증거의 추가 발견'으로 이어지는 믿음의 자기실현 주기에 시동이 걸리기를 원한다. CERS를 전달한 대리인이 긍정적인 결과를 인정해줄 수 있다면 더욱 좋다. 긍정적인 결과를 인정할 때 핵심은 무엇이든 성공의 증거로 보는 것이다. 나는 주기적으로 침대에 오줌을 싸는 어린 소년을 치료한 적이 있다. 소년은 거의 2주 동안 실수를 안 하다가 다시 침대에 오줌을 쌌다. 소년은 야뇨증이 다시 나타날까 봐 걱정하면서, 슬픈 얼굴로 이 소

식을 내게 전했다. 그 소식을 들은 나는 환호했다. 내 반응에 소년
은 깜짝 놀랐다. 연민을 예상(기대)했던 소년에게 나는 가끔 실수
하는 건 곧 성공을 의미한다고 열정적으로 말했다. 소년은 그제야
활짝 웃었다. 이제 소년은 가끔 실수해도 무시하고 넘어간다. 소
년은 실수를 실패가 아니라 정보로 보는 것이 곧 성공임을 배웠다
(7장 '가진 것 활용하기'를 참조하라).

상사는 부하 직원이 스스로 비효율적이라고 느낄 때, 상사로서
비효율성을 지적할 수 있다. 하지만 그러면 두 사람 모두 이 문제에
초점을 맞추는 과정에서 과잉 경계가 발생하고, 오히려 비효율성이
증가할 가능성이 커진다. 반대로 창의력을 발휘해 효율성 사례를
찾을 수 있다. 그러면 두 사람 모두 효율성을 원하기에 더 생산적인
방향으로 주의를 집중할 수 있다. 이제 모두가 생산적이다.

직장 동료, 학생, 자녀 등 다른 사람들에게 긍정적이고 생산적
인 발언만 전달되는 것은 아니다. 이제 우리는 CERS와 놀라움을
전략적으로 활용해 수신자를 주도적으로 만들고, 성장하는 삶으
로 이끄는 긍정적인 순간을 어떻게 창출할 수 있는지를 이해한다.
그러나 수신자에게 파괴적인 영향력을 미치는 CERS를 목격했을
때는 어떻게 해야 할까? 알다시피 믿음은 종종 대리인의 개입 없이
즉각적으로 자리 잡기 때문에 부정적인 믿음은 즉시 바로잡아야
한다. 다음 장에서는 부정적인 영향력을 미치는 사건에 대응하고,
수신자에게 미치는 영향을 최소화하는 효과적인 방법을 설명한다.

Chapter 9

요약

이 장에서는 수신자에게 강력한 영향력을 미치는 CERS가 언어적으로 어떻게 구성되어 있는지를 설명했다. CERS가 작동하는 방식과 CERS를 구성하는 방법을 배웠다. CERS는 강력한 도구지만, 항상 즉각적인 결과를 가져오진 않는다. 또한 몇 가지 사례를 들어 CERS가 인식을 전환하고, 피그말리온 효과를 유발하고, 유대 관계를 구축하는 방법을 설명했다.

CERS를 전달할 때 흔히 저지르는 몇 가지 실수도 살펴보았다. 그중에서 가장 흔한 실수는 CERS의 의미를 수신자에게 직접 설명하는 것이다. 이는 정교화 과정을 방해하므로 CERS의 효과를 감소시킨다. CERS로 영향력을 행사할 수 있지만, 이러한 노력의 결실을 항상 보는 것은 아니다.

부정적 사건
방지하기

지금까지 놀라운 사건을 유발하는 방법과 강력하고 유익한 영향력을 미칠 수 있는 발언을 언어적으로 구성하는 방법을 배웠다. 이 장에서는 이미 전개된 부정적인 사건을 되돌리는 효과적인 방법을 집중적으로 살펴본다. 또한 잠재적으로 부정적인 사건을 인식하고 부정적인 사고방식이 진화하여 확증되기 전에 즉시 처리하는 방법도 살펴본다.

감정가 전환하기

시험 불안이나 연설에 대한 두려움을 완화하는 전통적인 방법은 이완 관리relaxation management다. 하버드대학교 연구원 앨리슨 우드

브룩스Alison Wood Brooks는 조금 더 참신한 방식으로 이 문제에 접근했다. 불안과 흥분을 모두 감정이 고조된 상태로 보지만, 불안은 부정적이고 흥분은 긍정적이라 생각한 그는 연구에서 참가자들을 노래 경연, 공개 수학 시험, 토론과 같은 스트레스가 많은 상황에 노출시켰다. 그리고 참가자들에게 "나는 불안하다." 또는 "나는 흥분된다."라고 소리 내어 말하도록 지시했다. "나는 흥분된다."라고 말하며 감정이 고조된 상태를 부정적인 것에서 긍정적인 것으로 바꾸자, 참가자들은 이를 극복하고 훨씬 더 높은 성과를 거두었다. 감정이 고조된 상태를 활용해 부정적인 감정가를 제거한 것이다. 브룩스는 감정가를 부정적(회피)에서 긍정적(접근)으로 바꾸는 것이 고조된 감정 수준을 낮추는 것보다 더 쉽다는 것을 발견했다.[1]

수많은 유사한 연구에서 GREGraduate Record Examination(미국을 비롯한 여러 영어권 국가의 대학원 및 경영대학원에 입학하려는 학생들을 평가하는 시험 ─ 옮긴이)와 같은 수학 시험의 성적을 조사한 결과, 학생들이 불안을 그저 신체가 대처하는 신호로 재분류할 때 더 높은 점수를 얻는다는 사실을 발견했다. 다음 사례에서 크리스틴은 교수님들이 들려준 뜻밖의 발언 덕분에 말하기에 대한 극심한 두려움이 어떻게 바뀌었는지를 이야기한다. 여전히 발표할 때마다 감정이 고조되긴 하지만, 이제 크리스틴은 이 감정 고조 상태를 '흥분'이라고 표현한다. 크리스틴은 교수님들이 들려준 뜻밖의 발언으로 자신의 감정가가 바뀌었다고 말한다.

학창 시절, 발표는 나의 가장 큰 두려움이었다. 스피치 수업을 간신히 통과했을 정도로, 앞에 나가 발표하는 것을 싫어했다. 대학교 2학년 때 발표해야 하는 수업이 세 개나 있었는데, 공교롭게도 모든 발표가 한 주에 몰려 있었다. 일주일 내내 극도의 긴장감과 불안감에 시달렸다. 다행히 발표는 모두 순조롭게 진행되었고, 한 교수님으로부터 발표할 때 침착해 보인다는 칭찬도 받았다. 다른 교수님께도 비슷한 피드백을 받았다. 생각지도 못했던 피드백에 나는 깜짝 놀랐다. 그 이후로 나는 발표를 점차 좋아하게 되었고, 심지어 이제는 가장 좋아하는 일 중 하나가 되었다. 이렇게 스스로를 완전히 다른 시각으로 바라보면서 훨씬 더 자신감이 생겼다.

리사 펠드먼 배럿은 자신의 저서 《감정은 어떻게 만들어지는가?》에서 "감정을 느낄 수는 있지만, 이름을 붙이고 설명하기 전까지는 감정을 이해할 수 없다."라고 말한다. 배럿은 감정을 "특정한 상황에서 신체가 느끼는 감각을 뇌가 자의적으로 해석하고 이름 붙인 것"이라고 정의한다. 뇌는 감각에 의미를 부여한다. 즉, 당신이 놀라움을 느낄 때 누군가가 당신의 반응을 식별하고 이름을 붙이면 놀라움의 감정가를 결정할 수 있다. 배럿은 데이트하다가 겪은 재미난 경험을 예로 들어 이 현상을 설명한다. 배럿은 같은 연구실에 소속된 동료 연구원에게 데이트 신청을 받았지만 이성적으로 끌리지 않았다. 하지만 그럼에도 데이트 요청을 수락하고 함께 커피를 마시러 갔다. 동료와 함께 커피를 마시는 동안 배럿의 감정에는 동요가 일었고, 배럿은 자신이 이 사람에게 정말로 이성적인 매력을 느껴서 그런 것인지 궁금했다. 그래서 다음에 또 데이트하기로 했다. 데이트 후 집으로 돌아간 배럿은 독감에 걸려 구토했고, 사흘 동안 침대에 누워 있었다. 즉, 독감의 초기 증상으로 인한 떨림을 이성적 끌림으로 잘못 해석한 것이다.[2]

우리는 뇌가 의미를 형성하려는 성향을 이용해 잠재적으로 부정적인 사건이 발생하는 즉시 효과적으로 감정가를 전환할 수 있다. 1장에서 언급했던 새뮤얼의 이야기를 다시 떠올려보자. 초등학교 1학년에 입학한 새뮤얼이 수학 문제를 풀면서 좌절감을 느낄 때, 일반적인 교사가 할 수 있는 발언을 두 가지 경우로 나누어 제시했다.

첫 번째 경우: "세상에나, 새뮤얼. 너는 수학이 어려운가 보구나."
두 번째 경우: "세상에나, 새뮤얼. 어려운 문제를 끈질기게 붙들고 늘어지다니 훌륭하구나!"

첫 번째 경우는 새뮤얼이 느끼는 좌절감을 '수학에 약하다'로 명명한다. 두 번째 경우는 같은 감정 상태가 '훌륭한 학생'을 의미한다고 명명한다. 배럿이 보여준 것처럼, **우리가 감정을 경험하는**

방식은 이름을 붙이고 설명하기 전까지는 이해할 수 없다. 두 번째 발언을 들은 경우, 새뮤얼은 이제 수학에 어려움을 겪을 때마다 도파민이 약간 증가하는 것을 경험할 것이다. 도파민은 수학 문제로 고전한 이후에도 꾸준히 노력해서 '훌륭한 학생'이라는 자랑스러운 속성을 유지하도록 자극한다. 그리고 이러한 발언은 결국 믿음을 형성하게 한다.

부정적인 사건을 목격했을 때 해야 할 일

일단 믿음을 형성하면, 우리 안에 있는 믿음을 보호하는 무기고 전체가 그 믿음의 대열에 합류한다. 이전 장에서는 일단 새로운 믿음이 형성되면 이 새로운 필터를 통해 세상을 보게 되고, 본능적으로 이를 뒷받침할 증거를 열심히 찾으며 모순되는 증거는 무시하거나 축소하고, 마치 이 믿음이 처음부터 존재했던 것처럼 행동한다고 설명했다. 아래의 사례는 믿음이 형성된 후에 어떻게 확고해지는지를 보여준다.

　나는 취미로 종종 아마추어 하키 경기에 나가곤 한다. 경기 출석은 불규칙하다. 경기를 주최하는 레지는 선수들에게 정기적으로 나오라고 잔소리한다. 레지는 잔소리가 출석률을 높이는 데 도움이 된다고 믿는다. 선수들은 대부분 레지의 잔소리를 귀찮게 여기며 그만하기를 바란다. 레지가 잔소리를 긍정하는 방법은 다음과 같다. 잔소리하고 출석률이 높아지면 잔소리가 효과가 있다는 증거로 생각한다. 잔소리하고 출석률이 낮으면 잔소리를 곱절로 늘려야 한다고 생각한다. 잔소리를 안 하고 출석률이 높아지면 출석률이 오른 날이 이상하다고 생각하면서, 잔소리를 좀 더 늘리면 정규 행사로 만들 수 있을 것 같다고 생각한다. 잔소리도 안 하고 출석률도 낮으면 '역시 잔소리해야 했어.'라며 스스로를 정당화한다. 잔소리를 하든 안 하든, 무슨 일이 있어도 잔소리가 통한다는 믿음은 확고해진다. 나는 레지가 부정적인 자기실현 패턴에 갇혀 있다고 생각한다. 어떤 증거도 레지의 믿음을 바꾸지 못할 것이다. 잘못된 믿음이 생기는 것을 피하는 가장 좋은 방법은 애초에 잘못된 믿음은 만들지 않는 것이다.

7장에서는 부정적인 사례를 소개하면서 "당신이라면 뭐라고 말했겠는가?"라고 물었다. 다음에 이어지는 사례에서는, 어떤 아이가 파괴적인 발언을 듣고 자신의 수학 능력을 부정적인 사고방식으로 바라보게 된다. 여기서는 해로운 영향력을 미치는 사건을 목격한 경우 어떻게 할 것인지 자문해보자. 파괴적인 사고방식을 무효화하거나 더 생산적인 사고방식으로 바꾸려면 어떻게 해야 할까?

초등학교 1학년 때 나의 담임선생님은 아이들을 싫어하는 할머니였다. 선생님은 오래된 싸구려 향수 냄새를 풍기며 항상 실망한 표정을 짓곤 했다. 어느 날 분수의 덧셈과 뺄셈 문제지를 풀고 있었는데, 선생님은 교실을 돌아다니며 우리의 수학 능력을 비판하기 시작했다. 나는 내가 뭘 하고 있는지도 알 수 없었다. 공통분모를 찾는 방법이 도무지 이해되지 않았다. 선생님이 알아볼 수 없는 글씨로 가득한 내 학습지를 들여다본다고 생각하니 너무 떨려서 심장이 두근거렸다. 마침내 선생님이 내 옆으로 다가왔고, 나는 천천히 팔을 치우고 학습지를 보여주었다. 선생님은 한숨을 길게 내쉬더니, 내 손에서 학습지를 빼앗아 쓰레기통에 던지고 빈 종이를 주면서 말했다. "수학을 못하면 할 줄 아는 거나 하면서 시간 때우렴." 그러고 나서 선생님은 나머지 아이들과 함께 수학 수업을 이어나갔고, 나는 멍하니 자리에 앉아 빈 종이만 내려다보았다.

결국 나는 다른 학교로 전학을 갔고, 선생님은 몇 주 후에 해고당했다. 그 사건 이후로 수학은 내가 가장 싫어하는 과목이자 나를 힘들게 하는 과목이 되었다. 그리고 시간이 흐르면서 수학은 저절로 잘할 수 있는 과목이 아니라는 것을 깨닫고 받아들이게 되었고, 지금까지도 수학만 마주하면 쉽게 좌절하고 불안해진다.

여기 비난하는 말을 예상하고 잔뜩 겁에 질린 학생이 있다. 이 상황에서 격려하는 말은 놀라움을 불러일으켰을 것이다. 이미 고조될 대로 고조된 감정 상태는 어떤 이름이든 받아들일 준비가 되었다. 여기서 목표는 '노력은 성공의 수단이고, 실수는 배움의 기회'라는 성장형 사고방식을 심어주는 것이다. 만약 교사가 "어려운 문제도 풀려고 진지하게 노력하다 보면 수학 마인드가 쑥쑥 자란단다."라고 말했다면, 학생은 놀라며 긍정적인 사고방식을 갖게 되었을지도 모른다. 이 같은 CERS는 감정이 고조된 상태를 '진지한 노력'으로 명명하고, 학생에게는 '쑥쑥 자라는 수학 마인드'라는 꼬리표를 달아주었을 것이다. 하지만 안타깝게도 이런 일은 일어나지 않았고, 불행히도 교사는 부정적인 발언으로 학생에게 '수학은 어렵다.'라는 사고방식을 심어주었다.

파괴적인 사고방식이 발전하는 것을 목격했을 때는 그 자리에서 개입하는 것이 가장 이상적이다. 감정이 고조되어 수신자의 수용성이 최고조에 이른 상태기 때문이다. 동일한 주제에 관해 180도 다른 관점에서 놀라움을 안겨줄 수 있다면 가장 효과적이다. 이 두 가지 방법을 동시에 사용하면, 부정적인 사고방식을 버리고 긍정적인 사고방식을 새로 주입할 수 있다. 한 가지로도 충분하지만 두 가지를 동시에 수행하면 상승효과를 볼 수 있다.

다음 사례는 3장에서 이미 한 번 소개한 이야기로, 영리한 교사가 부정적인 사고방식이 싹트는 순간을 목격했을 때 어떻게 대처했는지를 보여준다. 기회의 창을 감지한 교사는 아이의 감정이 아직 고조된 상태일 때 이를 놓치지 않고 부정적인 발언을 무효화한 뒤, 긍정적이고 생산적인 발언으로 대체했다.

3학년 때 나의 담임선생님은 학부모가 일일교사나 보조교사로 수업에 참여하는 것을 적극적으로 권장하셨다. 어느 날, 한 친구의 엄마가 조별 활동 보조교사로 오셨다. 우리 조의 과제는 수열을 찾는 것이었다. 초반에는 문제가 쉬웠다. 보조교사로 오신 친구의 엄마는 모두 잘했다며 칭찬하셨다. 그런데 거의 막바지에 이르러 나는 수열 하나를 붙잡고 씨름했다. 다른 아이들은 거의 끝나가는데 나는 손도 대지 못했다. 앉은 자세로 뚫어져라 종이를 바라보며 규칙을 알아내려고 애를 썼다.

보조교사가 나 혼자 뒤처진 걸 알아차리고 나머지 조원들에게 잠시 나를 기다려주자고 했다. 나는 엄청난 압박감을 느꼈고, 어떻게든 답을 찾아야 한다는 생각에 종이에 아무 숫자나 휘갈겼다. 보조교사가 내가 찾은 수열이 틀렸다고 지적했다. 도와주겠다며 내 옆에 쪼그리고 앉더니 다시 풀어보라고 했다. 하지만 나는 너무 긴장한 나머지 머릿속이 새하얘지고 말았다. 잠시 후 보조교사는 두 손 두 발을 들더니, 내 손에서 연필을 낚아채 수열의 첫 번째 빈칸에 숫자를 적어 넣었다. 하지만 나는 여전히 어떻게 그 숫자가 거기에 들어가는지, 그 숫자와 다음에 나오는 숫자 사이에 어떤 규칙이 존재하는지 알 수 없었다. "이제 알겠니?" 보조교사가 물었다. 나는 모르겠다며 고개를 저었다. 그러자 보조교사는 벌떡 일어나 어디론가 가버렸다.

보조교사는 담임선생님에게 가서, 내가 설명을 해줘도 못

놀라움의 힘

알아들으니 아무래도 다른 조로 가야 할 것 같다고 말했다. 나는 너무 창피한 나머지 울음을 터뜨리고 말았다. 담임선생님은 내가 마음을 추스를 수 있도록 복도로 데리고 나갔다. 선생님은 보조교사로 온 엄마의 행동이 잘못되었다고 생각한다고 말씀하셨다. 선생님은 나를 믿으며 내가 마음만 먹으면 '그깟 구닥다리 수학 문제'는 말할 것도 없고 뭐든지 할 수 있는 아이라고 말씀하셨다. 우리는 교실로 돌아왔다. 나는 다시 문제를 풀기 시작했고, 불과 몇 분 만에 모든 수열 문제를 풀어냈다. 담임선생님은 너무 대견하다며 내 문제지 위에 커다란 별을 그려주고 큰 소리로 칭찬해주셨다. 그 커다란 별을 보니까 조금 전에 느꼈던 불안감과 창피함이 눈 녹듯이 녹아내렸다. 여전히 수학을 좋아한다고는 말할 수 없지만, 선생님 덕분에 열심히 노력하면 할 수 있다는 사실과 남들이, 아니 나조차도 할 수 없다고 생각하는 일도 능히 해낼 수 있다는 사실을 알게 되었다.

이 눈치 빠른 교사는 학생이 '수학 능력이 부족하다.'라는 믿음을 형성하기 직전에 아직 믿음 수정이 가능한 순간을 능숙하게 포착했다. 담임교사는 보조교사로 온 친구 엄마의 부정적인 의견을 일축하고 학생에게 충분한 능력이 있으며, 어떤 어려움이든 노력으로 극복할 수 있다고 단호하게 주장했다. 그리고 나서 성공을 상징하는 별표로 이 주장을 확증했다.

부정적인 발언을 목격하고 신속하게 개입하는 것과 나중에 상담하는 것은 질적으로 다르다. 초기 발언의 영향력이 진행되는 동안에도 감정이 고조된 상태를 창으로 삼아 파괴적인 영향력을 상쇄할 수 있다. 만약 부정적인 영향력을 즉시 바로잡을 수 없다면, 적어도 그날 잠자리에 들기 전에는 개입해야 한다. 연구자들은 대부분 꿈이 기억과 사고방식을 통합한다고 믿는다. 예컨대 다리를 다쳤을 때 즉각 얼음찜질하면 통증을 줄이고 치유 속도를 높일 수 있다. 이와 마찬가지로 해로운 사고방식이라는 정서적 트라우마가 발생했을 때도 초기에 치료하는 것이 가장 효과적이다.

최근 수면 연구에 따르면, 뇌는 수면 중에 경험을 재생하여 장기 기억을 생성한다고 한다.[3] 사건을 어떻게 인식하는지가 수면 중에 강화된다. 긍정적인 CERS로 잠자리에 들기 전 사건에 대한 인식을 조작할 수 있다면, 그러한 연결이 강화되는 것이다. 꿈속에서 연결이 활성화되는 과정은 덤불 속을 헤치고 길을 개척하는 것에 비견할 수 있다. 길을 여러 번 지나면 그 길은 더 단단해진다. 이렇게 닦아 놓은 길은 덤불을 지날 때마다 이용할 수 있는 이동 경로가 된다. 부정적인 사고방식 경로가 강화되기 전에 부정적인 사건을 처리하는 것이 훨씬 쉽다.

부정적인 사건을 직접 목격하지 못했거나, 목격했지만 즉시 대처할 수 없는 경우에도 잠자리에 들기 전에 그 영향력을 상쇄시킬 기회가 있다. 저명한 예일대학교 존 바그John Bargh 교수의 연구에 따르면, 피험자가 외부 귀인을 하도록 유도하면 영향력이 사라질 수 있다고 한다.[4] 예를 들어 '나는 수학을 못한다.'라고 내적 귀인을 하는 대신 '그 엄마가 기분이 안 좋았나 보네.'라고 외부 귀인을 하는 것이다. 그날 늦게라도 주위 누군가가 다음과 같이 말해주면 부정적인 사고방식을 막을 수 있다. "그 엄마가 기분이 안 좋았나 보네. 그렇게 부당한 대우만 받지 않았다면 잘할 수 있었을 텐데." 이 같은 발언으로 보조교사의 부정적인 주장을 외부화하고 학생의 능력을 다시 주장할 수 있다.

오랜 시간이 지난 후에도 깊이 뿌리 내린 역기능적 믿음 패턴을 수정하거나 관리하려는 시도는 여전히 효과적일 수 있다. 하지만 본능적인 확증편향 성향이 믿음을 보호하고 있으므로 이에 맞서는 것은 보통 일이 아니다. 여기서 우리는 믿음이 점진적으로 형성되거나, 즉흥적으로 형성된다는 사실을 알 수 있다. 확고한 믿음에 도전하려면 오랜 시간 동안 쌓아 올린 엄청나게 많은 반박 증거가 필요하다. 반면에 더 기능적인 사고방식은 놀라운 사건이 발생하는 즉시 형성될 수 있다. 이 책은 후자에 관한 것이므로, 앞서 논의한 몇 가지 사례를 다시 살펴보자.

수학 실력이 향상될 가능성이 없다고 믿었고, 심지어 수학 공포증이 있을지도 모른다고 생각한 대학원생 단나를 떠올려보자. 한 교사가 다음과 같은 말로 단나를 놀라게 한 이후, 수학은 대학에서 단나가 가장 좋아하는 과목이 되었다. "수학을 어려워하는 사람들이 최고의 교사가 되는 경우가 많아. 왜냐하면 그 사람들은 여러 각도에서 숫자를 들여다봐야 했기 때문에 결국에는 모든 도구를 손에 넣게 되거든." 마찬가지로 대학원생 마이클도 스스로 수학에 가망이 없다고 믿었다. 하지만 영리한 대학교수는 '수학적 능력'을 '아이디어를 능숙하게 설명하는 능력'과 연결해 이러한 믿음을 뒤집었다.

부정적인 사고방식이 형성되는 순간을 목격할 때 가장 효과적인 접근 방식은, 문제의 원인을 내부에서 외부로 돌린 다음 신속하게 긍정적인 관점을 주입하는 것이다. 먼저 "속상하구나." 같은 말로 기분을 인정해준다. 그다음에 "그 엄마가 기분이 안 좋았나 보네."와 같이 위협을 외부화하여 부정적인 발언을 깎아내린다. 마지막으로 "속상하다는 건 수학을 잘하고 싶어 한다는 뜻이니 꾸준히 노력하면 잘할 수 있어."라는 말로 성장형 사고방식을 주입한다.

권위와 인생 경험의 차이에서 오는 불균형 때문에, 어른이 아이에게 하는 발언은 더 큰 영향력을 미친다. 그러나 또래에게 들은 발언으로도 돌이킬 수 없는 사고방식이 생성되기도 한다. 만약 당신이 아이들과 함께하는 직업에 종사한다면, 또래 사이에 오가는 발언을 주의 깊게 살펴보는 것이 좋다. 부정적인 발언은 목격하는 즉시 무효화하고 생산적인 발언으로 대체하라. 다음 사례에서 열 살 된 홀리는 같은 반 친구에게 의욕이 꺾이는 말을 듣는다. 선생님은 홀리의 감정이 고조된 상태를 활용해 성장형 사고방식을 제시하는 발언으로 개입한다.

어린 시절 내 꿈은 수의사였다. 지극한 동물 사랑으로 틈날

놀라움의 힘

때마다 생물학 분야의 최신 연구를 공부하며 시간을 보냈다. 도마뱀을 기르고, 알 부화기를 집에 둘 정도였다. 나는 도마뱀을 사육하는 방법부터 유전체의 작동 원리까지 모르는 게 없었다.

그러던 어느 날, 친구가 나처럼 수학을 못하면 절대 수의사가 될 수 없다고 말했다. 틀린 말이었지만, 그 말이 내게 입힌 상처와 영향력은 아주 컸다. 나에게 파충류학자나 수의사가 될 능력이 없다는 생각이 들기 시작했다. 그러나 그다음에 일어난 일이 내 인생을 완전히 바꿔놓았다. 우연히 우리 대화를 들은 담임선생님이 침착하게 다가와 미소 띤 얼굴로 말씀하셨다. "홀리, 넌 원한다면 무엇이든 될 수 있단다. 정말이야." 그 순간 나는 수의사가 아닌 교사가 되리라 결심했다. 선생님의 친절하고 진정 어린 말에 너무 깊이 감동한 나머지, 언젠가 다른 아이들에게 나도 똑같이 해주고 싶다는 생각이 들었다.

"넌 원한다면 무엇이든 될 수 있단다."라는 교사의 진부한 말에 놀라 교사가 되기로 결심했다는 이야기는 어찌 보면 조금은 우스워 보일 수도 있다. 하지만 누구나 들었을 법한 진부한 표현일지라도, 놀라움을 느끼는 순간에는 수용성이 치솟으면서 순간적으로 깊은 의미를 갖게 된다. 홀리는 동물을 사랑하는 마음을 안고 교육대학에 진학해 현재 고등학교에서 생물학을 가르치고 있다.

수정 상태를 촉발하는 혼란

놀라움은 혼란을 일으키기 때문에 놀라움과 혼란이 어떻게 같은 수정 효과를 불러오는지 이해하기 어렵지 않다. 정체성의 어떤 측면에 혼란을 느끼게 되면, 이 존재론적 불안은 놀라움을 느낄 때와 유사하게 수용성을 치솟게 만든다.

혼란 상태는 문제를 해결하려는 욕구를 유발한다. 불확실성은 호기심을 자극한다. 예컨대 과학자들은 실험에서 예상치 못한 결과를 얻었을 때, 자아개념이 아닌 데이터의 외부 결과에 대해서만 놀란다. 이때 호기심이 생겨난다. 세계관이나 자아개념을 뒤흔드는 혼란은 예상치 못한 실험 결과가 나온 이유나 세금 신고할 때 어떤 칸을 채워야 하는지 몰라서 오는 혼란과는 질적으로 다르다. 정체성에 대한 혼란은 '방향감각 상실'이라는 심리적 불편함을 유발해, 이러한 인지적 고통을 잠재우고자 하는 욕구를 불러일으킨다. 혼란이 극심하면 세상 모형이 더 이상 작동하지 않기 때문에 정신적 혼란이 발생한다. 놀라움과 마찬가지로 우리는 균형 감각, 즉 심리적 안정성을 회복시킬 수 있는 정보라면 기꺼이 수용한다.

다음 사례는 정체성 혼란이 어떻게 한 개인의 자아와 세상에 대한 감각을 일시적으로 방해하는지를 보여준다.

곰곰이 생각해보면, 12학년(우리나라 고등학교 3학년에 해당함
— 옮긴이) 때 겪었던 그 한순간이 이후 인생에서 선택을 내

릴 때마다 영향을 미쳤다는 사실을 알 수 있다. 견학을 마치고 학교로 돌아가는 길에 지하철을 기다리면서, 친구들과 선생님과 함께 학교 밖 일상에 대해 이야기를 나누었다. 그당시 나는 힘든 시기를 보내고 있었다. 부모님 집에서 나와 혼자 살기 시작하면서 거의 모든 시간을 학교와 아르바이트로 보냈다. 그 시절에는 삶이 버겁게 느껴졌다.

나는 격려와 공감을 기대하며 몇 가지 고민을 나누었다. 하지만 선생님은 내 상황에 대해 공감하는 대신 이렇게 말씀하셨다. "게사, 너는 별로 걱정이 안 돼. 넌 네 갈 길을 잘 찾아갈 거야." 그 말에 혼란스러움을 느끼며 자신에게 물었다. '선생님은 왜 나를 걱정하지 않는 걸까? 내가 지금 겪고 있는 어려움이 안 느껴지시나?' 하지만 동시에 선생님이 나를 아끼는 마음도 느껴졌다. 그 순간을 정신적으로 온전히 이해하기는 어려웠지만, 선생님이 해주셨던 말씀과 말투는 아직도 생생히 남아 있다.

돌이켜보면, 그건 선생님이 나를 격려해주고자 하신 말씀이었다. 당시 힘들었던 내 상황을 직접 언급하진 않았지만, 선생님은 내게서 성공할 수 있는 능력을 보았고 그걸 전달하려고 했던 것이다. 이 순간은 이후 어렵고 힘든 상황에서도 내 선택을 자신감을 가지고 신뢰하는 데 도움이 되었다. 선생님은 내가 아직 발견하지 못한 나의 강점을 보셨고, 선생님이 해주신 말씀은 그 강점을 발전시키는 데 도움이 되었다.

교사의 발언은 당시 삶이 버겁고 힘들다는 게사의 사고방식과 일치하지 않았기 때문에 게사를 혼란스럽게 만들었다. 이러한 개인적인 혼란이 수정 가능한 순간을 만들어냈다. 피암시성이 높아진 상태에서 게사는 교사의 말투를 이해하려고 노력했다. 언어적인 해석은 모호했기 때문이다. 게사는 교사의 말을 '힘든 상황에서도 인생의 중요한 결정을 내릴 능력이 있다.'로 이해했다.

우리 정신은 인지된 맥락에 따라 메시지를 해석한다. 게사는 운 좋게도 긍정적인 어조를 감지하고 적절하게 해석했다. 이러한 전략을 사용할 때는, 건설적인 결과로 이어지길 바라는 어조로 말하기보단 구체적인 내용을 명확하게 설명하는 것이 더 안전하다. "스트레스가 많은 시기에 책임감 있는 결정을 내리는 그 능력이, 앞으로 인생에서 마주하게 될 도전을 성공적으로 헤쳐 나가는 데 도움이 될 거야."

Chapter 10

요약

이 장에서는 파괴적인 영향력이 발휘되는 순간을 효과적으로 처리하는 방법을 살펴보았다. 고조된 감정 수준을 낮추는 것보다, 부정적인 감정가(회피 유도)를 긍정적인 감정가(접근 유도)로 바꾸는 것이 더 쉽다는 것을 보여주었다. 또한 자아 정체성에 혼란이 발생하면 놀라움을 느낄 때처럼 순간적으로 수용성이 치솟는다는 사실도 설명했다.

이 책의 전반에 걸쳐 나는 열심히 노력하면 지능과 능력을 개발할 수 있다는 믿음인 성장형 사고방식을 자주 언급했다. 다음 장에서는 실증적으로 입증된 이 접근 방식을 더 자세히 살펴볼 것이다. 성장형 사고방식은 많은 연구가 이루어진 분야로, 우리가 더 성공적이고 행복한 삶을 살 수 있도록 토대를 제공한다.

The Power of Surprise

PART 5

유익한 믿음

발전적인 삶

"천재는 1퍼센트의 영감과 99퍼센트의 노력으로 이루어
진다."

- 토머스 에디슨Thomas Edison

나는 캐나다의 작은 중학교에서 교직 생활을 시작했고, 과학과 체
육 과목을 가르쳤다. 과학 수업을 들었던 7학년(우리나라 중학교 1학
년에 해당함 — 옮긴이)론은 성공과는 거리가 먼 학생이었다. 론은 계
속 포기했고 자주 실패했으며, 체념한 듯 멍하니 앉아서 시간을 보
내곤 했다. 나는 당시 학교 트랙 팀 코치도 맡고 있었다. 론은 달리
기에 재능이 있었다. 론은 단거리 선수로 트랙 팀에 선발되었고, 지
역 예선에서 2위를 했다. 시도별 선수권 대회 출전 자격을 얻었고,
학교 친구들의 환호를 받으며 7위를 기록했다. 그리고 내 권유로

론은 육상 클럽에 가입했다. 8학년 때는 시에서 1위, 지역에서 2위를 기록했다. 9학년 때는 400미터에서 시 신기록을 갈아치웠고, 지역에서 1위를 차지했다. 론이 육상 훈련에서 보여준 노력과 헌신은 학업에서도 비슷한 결과를 낳았다. 이제 론은 포기하는 대신 장애물을 극복하며, 결국 평균 B- 학점으로 9학년을 졸업했다. 3년 전 처음 론을 만났을 때만 해도 상상도 할 수 없는 일이었다.

동료 교사들은 론의 발전에 주목하면서, 자존감 상승을 학업 성적이 오를 전조로 꼽았다. 그러나 내 생각은 다르다. 자존감과 성적 사이의 관계는 복잡하다. 주변에서 학업 성적은 뛰어난데 자존감 낮은 사람('나는 뚱뚱해.', '나는 못생겼어.', '나는 패배자야.')을 흔히 볼 수 있다. 또한 학업 성적은 낮은데 자존감 높은 사람들('나는 멋져.', '나는 예뻐.', '나는 훌륭해.')도 흔히 볼 수 있다. 내가 보기에 론은 근면함과 전략적 노력이 성공의 열쇠라는 것을 깨달았다. 론은 성장형 사고방식을 발전시켰다. 자존감이 높아지긴 했지만 그건 부산물일 뿐이었다. 집념(끈기 있는 열정)을 보여주기도 했다. 이 장에서는 '성장형 사고방식'과 '집념'에 관해 논의한다.

성장형 사고방식

'성장형 사고방식'이라는 용어가 널리 사용되기 시작한 것은 스탠퍼드대학교 캐럴 드웩Carol Dweck 박사 덕분이다. 드웩 박사는 자

놀라움의 힘

신의 저서 《마인드셋》에서 믿음의 힘을 의식적인 측면과 무의식적 측면에서 연구하고, 가장 단순한 믿음의 변화조차 우리 삶의 거의 모든 측면에 심오한 영향을 미칠 수 있다는 사실을 조명했다.[1]

신진 연구자 시절, 드웩 박사의 인생을 바꾼 일이 일어났다. 박사는 사람들이 실패에 어떻게 대처하는지 이해하려는 집착에 사로잡혀, 학생들이 어려운 문제를 직면할 때 어떻게 해결하는지를 관찰하면서 이를 연구했다. 드웩 박사는 아이들에게 문제를 풀게 한 뒤 반응을 지켜보았다. 첫 번째 문제는 비교적 쉬웠지만, 갈수록 점점 더 어려워졌다. 드웩 박사는 아이들의 생각과 감정을 조사했다. 실패에 좌절하며 쉽게 포기하는 아이도 있었고, 실패를 딛고 다시 일어서는 아이도 있었다.

이어서 그는 놀라운 사실을 발견했고, 이 발견으로 이후 20년간 연구 주제가 바뀌었다. 어려운 문제에 도전하는 것을 즐기며 성공하는 아이들이 있었던 것이다. 드웩 박사는 이 아이들을 보며 느낀 감정을 다음과 같이 기록했다. "이 아이들은 뭘까? 나는 항상 실패를 바라볼 때 대처할 수 있거나 대처할 수 없거나 둘 중 하나라고 생각했다. 실패를 사랑하는 사람이 있으리라고는 생각조차 하지 못했다. 이 아이들은 실패로 낙심하지 않았을 뿐만 아니라, 자신이 실패했다는 생각조차 하지 않았다. 이 아이들은 외계인이었을까? 아니면 뭔가를 알고 있었을까?"

수십 년에 걸친 연구 끝에 드웩 박사는 사람들이 고정형 사고방식이나 성장형 사고방식에 빠지는 경향이 있다는 것을 발견했다.

고정형 사고방식을 가진 학생들은 자신의 기본 능력, 지능, 재능이 고정된 특성이라고 믿는다. 현재 소유한 능력이 전부이기에, 가진 능력으로 언제 어디서든 남들에게 똑똑해 보이고 결코 바보처럼 보이지 않는 것이 목표다. 반면 성장형 사고방식을 가진 학생들은 노력, 좋은 가르침, 끈기가 뒷받침되면 자신의 재능과 능력을 개발할 수 있다는 사실을 이해한다. 모든 사람이 똑같다거나 누구나 아인슈타인이 될 수 있다고 생각하지는 않지만, 누구나 노력하면 더 똑똑해질 수 있다고 믿는다.

언뜻 보기에는 다소 평범하고 중요하지 않은 발견처럼 보일 수 있다. 그러나 이러한 사고방식의 차이가 실제로 어떻게 작용하는지를 알게 되면 생각이 달라진다. 여기 드웩 박사가 발견한 몇 가지 전형적인 연구 결과가 있다. 연구진은 학생들을 두 집단으로 나눠, 한쪽은 '능력'을 칭찬하고 다른 한쪽은 '노력'을 칭찬했다. 첫 번째 집단 구성원에게는 '타고난 능력'을 칭찬했다. "와, 여덟 개나 맞췄네. 이렇게 높은 점수를 받다니 대단한걸! 너 정말 똑똑하구나!" 두 번째 집단 구성원에게는 '성실한 노력'을 칭찬했다. "와, 여덟 개나 맞췄네. 이렇게 높은 점수를 받다니 대단한걸! 너 정말 열심히 노력했구나!"

처음에는 두 집단이 정확히 같은 성적을 보였다. 그러나 칭찬받은 이후부터 차이가 나기 시작했다. 드웩 박사는 이렇게 말한다.

놀라움의 힘

"우려했던 대로 능력에 대한 칭찬은 학생들을 고정형 사고방식으로 몰아넣었다. 아이들은 고정형 사고방식과 관련된 모든 징후를 나타냈다. 선택권을 주었을 때 아이들은 새로운 것을 배울 수 있는 도전적인 과제를 거부했다." 똑똑하다고 명명된 아이들은 자신의 결점을 드러내고, 재능에 의문을 제기하는 모든 행위를 거부한다. '똑똑한' 아이들은 실수를 싫어하고, 실패 가능성이 있는 도전을 피해 감으로써 실수를 피한다. 이들은 실패로부터 배우기보다는 실패를 숨기고 싶어 한다.

반대로 노력을 칭찬받은 학생들 가운데 90퍼센트는 새로운 것을 배울 수 있는 도전적인 과제를 원했다. 성장형 사고방식을 가진 사람들은 자신의 지능과 역량이 항상 성장하고 변화하며 발전한다는 사실을 이해한다. 끊임없이 배우고 성장할 수 있고 더 잘할 수 있다는 사실을 안다. 새로운 것을 시도하고 위험을 감수하고 성장과 발전에 집중함으로써 이를 달성할 수 있다는 사실을 이해한다.

모든 인간은 성장형 사고방식과 고정형 사고방식을 둘 다 가지고 있다. 예컨대 운동 신경에서는 고정형 사고방식('나는 운동 신경을 타고났어.' 또는 '나는 운동에는 젬병이야.')을 가지고 있는 반면에, 글쓰기에서는 성장형 사고방식('열심히 노력했더니 발전하는 게 눈에 보여서 흥분돼.')을 가지고 있을 수 있다.

아이들을 어떻게 칭찬하느냐가 아이들이 어떤 사고방식을 발전시킬지를 결정한다. 드웩 박사는 부모, 교사, 감독, 코치가 실수로 잘못된 메시지를 전달할 수도 있다고 걱정한다. "사실 모든 말과 행동은 메시지를 전달할 수 있다. 어린아이나 학생이나 운동선수에게 자신을 어떻게 생각해야 하는지 알려준다. 이는 '너는 영구적인 특성이 있고, 나는 그것을 판단한다.'라는 고정형 사고방식을 심어주는 메시지일 수도 있고, '너는 발전 가능한 사람이고, 나는 네 발전에 관심이 있다.'라는 성장형 사고방식을 심어주는 메시지일 수도 있다." 이 부분이 바로 CERS가 마법을 발휘하는 지점이다. 특히 수신자를 놀라게 할 수 있다면, 그 마법은 더욱 강력해진다.

인지행동치료cognitive behavior therapy, CBT는 사람들이 극단적인 판단을 내리지 않도록 자신을 제어하고 더 합리적으로 사고할 수 있도록 가르친다. 예를 들어 얼래나가 시험을 망친 뒤 '나는 멍청하다.'라는 결론을 내렸다고 가정해보자. 이는 고정형 사고방식이다. CBT는 얼래나에게 다음과 같이 질문함으로써 사실을 더 자세히 살펴보도록 가르친다. "결론을 뒷받침하는 증거와 반대되는 증거는 무엇인가?"라는 질문에 답하는 과정에서 얼래나는 과거 자신이 나타낸 역량을 목록으로 작성하면서 "나는 생각만큼 무능하지 않은 것 같아요."라고 고백할 수 있게 된다.

나아가 멍청함 때문이 아니라면 시험을 망친 이유가 무엇일지 생각하도록 격려받는다. 이 과정에서 부정적인 판단을 더욱 누그러뜨릴 수 있다. 얼래나는 CBT를 받으면서 이 모든 과정을 스스로 수행하는 방법을 배우게 된다. 따라서 미래에 자신을 부정적으로 판단할 때, 이를 반박하고 기분이 나아질 수 있다. 하지만 만약 얼래나가 성장형 사고방식을 가지고 있다면 이런 형태의 치료는 필

놀라움의 힘

요하지 않다. 이미 삶에서 구현하고 있을 것이기 때문이다.

CBT는 길고 체계적이며 합리적인 과정이다. (도파민 분비를 떨어뜨리는) 부정적인 생각과 (도파민 분비를 증가시키는) 긍정적인 생각 사이에서 끝없이 투쟁하며 긍정적인 사고방식을 구축하려고 노력하는 과정이다. 본질적으로 CBT는 부정적인 감정가('나는 멍청해.')를 긍정적인 감정가('전략적으로 노력하면 해낼 수 있어.')로 전환해 도파민 분비를 조절하는 방법이다.

나는 CBT를 강력히 지지하며 비합리적인 생각과 자멸적 믿음에 대응하는 데 이용한다. 하지만 가능하면 전략적 놀라움을 이용하려고 노력한다. 적절한 타이밍에 놀라움을 불러일으킬 수 있는 CERS는 의식적인 노력 없이도 자기 긍정적인 성장형 사고방식을 즉시 확립한다. CERS는 위상성 도파민 분비로 CBT와 같은 결과를 얻을 수 있다. CBT에서처럼 우선 자신이 멍청하다는 주장의 증거를 찾고 나서 반박하는 대신, CERS에서는 본능적으로 자신이 발전하고 있다는 확실한 증거를 찾고 발견한다. 이 새로운 본능은 자연스럽게 일어나기 때문에 의식적인 노력보다 더 나은 결과를 보여준다.

여기서 주의! 단 한 번의 놀라운 발언으로 성장형 사고방식을 만들 수 있다고 주장하는 것은 아니다. 그토록 쉬운 일이라면 누구나 성장형 사고방식으로 성공한 삶을 살아갈 것이다. 그러나 성장형 사고방식이나 그 핵심 요소는 종종 놀라움을 느끼는 상황에서 자발적으로 나타나곤 한다. 나는 이 책에서 이러한 특수한 조건을 과학적으로 검토한 후 이를 극대화해서 강력한 결실을 보는 방법을 알려주고자 노력했다.

주어진 작업을 능숙하게 처리할 수 있다고 확신할수록 성과도 높아진다. 우리는 자기효능감이 성과를 예측할 수 있는 가장 중요하고 일관된 변수라는 사실을 이미 알고 있다. 따라서 CERS로 자기효능감을 높이는 것을 목표로 삼아야 한다. CERS는 수신자의 내재적 동기를 유발한다. 내재적 동기란, 스스로 결과를 통제할 수 있다는 믿음이다. **일반적으로, 우리가 상황을 통제할 수 있다고 믿을 때만 동기가 부여된다.**

교사로서 실수를 극도로 두려워하는 학생을 본다면, 그 학생이 실수하는 순간을 포착하라. 그런 다음, 의미심장하게 웃거나 "와!" 하고 감탄사를 내뱉어라. 아마도 그 학생은 조롱이나 비난을 예상할 것이다. 바로 그 순간 "위험을 무릅쓰고 대담하게 실수하려는 열의가 있어서 학습 능력이 뛰어나구나."라고 말해 학생을 놀라게 하라. 당연한 사실인 양 말한 후 태연하게 자리를 떠라. 이 발언에 학생이 놀랐다면, 이제 '실수'는 '뛰어난 학습 능력'과 신경학적으로 연결된다. 부하 직원, 운동선수, 자녀에게도 똑같은 전략을 적용할 수 있다. 만약 학생이 이 발언에 놀라움을 느꼈다면, 실패의 감정가는 바뀌게 된다. 아주 조금이라도 말이다. 이제 실패는 뛰어난 학습 능력으로 연결되기 때문에, 위험을 무릅쓰고 실수할 때면 도파민 분비가 증가한다.

유명한 테니스 선수 마리야 샤라포바Maria Sharapova는 초보 테

놀라움의 힘

니스 선수들이 저지르는 최악의 실수가 결과에 초점을 맞추는 것 때문이라고 말한다. 샤라포바는 공에서 최대한 눈을 떼지 않은 채 과정에만 집중하면 결과는 저절로 따라온다고 조언한다.[2]

드웩 박사는 처음에는 학생들을 대상으로 연구를 진행했지만, 이후 비즈니스, 육아, 운동 등의 분야에서도 성장형 사고방식을 적용할 수 있다는 사실을 발견했다. "장애물을 인식하는 능력이 장애물 극복 전략을 계획하는 데도 도움이 되는군."과 같은 CERS는 성장형 사고방식을 이끌어내며, 어느 집단에서나 효과를 발휘한다. 이때 놀라움을 활용해 효과를 극대화하라. 학교, 집, 체육관, 직장에서 배우는 과정에서 어려움을 맞닥뜨린다면 기뻐하라. 직장에서 실패를 경험한 직후, 누군가 이런 말을 건넨다면 어떤 생각이 들까? "와! 실패도 프로처럼 하시네요. 기꺼이 실패하려는 그 의지가 성공으로 가는 원동력이 될 거예요."

집념, 그 끈기 있는 열정

"잔잔한 바다는 결코 유능한 뱃사람을 만들 수 없다."

― 아프리카 속담

집념은 성공한 사람들의 공통적인 핵심 자질이다. 그런데 집념을 구성하는 여러 측면 가운데 특히 더 두드러지는 핵심적인 두 가지

395

측면이 있다. 바로 눈앞에 주어진 일에 집중하는 '성실성'과 최선을 다해 주어진 일에 끝까지 매달리는 '끈기'다. 항상 열정적일 수는 없지만, 성실함과 끈기는 일을 성공적으로 완수하게 만든다. 집념의 이러한 두 가지 측면은 일반화할 수 있다. 끈기는 인생의 여러 분야에서 발휘할 수 있다. 열정은 구체적이다. 예컨대 음악에 대한 열정이 반드시 요리에 대한 열정으로 이어지는 것은 아니다.

안드레아는 학창 시절 내내 수학에 어려움을 겪었다. 열세 살 무렵, 이미 수학 때문에 대학 진학에 지장이 있을 것 같다는 예감에 좌절감을 느꼈다. 안드레아는 당시 일을 이렇게 기록했다. "숙제와 시험을 끝마치는 데 시간이 다른 사람보다 두 배나 더 걸렸다. 선생님은 내게 반복해서 개념을 설명하는 일에 지치셨다." 안드레아는 좌절했고 분노했다. 7학년이 끝날 무렵, 담임교사는 7학년 수학을 다시 반복하도록 안드레아를 보충 반에 배정했다. 그리고 보충 수업이 끝나갈 때쯤, 담임교사는 학생들에게 몇 가지 상을 나눠 주었다.

수학이라면 정말이지 치가 떨렸지만, 속으로는 나도 상을 하나 받고 싶다는 생각이 들었다. '성적이 가장 많이 향상된 학생에게 주는 상'을 수여할 때 내 이름이 불리기를 간절히 바랐다. 그 상은 무언가를 성취하는 데 필요한 능력이 나에게 있다는 사실을 친구들 앞에서 증명해줄 터였다. 하지만 실망스럽게도 수상자는 스페인어를 하는 다른 친구였다.

마음이 무너져 내리는 것 같았다. 이어서 담임선생님이 말씀하셨다. "마지막으로 아주 특별한 상이 남았어요. 이 상은 수학에 가장 큰 열정을 보인 사람에게 주는 상입니다." 마음이 무겁게 가라앉았다. 나는 수학을 싫어했고 매일 불평만 했기 때문이다. 선생님은 계속 말씀하셨다. "질문을 두려워하지 않고, 도움이 필요할 때 항상 도움을 요청하고, 전염성 있는 에너지를 가졌으며, 수학에서 보여준 의지와 노력으로 고등학교에서도 잘 해내리라 믿어 의심치 않는 학생에게 이 상을 수여하게 되어 자랑스럽습니다." 그런 다음, 선생님은 내 이름을 불렀다. 나는 충격을 받았다. 그 즉시 생각했다. '그래! 내가 가장 열정적이야! 모두가 나보다 수학을 잘할지언정 나만큼 성공하려는 의지와 열정이 강한 사람은 없어!' 갑자기 의욕이 샘솟았다.

이 모든 시간을 지나 교사가 된 지금, 그때를 돌이켜보니 선생님이 내게 선물을 주셨다는 것을 깨달았다. 선생님은 내가 얼마나 애쓰는지를 알아보셨고, 그 노력에 공개적으로 '열정'이라는 이름을 붙여주셨다. 그 이후로 나는 열정적으로 수학을 정복하려는 노력을 이어나갔고 마침내 정복했다.

이 사례는 고전적인 CERS는 아니지만 CERS와 같은 공식을 따랐다. 특성을 관찰하고, 이름을 붙이고, 자원으로 인정하는 공식 말이다. 안드레아는 이 과정을 "선생님은 내가 얼마나 애쓰는지를 알아보셨고 그 노력에 공개적으로 '열정'이라는 이름을 붙여주셨다."라고 설명한다. 안드레아가 '그래! 내가 가장 열정적이야!'라며 이 특성을 인정할 때, 교사의 발언에서 의미를 형성하는 '인지 정교화 과정'이 일어났다. 거의 포기할 뻔한 상태에서 선생님이 강점을 찾아 명명해주자, 갑자기 의욕이 샘솟고 도파민 분비가 급증했다. 이 순간이 안드레아를 놀라게 했기 때문에 인생을 뒤바꾸는 영향력을 만들어냈다. 이제 열정은 안드레아를 대표하는 속성이다. 기대한 것을 얻을 때는 놀라움도, 위상성 도파민 분비도 발생하지 않는다.

당신은 어디서 집념을 발휘하는가? 앞서 언급했던 론은 육상에서 발전시킨 성장형 사고방식을 학업으로 일반화했다. 아마도 지금쯤 론은 집념을 발견했을 것이다. 집념을 가진 사람들은 장기적인 목표를 추구하는 강한 열정과 함께, 그 목표를 달성하기 위해 장애물을 극복하고 인내하며 끈기 있게 노력하는 능력을 보여준다. 연구 결과, 집념은 학생들의 미래 학업 성과를 예측할 수 있는 지표가 될 뿐만 아니라 어느 연령대에서나 성공을 결정짓는 데 중요한 역할을 한다. 저명한 집념 연구자인 앤절라 더크워스Angela Duckworth는 이렇게 말한다. "집념 점수와 삶의 만족도 사이에는 선형 관계가 나타납니다. 집념 점수가 동일하게 최상위권일 때조차 집념 점수가 높을수록 행복 지수도 높아지고요. 다만 초강력 집념을 가진 사람들과 함께 사는 사람들까지 행복한지는 저도 잘 모르겠네요. 하하!"

Chapter 11

요약

이 장에서는 성장형 사고방식과 집념에 관해 설명하면서, 성장형 사고방식이 어떻게 집념의 기초가 되는지를 보여주었다. 또한 성장형 사고방식은 종종 일반화되는 반면, 집념은 한 분야에만 적용된다는 사실도 설명했다. 그리고 인지행동치료가 CERS와 어떤 점에서 유사하고, 어떤 점에서 다른지를 보여주었다. CERS는 내재된 자기긍정 과정으로 즉각적인 효과를 발휘한다.

맺음말

조지아는 소심한 예비 교사였지만, 대학원 강의 시간에 앞에 나가 자작곡을 불렀다. 강의가 끝나고 몇몇 동기들이 조지아의 용기를 칭찬했다. 조지아는 그 순간이 정체성을 형성한 순간이라고 이야기한다.

동기들이 내게 다가와 용기가 대단하다며 칭찬했다. 그 말에 나는 놀랐다. 사람들은 대부분 나를 수줍은 사람이라고 생각한다. 누군가에게 용감하다는 말을 듣자 공유하고 소통하고 나 자신을 내세울 수 있는 능력이 얼마나 발전했는지 돌이켜보게 되었다. 처음에 놀라긴 했지만, 나는 이제 그 특성을 내 것으로 만들었다. 속으로 생각했다. '그래, 나는 용기 있는 사람이야. 아직 갈 길이 멀지만 정말 많이 발전했어.' 이 생각은 자기 의심을 걷어내고 동기를 부여했다. 하지만 여기까지 왔으니 한 인간으로서, 그리고 교육자로서 더욱 용기를 내어 성장해나갈 것이다.

책을 마무리하며 이 사례를 소개하는 이유는, 단순한 이 사례가 모든 것을 담고 있기 때문이다. 얼핏 보기에 이 사건은 대수롭지 않아 보이지만, 조지아를 극적으로 변화시켰다. 이 사례는 놀라움으로 정체성이 형성되는 순간의 특징을 모두 담고 있다. 조지아는 자신이 수줍음이 많다고 믿었다. 그 믿음은 '조롱거리가 될지도 모르니 나서지 말자.'라는 소심한 사고방식을 만들어냈다.

평소답지 않은 행동을 하고 불안해하는 동안, 동기들이 다가와 용기가 대단하다며 칭찬했고 조지아는 놀랐다. 조지아는 의미를 형성하는 과정인 인지적 정교화 과정을 다음과 같이 설명한다. '그래, 나는 용기 있는 사람이야. 아직 갈 길이 멀지만 정말 많이 발전했어.' 다음에 이어지는 말은 도파민 증가를 나타낸다. "이 생각은 자기 의심을 걷어내고 동기를 부여했다." 놀라움을 불러일으킨 발언으로 촉발된 폭발적인 도파민 증가는 새로운 사고방식에 반영된 믿음의 변화를 보여준다. "하지만 여기까지 왔으니 한 인간으로서, 그리고 교육자로서 더욱 용기를 내어 성장해나갈 것이다." 도파민은 뇌에 무엇에 주의를 기울여야 하는지 알려준다. 조지아의 새로운 사고방식은 이제 용기 있는 행동을 보여주는 증거를 찾으려고 본능적으로 노력한다. 확증편향은 이제 적이 아니라 동지가 된다. 이전의 사고방식은 자기 의심을 확인하는 증거를 찾으려고 노력했기 때문이다.

동기들은 아마 조지아의 변화를 알아차리지 못했을 것이다. 조지아에게는 평생 기억에 남을 만한 순간이었지만, 동기들에게는 별것 아닌 일로 지나갔을 가능성이 높다. 놀라움은 조지아의 믿음을 즉각 변화시켰지만, 실질적인 결과는 시간이 지난 후에 나타날 수도 있다. 놀라움으로 싹튼 씨앗은 '미래의 성장'이라는 열매를 맺게 될 것이다.

효과적이고 의미 있게

당신은 스스로 잘하지 못한다고 생각하는 일을 얼마나 열심히 할 수 있는가? 효과를 좌우하는 것은 사고방식이다. 자기효능감을 키우고 의미를 파악하도록 도와주는 발언은 누구에게나 설득력을 지닌다. 자기 능력에 대한 자신감이 높을수록 성과도 좋다. 저명한 행동경제학자 댄 애리얼리Dan Ariely는 자신의 저서인 《보상The Payoff》에서 "사람들은 항상 자신이 중요하고 유능하다고 느끼기를 원한다."라고 강조한다. 기존에 지닌 능력과 기술 다음으로 사람들의 성과를 예측하는 가장 중요하고 일관된 변수는 자기효능감이다.[1]

나는 읽기 장애를 안고 자라면서 세부 사항에 주의를 기울여 천천히 읽는 것이 습관이 되었다. 독서 문제를 보완하려던 노력이 지금은 강점이라고 생각하는 주의 깊게 읽는 능력을 키웠다. 하지만 누군가가 강점이라고 언급해주기 전까지는 이를 강점으로 인식하지 못했다. 그 이후로 독서 행위에 대한 감정가 회피에서 접근으로 바뀌었다. 때때로 우리가 약점으로 추정하는 것을 극복하는 과정에서 고유한 강점이 개발될 수 있다. 이를 처음으로 누군가가 언급해줄 때 놀라움을 유발한다. 우리는 온종일 엄청나게 다양한 행동을 한다. 누군가에게서 잠재된 능력을 찾아내 그 능력이 어떻게 세상에 도움이 될 수 있는지를 설명하라. 개인 자원을 어떻게 활용하면 생산적인 목적을 달성할 수 있는지 알려주라. 결정적인 순간을 항상 만들 수는 없지만, 언어 구조를 잘 활용하면 가능성을 최대화할 수 있다. CERS 언어 용례가 자동으로 나올 때까지 CERS 구조를 연습하라.

누군가에게 실패는 무언가를 배우는 방법이다. 따라서 실패를 통해 지식을 얻을 수 있다고 말할 수 있다. 예컨대 다음과 같은 말로 자신이 방금 모든 것을 망쳤다고 생각하는 사람을 놀라게 할 수 있다. "와! 실수를 통해 배우려는 그 의지가 훌륭한 리더의 잠재력을 보여주네요." 놀라움은 번개가 내리치듯 새로운 인식을 촉발한다. 무엇을 배우든 간에 놀라움이 동반되면 더 깊이 각인된다.

인생에서 당신이 할 수 있는 가장 중요한 역할 중 하나는, 누군가에게 긍정적인 영향을 미치고 그들이 인생을 성공적으로 살아가는 모습을 지켜보는 것이다. 놀라움이라는 요소는 발언의 효과를 기하급수적으로 증가시킨다. 이 도구를 손에 넣고 자주 꺼내어 삶을 풍요롭게 만드는 데 이용하라.

이 책에서는 놀라움이 어떻게 정체성을 형성하는 순간을 촉발할 수 있는지 보여주었다. 조지아의 동기들이 조지아에게 한 것처럼, 당신도 전략적으로 다른 사람의 삶을 더 풍요롭게 만들 수 있다. 만약 다음번에 누군가에게 영감을 주고 새로운 믿음을 촉발해 잠재력을 해방시킬 기회가 생긴다면, 자신에게 이렇게 물어보라. "어떻게 이 사람을 놀라게 해서 자신을 새롭게 바라보게 할 수 있을까?"

감사의 글

이 책에는 뛰어난 연구자들이 고안해낸 훌륭한 아이디어, 발견, 이론이 담겨 있다. 그 모든 노고와 창의력과 영향력에 깊은 경의를 표한다. 독자 여러분이 펼친 이 책은 내가 창안한 개념적 틀 안에 그들의 노력을 종합한 산물이다. 특히 자아 정체성이 형성되는 순간에 놀라움이라는 감정이 어떤 역할을 했는지 그 영향력에 관한 이야기를 들려주신 모든 분께 감사드린다. 이 모든 이야기는 과학에 생명을 불어넣는다.

기획에서 출간까지 너무 오랜 시간이 걸렸다. 셀 수 없이 퇴고하는 동안, 문학 컨설턴트 엘리자베스 라이언Elizabeth Lyon은 언제나 내 곁을 지켜주었다. 이 책이 세상에 나오기까지 라이언의 편집 능력이 큰 도움을 주었다. 라이언은 나를 일컬어 '끈기의 상징'이라고 입버릇처럼 말했다. 출판 과정에서 성장할 수 있도록 격려와 지원을 아끼지 않은 로우맨 앤 리틀필드 소속 담당 편집자 수잰 스타작–실버Suzanne Staszak-Silva에게도 감사를 전한다.

아내와 아이들이 인내하고 참아준 덕분에 수많은 시간을 마음껏 쓰며 연구와 저술에만 몰두할 수 있었다. 이 책을 집필하며 인생에서 중요한 일만큼은 빠지지 않으려고 노력했다. 하지만 바꿔 말하면, 청소나 페인트칠이나 고장 수리나 요리 같은 일은 소홀히 할 수밖에 없었다는 뜻이다. 그런 나를 한결같이 응원해준 가족들에게 감사와 사랑의 마음을 전한다.

이 책을 내 손주 페이지, 로런, 케이틀린, 나탈리에게 바친다. 손주들 덕분에 어제보다 더 나은 내가 되려고 매일매일 노력한다. 노력이 실패하는 날도 많지만, 어쨌거나 이런 할아버지라도 사랑해주니 고마울 따름이다. 더불어 내 모든 것을 빚지고 있는 아내 로라와 진정한 용기가 무엇인지 아는 두 딸 리앤과 케리에게도 이 책을 바친다.

주석

서문

1. Marlo Thomas, *The Right Words at the Right Time* (New York : Simon and Schuster, 2004).
2. 가명이다. 지금은 돌아가셨다.

Chapter 1

1. Michel Bitbol, "Neurophenomenology of Surprise," *Surprise at the Intersection of Phenomenology and Linguistics* 11 (2019) : 9.
2. Andy Clark, "Whatever Next? Predictive Brains, Situated Agents, and the Future of Cognitive Science," Behavioral and Brain Sciences 36, no. 3 (2013) : 181-204.
3. Anil Seth, "Your Brain Hallucinates Your Conscious Reality," TED. com, 2017, https : //www.ted.com/talks/anil_seth_how_your_brain_ hallucinates _your_conscious_reality.
4. LisaFeldmanBarrett, *How Emotions Are Made : The Secret Life of the Brain* (New York : Houghton Mifflin Harcourt, 2017).
5. Dale Purves and R. Beau Lotto, *Why We See What We Do : An Empirical Theory of Vision* (Oxford, UK : Sinauer Associates, 2003).
6. Jerome S. Bruner and Cecile C. Goodman, "Value and Need as Organ- izing Factors in Perception," *The Journal of Abnormal and Social Psychology* 42, no. 1 (1947) : 33.
7. M. Gazzaniga, *Who's in Charge? : Free Will and the Science of the Brain* (London : Hachette UK, 2012).
8. Ap. Dijksterhuis and Loran F. Nordgren, "A Theory of Unconscious Thought," *Perspectives on Psychological Science* 1, no. 2 (2006) : 95-109.

Chapter 2

1. Andrew Newberg and Mark Robert Waldman, *Why We Believe What We Believe : Uncovering Our Biological Need for Meaning, Spirituality, and Truth* (New York : Simon and Schuster, 2006).

2. Michael Shermer, *The Believing Brain : From Ghosts and Gods to Politics and Conspiracies : How We Construct Beliefs and Reinforce Them As Truths* (New York : Macmillan, 2011).

3. Sam Harris, Sameer A. Sheth, and Mark S. Cohen, "Functional Neu-roimaging of Belief, Disbelief, and Uncertainty," *Annals of Neurology* 63, no. 2 (2008) : 141-47.

4. Daniel Kahneman, Thinking, *Fast and Slow* (New York : Macmillan, 2011).

5. Shai Davidai, and Thomas Gilovich, "The Headwinds/Tailwinds Asym- metry : An Availability Bias in Assessments of Barriers and Blessings," *Journal of Personality and Social Psychology* 111, no. 6 (2016) : 835.

Chapter 3

1. Andrew Newberg and Mark Robert Waldman, *Why We Believe What We Believe : Uncovering Our Biological Need for Meaning, Spirituality, and Truth* (New York : Simon and Schuster, 2006).

2. Albert Bandura, "Self-efficacy : Toward a Unifying Theory of Behav-ioral Change," *Psychological Review* 84, no. 2 (1977) : 191.

3. Hugo Mercier and Dan Sperber, *The Enigma of Reason* (Cambridge, MA : Harvard University Press, 2017).

4. Hugo Mercier and Dan Sperber, *The Enigma of Reason* (Cambridge, MA : Harvard University Press, 2017).

5. Scott O. Lilienfeld, Steven Jay Lynn, John Ruscio, and Barry L. Beyer-stein, *50 Great Myths of Popular Psychology : Shattering Widespread Miscon-cep-tions About Human Behavior* (Hoboken, NJ : John Wiley & Sons, 2011).

6. Mark Humphries, "The Crimes Against Dopamine," *The Spike : Me-dium*, March 13, 2017, https : //medium.com/the-spike/the-crimes-against-dopamine -b82b082d5f3d.

7. Joseph E. Dunsmoor, Marijn C. W. Kroes, Jian Li, Nathaniel D. Daw, Helen B. Simpson, and Elizabeth A. Phelps, "Role of Human Ventro-medial Prefrontal Cortex in Learning and Recall of Enhanced Ex-

tinction," *Journal of Neuroscience* 39, no. 17 (2019) : 3264-276.

8. Inside Out, directed by Pete Docter and Ronnie Del Carmen (2015; Burbank, CA : Walt Disney Movie Studios.)

9. Ulric Neisser and Nicole Harsch, "Phantom Flashbulbs : False Recollections of Hearing the News about Challenger," in *Emory Symposium on Cognition*, ed. E. Winograd and U. Neisser, 9-31 (Cambridge, UK : Cambridge University Press, 1992).

10. Nassim Nicholas Taleb, *The Black Swan : The Impact of the Highly Im-probable*, Vol. 2. (New York : Random House, 2007).

Chapter 4

1. Sara E. Gorman and Jack M. Gorman, Denying to the Grave : *Why We Ignore the Facts That Will Save Us* (Oxford, UK : Oxford University Press), 2016.

2. Keith E. Stanovich, Richard F. West, and Maggie E. Toplak. "Myside Bias, Rational Thinking, and Intelligence," *Current Directions in Psychological Science* 22, no. 4 (2013) : 259-64.

3. Keith E. Stanovich, Richard F. West, and Maggie E. Toplak. "Myside Bias, Rational Thinking, and Intelligence," *Current Directions in Psychological Science* 22, no. 4 (2013) : 259-64.

4. Sam Harris, Sameer A. Sheth, and Mark S. Cohen, "Functional Neuroimaging of Belief, Disbelief, and Uncertainty," *Annals of Neurology* 63, no. 2 (2008) : 141-47.

5. Russell Golman, David Hagmann, and George Loewenstein, "Information Avoidance," *Journal of Economic Literature* 55, no. 1 (2017) : 96-135.

6. The Nobel Assembly at the Karolinska Institute in Stockholm, Sweden awarded the 2005 Nobel Prize for Physiology or Medicine to Dr. Barry J. Marshall, 54, and Dr. J. Robin Warren, 68, for their discovery of the Helicobacter pylori (H. pylori) bacterium and its role in gastritis and peptic ulcer disease.

7. *Freakonomics Radio*, episode 286, "How Big Is My Penis (And Other Things We Ask Google)?" Stephen J. Dubner, May 10, 2017, NPR, http : // freakonomics.com/podcast/big-penis-things-ask-google/.

8. 꾸며낸 가상의 연구. Milich, R., M. Wolraich, and S. Lindgren. "Sugar and

Hyperactivity : A Critical Review of Empirical Findings." *Clinical Psychology Review* 6, no. 6 (1986) : 493-513.

9. 꾸며낸 가상의 연구. Wolraich, M. L., D. B. Wilson, and J. W. White. "The Effect of Sugar on Behavior or Cognition in Children : A Meta-analysis." *JAMA* 274, no. 20 (1995) : 1617-21. doi : 10.1001/jama.1995.03530200053037.

10. 꾸며낸 가상의 연구. Donahue, D. A., F. H. Letterman, H. A. Carson, and D. A. Gobbles. "Hyperactivity : Is Candy Casual?" *Critical Reviews in Pediatrics and Nutrition* 36, noss. 1-2 (2016) : 31-47.

11. Erik Vance, *Suggestible You : The Curious Science of Your Brain's Ability to Deceive, Transform, and Heal* (Washington, DC : National Geographic Books, 2016).

12. Hugo Mercier and Dan Sperber. "Why Do Humans Reason? Arguments for an Argumentative Theory," *Behavioral and Brain Sciences* 34, no. 2 (2011) : 57-74.

13. "Feelings vs Fact-Newt Gingrich-RNC Topic on Violent Crime- Feelings Trump FBI Stats!" YouTube, July 27, 2016, https : //www.youtube.com /watch?v=xnhJWusyj4I.

14. Paul H. Thibodeau and Lera Boroditsky, "Metaphors We Think With : The Role of Metaphor in Reasoning," *PloS one* 6, no. 2 (2011) : e16782.

15. "Live Talks Business Forum : Dr. Zak interviews Nobel Laureate Daniel Kahneman," YouTube, Dec. 17, 2011, https : //www.youtube.com /watch?v=HaTrJV9rvCc.

16. Andrew Newberg and Mark Robert Waldman, *Why We Believe What We Believe : Uncovering Our Biological Need for Meaning, Spirituality, and Truth* (New York : Simon and Schuster, 2006).

17. *Schitt's Creek*, created by Eugene Levy and Dan Levy, Canadian Broadcasting Corporation, 2015.

Chapter 5

1. *Candid Camera*, created by Allen Funt (1960; Allen Funt Productions, CBS Studio 50, 1960).

2. Marret K. Noordewier and Seger M. Breugelmans, "On the Valence of Surprise," *Cognition & Emotion* 27, no. 7 (2013) : 1326-34.

3. Marret K. Noordewier, Sascha Topolinski, and Eric Van Dijk, "The Temporal Dynamics of Surprise," *Social and Personality Psychology Compass* 10, no. 3 (2016) : 136–49.

4. Mark Humphries, "The Crimes Against Dopamine," *The Spike : Medium*, March 13, 2017, https : //medium.com/the-spike/the-crimes-against-dopamine -b82b082d5f3d.

5. Wolfram Schultz, "Dopamine Reward Prediction-Error Signalling : A Two-Component Response," *Nature Reviews Neuroscience* 17, no. 3 (2016) : 183.

6. Donald G. Dutton and Arthur P. Aron, "Some Evidence for Heightened Sexual Attraction Under Conditions of High Anxiety," *Journal of Personality and Social Psychology* 30, no. 4 (1974) : 510.

7. Daniel Gilbert, *Stumbling on Happiness* (Toronto : Vintage Canada, 2009).

8. Thomas Gilovich and Lee Ross, *The Wisest One in the Room : How You Can Benefit from Social Psychology's Most Powerful Insights* (New York : Simon and Schuster, 2016).

9. Leon Festinger, Hiroshi Ono, and Clarke A. Burnham. "Efference and the Conscious Experience of Perception," *Journal of Experimental Psychol-ogy* 74, no. 4, p. 2 (1967) : 1.

10. Erik Vance, *Suggestible You : The Curious Science of Your Brain's Ability to Deceive, Transform, and Heal* (Washington, DC : National Geographic Books, 2016).

11. Thomas N. Robinson, Dina L. G. Borzekowski, Donna M. Matheson, and Helena C. Kraemer, "Effects of Fast Food Branding on Young Children's Taste Preferences," *Archives of Pediatrics & Adolescent Medicine* 161, no. 8 (2007) : 792-97.

12. Christian Rudder, "We Experiment on Human Beings," *OK Trends : Dating Research from OKCupid (Blog)*, 2014, http : //blog.okcupid.com/ index .php/we-experiment-on-human-beings.

13. Robert Rosenthal and Lenore Jacobson, "Pygmalion in the Class-room," *The Urban Review* 3, no. 1 (1968) : 16-20.

14. Jean Piaget, Howard E. Gruber, and J. Voneche, "Jacques : The Essential Piaget." 1977.

15. Sang Wan Lee, John P. O'Doherty, and Shinsuke Shimojo, "Neural Computations Mediating One-Shot Learning in the Human Brain,"

PLoS Biol 13, no. 4 (2015)： e1002137.

16. Marieke Jepma, Rinus G. Verdonschot, Henk Van Steenbergen, Serge A. R. Rombouts, and Sander Nieuwenhuis, "Neural Mechanisms Underlying the Induction and Relief of Perceptual Curiosity," *Frontiers in Behavioral Neuroscience* 6 (2012)： 5.

17. Vincent D. Costa, Valery L. Tran, Janita Turchi, and Bruno B. Averbeck, "Dopamine Modulates Novelty Seeking Behavior During Decision Making," *Behavioral Neuroscience* 128, no. 5 (2014)： 556.

18. Amy Rankin, Rogier Woltjer, and Joris Field, "Sensemaking Following Surprise in the Cockpit-A Re-framing Problem," *Cognition, Technology & Work* 18, no. 4 (2016)： 623-42.

19. Judith Schomaker and Martijn Meeter, "Short- and Long-lasting Consequences of Novelty, Deviance and Surprise on Brain and Cognition," *Neu-roscience & Biobehavioral Reviews* 55 (2015)： 268-79.

20. Abraham S. Luchins, "Mechanization in Problem Solving： The Effect of Einstellung," *Psychological Monographs* 54, no. 6 (1942)： I.

21. Merim Bilalić and Peter McLeod, "Why Good Thoughts Block Better Ones," *Scientific American* 310, no. 3 (2014)： 74-79.

Chapter 6

1. Jeffrey Ely, Alexander Frankel, and Emir Kamenica, "Suspense and Sur- prise," *Journal of Political Economy* 123, no. 1 (2015)： 215-60.

2. Lisa Cron, *Wired for Story： The Writer's Guide to Using Brain Science to Hook Readers from the Very First Sentence* (Berkeley, CA： Ten Speed Press, 2012).

3. Morgan Spurlock in an interview with Manoush Zomorodi, "Brand Over Brain," *Ted Radio Hour*, March 9, 2014, http：//www.npr.org/programs/ted -radio-hour/308752278/brand-over-brain.

4. Michael Rousell, "Surprise： How Your Brain Secretly Changes Your Beliefs," TEDxSalem, March 18, 2019, https：//www.youtube.com/watch?v=K5 O6mFWpgZo&feature=youtu.be.

5. Nick Marson, *Leading by Coaching： How to Deliver Impactful Change One Conversation at a Time* (New York： Springer, 2019).

Chapter 7

1. *Freakonomics Radio*, episode 243, "How to Be More Productive," Stephen J. Dubner, April 20, 2016, NPR, https : //freakonomics.com/podcast/how-to-be -more-productive/.

2. Lisa Feldman Barrett, *How Emotions Are Made : The Secret Life of the Brain* (New York : Houghton Mifflin Harcourt, 2017).

3. *Field of Dreams*, directed by Phil Alden Robinson (1989; Universal City, CA : Universal Pictures, 1989).

4. Marlo Thomas, *The Right Words at the Right Time* (New York : Simon and Schuster, 2004).

5. J. Hawkings and S. Blakeslee, "On Intelligence : How a New Understand- ing of the Brain will Lead to the Creation of Truly Intelligent Machines," *An Owl Book* (New York : Henry Holt and Company, 2004).

6. Adam R. Aron and Russell A. Poldrack, "Cortical and Subcortical Contributions to Stop Signal Response Inhibition : Role of the Subthalamic Nucleus," *Journal of Neuroscience* 26, no. 9 (2006) : 2424-33.

7. Marlo Thomas, *The Right Words at the Right Time* (New York : Simon and Schuster, 2004).

Chapter 8

1. Marlo Thomas, T*he Right Words at the Right Time* (New York : Simon and Schuster, 2004).

2. Amy Cuddy, "Your Body Language May Shape Who You Are," TED, June 2012, https : //www.ted.com/talks/amy_cuddy_your_body_language_may _shape_who_you_are?language=en.

3. Marlo Thomas, *The Right Words at the Right Time* (New York : Simon and Schuster, 2004).

4. Erik Vance, *Suggestible You : The Curious Science of Your Brain's Ability to Deceive, Transform, and Heal* (Washington, DC : National Geographic Books, 2016).

5. Richard E. Petty and John T. Cacioppo, "The Elaboration Likelihood Model of Persuasion," In *Communication and Persuasion* (New York : Springer, 1986), 1-24.

6. Anthony G. Greenwald, "Cognitive Learning, Cognitive Response to Persuasion, and Attitude Change," *Psychological Foundations of Attitudes*

(1968) : 147-70.

Chapter 9

1. Jonah Berger, *The Catalyst : How to Change Anyone's Mind* (New York : Simon and Schuster, 2020).
2. Amishi P. Jha, Elizabeth A. Stanley, Anastasia Kiyonaga, Ling Wong, and Lois Gelfand, "Examining the Protective Effects of Mindfulness Training on Working Memory Capacity and Affective Experience," *Emotion* 10, no. 1 (2010) : 54.
3. Adam M. Grant and David A. Hofmann, "It's Not All About Me : Motivating Hand Hygiene Among Health Care Professionals by Focusing on Patients," *Psychological Science* 22, no. 12 (2011) : 1494-99.

Chapter 10

1. Alison Wood Brooks, "Get Excited : Reappraising Pre-performance Anxiety as Excitement," *Journal of Experimental Psychology : General* 143, no. 3 (2014) : 1144.
2. Lisa Feldman Barrett, *How Emotions Are Made : The Secret Life of the Brain* (New York : Houghton Mifflin Harcourt, 2017).
3. Krisitn E. G. Sanders, Samuel Osburn, Ken A. Paller, and Mark Beeman, "Targeted Memory Reactivation During Sleep Improves Next-Day Problem Solving," *Psychological science* 30, no. 11 (2019) : 1616-24.
4. John A. Bargh, Kay L. Schwader, Sarah E. Hailey, Rebecca L. Dyer, and Erica J. Boothby, "Automaticity in Social-Cognitive Processes," *Trends in Cognitive* Sciences 16, no. 12 (2012) : 593-605.

Chapter 11

1. Carol S. Dweck, *Mindset : The New Psychology of Success* (New York : Random House Digital, Inc., 2008).
2. Ozan Varol, *Think Like a Rocket Scientist* (New York : PublicAffairs, 2020).

Chapter 12

1. Dan Ariely, *Payoff : The Hidden Logic That Shapes Our Motivations* (New York : Simon and Schuster, 2016).

참고 문헌

Abolafia, Mitchel Y. "Narrative Construction as Sensemaking : How a Central Bank Thinks." *Organization Studies* 31, no. 3 (2010) : 349–67.

Achor, Shawn. *The Happiness Advantage : The Seven Principles of Positive Psychology that Fuel Success and Performance at Work*. New York : Random House, 2011.

Adler, Jonathan E. "Surprise." *Educational Theory* 58, no. 2 (2008) : 149–73.

Aguiar, Henrique. "The Inner Workings of the Human Mind." Medium.com. August 2, 2018. https : //medium.com/@henriquereisaguiar/the-mysterious-mechanisms-of-the-mind-e2c2340b5e4b.

Alaa, Ahmed M., and Mihaela Van Der Schaar. "Balancing Suspense and Surprise : Timely Decision Making With Endogenous Information Acquisition." *Advances in Neural Information Processing Systems* (2016) : 2910–18.

Alban, Deanne. "How to Increase Dopamine Naturally." Be Brain Fit. 2012. https : //bebrainfit.com/increase-dopamine/.

Allen, James B., Douglas T. Kenrick, Darwyn E. Linder, and Michael A. McCall. "Arousal and Attraction : A Response-Facilitation Alternative to Misattribution and Negative-Reinforcement Models." *Journal of Personality and Social Psychology* 57, no. 2 (1989) : 261.

Almenberg, Johan, and Anna Dreber. "When Does the Price Affect the Taste? Results from a Wine Experiment." *SSE/EFI Working Paper Series in Economics and Finance* no. 717 (2010).

Ambady, Nalini, and Robert Rosenthal. "Thin Slices of Expressive Behavior as Predictors of Interpersonal Consequences : A Meta-analysis." *Psychological Bulletin* 111, no. 2 (1992) : 256.

Anderson, Eric, Erika H. Siegel, Eliza Bliss-Moreau, and Lisa Feldman Barrett. "The Visual Impact of Gossip." *Science* 332, no. 6036 (2011) : 1446–48.

Angela, J. Yu, and Peter Dayan. "Uncertainty, Neuromodulation, and Attention." *Neuron* 46, no. 4 (2005) : 681–92.

Ariely, Dan. *Payoff : The Hidden Logic That Shapes Our Motivations*. New York : Simon and Schuster, 2016.

Aron, Adam R., and Russell A. Poldrack. "Cortical and Subcortical Contributions to Stop Signal Response Inhibition : Role of the Subthalamic Nucleus." *Journal of Neuroscience* 26, no. 9 (2006) : 2424–33.

Arriaga, Moises, and Edward B. Han. "Structured Inhibitory Activity Dynamics During Learning." bioRxiv (2019) : 566257.

Badgaiyan, Rajendra. *Neuroscience of the Nonconscious Mind*. Cambridge, MA : Academic Press, 2019.

Baldassarre, Gianluca, Tom Stafford, Marco Mirolli, Peter Redgrave, Richard M. Ryan, and Andrew Barto. "Intrinsic Motivations and Open-Ended Development in Animals, Humans, and Robots : An Overview." *Frontiers in Psychology* 5 (2014) : 985.

Bækgaard, Per, Michael Kai Petersen, and Jakob Eg Larsen. "Separating Components
of Attention and Surprise." *arXiv preprint arXiv : 1608.08492* (2016).

Bandura, Albert. "Self-efficacy : Toward a Unifying Theory of Behavioral Change." *Psychological Review* 84, no. 2 (1977) : 191.

Bargh, John A., Peter M. Gollwitzer, Annette Lee-Chai, Kimberly Barndollar, and Roman Tr.tschel. "The Automated Will : Nonconscious Activation and Pursuit of Behavioral Goals." *Journal of Personality and Social Psychology* 81, no. 6 (2001) : 1014.

Bargh, John A., Kay L. Schwader, Sarah E. Hailey, Rebecca L. Dyer, and Erica J. Boothby. "Automaticity in Social-Cognitive Processes." *Trends in Cognitive Sciences* 16, no. 12 (2012) : 593–605.

Barrett, Lisa Feldman. *How Emotions Are Made : The Secret Life of the Brain*. New York : Houghton Mifflin Harcourt, 2017.

Barrett, L. F., R. Adolphs, S. Marsella, A. Martinez, and S. D. Pollak. "Emotional Expressions Reconsidered : Challenges to Inferring Emotion from Human Facial Movements." *Psychological Science in the Public Interest* 20, no. 1 (2018).

Barto, Andrew, Marco Mirolli, and Gianluca Baldassarre. "Novelty or Surprise?" *Frontiers in Psychology* 4 (2013) : 907.

Bellet, Clement, Jan..Emmanuel De Neve, and George Ward. "Does Employee

Happiness Have an Impact on Productivity?" *Said Business School WP* 13 (2019).

Bellucci, Gabriele. "Psychological and Neural Dynamics of Trust." PhD diss., 2020.

Belova, Marina A., Joseph J. Paton, Sara E. Morrison, and C. Daniel Salzman. "Expectation Modulates Neural Responses to Pleasant and Aversive Stimuli in Primate Amygdala." *Neuron* 55, no. 6 (2007) : 970–84.

Benchenane, Karim, Adrien Peyrache, Mehdi Khamassi, Patrick L. Tierney, Yves Gioanni, Francesco P. Battaglia, and Sidney I. Wiener. "Coherent Theta Oscillations and Reorganization of Spike Timing in the Hippocampal–Prefrontal Network Upon Learning." *Neuron* 66, no. 6 (2010) : 921–36.

Berger, Jonah. *The Catalyst : How to Change Anyone's Mind.* New York : Simon and Schuster, 2020.

Berger, Jonah. *Invisible Influence : The Hidden Forces That Shape Behavior.* New York : Simon and Schuster, 2016.

Bilalic´, Merim, and Peter McLeod. "Why Good Thoughts Block Better Ones." *Scientific American* 310, no. 3 (2014) : 74–79.

Bitbol, Michel. "Neurophenomenology of Surprise." *Surprise at the Intersection of Phenomenology and Linguistics* 11 (2019) : 9.

Bloom, Paul. *How Pleasure Works : The New Science of Why We Like What We Like.* New York : Random House, 2010.

Boll, Sabrina, Matthias Gamer, Sebastian Gluth, Jürgen Finsterbusch, and Christian Büchel. "Separate Amygdala Subregions Signal Surprise and Predictiveness During Associative Fear Learning in Humans." *European Journal of Neuroscience* 37, no. 5 (2013) : 758–67.

Borwein, David, Jonathan M. Borwein, and Pierre Marechal. "Surprise Maximization." *The American Mathematical Monthly* 107, no. 6 (2000) : 517–27.

Brooks, Alison Wood. "Get Excited : Reappraising Pre-performance Anxiety as Excitement." *Journal of Experimental Psychology : General* 143, no. 3 (2014) : 1144.

Brophy, Sean. "Humanizing Healthcare." In *The Wiley Handbook of Personal Construct Psychology.* Oxford, UK : Wiley & Sons, 2015.

Brouwers, Melissa C., and Richard M. Sorrentino. "Uncertainty Orientation and Protection Motivation Theory : The Role of Individual Differences in Health Compliance." *Journal of Personality and Social Psychology* 65, no. 1 (1993) : 102.

Brown, Andrew D. "Making Sense of the Collapse of Barings Bank." *Human Relations* 58, no. 12 (2005) : 1579–604.

Brown, Andrew D., Patrick Stacey, and Joe Nandhakumar. "Making Sense of Sensemaking Narratives." *Human Relations* 61, no. 8 (2008) : 1035–62.

Bruner, Jerome S., and Cecile C. Goodman. "Value and Need as Organizing Factors in Perception." *The Journal of Abnormal and Social Psychology* 42, no. 1 (1947) : 33.

Burklund, Lisa Jane, J. David Creswell, Michael Irwin, and Matthew Lieberman. "The Common and Distinct Neural Bases of Affect Labeling and Reappraisal in Healthy Adults." *Frontiers in Psychology* 5 (2014) : 221.

Candid Camera, created by Allen Funt. Allen Funt Productions, CBS Studio 50, 1960.

Caplin, Andrew, and John Leahy. "Psychological Expected Utility Theory and Anticipatory Feelings." *The Quarterly Journal of Economics* 116, no. 1 (2001) : 55–79.

Carr, Margaret F., Shantanu P. Jadhav, and Loren M. Frank. "Hippocampal Replay in the Awake State : A Potential Substrate for Memory Consolidation and Retrieval." *Nature Neuroscience* 14, no. 2 (2011) : 147.

Chakravarty, Sucheta, Esther Fujiwara, Christopher R. Madan, Sara E. Tomlinson, Isha Ober, and Jeremy B. Caplan. "Value Bias of Verbal Memory." *Journal of Memory and Language* 107 (2019) : 25–39.

Chamberland, Justin, Annie Roy-Charland, Melanie Perron, and Joël Dickinson. "Distinction Between Fear and Surprise : An Interpretation-Independent Test of the Perceptual-Attentional Limitation Hypothesis." *Social Neuroscience* 12, no. 6 (2017) : 751–68.

Chamorro-Premuzic, Tomas. "Stop Focusing on Your Strengths, *Harvard Business Review*, Ep. 506, January 21, 2016. https : //hbr.org/ideacast/2016/01/stop-focusing-on-your-strengths.html.

Churchill, Andrew, Jamie A. Taylor, and Royston Parkes. "The Creation of a Superstitious Belief Regarding Putters in a Laboratory-Based Golfing Task." *International Journal of Sport and Exercise Psychology* 13, no. 4 (2015) : 335–43.

Cialdini, Robert. *Pre-suasion : A Revolutionary Way to Influence and Persuade*. New York : Simon and Schuster, 2016.

Clark, Andy. *Surfing Uncertainty : Prediction, action, and the Embodied Mind*. Oxford UK : Oxford University Press, 2015.

Clark, Andy. "Whatever Next? Predictive Brains, Situated Agents, and the Future of Cognitive Science." *Behavioral and Brain Sciences* 36, no. 3 (2013) : 181–204.

Collins, Anne G. E., and Michael J. Frank. "Surprise! Dopamine Signals Mix Action, Value and Error." *Nature Neuroscience* 19, no. 1 (2016) : 3.

Costa, Vincent D., Valery L. Tran, Janita Turchi, and Bruno B. Averbeck. "Dopamine Modulates Novelty Seeking Behavior During Decision Making." *Behavioral Neuroscience* 128, no. 5 (2014) : 556.

Crocker, Jennifer. "A Schematic Approach to Changing Consumers' Beliefs." *Advances in Consumer Research* 11, no. 1 (1984).

Cron, Lisa. *Wired for Story : The Writer's Guide to Using Brain Science to Hook Readers from the Very First Sentence*. Berkeley, CA : Ten Speed Press, 2012.

Cuddy, Amy. "Your Body Language May Shape Who You Are." TED, June 2012. https : //www.ted.com/talks/amy_cuddy_your_body_language_may_shape_ who_you_are?language=en.

Davidai, Shai, and Thomas Gilovich. "The Headwinds/Tailwinds Asymmetry : An Availability Bias in Assessments of Barriers and Blessings." *Journal of Personality and Social Psychology* 111, no. 6 (2016) : 835.

de Jong, Johannes W., Seyedeh Atiyeh Afjei, Iskra Pollak Dorocic, James R. Peck, Christine Liu, Christina K. Kim, Lin Tian, Karl Deisseroth, and Stephan Lammel. "A Neural Circuit Mechanism for Encoding Aversive Stimuli in the Mesolimbic Dopamine System." *Neuron* 101, no. 1 (2019) : 133–51.

De Vivo, Luisa, Michele Bellesi, William Marshall, Eric A. Bushong, Mark H. Ellisman, Giulio Tononi, and Chiara Cirelli. "Ultrastructural Evidence for Synaptic Scaling Across the Wake/Sleep Cycle." *Science* 355, no. 6324 (2017) : 507–10.

Diederen, Kelly M. J., and Paul C. Fletcher. "Dopamine, Prediction Error and Beyond." *The Neuroscientist* (2020) : 1073858420907591.

Dijksterhuis, Ap, and Loran F. Nordgren. "A Theory of Unconscious Thought." *Perspectives on Psychological Science* 1, no. 2 (2006) : 95–109.

Docter, Pete, and Ronnie del Carmen, dir. *Inside Out*. 2015; Burbank, CA : Walt Disney Movie Studios.

Dubner, Stephen, J. *Freakonomics Radio*, episode 243, "How to Be More Productive," April 20, 2016, NPR. https : //freakonomics.com/podcast/how-to-be-more-productive/.

Dubner, Stephen, J. *Freakonomics Radio*, episode 286, "How Big Is My Penis (And Other Things We Ask Google)?" May 10, 2017, NPR. http : //freakonomics.com/ podcast/big-penis-things-ask-google/.

Duckworth, Angela. *Grit : The Power of Passion and Perseverance*. New York : Scribner, 2016.

Dunsmoor, Joseph E., Marijn C. W. Kroes, Jian Li, Nathaniel D. Daw, Helen B.

Simpson, and Elizabeth A. Phelps. "Role of Human Ventromedial Prefrontal Cortex in Learning and Recall of Enhanced Extinction." *Journal of Neuroscience* 39, no. 17 (2019) : 3264–276.

Dunsmoor, Joseph E., Vishnu P. Murty, Lila Davachi, and Elizabeth A. Phelps. "Emotional Learning Selectively and Retroactively Strengthens Memories for Related Events." *Nature* 520, no. 7547 (2015) : 345–48.

Dutton, Donald G., and Arthur P. Aron. "Some Evidence for Heightened Sexual Attraction Under Conditions of High Anxiety." *Journal of Personality and Social Psychology* 30, no. 4 (1974) : 510.

Dweck, Carol S. *Mindset : The New Psychology of Success.* New York : Random House Digital, Inc., 2008.

Dweck, Carol S. *Self-theories : Their Role in Motivation, Personality, and Development.* East Sussex, UK : Psychology Press, 2000.

Ely, Jeffrey, Alexander Frankel, and Emir Kamenica. "Suspense and Surprise." *Journal of Political Economy* 123, no. 1 (2015) : 215–60.

Faraji, Mohammadjavad, Kerstin Preuschoff, and Wulfram Gerstner. "A Novel Information Theoretic Measure of Surprise." In *International Conference on Mathematical Neuroscience (ICMNS)*, 2016.

Faraji, Mohammad Javad, Kerstin Preuschoff and Wulfram Gerstner. "Balancing New Against Old Information : The Role of Surprise." *ArXiv* abs/1606.05642 (2016).

"Feelings vs Fact—Newt Gingrich—RNC Topic on Violent Crime—Feelings trump FBI Stats!," *YouTube*, July 27, 2016. https : //www.youtube.com/watch?v=xn-hJWusyj4I.

Fenker, Daniela B., Julietta U. Frey, Hartmut Schuetze, Dorothee Heipertz, Hans-Jochen Heinze, and Emrah Duzel. "Novel Scenes Improve Recollection and Recall of Words." *Journal of Cognitive Neuroscience* 20, no. 7 (2008) : 1250–65.

Fenker, Daniela, and Hartmut Schütze. "Learning by Surprise." *Scientific American Mind* 19, no. 6 (2008) : 47.

Festinger, Leon, Hiroshi Ono, and Clarke A. Burnham. "Efference and the Conscious Experience of Perception." *Journal of Experimental Psychology* 74, no. 4p2 (1967) : 1.

Field of Dreams, directed by Phil Alden Robinson. Universal City, CA : Universal Pictures, 1989.

Fiorillo, Christopher D., Philippe N. Tobler, and Wolfram Schultz. "Discrete Coding of Reward Probability and Uncertainty by Dopamine Neurons." *Science* 299, no. 5614 (2003) : 1898-1902.

Forgas, Joseph P. "Happy Believers and Sad Skeptics? Affective Influences on Gullibility." *Current Directions in Psychological Science* (2019) : 0963721419834543.

Foster, Meadhbh, and Mark T. Keane. "Surprise : You've Got Some Explaining to Do." arXiv preprint arXiv : 1308.2236 (2013).

Garrido, Marta Isabel, Chee Leong James Teng, Jeremy Alexander Taylor, Elise Genevieve Rowe, and Jason Brett Mattingley. "SurpriseR in the Human Brain Demonstrate Statistical Learning Under High Concurrent Cognitive Demand." *npj Science of Learning* 1 (2016) : 16006.

Gazzaniga, M. *Who's in Charge? : Free Will and the Science of the Brain.* London : Hachette UK, 2012.

Gershman, Samuel J., and Naoshige Uchida. "Believing in Dopamine." *Nature Reviews Neuroscience* 20, no. 11 (2019) : 703-14.

Gilbert, Daniel. *Stumbling on Happiness.* Toronto : Vintage Canada, 2009.

Gilovich, Thomas, and Lee Ross. *The Wisest One in the Room : How You Can Benefit from Social Psychology's Most Powerful Insights.* New York : Simon and Schuster, 2016.

Gladwell, M. *Blink : The Power of Thinking without Thinking.* New York : Little Brown, 2005.

Golman, Russell, David Hagmann, and George Loewenstein. "Information Avoidance." *Journal of Economic Literature* 55, no. 1 (2017) : 96-135.

Gordan, Jeremy. "An Illustrated Overview of How Our Brains (Might) Think : The Fascinating Intuition of the Generative Predictive Model," Medium, The Spike : The Brain Explained. June 12, 2017. https : //medium.com/the-spike/generative-predictive-models-f39eb8f10584.

Gorman, Sara E., and Jack M. Gorman. *Denying to the Grave : Why We Ignore the Facts That Will Save Us.* Oxford, UK : Oxford University Press, 2016.

Grant, Adam M., and David A. Hofmann. "It's Not All About Me : Motivating Hand Hygiene Among Health Care Professionals by Focusing on Patients." *Psychological Science* 22, no. 12 (2011) : 1494-99.

Grassi, Pablo R., and Andreas Bartels. "Magic, Bayes and Wows : A Bayesian Account of Magic Tricks." *PsyArXiv.* October 12, 2020. doi : 10.31234/osf.io/m4ux2.

Greenwald, Anthony G. "Cognitive Learning, Cognitive Response to Persuasion, and Attitude Change." *Psychological Foundations of Attitudes,* New York : Academic Press (1968) : 147-70.

Grupe, Dan W., and Jack B. Nitschke. "Uncertainty and Anticipation in Anxiety : An Integrated Neurobiological and Psychological Perspective." *Nature Reviews Neuroscience* 14, no. 7 (2013) : 488-501.

Gurney, Kevin N., Mark D. Humphries, and Peter Redgrave. "A New Framework for Cortico-striatal Plasticity : Behavioural Theory Meets in Vitro Data at the Reinforcement-Action Interface." *PLoS biology* 13, no. 1 (2015) : e1002034.

Harris, Sam, Sameer A. Sheth, and Mark S. Cohen. "Functional Neuroimaging of Belief, Disbelief, and Uncertainty." *Annals of Neurology* 63, no. 2 (2008) : 141-47.

Hass-Cohen, Noah, and Joanna M. A. Clyde Findlay. "The Art Therapy Relational Neuroscience Memory Reconsolidation Protocol." *The Arts in Psychotherapy* 63 (2019) : 51-59.

Harmon-Jones, Eddie, Jack W. Brehm, Jeff Greenberg, Linda Simon, and David E. Nelson. "Evidence that the Production of Aversive Consequences Is Not Necessary to Create Cognitive Dissonance." *Journal of Personality and Social Psychology* 70, no. 1 (1996) : 5.

Hawkings, J., and S. Blakeslee. *On Intelligence : How a New Understanding of the Brain Will Lead to the Creation of Truly Intelligent Machines.* New York : Macmillan, 2004.

Hayden, Benjamin Y., Sarah R. Heilbronner, John M. Pearson, and Michael L. Platt. "Surprise Signals in Anterior Cingulate Cortex : Neuronal Encoding of Un-signed Reward Prediction Errors Driving Adjustment in Behavior." *Journal of Neuroscience* 31, no. 11 (2011) : 4178-87.

Horstmann, Gernot. "The Surprise-Attention Link : A Review." *Annals of the New York Academy of Sciences* 1339, no. 1 (2015) : 106-15.

Horstmann, Gernot, and Ulrich Ansorge. "Surprise Capture and Inattentional Blindness." *Cognition* 157 (2016) : 237-49.

Hsia, Yen-Teh. "Belief and Surprise - A Belief-Function Formulation." In *Uncertainty Proceedings*, edited by Bruce D. D'Ambrosio, Philippe Smets, and Piero P. Bonissone, 165-73. Burlington, MA : Morgan Kaufmann, 1991.

Humphries, Mark. "The Crimes Against Dopamine." Medium : The Spike. March 13, 2017. https : //medium.com/the-spike/the-crimes-against-dopamine-b82b082d5f3d.

Humphries, Mark. "Did I Do That : How the Brain Learns Causality." Medium : The Spike : Theories of Mind. June 29, 2017. https : //medium.com/s/theories-of-mind.

Humphries, Mark D., Mehdi Khamassi, and Kevin Gurney. "Dopaminergic Control of the Exploration-Exploitation Trade-off Via the Basal Ganglia." *Frontiers in Neuroscience* 6 (2012): 9.

Humphries, Mark D., Ric Wood, and Kevin Gurney. "Dopamine-Modulated Dynamic Cell Assemblies Generated by the GABAergic Striatal Microcircuit." *Neural Networks* 22, no. 8 (2009): 1174-88.

Iigaya, Kiyohito. "Adaptive Learning and Decision-making Under Uncertainty by Metaplastic Synapses Guided by a Surprise Detection System." *Elife* 5 (2016): e18073.

Itti, Laurent, and Pierre Baldi. "Bayesian Surprise Attracts Human Attention." *Elsevier* 49, no. 10 (2009): 1295-306.

Jang, Anthony I., Matthew R. Nassar, Daniel G. Dillon, and Michael J. Frank. "Positive Reward Prediction Errors During Decision-making Strengthen Memory Encoding." *Nature Human Behaviour* 3 (2019): 719-32.

Jepma, Marieke, Rinus G. Verdonschot, Henk Van Steenbergen, Serge A. R. Rombouts, and Sander Nieuwenhuis. "Neural Mechanisms Underlying the Induction and Relief of Perceptual Curiosity." *Frontiers in Behavioral Neuroscience* 6 (2012): 5.

Jha, Amishi P., Elizabeth A. Stanley, Anastasia Kiyonaga, Ling Wong, and Lois Gelfand. "Examining the Protective Effects of Mindfulness Training on Working Memory Capacity and Affective Experience." *Emotion* 10, no. 1 (2010): 54.

Johnson, Steven. *Wonderland : How Play Made the Modern World.* London: Pan Macmillan, 2016.

Johnson, Samuel G. B., Amanda Royka, Peter McNally, and Frank Keil. "The False Promise of Sexiness: Are Counterintuitive Findings More Scientifically Important?" *PsyArXiv* (2019). doi: 10.31234/osf.io/45rth.

Jones, Edward E. "Constrained Behavior and Self-Concept Change." In *Self-Inference Processes: The Ontario Symposium, Volume 6,* edited by James M. Olson, Mark P. Zanna, and C. Peter Herman, 69-86. Hillsdale, NJ: Erlbaum Associates, 1990.

Kahneman, Daniel. *Thinking, Fast and Slow.* New York: Macmillan, 2011.

Kamins, Melissa L., and Carol S. Dweck. "Person Versus Process Praise and Criticism: Implications for Contingent Self-worth and Coping." *Developmental Psychology* 35, no. 3 (1999): 835.

Kang, Min Jeong, Ming Hsu, Ian M. Krajbich, George Loewenstein, Samuel M. McClure, Joseph Tao-yi Wang, and Colin F. Camerer. "The Wick in the Candle of Learning : Epistemic Curiosity Activates Reward Circuitry and Enhances Memory." *Psychological Science* 20, no. 8 (2009) : 963–73.

Kaptchuk, Ted J., William B. Stason, Roger B. Davis, Anna R. T. Legedza, Rosa N. Schnyer, Catherine E. Kerr, David A. Stone, Bong Hyun Nam, Irving Kirsch, and Rose H. Goldman. "Sham Device v Inert Pill : Randomised Controlled Trial of Two Placebo Treatments." *Bmj* 332, no. 7538 (2006) : 391–97.

Kay, Aaron C., Jennifer A. Whitson, Danielle Gaucher, and Adam D. Galinsky. "Compensatory Control : Achieving Order Through the Mind, Our Institutions, and the Heavens." *Current Directions in Psychological Science* 18, no. 5 (2009) : 264–68.

Kelly, George Alexander. *The Psychology of Personal Constructs. Volume 1 : A Theory of Personality*. New York : W. W. Norton and Company, 1955.

Kenrick, Douglas T., Steven L. Neuberg, Robert B. Cialdini, and Robert B. Cialdini. *Social Psychology : Goals in Interaction*. Boston, MA : Pearson, 2010.

Kieling, Ana Paula, Vinicius Brei, and Valter Afonso Vieira. "The Influence of Negative Surprise on Hedonic Adaptation." *Brazilian Business Review* 13, no. 3 (2016) : 111–32.

Klayman, Joshua, and Young-Won Ha. "Confirmation, Disconfirmation, and Information in Hypothesis Testing." *Psychological Review* 94, no. 2 (1987) : 211.

Kleck, Robert E., and Angelo Strenta. "Perceptions of the Impact of Negatively Valued Physical Characteristics on Social Interaction." *Journal of Personality and Social Psychology* 39, no. 5 (1980) : 861.

Knox, Robert E., and James A. Inkster. "Postdecision Dissonance at Post Time." *Journal of Personality and Social Psychology* 8, no. 4, p. 1 (1968) : 319.

Kolbert, Elizabeth. "Why Facts Don't Change Our Minds." *The New Yorker* 27, no. 2017 (2017) : 47.

Kreps, David M., and Evan L. Porteus. *Temporal Resolution of Uncertainty and Dynamic Choice Theory*. Standford, CA : Graduate School of Business, Stanford University, 1976.

Kruger, Justin, and Matt Evans. "The Paradox of Alypius and the Pursuit of Unwanted Information." *Journal of Experimental Social Psychology* 45, no. 6 (2009) : 1173–79.

Kruglanski, Arie W., Katarzyna Jasko, and Karl Friston. "All Thinking is 'Wishful' Thinking." *Trends in Cognitive Sciences* 24, no. 6 (2020).

Kuhn, Thomas S. *The Structure of Scientific Revolutions*. Chicago : University of Chicago Press, 2012.

Lapish, Christopher C., Sven Kroener, Daniel Durstewitz, Antonieta Lavin, and Jeremy K. Seamans. "The Ability of the Mesocortical Dopamine System to Operate in Distinct Temporal Modes." *Psychopharmacology* 191, no. 3 (2007): 609–25.

Lee, Hongjoo J., Jina M. Youn, Michela Gallagher, and Peter C. Holland. "Role of Substantia Nigra–Amygdala Connections in Surprise-Induced Enhancement of Attention." *Journal of Neuroscience* 26, no. 22 (2006): 6077–81.

Lee, H. J., J. M. Youn, Michela Gallagher, and Peter C. Holland. "Temporally Limited Role of Substantia Nigra–Central Amygdala Connections in Surprise... Induced Enhancement of Learning." *European Journal of Neuroscience* 27, no. 11 (2008): 3043–49.

Lee, Sang Wan, John P. O'Doherty, and Shinsuke Shimojo. "Neural Computations Mediating One-Shot Learning in the Human Brain." *PLoS Biol* 13, no. 4 (2015): e1002137.

Lerner, Jennifer S., Ye Li, Piercarlo Valdesolo, and Karim S. Kassam. "Emotion and Decision Making." *Annual Review of Psychology* 66 (2015): 799–823.

Li, Shaomin, William K. Cullen, Roger Anwyl, and Michael J. Rowan. "Dopamine-Dependent Facilitation of LTP Induction in Hippocampal CA1 by Exposure to Spatial Novelty." *Nature Neuroscience* 6, no. 5 (2003): 526–31.

Lilienfeld, Scott O., Steven Jay Lynn, John Ruscio, and Barry L. Beyerstein. *50 Great Myths of Popular Psychology : Shattering Widespread Misconceptions about Human Behavior.* Hoboken, NJ : John Wiley & Sons, 2011.

Lisman, John E., and Anthony A. Grace. "The Hippocampal–VTA Loop : Controlling the Entry of Information into Long-term Memory." *Neuron* 46, no. 5 (2005): 703–13.

"Live Talks Business Forum : Dr. Zak interviews Nobel Laureate Daniel Kahneman." YouTube, December 17, 2011. https ://www.youtube.com/watch?v=HaTrJV9rvCc.

Lohani, Sweyta, Adria K. Martig, Suzanne M. Underhill, Alicia DeFrancesco, Melanie J. Roberts, Linda Rinaman, Susan Amara, and Bita Moghaddam. "Burst Activation of Dopamine Neurons Produces Prolonged Post-burst Availability of Actively Released Dopamine." *Neuropsychopharmacology* 43, no. 10 (2018): 2083–92.

Lorini, Emiliano, and Cristiano Castelfranchi. "The Cognitive Structure of Surprise : Looking for Basic Principles." *Topoi* 26, no. 1 (2007) : 133–49.

Loewenstein, George. "The Psychology of Curiosity : A Review and Reinterpretation." *Psychological Bulletin* 116, no. 1 (1994) : 75.

Luchins, Abraham S. "Mechanization in Problem Solving : The Effect of Einstellung." *Psychological Monographs* 54, no. 6 (1942) : i.

Malecek, Nicholas J., and Russell A. Poldrack. "Beyond Dopamine : The Noradrenergic System and Mental Effort." *Behavioral and Brain Sciences* 36, no. 6 (2013) : 698.

Manjaly, Z., and Sandra Iglesias. "A Computational Theory of Mindfulness Based Cognitive Therapy from the 'Bayesian Brain' Perspective." *Frontiers in Psychology* 11 (2019) : 404.

Marson, Nick. *Leading by Coaching : How to Deliver Impactful Change One Conversation at a Time.* New York : Springer, 2019.

McClure, S. M., J. Li, D. Tomlin, K. S. Cypert, L. M. Montague, and P. R. Montague. (2004). "Neural Correlates of Behavioral Preference for Culturally Familiar Drinks." *Neuron* 44, no. 2, 379–87.

McGuire, Michael. *Believing : The Neuroscience of Fantasies, Fears, and Convictions.* Amherst, NY : Prometheus Books, 2013.

Meier, Beat, Nicolas Rothen, and Stefan Walter. "Developmental Aspects of Synaesthesia Across the Adult Lifespan." *Frontiers in Human Neuroscience* 8 (2014) : 129.

Mellers, Barbara, Katrina Fincher, Caitlin Drummond, and Michelle Bigony. "Surprise : A Belief or an Emotion?" *Progress in Brain Research* 202 (2013) : 3–19.

Mercier, Hugo, and Dan Sperber. "Why Do Humans Reason? Arguments for an Argumentative Theory." *Behavioral and Brain Sciences* 34, no. 2 (2011) : 57–74.

Mercier, Hugo, and Dan Sperber. *The Enigma of Reason.* Cambridge, MA : Harvard University Press, 2017.

Meyer, Wulf-Uwe, Rainer Reisenzein, and Achim Schützwohl. "Toward a Process Analysis of Emotions : The Case of Surprise." *Motivation and Emotion* 21, no. 3 (1997) : 251–74.

Mischel, Walter. "Processes in Delay of Gratification." *Advances in Experimental Social Psychology* 7 (1974) : 249–92.

Molden, Daniel C., and Carol S. Dweck. "Finding 'Meaning' in Psychology : A Lay Theories Approach to Self-regulation, Social Perception, and Social Development." *American Psychologist* 61, no. 3 (2006) : 192.

Monosov, Ilya E. "How Outcome Uncertainty Mediates Attention, Learning, and Decision-Making." *Trends in Neurosciences* 43, no. 10 (2020) : 795–809.

Montgomery, Guy H., and Irving Kirsch. "Classical Conditioning and the Placebo Effect." *Pain* 72, no. 1–2 (1997) : 107–13.

Morgan III, Charles A., Steven Southwick, George Steffian, Gary A. Hazlett, and Elizabeth F. Loftus. "Misinformation Can Influence Memory for Recently Experienced, Highly Stressful Events." *International Journal of Law and Psychiatry* 36, no. 1 (2013) : 11–17.

Müller, Patrick A., and Dagmar Stahlberg. "The Role of Surprise in Hindsight Bias : A Metacognitive Model of Reduced and Reversed Hindsight Bias." *Social Cognition* 25, no. 1 (2007) : 165–84.

Murty, Vishnu P., Kevin S. LaBar, and R. Alison Adcock. "Distinct Medial Temporal Networks Encode Surprise During Motivation by Reward Versus Punishment." *Neurobiology of Learning and Memory* 134 (2016) : 55–64.

Myers, Chelsea A., Cheng Wang, Jessica M. Black, Nicolle Bugescu, and Fumiko Hoeft. "The Matter of Motivation : Striatal Resting-State Connectivity Is Dissociable Between Grit and Growth Mindset." *Social Cognitive and Affective Neuroscience* 11, no. 10 (2016) : 1521–27.

Neisser, Ulric, and Nicole Harsch. "Phantom Flashbulbs : False Recollections of Hearing the News about Challenger." In *Emory Symposium on Cognition*, edited by E. Winograd and U. Neisser, 4. *Affect and Accuracy in Recall : Studies of "Flashbulb" Memories*, 9–31. Cambridge, UK : Cambridge University Press, 1992.

Newberg, Andrew, and Mark Robert Waldman. *Why We Believe What We Believe : Uncovering Our Biological Need for Meaning, Spirituality, and Truth.* New York : Simon and Schuster, 2006.

Ng, Betsy. "The Neuroscience of Growth Mindset and Intrinsic Motivation." *Brain Sciences* 8, no. 2 (2018) : 20.

Noordewier, Marret K. "The Dynamics of Surprise and Curiosity." PhD diss., Leiden, Netherlands : Leiden University, 2016.

Noordewier, Marret K., and Eric van Dijk. "Curiosity and Time : From Not Knowing to Almost Knowing." *Cognition and Emotion* 31, no. 3 (2017) : 411–21.

Noordewier, Marret K., and Eric van Dijk. "Surprise : Unfolding of Facial Expressions." *Cognition and Emotion* 33, no. 5 (2019) : 915–30.

Noordewier, Marret K., and Seger M. Breugelmans. "On the Valence of Surprise." *Cognition & Emotion* 27, no. 7 (2013) : 1326–34.

Noordewier, Marret K., Sascha Topolinski, and Eric Van Dijk. "The Temporal Dynamics of Surprise." *Social and Personality Psychology Compass* 10, no. 3 (2016) : 136–49.

Nour, Matthew M., Tarik Dahoun, Philipp Schwartenbeck, Rick A. Adams, Thomas H. B. FitzGerald, Christopher Coello, Matthew B. Wall, Raymond J. Dolan, and Oliver D. Howes. "Dopaminergic Basis for Signaling Belief Updates, but Not Surprise, and the Link to Paranoia." *Proceedings of the National Academy of Sciences* 115, no. 43 (2018) : E10167–E10176.

O'Connor, Joseph, and Andrea Lages. *Coaching the Brain : Practical Applications of Neuroscience to Coaching.* New York : Routledge, 2019.

O'Doherty, John, Sangwan Lee, Reza Tadayonnejad, Jeffrey Cockburn, Kiyohito Iigaya, and Caroline J. Charpentier. "Why and How the Brain Weights Contributions from a Mixture of Experts." *PsyArXiv* (2020). doi : 10.31234/osf.io/ns6kq.

Olson, James M., Mark P. Zanna, and C. Peter Herman, eds. *Self-inference Processes.* Vol. 6. East Sussex, UK : Psychology Press, 1990.

Papalini, Silvia, Tom Beckers, and Bram Vervliet. "Dopamine : From Prediction Error to Psychotherapy." *Translational Psychiatry* 10, no. 164 (2020).

Petty, Richard E., and John T. Cacioppo. "The Elaboration Likelihood Model of Persuasion." *Communication and Persuasion.* New York : Springer, 1986. 1–24.

Piaget, Jean, Howard E. Gruber, and J. Voneche. "Jacques : The Essential Piaget." New York : Basic Books, 1977.

Pink, Daniel H. *Drive : The Surprising Truth About What Motivates Us.* New York : Penguin, 2011.

Plaks, Jason E., Sheri R. Levy, and Carol S. Dweck. "Lay Theories of Personality : Cornerstones of Meaning in Social Cognition." *Social and Personality Psychology Compass* 3, no. 6 (2009) : 1069–81.

Preuschoff, Kerstin, Bernard Marius Hart, and Wolfgang Einhauser. "Pupil Dilation Signals Surprise : Evidence for Noradrenaline's Role in Decision Making." *Frontiers in Neuroscience* 5 (2011) : 115.

Price, Donald D., Leonard S. Milling, Irving Kirsch, Ann Duff, Guy H. Montgomery, and Sarah S. Nicholls. "An Analysis of Factors That Contribute to the Magnitude of Placebo Analgesia in an Experimental Paradigm." *Pain* 83, no. 2 (1999) : 147–56.

Proulx, Travis, Michael Inzlicht, and Eddie Harmon-Jones. "Understanding All

놀라움의 힘

Inconsistency Compensation as a Palliative Response to Violated Expectations." *Trends in Cognitive Sciences* 16, no. 5 (2012) : 285–91.

Purves, Dale, and R. Beau Lotto. *Why We See What We Do : An Empirical Theory of Vision.* Oxford, UK : Sinauer Associates, 2003.

Qiu, Jiang, Hong Li, Jerwen Jou, Jia Liu, Yuejia Luo, Tingyong Feng, Zhenzhen Wu, and Qinglin Zhang. "Neural Correlates of the 'Aha' Experiences : Evidence from an fMRI Study of Insight Problem Solving." *Cortex* 46, no. 3 (2010) : 397–403.

Ranasinghe, Nadeesha, and Wei-Min Shen. "The Surprise-Based Learning Algorithm." Technical Report for University of Southern California, Information Sciences Institute – 11th April 2008. Internal document.

Rankin, Amy, Rogier Woltjer, and Joris Field. "Sensemaking Following Surprise in the Cockpit—A Re-framing Problem." *Cognition, Technology & Work* 18, no. 4 (2016) : 623–42.

Rao, T. S. Sathyanarayana, M. R. Asha, K. S. Jagannatha Rao, and P. Vasudevaraju. "The Biochemistry of Belief." *Indian Journal of Psychiatry* 51, no. 4 (2009) : 239.

Real, Leslie A. "Animal Choice Behavior and the Evolution of Cognitive Architecture." *Science* 253, no. 5023 (1991) : 980–86.

Redick, Scott. "Surprise Is Still the Most Powerful Marketing Tool." *Harvard Business Review.* 2013. https : //hbr.org/2013/05/surprise-is-still-the-most-powerful.

Regan, Dennis T., and Martin Kilduff. "Optimism About Elections : Dissonance Reduction at the Ballot Box." *Political Psychology* (1988) : 101–7.

Reisenzein, Rainer, Gernot Horstmann, and Achim Schützwohl. "The Cognitive... Evolutionary Model of Surprise : A Review of the Evidence." *Topics in Cognitive Science* 11, no. 1 (2019) : 50–74.

Robinson, Thomas N., Dina L. G. Borzekowski, Donna M. Matheson, and Helena C. Kraemer. "Effects of Fast Food Branding on Young Children's Taste Preferences." *Archives of Pediatrics & Adolescent Medicine* 161, no. 8 (2007) : 792–97.

Robson, David. *The Intelligence Trap : Revolutionise Your Thinking and Make Wiser Decisions.* London : Hachette UK, 2019.

Rosenthal, Robert, and Lenore Jacobson. "Pygmalion in the Classroom." *The Urban Review* 3, no. 1 (1968) : 16–20.

Rousell, Michael A. *Sudden Influence : How Spontaneous Events Shape Our Lives.* Westport, CT : Greenwood Publishing Group, 2007.

Rousell, Michael. "Surprise : How Your Brain Secretly Changes Your Beliefs." TEDxSalem, March 18, 2019. https : //www.youtube.com/watch?v=K5O6mF-WpgZo&feature=youtu.be.

Rudder, Christian. "We Experiment on Human Beings." *OK Trends : Dating Research from OKCupid* (Blog), 2014. http : //blog.okcupid.com/index.php/we-experiment-on-human-beings.

Sanders, Kristin E. G., Samuel Osburn, Ken A. Paller, and Mark Beeman. "Targeted Memory Reactivation During Sleep Improves Next-Day Problem Solving." *Psychological Science* 30, no. 11 (2019) : 1616–24.

Schacter, Daniel L. *Searching for Memory : The Brain, the Mind, and the Past.* New York : Basic Books, 2008.

Scherer, Klaus R., Marcel R. Zentner, and Daniel Stern. "Beyond Surprise : The Puzzle of Infants' Expressive Reactions to Expectancy Violation." *Emotion* 4, no. 4 (2004) : 389.

Schitt's Creek, created by Eugene Levy and Dan Levy. Canadian Broadcasting Corporation, 2015.

Schomaker, Judith, and Martijn Meeter. "Short- and Long-lasting Consequences of Novelty, Deviance and Surprise on Brain and Cognition." *Neuroscience & Biobehavioral Reviews* 55 (2015) : 268–79.

Schultz, Wolfram. "Dopamine Reward Prediction-Error Signalling : A Two-Component Response." *Nature Reviews Neuroscience* 17, no. 3 (2016) : 183.

Schultz, Wolfram. "Neuronal Reward and Decision Signals : From Theories to Data." *Physiological Reviews* 95, no. 3 (2015) : 853–951.

Schultz, Wolfram. "Recent Advances in Understanding the Role of Phasic Dopamine Activity." *F1000Research* 8, no. 1680 (2019) : 1680.

Schultz, Wolfram. "Updating Dopamine Reward Signals." *Current Opinion in Neurobiology* 23, no. 2 (2013) : 229–38.

Schützwohl, Achim, and Rainer Reisenzein. "Children's and Adults' Reactions to a Schema-Discrepant Event : A Developmental Analysis of Surprise." *International Journal of Behavioral Development* 23, no. 1 (1999) : 37–62.

Schutzwohl, A., R. Reisenzein, and G. Horstmann. "The Cognitive-Evolutionary Model of Surprise : A Review of the Evidence." *Topics in Cognitive Science* 11, no. 1 (2017) : 50–74.

Schwarze, Ulrike, Ulrike Bingel, and Tobias Sommer. "Event-related Nociceptive Arousal Enhances Memory Consolidation for Neutral Scenes." *Journal of Neu-*

놀라움의 힘

roscience 32, no. 4 (2012) : 1481-87.

Seitz, Rüdiger J., and Hans-Ferdinand Angel. "Belief Formation—A Driving Force for Brain Evolution." *Brain and Cognition* 140 (2020) : 105548.

Sekoguchi, Takahiro, Yuki Sakai, and Hideyoshi Yanagisawa. "Mathematical Model of Emotional Habituation to Novelty : Modeling with Bayesian Update and Information Theory." *2019 IEEE International Conference on Systems, Man and Cybernetics (SMC)*, Bari, Italy, 2019, pp. 1115-1120, doi : 10.1109/SMC.2019.8914626.

Seth, Anil. "Your Brain Hallucinates Your Conscious Reality." TED.com.2017. https : //www.ted.com/talks/anil_seth_how_your_brain_hallucinates_your_conscious_reality.

Sharot, Tali, Tamara Shiner, Annemarie C. Brown, Judy Fan, and Raymond J. Dolan. "Dopamine Enhances Expectation of Pleasure in Humans." *Current Biology* 19, no. 24 (2009) : 2077-80.

Shermer, Michael. *The Believing Brain : From Ghosts and Gods to Politics and Conspiracies : How We Construct Beliefs and Reinforce Them As Truths.* New York : Macmillan, 2011.

Shogenji, Tomoji. "Probability and Proximity in Surprise." *Synthese* (2020) : 1-19.

Silvia, Papalini, Tom Beckers, and Vervliet Bram. "Dopamine : From Prediction Error to Psychotherapy." *Translational Psychiatry* 10, no. 1 (2020).

Singh, Laura, Laurent Schüpbach, Dominik A. Moser, Roland Wiest, Erno J. Hermans, and Tatjana Aue. "The Effect of Optimistic Expectancies on Attention Bias : Neural and Behavioral Correlates." *Scientific Reports* 10, no. 1 (2020) : 1-13.

Soltani, Alireza, and Alicia Izquierdo. "Adaptive Learning Under Expected and Unexpected Uncertainty." *Nature Reviews Neuroscience* (2019) : 1.

Spurlock, Morgan. "Brand Over Brain." *Ted Radio Hour*, March 9, 2014. http : //www.npr.org/programs/ted-radio-hour/308752278/brand-over-brain.

Stahl, Aimee E., and Lisa Feigenson. "Observing the Unexpected Enhances Infants' Learning and Exploration." *Science* 348, no. 6230 (2015) : 91-94.

Stanovich, Keith E., Richard F. West, and Maggie E. Toplak. "Myside Bias, Rational Thinking, and Intelligence." *Current Directions in Psychological Science* 22, no. 4 (2013) : 259-64.

Stojic, Hrvoje, Jacob L. Orquin, Peter Dayan, Raymond J. Dolan, and Maarten Speekenbrink. "Uncertainty in Learning, Choice and Visual Fixation." *Proceed-*

ings of the National Academy of Sciences 117, no. 6 (2020) : 3291–300.

Susperreguy Jorquera, María Inés, Pamela E. Davis-Kean, Kathryb Duckworth, and Meichu Chen. "Self-concept Predicts Academic Achievement Across Levels of the Achievement Distribution : Domain Specificity for Math and Reading." *Child Dev.* 89, no. 6 (2017) : 2196–214.

Sutton, Richard S., and Andrew G. Barto. *Reinforcement Learning : An Introduction.* Cambridge, MA : MIT Press, 2018.

Taleb, Nassim Nicholas. *The Black Swan : The Impact of the Highly Improbable.* Vol. 2. New York : Random House, 2007.

Thibodeau, Paul H., and Lera Boroditsky. "Metaphors We Think With : The Role of Metaphor in Reasoning." *PlosOne* 6, no. 2 (2011) : e16782.

Thomas, Cyril, and André Didierjean. "Magicians Fix Your Mind : How Unlikely Solutions Block Obvious Ones." *Cognition* 154 (2016) : 169–73.

Thomas, Marlo. *The Right Words at the Right Time.* New York : Simon and Schuster, 2004.

Tobin, Vera. "Cognitive Bias and the Poetics of Surprise." *Language and Literature* 18, no. 2 (2009) : 155–72.

Tobin, Vera. "Where Do Cognitive Biases Fit Into Cognitive Linguistics? An Example from the 'Curse of Knowledge.'" *Language and the Creative Mind* (2014) : 347–63.

Tononi, Giulio, and Chiara Cirelli. "Sleep and the Price of Plasticity : From Synaptic and Cellular Homeostasis to Memory Consolidation and Integration." *Neuron* 81, no. 1 (2014) : 12–34.

Tschantz, Alexander, Manuel Baltieri, Anil Seth, and Christopher L. Buckley. "Scaling Active Inference." *2020 International Joint Conference on Neural Networks (IJCNN),* Glasgow, UK, 2020, pp. 1-8, doi : 10.1109/IJCNN48605.2020.9207382.

Tversky, Amos, and Daniel Kahneman. "Judgment Under Uncertainty : Heuristics and Biases." *Science* 185, no. 4157 (1974) : 1124–31.

Uleman, James S., S. Adil Saribay, and Celia M. Gonzalez. "Spontaneous Inferences, Implicit Impressions, and Implicit Theories." *Annual Review of Psycholgy* 59 (2008) : 329–60.

Vance, Erik. *Suggestible You : The Curious Science of Your Brain's Ability to Deceive, Transform, and Heal.* Washington, DC : National Geographic Books, 2016.

Vander Weele, Caitlin M., Cody A. Siciliano, Gillian A. Matthews, Praneeth Namburi, Ehsan M. Izadmehr, Isabella C. Espinel, Edward H. Nieh et al. "Dopamine

Enhances Signal-to-Noise Ratio in Cortical-Brainstem Encoding of Aversive Stimuli." *Nature* 563, no. 7731 (2018) : 397.

Vanhamme, Joelle, and Dirk Snelders. "The Role of Surprise in Satisfaction Judgments." *Journal of Consumer Satisfaction Dissatisfaction and Complaining Behavior* 14 (2001) : 27-45.

Van Prooijen, J. W., O. Klein, and J. Miloševic' Đord˜evic' "Social-Cognitive Processes Underlying Belief in Conspiracy Theories." *Handbook of Conspiracy Theories* (2020) : 168-80.

Varol, Ozan. *Think Like a Rocket Scientist.* New York : PublicAffairs, 2020.

Vassena, Eliana, James Deraeve, and William H. Alexander. "Surprise, Value and Control in Anterior Cingulate Cortex During Speeded Decision-Making." *Nature Human Behaviour* (2020) : 1-11.

Vincent, Peter, Thomas Parr, David Benrimoh, and Karl J. Friston. "With an Eye on Uncertainty : Modelling Pupillary Responses to Environmental Volatility." *PLoS Computational Biology* 15, no. 7 (2019) : e1007126.

Visalli, Antonino, Mariagrazia Capizzi, Ettore Ambrosini, Ilaria Mazzonetto, and Antonino Vallesi. "Bayesian Modeling of Temporal Expectations in the Human Brain." *NeuroImage* (2019) : 116097.

Visalli, Antonino, Mariagrazia Capizzi, Ettore Ambrosini, Bruno Kopp, and Antonino Vallesi. "Electroencephalographic Correlates of Temporal Bayesian Belief Updating and Surprise." *NeuroImage* (2020) : https://doi.org/10.1016/j.neuroimage.2021.117867.

Vuilleumier, Patrik. "How Brains Beware : Neural Mechanisms of Emotional Attention." *Trends in Cognitive Sciences* 9, no. 12 (2005) : 585-94.

Wang, Song, Ming Zhou, Taolin Chen, Xun Yang, Guangxiang Chen, Meiyun Wang, and Qiyong Gong. "Grit and the Brain : Spontaneous Activity of the Dorsomedial Prefrontal Cortex Mediates the Relationship Between the Trait Grit and Academic Performance." *Social Cognitive and Affective Neuroscience* 12, no. 3 (2017) : 452-60.

Weems, Scott. *Ha!: The Science of When We Laugh and Why.* New York : Basic Books, 2014.

Wessel, Jan R., Ned Jenkinson, John-Stuart Brittain, Sarah H. E. M. Voets, Tipu Z. Aziz, and Adam R. Aron. "Surprise Disrupts Cognition Via a Fronto-Basal Ganglia Suppressive Mechanism." *Nature Communications* 7, no. 1 (2016) : 1-10.

Wheeler, Ladd. "Social Comparison, Behavioral Contagion, and the Naturalistic

Study of Social Interaction." *A Distinctive Approach to Psychological Research : The Influence of Stanley Schachter* (1987) : 46–65.

Winter, David A., and Nick Reed, eds. *The Wiley Handbook of Personal Construct Psychology.* Hoboken, NJ : John Wiley & Sons, 2016.

Winograd, Eugene, and Ulric Neisser, eds. *Affect and Accuracy in Recall : Studies of 'Flashbulb' Memories.* Vol. 4. Cambridge, UK : Cambridge University Press, 2006.

Wolfe, Michael B., and Todd J. Williams. "Poor Metacognitive Awareness of Belief Change." *The Quarterly Journal of Experimental Psychology* (2017) : 1–45.

Wu, Yang, and Hyowon Gweon. "Surprisingly Unsurprising! Infants' Looking Time at Probable vs. Improbable Events Is Modulated by Others' Expressions of Surprise." *PsyArXiv.* (2019).

Wu, Yang, and Hyowon Gweon. "Preschoolers Jointly Consider Others' Expressions of Surprise and Common Ground to Decide When to Explore." *PsyArXiv.* (2019).

Xu, Haitao, Brendan McCane, and Lech Szymanski. "VASE : Variational Assorted Surprise Exploration for Reinforcement Learning." *arXiv preprint arXiv : 1910.14351* (2019).

놀라움의 힘